Der kleine Duden Deutsche Grammatik

Der kleine Duden
Bearbeitet von der Dudenredaktion

---

1. **Deutsches Wörterbuch**
   Ein praktischer Helfer für den Alltag

2. **Sprachtipps**
   Hilfen im sprachlichen Alltag

3. **Der passende Ausdruck**
   Ein Synonymwörterbuch für die Wortwahl

4. **Deutsche Grammatik**
   Das Grundwissen über die deutsche Sprache für Beruf, Studium, Fortbildung und Alltag

5. **Fremdwörterbuch**
   Ein Nachschlagewerk für den täglichen Gebrauch

Der kleine Duden

Deutsche Grammatik

5., überarbeitete Auflage

Von Ursula und Rudolf Hoberg

DUDENVERLAG
Berlin

Die **Duden-Sprachberatung** beantwortet Ihre Fragen
zu Rechtschreibung, Zeichensetzung, Grammatik u. Ä.
montags bis freitags zwischen 09:00 und 17:00 Uhr.
Aus Deutschland: **09001870098** (1,99 € pro Minute aus dem Festnetz)
Aus Österreich: **0900844144** (1,80 € pro Minute aus dem Festnetz)
Aus der Schweiz: **0900383360** (3.13 CHF pro Minute aus dem Festnetz)
Die Tarife für Anrufe aus den Mobilfunknetzen können davon abweichen.
Den kostenlosen Newsletter der Duden-Sprachberatung können Sie unter
www.duden.de/newsletter abonnieren.

Bibliografi sche Information der Deutschen Nationalbibliothek
Die Deutsche Nationalbibliothek verzeichnet diese Publikation in
der Deutschen Nationalbibliografie; detaillierte bibliografische
Daten sind im Internet über http://dnb.dnb.de abrufbar.

Bibliographisches Institut GmbH
Mecklenburgische Straße 53, 14197 Berlin

Redaktion Dr. Kathrin Kunkel-Razum
Herstellung Ursula Fürst
Umschlaggestaltung sauerhöfer design
Satz Dörr + Schiller GmbH, Stuttgart
Druck und Bindung Livonia SIA, Riga
Printed in Latvia

PEFC
PEFC/12-31-006

PEFC zertifiziert
Dieses Produkt stammt aus nachhaltig bewirtschafteten Wäldern und kontrollierten Quellen.

www.pefc.de

ISBN 978-3-411-05575-3
www.duden.de

Vorwort

Es wird häufig beklagt, dass heute weniger geschrieben und gelesen wird als früher. Das trifft sicher nicht zu, wenn man an Kommunikation z. B. per E-Mail, WhatsApp®, SMS oder in sozialen Netzwerken und überhaupt an den Umgang mit Computer und Handy denkt. Vor allem aber gilt es nicht für das Studium und das Berufsleben: Immer mehr Menschen studieren an Universitäten oder anderen Hochschulen und arbeiten in Berufen, die einen korrekten und sicheren Umgang mit der deutschen Sprache erfordern. Auch über diese Bereiche hinaus – etwa in der Öffentlichkeit, im Alltag, in der Freizeit – kommt es darauf an, dass man seine Muttersprache (bzw. Deutsch als Zweitsprache) schriftlich und mündlich beherrscht. Und Voraussetzung dafür ist ein Grundwissen über den Aufbau unserer Sprache.

Die 5., überarbeitete Auflage der »Deutschen Grammatik« bietet zunächst eine ausführliche Einführung in die Grundfragen der Sprachbetrachtung (Sprache und Kommunikation; Verbreitung, Geschichte, Entwicklungstendenzen und Schichtung der deutschen Sprache). Der Hauptteil, die Grammatik, enthält – auf dem aktuellen Forschungsstand und in der bewährten Methode des Fortschreitens von den kleinsten zu den größeren Einheiten – verlässliche Grundinformationen über die Formen und die Struktur der deutschen Sprache. Neu in dieser Auflage ist ein kleines Kapitel über den Aufbau von Texten.

Es werden keine grammatischen Vorkenntnisse vorausgesetzt. Alle Zusammenhänge werden verständlich erklärt, an zahlreichen Beispielen illustriert und in tabellarischer Form übersichtlich dargestellt. In vielen Fragen des praktischen Sprachgebrauchs gibt die Grammatik Ratschläge für richtiges und gutes Deutsch.

Außerdem finden sich öfter vergleichende Hinweise auf andere Sprachen; sie sollen zum Nachdenken über Sprache generell anregen und das Bewusstsein für die eigene Sprache schärfen.

Die »Deutsche Grammatik« wendet sich vornehmlich an Erwachsene, sie kann aber auch von Schülern benutzt werden. Auch für den Fremdsprachenunterricht schafft sie die notwendigen Voraussetzungen. Sie ist sowohl zum Selbststudium wie auch als Grundlage für Kurse in der Fort- und Weiterbildung und im Studium geeignet. Sie kann als Lern- und Arbeitsbuch dienen, also ganz oder in Teilen systematisch durchgearbeitet werden, ist aber ebenso ein Nachschlagewerk für Einzelfragen. Mithilfe des Registers und der Querverweise (↑) kann der Leser leicht die Stellen finden, an denen ein gesuchter Begriff erklärt oder eine sprachliche Erscheinung näher behandelt wird.

Die Dudenredaktion und die Autoren

Berlin, Juni 2016

INHALT

EINFÜHRUNG

DAS WORT

DER SATZ

EINFÜHRUNG

Sprache und Kommunikation

1 Wer die grammatischen Zusammenhänge durchschaut, weiß damit viel über eine Sprache, aber nicht alles. Grammatik ist nur ein Bereich der Sprachlehre, allerdings ein sehr wichtiger. In diesem einleitenden Teil sollen einige Grundfragen und Grundbegriffe der Sprachbetrachtung erörtert werden, deren Kenntnis für ein umfassenderes Verständnis der Sprache notwendig ist. Es geht dabei z. B. um die Fragen, was man unter Sprache und Kommunikation versteht, welche Rolle Deutsch in der Welt und in Europa spielt, wie sich die deutsche Sprache entwickelt hat und wie sie sich heute gliedert. Im Anschluss daran soll geklärt werden, was man unter Grammatik versteht und wozu man Grammatikkenntnisse braucht.

1 Was ist Sprache?

2 Die Frage, was **Sprache** ist und welche Aufgaben sie für die einzelnen Menschen und für das menschliche Zusammenleben hat, gehört zu den Grundfragen der Menschheit. Schon in den ältesten uns erhaltenen Schriften – man denke etwa an die Bibel – wird diese Frage behandelt, und Dichter, Philosophen und Wissenschaftler haben sich immer wieder damit befasst.

Wenn man über das Wort *Sprache* nachdenkt, stellt man fest, dass es mehrdeutig ist, dass mit ihm unterschiedliche Sachverhalte bezeichnet werden. Das soll an folgenden Beispielsätzen verdeutlicht werden:

1. Menschen verständigen sich durch Sprache.
2. Die englische Sprache wird von mehr Menschen gesprochen als die deutsche.
3. Ich bewundere vor allem seine Sprache.

In allen drei Sätzen kommt das Wort *Sprache* vor, es bedeutet jedoch in jedem Satz etwas anderes:

1. Im ersten Beispiel geht es um die Sprache im Allgemeinen, um die menschliche **Sprachfähigkeit.** Jeder Mensch ist, soweit nicht bestimmte körperliche oder seelische Schäden vorliegen, fähig, eine oder mehrere Sprachen zu erlernen. Es handelt sich hier um eine angeborene Fähigkeit, die nur der Mensch besitzt, die ihn also von allen anderen Lebewesen unterscheidet (auf die sogenannten Tiersprachen kann hier nicht eingegangen werden). Daher ist die Sprache ein wichtiges, wenn nicht das wichtigste Kennzeichen des Menschen.

2. Nicht alle Menschen sprechen die gleiche Sprache; vielmehr haben sich im Laufe der Menschheitsentwicklung viele unterschiedliche Sprachen herausgebildet. Auf die Systeme und Strukturen solcher **Einzelsprachen** und nicht auf die Sprachfähigkeit im Allgemeinen bezieht sich der zweite Beispielsatz, und an solche Einzelsprachen – etwa die deutsche, englische oder chinesische – denkt man in der Regel, wenn man das Wort *Sprache* verwendet. Auch in diesem Buch wird es, wenn nichts anderes gesagt wird, um Sprache in diesem Sinne gehen.

3. Der dritte Beispielsatz verweist darauf, dass sich Menschen, die die gleiche Einzelsprache sprechen, die also etwa eine gemeinsame Muttersprache haben, beim Sprechen und Schreiben nicht völlig gleich verhalten. Sie unterscheiden sich etwa in der Aussprache, im Tonfall, in der Schrift, in der Wortwahl und dadurch, dass sie bestimmte grammatische Strukturen – beispielsweise bestimmte Nebensatzformen – bevorzugt verwenden. In diesem Sinne hat jeder Mensch seine **Individualsprache,** seinen persönlichen Sprachstil, der freilich vielfältigen Veränderungen und Abwandlungen unterliegt.

Wozu braucht der Mensch Sprache? Zum einen dient Sprache der Verständigung, der Kommunikation; dies wird im folgenden Kapitel näher behandelt. Sprache ist aber mehr als nur Verständigungsmittel; sie ist auch für das menschliche Wahrnehmen, Denken, Erkennen, Fühlen und Handeln notwendig, worauf hier nicht näher eingegangen werden kann, was aber in verschiedenen Teilen dieses Buches zum Ausdruck kommt.

2 Was ist Kommunikation?

2.1 Allgemeines

Kommunikation ist vom lateinischen Wort *communicare* abgeleitet, 3
das ›gemeinsam machen‹, ›vereinigen‹, ›mitteilen‹ bedeutet. Nachdem man bis in die 1960er-Jahre im Deutschen kaum von Kommunikation gesprochen hat, gehört das Wort heute zu den zentralen Begriffen verschiedener Wissenschaften. Aber auch im öffentlichen und privaten Leben spielen *Kommunikation, kommunizieren* und *kommunikativ* eine große Rolle, häufig allerdings lediglich als Schlag- und Modewörter.

Kommunikation vollzieht sich immer zwischen zwei Seiten: Die eine – der Sender – teilt etwas mit, die andere – der Empfänger – nimmt die Mitteilung (die Information) auf.

Einen solchen Austausch von Informationen kann es zwischen Maschinen, zwischen Maschinen und Lebewesen, zwischen Lebewesen und besonders zwischen Menschen geben:

Ein Funkgerät sendet Signale aus, die von einem Radiogerät empfangen werden (Maschine – Maschine).

Eine Biene informiert andere Bienen durch einen Schwänzeltanz über eine Futterquelle (Tier – Tier).

Ein Autofahrer sieht, dass die Ampel einer Kreuzung auf Rot steht (Maschine – Mensch).

Jemand drückt auf einen Knopf der Fernbedienung, und der Fernsehapparat wird eingeschaltet (Mensch – Maschine, Maschine – Maschine).

Ein Kind spricht zu seinem Wellensittich (Mensch – Tier).

Eine Frau erzählt ihrem Mann von einem Treffen mit einer Freundin (Mensch – Mensch).

2.2 Menschliche Kommunikation

4 Sprachliche und nichtsprachliche Kommunikation

Bei Menschen unterscheidet man zwischen sprachlicher (verbaler) und nichtsprachlicher (nonverbaler) Kommunikation. Wie etwa die Pantomime zeigt, kann sich der Mensch bis zu einem gewissen Grad ohne Sprache, nur durch Mimik, Gestik, Gebärden und andere Handlungen verständlich machen. Allerdings sind solche Handlungen oft mehrdeutig und nur aus dem Zusammenhang zu verstehen. So kann beispielsweise ein Achselzucken bedeuten: ›Ich weiß nicht.‹ / ›Es ist mir egal.‹ / ›Da kann man nichts machen.‹

Häufig kommt es zu einem Zusammenspiel sprachlicher und nichtsprachlicher Kommunikation:

Eine Frau begrüßt ihren Mann mit Worten und einem Kuss.

Ein Kind gratuliert seiner Mutter mit Worten und einem Blumenstrauß zum Geburtstag.

Ein Tourist lächelt einen Passanten an und fragt nach dem Weg zum Bahnhof. Der Passant beschreibt den Weg mit Worten und Gesten.

Ein Kollege entschuldigt sich, und man gibt ihm die Hand.

Sprechen und hören, schreiben und lesen

5 Die längste Zeit ihrer bisherigen Entwicklung hat die Menschheit ohne Schrift gelebt; schriftliche Verständigung gibt es erst seit etwa 7000 Jahren. Und auch der einzelne Mensch lernt als Kind zunächst die mündliche Sprache, und erst wenn er dabei schon weit fortgeschritten ist, lernt er auch zu schreiben.

Mündliche und schriftliche Kommunikation unterscheiden sich in verschiedener Hinsicht:

Mündliche Kommunikation ist in der Regel ein Gespräch. Die beteiligten Personen sind wechselseitig **Sprecher** und **Hörer,** sie befinden sich im gleichen Raum, können sich und häufig auch die Gegenstände, über die sie sprechen, wahrnehmen. Sie können durch Gesten oder mit Worten *(da, hier)* auf etwas hinweisen, können Rückfragen stellen und zeigen, ob sie etwas verstanden haben oder nicht.

Von dieser für die mündliche Kommunikation typischen Form gibt es aber auch Abweichungen, etwa

- die Rede (z. B. im Parlament): Hier sind die Rollen von Sprecher und Hörer deutlich unterschieden; Möglichkeiten von Rückfragen sind nicht gegeben oder doch sehr eingeschränkt;
- das Telefongespräch: Die Gesprächspartner sind räumlich getrennt, können sich also gegenseitig nicht sehen; Mimik und Gestik spielen keine Rolle.

Bei der schriftlichen Kommunikation besteht meist eine räumliche und zeitliche Trennung zwischen dem Sender (Schreiber) und Empfänger (Leser). Schnelle Rückfragen sind nicht möglich, Verständigungsschwierigkeiten können daher nur langfristig behoben werden. Andererseits hat ein Schreiber meist mehr Zeit als ein Sprecher; er kann seinen Text daher genauer planen, eventuell auch verbessern, und der Leser kann ihn mehrmals durchlesen.

Aus den unterschiedlichen Kommunikationssituationen ergibt sich, 6
dass sich **gesprochene** Sprache in verschiedener Hinsicht von **geschriebener** unterscheidet; es sei hier nur auf einige wesentliche Unterschiede hingewiesen:

- Gesprochene Sprache wird mit dem Ohr, geschriebene mit dem Auge wahrgenommen. Die Informationen werden dementsprechend durch Laute (↑36) oder Buchstaben (↑49) vermittelt.
- Da man im Gespräch auf etwas hinweisen und manches durch Mimik und Gestik ausdrücken kann, braucht man nicht alles in Sprache zu fassen. Oft genügen wenige Worte, kurze, auch unvollständige Sätze; Nebensätze werden weniger verwendet.
- Demgegenüber muss der Schreiber alles, was er mitteilen will, sprachlich ausdrücken. Dies und die Tatsache, dass für das Schreiben und Lesen eines Textes mehr Zeit zur Verfügung steht, haben zur Folge, dass der Satzbau der geschriebenen Sprache komplexer, stärker gegliedert ist, dass die Regeln der Grammatik mehr beachtet werden, dass Wörter, die als umgangssprachlich gelten, vermieden werden.

In diesem Buch wird verschiedentlich auf Unterschiede zwischen gesprochener und geschriebener Sprache verwiesen (z. B. ↑23, ↑403, ↑456, ↑573).

7 Gesellschaftliche Regeln

Menschliche Kommunikation ist weitgehend durch Regeln bestimmt, die in einer Gesellschaft vorherrschen und die man **Konventionen** nennt.

Man spricht etwa in der Regel mit seinem Vorgesetzten anders als mit seinen Freunden, mit seinem Ehepartner anders als mit einer Kollegin oder einem Kollegen, mit Älteren anders als mit Kindern.

In manchen Kommunikationsformen, etwa in alltäglichen Gesprächen, sind die Gesprächspartner gleichrangig, gleichberechtigt, in anderen nicht (man spricht auch von symmetrischer bzw. asymmetrischer Kommunikation): So bestimmt im Klassenzimmer in der Regel der Lehrer, bei der Gerichtsverhandlung der Richter, bei der Prüfung der Prüfer den Kommunikationsverlauf.

Es hängt von den gesellschaftlichen Beziehungen ab, ob man jemanden siezt oder duzt (↑308) oder wie man jemanden in einem Brief anredet *(sehr geehrter, lieber, hallo)*. Und es ist weitgehend gesellschaftlich festgelegt, worüber man mit bestimmten Personen und in bestimmten Situationen sprechen kann und welche Wörter man dabei verwenden darf. Einschränkungen (oder Tabuisierungen) gelten besonders für den sexuellen und den fäkalen Bereich. Aber gerade auf diesen Gebieten haben sich in den letzten Jahrzehnten auch große Veränderungen ergeben: Wörter wie *ficken* und *bumsen* werden immer häufiger in der Öffentlichkeit verwendet, etwa in modernen Theaterstücken oder Filmen; dasselbe gilt für Wörter wie *Scheiße* oder *Arsch*. *Schwul* war noch bis Ende der 1970er-Jahre ein sehr diskriminierendes Wort; heute bezeichnen sich die homosexuellen Männer selbst damit.

8 Bedingungen der Situation

Wie ein Mensch spricht oder schreibt und wie jemand sprachliche Äußerungen versteht, hängt auch von Bedingungen ab, die in bestimmten Situationen vorherrschen, etwa von

- räumlichen Bedingungen: Wer einem Bekannten, der auf der gegenüberliegenden Seite einer sehr belebten Straße steht, etwas mitteilen will, muss schreien und wird sich daher kurz fassen;
- zeitlichen Bedingungen: Denselben Sachverhalt erzählt man, wenn man in Eile ist, anders, als wenn man genügend Zeit hat. Bei Zeitmangel spricht der Sprecher nicht nur kürzer, sondern er konzent-

riert sich auch auf das, was er für wesentlich hält. Die Möglichkeit des Hörers, Rückfragen zu stellen, sind eingeschränkt;
- körperlichen oder seelischen Bedingungen: Ein leidender Mensch spricht anders als ein fröhlicher, ein betrunkener anders als ein nüchterner. Wer konzentriert zuhört oder liest, versteht eine Mitteilung besser als jemand, der abgelenkt, zerstreut ist.

Für jede Kommunikation ist also der Rahmen, der **außersprachliche Kontext** (Zusammenhang) wichtig, in dem sie stattfindet.

Sprachliches Handeln

9

Wenn zuvor gesagt wurde, Kommunikation sei Austausch von Informationen, so bedeutet das nicht, dass es sich dabei immer um bestimmte »Themen« handeln muss. Jeder kennt Kommunikationsformen, bei denen es nicht in erster Linie »um die Sache« geht:

Menschen sagen bei der Begrüßung »Wie geht es Ihnen?« oder »Das Wetter will aber auch gar nicht besser werden.«

Eine Frau beginnt ein Gespräch mit einem Mann, den sie näher kennenlernen möchte.

Jemand meldet sich in einer Diskussion zu Wort, weil er denkt, er müsse endlich auch einmal etwas sagen, oder weil er einen Kollegen ärgern will.

Jemand spricht auf einem Empfang mit möglichst vielen Leuten, um zu zeigen, dass er kontaktfreudig ist, und sagt der Frau seines Chefs ein paar nette Worte.

Jemand spricht betont kühl, um seine sachliche Überlegenheit zu zeigen.

Eltern trösten mit Worten ihr weinendes Kind.

Aus diesen Beispielen wird deutlich, dass es bei der menschlichen Kommunikation oft gar nicht so sehr auf den eigentlichen Inhalt des Gesagten ankommt, sondern darauf, zu anderen Menschen in Beziehung zu treten, auf sie einzuwirken.

Sprechen und Schreiben ist auch immer ein Handeln gegenüber anderen Menschen; beispielsweise kann man jemanden loben oder tadeln, trösten, beruhigen oder beleidigen, sich selbst »in Szene setzen« oder angeben.

Solche Handlungen haben Folgen:

Ich kann jemanden mit Worten verletzen, und solche Verletzungen sind oft schlimmer als körperliche.

Ich kann wegen einer Beleidigung angeklagt und verurteilt werden.

Ich kann etwas versprechen und gehe damit eine Verpflichtung ein.

Ich kann jemanden loben oder trösten und ihn dadurch verändern.

Sprachliche Handlungen vollziehen sich nicht nur mündlich, sondern auch schriftlich; man denke etwa an die Wirkungen, die Briefe oder Bücher auf Leser ausüben können.

Die deutsche Sprache

1 Deutsch und andere Sprachen in der Welt und in Europa

Die Frage nach der Anzahl der Sprachen in der Welt wird von Fachleuten unterschiedlich beantwortet, weil man von unterschiedlichen Gesichtspunkten ausgehen kann, etwa bei dem Problem, ob es sich im Einzelfall um eine Sprache oder um einen Dialekt (↑24) handelt. 10

Meist nimmt man heute an, dass es zwischen 6000 und 7000 Sprachen gibt. Die allermeisten werden von sehr wenigen Menschen gesprochen, oder, anders ausgedrückt: Einige wenige Sprachen werden von sehr vielen Menschen gesprochen. Zu diesen Sprachen gehören Chinesisch, Englisch, Hindi-Urdu, Spanisch, Russisch, Arabisch, Bengalisch, Portugiesisch, Indonesisch, Französisch, Japanisch und Deutsch. In der Europäischen Union steht – nach der Zahl der Sprecher – Deutsch an erster Stelle.

Diese Angaben beziehen sich auf Muttersprachler und Quasi-Muttersprachler (Zweitsprachler), die – wie etwa die meisten Türken in Deutschland – neben ihrer Muttersprache eine andere Sprache im täglichen Leben verwenden.

Die Zahl der Muttersprachler (und Zweitsprachler) spielt für die übernationale Geltung einer Sprache nicht die wichtigste Rolle, sonst müssten die meisten Menschen in der Welt Chinesisch und in der Europäischen Union Deutsch lernen, aber sie ist auch nicht unwichtig, denn von internationaler Bedeutung sind nur Sprachen mit vergleichsweise vielen Muttersprachlern. So nimmt das Englische heute auch deshalb die Spitzenstellung als Fremdsprache ein, weil es auch als Mutter- und Zweitsprache weit verbreitet ist.

Darüber hinaus bestimmen vor allem zwei Faktoren den übernationalen Rang einer Sprache:

- der historisch-kulturell-ästhetische; hier liegt beispielsweise die Begründung für die nach wie vor große Bedeutung des Französischen;
- der politisch-wirtschaftliche, der entscheidend zur heutigen Vorrangstellung des britischen und amerikanischen Englisch geführt hat.

Diese Faktoren, vor allem der letztere, bestimmen auch, welche Sprachen vorrangig als Fremdsprachen gelernt und für die übernationale Kommunikation verwendet werden.

11 Es herrscht heute weitgehend Einigkeit in zwei Punkten:

- Alle Sprachen sind gleichwertig. Sie sind zwar in ihrer Struktur unterschiedlich, und das hat vielerlei Konsequenzen, aber es gibt keine sprachwissenschaftlichen oder sonstigen Gründe, die gegen eine grundsätzliche Gleichwertigkeit der Sprachen angeführt werden könnten. Es kommt daher sehr darauf an, die Vielfalt der Sprachen mit ihren unterschiedlichen Bedeutungsstrukturen und Perspektiven zu erhalten, zu »pflegen« und die Mehrsprachigkeit zu fördern. Gerade in der modernen, sich ständig mehr vereinheitlichenden Welt muss deshalb das Bewusstsein dafür erhalten bzw. geschärft werden, dass der Untergang oder auch nur das Zurückdrängen einer Sprache immer einen Verlust bedeutet, und zwar nicht nur für die Sprecher dieser Sprache, sondern für die ganze Menschheit.
- Andererseits zwingt die moderne Welt mit ihren übernationalen, überregionalen Kommunikationsbeziehungen dazu, die Bedeutung der Sprachen im Rahmen dieser Kommunikationsbeziehungen nach vernünftigen Kriterien zu gewichten.

Dass heute Englisch die erste Stelle einnimmt, wird niemand ernsthaft bestreiten können und wollen. Englisch ist die vorherrschende Sprache in der ganzen Welt, ja es ist überhaupt die erste Weltsprache in der Menschheitsgeschichte. Frühere übernationale Sprachen – etwa das Griechische, Lateinische, Französische und auch Deutsche – wurden immer nur in bestimmten Regionen der Welt verwendet, die zuvor genannten vor allem in Teilen des vorderasiatisch-europäischen Raums. Heute ist bzw. wird Englisch das wichtigste Verständigungsmittel zwischen Angehörigen unterschiedlicher Nationen, besonders auf politischem, wirtschaftlichem, wissenschaftlichem und technischem Gebiet.

Die Vorrangstellung des Englischen hat dazu geführt und wird weiter dazu führen, dass diese Sprache überall dort, wo sie nicht als Muttersprache gesprochen wird, immer mehr zur Zweitsprache wird, und dies wiederum hat zur Folge, dass das Englische die anderen Sprachen beeinflusst und verdrängt (↑63).

Neben dem Englischen kommt anderen Sprachen eine große Bedeutung für die übernationale Kommunikation zu, etwa dem Spanischen, und in der Europäischen Union vor allem dem Deutschen und Französischen: dem Deutschen, weil die Deutschsprachigen in der Europäischen Union die bei Weitem größte Sprachgemeinschaft darstellen, dem Deutschen und Französischen, weil beide Sprachen eine lange Tradition als Fremdsprachen haben.

Heute und in der Zukunft ist es wichtig, dass die Deutschsprachigen, aber auch die Angehörigen anderer Sprachgemeinschaften die schwierige »Spagat«-Kunst lernen und anwenden, die Kunst, situationsabhängig Deutsch oder Englisch – und auch andere Sprachen – gut zu gebrauchen. Hier liegen dringende Aufgaben für die Sprachdidaktik und die Sprach- und Medienpolitik.

2 Die Entwicklung der deutschen Sprache

2.1 Allgemeines

Man kann die Sprachen der Erde nach unterschiedlichen Gesichtspunkten einteilen, etwa nach ihrem grammatischen Bau. Es lassen sich dann verschiedene Sprachtypen unterscheiden. So gibt es beispielsweise Sprachen wie das Altchinesische, bei denen die Wörter im Satz unverändert bleiben, die also – im Gegensatz etwa zum Deutschen – keine Ableitungen und Zusammensetzungen (↑81) und keine Beugung (Flexion, ↑71) kennen. 12

Ein anderer wichtiger Einteilungsgesichtspunkt betrifft die Herkunft der Sprachen. Die Sprachwissenschaft konnte zeigen, dass bestimmte Sprachen miteinander verwandt sind, da sie sich aus einer gemeinsamen Grundsprache entwickelt haben. So sind beispielsweise die sogenannten romanischen Sprachen wie das Französische, Italienische oder Spanische aus dem Lateinischen hervorgegangen, und auch das Deutsche, Englische, Niederländische und andere Sprachen lassen sich auf eine gemeinsame Grundsprache, das Germanische, zurückführen. In Anlehnung an die menschliche Verwandtschaft spricht man hier von **Sprachfamilien.**

2.2 Die Vorstufen des Deutschen

13 Das Indogermanische (Indoeuropäische)

Eine der größten Sprachfamilien ist die indogermanische oder indoeuropäische. Im 19. Jahrhundert hat die vergleichende Sprachwissenschaft nachgewiesen, dass viele Sprachen zwischen dem germanischen Sprachgebiet (in West- und Nordeuropa) und Indien in Lautung, Wortschatz und Grammatik miteinander verwandt sind. So heißt etwa *Vater* im Altindischen *pitár,* im Altgriechischen *patér,* im Lateinischen *pater* und im Englischen *father,* oder *drei* heißt im Altindischen *tráyas,* im Griechischen *treis,* im Lateinischen *tres,* im Russischen *tri* und im Englischen *three.* Dies sind nur willkürlich herausgegriffene Beispiele.

Man ging davon aus, dass die Sprachen, die solche Gemeinsamkeiten aufweisen, auf eine gemeinsame »Ursprache« zurückgeführt werden können, die man **Indogermanisch** oder **Indoeuropäisch** nannte. Von diesem Indogermanischen ist kein Wort überliefert, man hat aber versucht, es aufgrund der vorhandenen »Tochtersprachen« zu rekonstruieren. Und wenn hier von »Ursprache« die Rede ist, so geht es dabei lediglich um die Grundsprache einer Sprachfamilie, nämlich der indogermanischen, nicht aber um die Ursprache der gesamten Menschheit, über die die Sprachgeschichtsforschung wenig aussagen kann.

Man kann das Verhältnis der indogermanischen Sprachen zueinander in einem Stammbaum darstellen, muss sich allerdings bewusst sein, dass ein solcher Stammbaum nicht unbedingt die tatsächliche Auseinanderentwicklung der Sprachen wiedergibt:

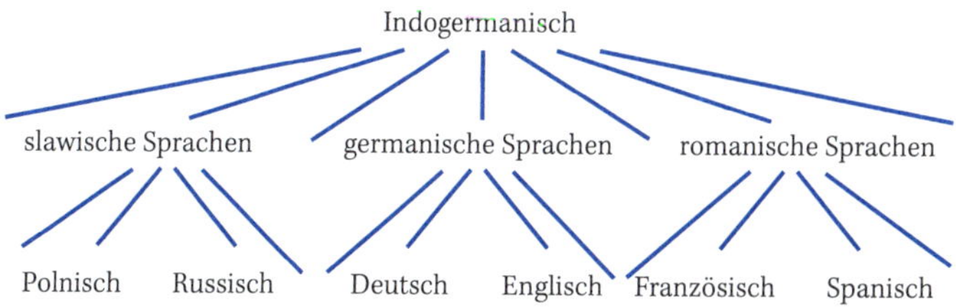

Dieses Bild stellt nur einen kleinen Ausschnitt aus der Gliederung der indogermanischen Sprachen dar. Es kann aber deutlich machen, dass die indogermanischen Sprachen in unterschiedlicher Weise miteinander verwandt sind, dass also beispielsweise Deutsch mehr mit Englisch als mit Französisch oder Russisch zusammenhängt.

Das Germanische 14

Wie das obige Bild zeigt, ist das Germanische ein Zweig des Indogermanischen. Die Germanen siedelten seit etwa 2000 v. Chr. in Nordeuropa (in Dänemark, Norddeutschland und im Süden von Schweden, Norwegen und Finnland) und drangen in späteren Jahrhunderten allmählich nach Süden, Westen und Osten vor. Ein Teil der germanischen Völker und Sprachen ist vor allem im Zusammenhang mit der »Völkerwanderung« (3. bis 6. Jahrhundert n. Chr.) untergegangen, z. B. die Goten und die Burgunder. Die heute noch lebenden germanischen Sprachen kann man in zwei Gruppen einteilen: Zu den nordgermanischen Sprachen gehören u. a. das Schwedische, Dänische, Norwegische und Isländische, zu den westgermanischen vor allem das Englische, Friesische, Niederländische (einschließlich des in Südafrika gesprochenen Afrikaans) und das Deutsche.

Das Germanische unterscheidet sich durch verschiedene Merkmale von den übrigen indogermanischen Sprachen. Besonders wichtig ist die Tatsache, dass die Betonung im Wort in der Regel auf die erste Silbe des Wortes gelegt wurde (im Indogermanischen konnten auch andere Wortsilben betont werden). Man erkennt das, wenn man die Betonung der Wörter in germanischen Sprachen (z. B. im Deutschen oder Englischen) mit der in einer anderen indogermanischen Sprache (z. B. im Französischen) vergleicht:

(deutsch:) 'Garten, 'Vater, 'Antwort, 'geben, 'fröhlich

(englisch:) 'garden, 'father, 'minute, 'cover, 'possible

(französisch:) jar'din, mai'son, ma'tin, ai'mer, pe'tit

Zur Betonung im heutigen Deutsch im Einzelnen ↑45. Die Betonung auf der ersten Silbe hat dazu geführt, dass sich die Wörter im Laufe der Geschichte in ihrem Bau immer mehr veränderten (↑18).

2.3 Das Wort *deutsch*

15 Im Zusammenhang mit der Geschichte der deutschen Sprache soll kurz auf die Herkunft und Entwicklung des Wortes eingegangen werden, nach dem die Sprache benannt ist.

Es handelt sich um ein altes germanisches Wort, das zunächst nur in lateinischen Texten überliefert wurde und dort *theodiscus* heißt. Zum ersten Mal findet es sich im Jahre 786 in einem Bericht eines päpstlichen Gesandten über eine Kirchenversammlung in England. Es heißt dort, dass die Beschlüsse der Versammlung sowohl lateinisch als auch in der Volkssprache *(theodisce)* verlesen wurden, damit alle sie verstehen konnten. Diese Stelle und auch andere aus der folgenden Zeit machen deutlich, dass mit *theodiscus* die germanische Volkssprache bezeichnet wurde, wobei noch nicht zwischen den einzelnen germanischen Sprachen, also etwa zwischen Englisch und Deutsch, unterschieden wurde. In dem Adjektiv *theodiscus* (›dem Volk eigen‹, ›volksmäßig‹) steckt ein altes germanisches Nomen, das ›Volk‹ bedeutet und sich in abgewandelter Form heute beispielsweise noch in dem Namen *Dietrich* (›Volksherrscher‹) findet. Das alte germanische Adjektiv veränderte sich in den folgenden Jahrhunderten mehr und mehr bis zu der heutigen Form *deutsch*.

Deutsch diente also zunächst nicht, wie man vermuten könnte, als Bezeichnung für ein Volk, eine Nation oder ein Land, sondern war ein Sprachbegriff, der ursprünglich so viel wie ›germanisch‹ bedeutete. Mit diesem Wort wurde die germanische Volkssprache einerseits vom gelehrten Latein, andererseits vom Französischen abgegrenzt. Erst in späteren Jahrhunderten, als einige germanische Stämme mehr und mehr zu einem Volk zusammenwuchsen, wurde das Wort *deutsch* auch zur Kennzeichnung dieses Volkes und des Landes, in dem es wohnte, verwendet.

Mit der Tatsache, dass erst spät einzelne germanische Stämme mit dem Namen *deutsch* zusammengefasst wurden, hängt es auch zusammen, dass in anderen Sprachen eine erstaunlich große Zahl von Namen unterschiedlichen Ursprungs für *deutsch* besteht: solche, die mit *deutsch, germanisch, alemannisch, fränkisch, sächsisch* oder *schwäbisch* in Zusammenhang stehen (z. B. engl. *German,* frz. *allemand*).

2.4 Epochen der deutschen Sprachgeschichte

Vergleich von vier Texten 16

Anhand der Veränderung eines der bekanntesten Texte, des Vaterunsers, soll im Folgenden ein Eindruck davon vermittelt werden, wie sich die deutsche Sprache in rund tausend Jahren gewandelt hat. Es werden vier Textfassungen wiedergegeben, wobei die jüngste am Anfang und die älteste am Ende steht. Auf diese Weise soll der immer größer werdende Abstand früherer Sprachstufen zur heutigen verdeutlicht werden.

Der erste Text ist die »ökumenische« Fassung, der Gebetstext, der heute meist in christlichen Kirchen verwendet wird:

> Vater unser im Himmel, geheiligt werde dein Name. Dein Reich komme. Dein Wille geschehe, wie im Himmel, so auf Erden. Unser tägliches Brot gib uns heute. Und vergib uns unsere Schuld, wie auch wir vergeben unseren Schuldigern. Und führe uns nicht in Versuchung, sondern erlöse uns von dem Bösen. (Denn dein ist das Reich und die Kraft und die Herrlichkeit in Ewigkeit.)

Der zweite Text stammt aus der Luther-Bibel von 1545:

> VNSER VATER IN DEM HIMEL. DEIN NAME WERDE GEHEILIGET. DEIN REICH KOME. DEIN WILLE GESCHEHE / AUFF ERDEN / WIE IM HIMEL. VNSER TEGLICH BROT GIB VNS HEUTE: VND VERGIB VNS VNSERE SCHULDE / WIE WIR VNSERN SCHÜLDIGERN VERGEBEN. VND FÜRE VNS NICHT IN VERSUCHUNG. SONDERN ERLÖSE VNS VON DEM VBEL. DENN DEIN IST DAS REICH / UND DIE KRAFFT / VND DIE HERRLIGKEIT IN EWIGKEIT.

Der dritte Text ist eine etwas freiere Übersetzung in Versform, die der Meistersinger Marner im 13. Jahrhundert verfasste:

> Got hêrre, vater unser, der dû in dem himel bist,
> geheileget sî dîn nam an uns, getriuwer reiner Krist,
> zuo kum an uns daz rîche dîn,
> dîn wille werde hie als in dîm rîche.
> Dîn götlich brôt daz gip und hiute sunder zwîfels wân,
> vergip uns unser schult, also wir unsern schuldern hân,
> bekorunge uns lâz ânic sîn,
> lœse uns von disen übeln al gelîche.

Worterklärungen: *getriuwer* ›getreuer‹; *sunder zwîfels wân* ›ohne Zweifel‹, ›gewiss‹; *hân* ›haben‹; *bekorunge* ›Versuchung‹; *ânic* ›frei (von)‹.

Das ˆ (z. B. in *hêrre*) gibt an, dass der entsprechende Vokal lang ausgesprochen wird.

Die vierte Übersetzung des Gebets steht im »Weißenburger Katechismus« und stammt aus dem 9. Jahrhundert:

> Fater unsêr, thu in himilom bist, giuuîhit sî namo thîn. quaeme rîchi thîn. uuerdhe uuilleo thîn, sama sô in himile endi in erthu. Broot unseraz emezzîgaz gib uns hiutu. endi farlâz uns scudhi unsero, sama sô uuir farlâzzêm scolôm unserêm. endi ni gileidi unsih in costunga. auh arlôsi unsih fona ubile.

Der Originaltext des Vaterunsers findet sich im Matthäus-Evangelium (Kapitel 6, Vers 9–13) und ist in altgriechischer Sprache abgefasst. Im Mittelalter hat man Bibeltexte meist aus dem Lateinischen übersetzt und versucht, möglichst viel von den Eigentümlichkeiten des Lateinischen ins Deutsche zu übertragen. Daher heißt es beispielsweise nicht *Unser Vater*, sondern *Vater unser* (lateinisch: *pater noster*), obwohl ein

Possessivpronomen im Deutschen in aller Regel nicht nachgestellt wird. Luther hat sich bei seiner Übersetzung des Neuen Testaments bemüht, der deutschen Sprache gerecht zu werden und einen Text zu schaffen, den jedermann verstehen konnte:

> man mus die mutter jhm hause, die kinder auff der gassen, den gemeinen man auff dem marckt drumb fragen, und den selbigen auff das maul sehen, wie sie reden, und darnach dolmetzschen, so verstehen sie es den und mercken, das man deutsch mit jn redet.

Der heutige Leser wird Luthers Übersetzung des Vaterunsers ohne Schwierigkeiten verstehen. Allerdings weicht die Sprache in verschiedener Hinsicht von der heutigen ab: in der Schreibung *(v* für *u, himel, kome, auff, teglich, füre, krafft, herrligkeit)*, in der Lautung *(Schüldigern, Vbel)*, in der Grammatik *(geheiliget, teglich Brot, Schulde)*.

Auch das Gedicht aus dem 13. Jahrhundert lässt sich im Großen und Ganzen vom heutigen Sprachverständnis aus erfassen, wenn man von einzelnen Wörtern und Wendungen absieht, für die Übersetzungshilfen gegeben wurden. Aber man merkt auch deutlich, dass sich diese Sprache mehr von der heutigen unterscheidet als die Luthers. Es sei nur auf einiges hingewiesen: Das lange *i (î)* ist zu einem *ei* geworden: *sî* (›sei‹), *dîn* (›dein‹), *rîche* (›Reich‹), *zwîfels* (›Zweifels‹), *gelîche* (›gleich‹). Bestimmte Wörter haben noch mehr Silben als heute: *geheileget* (›geheiligt‹, auch bei Luther noch viersilbig), *rîche* (›Reich‹; die Endung fehlt heute); andere Wörter dagegen haben weniger Silben als heute: *nam* (›Name‹), *kum* (›komme‹), *götlich* (›göttliches‹), *hân* (›haben‹). Grammatische Zusammenhänge haben sich verändert: *dîn nam an uns* (›dein Name bei uns‹), *bekorunge uns lâz ânic sîn* (›der Versuchung lass uns frei sein‹). Die Schreibung ist ziemlich lautgetreu (vgl. z. B. *vergip*), weshalb der Text auch für heutige Leser verhältnismäßig leicht auszusprechen ist. Schwierigkeiten bereitet vor allem das *iu (getriuwer, hiute)*, das wie der Buchstabe *ü* ausgesprochen wird.

Den Text aus dem 9. Jahrhundert versteht ein heutiger Leser wohl nur noch, wenn er ihn genau mit dem heutigen Text vergleicht; da ein solcher Vergleich fast immer Wort für Wort durchgeführt werden kann, wurde auf Verständnishilfen (Worterklärungen) verzichtet. Auch hier gibt die Schreibung die Laute genau wieder; man muss nur darauf achten, dass *th (thu)* wie *d* ausgesprochen wird (ursprünglich war es, wie des englische *th,* ein Lispellaut) und dass *uu* (*giuuîhit* ›geweiht‹) dem heutigen *w* entspricht (das *w* heißt ja im Englischen heute noch *double u* ›doppeltes *u*‹).

17 Die Einteilung der deutschen Sprachgeschichte

Die vier Fassungen des Vaterunsers sind Beispiele für vier verschiedene Epochen der deutschen Sprachgeschichte:

- das Althochdeutsche (etwa von 750 bis 1050)
- das Mittelhochdeutsche (etwa von 1050 bis 1350)
- das Frühneuhochdeutsche (etwa von 1350 bis 1650)
- das Neuhochdeutsche (etwa von 1650 bis zur Gegenwart).

Freilich ist dies nur eine sehr grobe Gliederung, und man muss bedenken, dass sich der Wechsel von einer Epoche zu anderen nicht schlagartig, sondern ganz allmählich vollzog.

Die Entwicklung der deutschen Sprache ist ein sehr komplizierter Vorgang, der hier nicht im Einzelnen dargestellt werden kann. Im Folgenden soll lediglich auf einige Entwicklungstendenzen hingewiesen werden.

18 Veränderungen im Sprachbau

Der Text des Vaterunsers aus dem 9. Jahrhundert lässt erkennen, dass das Althochdeutsche im Vergleich zu späteren Sprachstufen reich an vollen Vokalen in unbetonten Wortsilben ist *(in himilom – im Himmel, namo – Name, uuilleo – Wille, erthu – Erde)*. Dadurch, dass in den germanischen Sprachen und damit auch im Deutschen die Wortbetonung meist auf die erste Silbe gelegt wurde, sind die Endsilben immer mehr abgeschwächt worden oder sogar ganz weggefallen. Dieser Prozess beginnt im Althochdeutschen und setzt sich im Mittelhochdeutschen und Neuhochdeutschen fort:

> himilom (dreisilbig) – Himmel (zweisilbig), geheileget (viersilbig) – geheiligt (dreisilbig), unseraz – unser, sculdhi – Schulde – Schuld.

Diese Entwicklung hat zur Folge, dass grammatische Beziehungen immer weniger durch Wortendungen ausgedrückt werden können, was dazu führt, dass sich etwa die Deklinationsformen beim Nomen immer mehr angleichen: Das Wort *namo (Name)* beispielsweise hat im Althochdeutschen drei Formen für die Fälle in der Mehrzahl, im Neuhochdeutschen nur noch eine:

<table>
<tr><th></th><th>Althochdeutsch</th><th>Neuhochdeutsch</th></tr>
<tr><td>Nominativ</td><td>namon</td><td rowspan="4">Namen</td></tr>
<tr><td>Genitiv</td><td>namôno</td></tr>
<tr><td>Dativ</td><td>namôm</td></tr>
<tr><td>Akkusativ</td><td>namon</td></tr>
</table>

Die Veränderungen bei der Deklination und überhaupt beim Formenbau sind zwar unterschiedlich verlaufen und haben zu unterschiedlichen Ergebnissen im heutigen Deutsch geführt, insgesamt aber sind die Möglichkeiten, grammatische Merkmale durch Wortendungen auszudrücken, immer mehr zurückgegangen.

Veränderungen im Wortschatz 19

Sprachgeschichtliche Entwicklungen zeigen sich vor allem auch in Veränderungen des Wortschatzes, die sich in unterschiedlicher Weise vollziehen.

Wörter können untergehen, absterben, und neue Wörter können entstehen. Das Wort *frô* (›Herr‹) beispielsweise ist schon in althochdeutscher Zeit als eigenständiges Wort untergegangen; heute findet es sich nur noch in alten Zusammensetzungen wie *Frondienst* (›Dienst für den Herrn‹), *Fronvogt* (›Aufseher, Verwalter des Grundherrn‹) oder *Fronleichnam* (›Leib des Herrn‹; mit *Leichnam* wurde früher auch der lebendige Körper bezeichnet). An die Stelle von *frô* tritt im Althochdeutschen *hêrro,* ein Komparativ zu *hêr,* das ›hehr, erhaben, durch Alter ehrwürdig‹ bedeutet. Das althochdeutsche Wort *hêrro* entwickelte sich über das mittelhochdeutsche *hêrre* zum neuhochdeutschen Wort *Herr.*

Meist sterben Wörter jedoch nicht ab, sondern verändern sich in der Lautform, in der Bedeutung oder in beidem. Das von *frô* abgeleitete althochdeutsche Wort *frouwa* (›Herrin‹) etwa hat sich über mittelhochdeutsch *vrouwe* zum heutigen *Frau* entwickelt, hat dabei aber nicht nur die Ausdrucksseite, sondern auch den Inhalt geändert, denn das Wort bezeichnete lange die adlige Frau, die ›Frau von Stand‹, und hat erst in den letzten Jahrhunderten die heutige Bedeutung angenommen und damit mehr und mehr das Wort *Weib* (mittelhochdeutsch *wîp*, althochdeutsch *wîb*) verdrängt.

Man unterscheidet verschiedene Arten des Bedeutungswandels, etwa

- die Bedeutungserweiterung: *Sache* (aus althochdeutsch *sahha* ›Rechtsstreit, Prozess, Rechtssache‹); *Geselle* (aus althochdeutsch *gisellio* ›der mit jemandem denselben Saal, denselben Wohnraum teilt‹);
- die Bedeutungsverengung: *Hochzeit* (aus mittelhochdeutsch *hôchgezît* ›hohes kirchliches oder weltliches Fest‹); *Magd* (aus althochdeutsch *magad* ›Mädchen, Jungfrau‹).

Große Veränderungen im Wortschatz haben sich vor allem auch dadurch ergeben, dass Wörter aus fremden Sprachen vom Deutschen aufgenommen wurden und heute als Lehn- oder Fremdwörter (↑62) Bestandteile des Wortschatzes der Deutsch Sprechenden sind.

Im frühen Mittelalter und auch später kamen die Wörter vor allem aus dem Lateinischen, und zwar dadurch, dass die Germanen bzw. die Deutschen die antike Kultur und das Christentum übernahmen *(Kalk, Keller, Mauer, Pflanze, Wein, Kloster, Mönch, Kapelle).* Im Hochmittelalter und vor allem im 17. und 18. Jahrhundert wirkte besonders das Französische auf das Deutsche ein *(fein, rund, Armee, Brigade, Teint, Weste, Soße),* und seit dem 19. Jahrhundert und besonders in den letzten Jahrzehnten ist es in erster Linie das Englische, das die deutsche Sprache beeinflusst *(fair, flirten, Hobby, parken, testen, Slogan, Computer, E-Mail, checken, Skateboard, Kids).*

Die geschichtliche Entwicklung des heutigen deutschen Wortschatzes ist zum größten Teil erforscht und kann in etymologischen Wörterbüchern nachgeschlagen werden. (Etymologie ist die Wissenschaft von der Herkunft und Geschichte der Wörter.)

20 2.5 Sprachverfall?

Wie im vorigen Abschnitt gezeigt wurde, hat sich die deutsche Sprache im Laufe ihrer Geschichte sehr verändert, und sie wird sich auch weiter verändern. Man spricht heute nicht mehr so wie zu Zeiten Karls des Großen und auch nicht mehr wie zu Zeiten Goethes, und spätere Generationen werden nicht mehr so sprechen wie die heutige.

Viele Menschen bewerten sprachliche Veränderungen, besonders solche, die sich zu ihren Lebzeiten vollziehen, negativ. Weit verbreitet ist die Auffassung, mit der Sprache gehe es bergab, sie werde immer schlechter. Auch Umfragen kommen zu dem Ergebnis, dass ein großer Teil der Bevölkerung vom »Sprachverfall« überzeugt ist.

Zweifellos sind Wörter und grammatische Strukturen verloren gegangen – und das kann man bedauern –, aber es ist auch eine Fülle neuer Wörter hinzugekommen – noch nie war der Wortschatz so groß wie heute –, und es haben sich neue grammatische Strukturen herausgebildet. So wird etwa der bestimmte Artikel *(der, die, das)* u. a. zur Kennzeichnung der grammatischen Fälle verwendet *(die Namen, der Namen, den Namen, die Namen).* Auch bestimmte Formen des Verbs wie etwa die Perfekt- oder Passivformen sind erst im Laufe der Sprachentwicklung entstanden. Und Präpositionen haben vielfach die Aufgaben übernommen, die früher Wortendungen hatten: Heute sagt man beispielsweise nicht mehr *Ich erinnere mich des Vorfalls,* sondern *Ich erinnere mich an den Vorfall.* Dazu kommt, dass sich die heutigen verschiedenartigen Satzformen erst allmählich herausgebildet haben; so gab es etwa die zahlreichen Nebensatzarten in althochdeutscher Zeit noch nicht.

Selbstverständlich kann und soll man Sprachentwicklungen bewerten, und selbstverständlich ist eine verantwortungsbewusste Sprachpflege notwendig. Aber man sollte die sprachhistorischen Zusammenhänge – zumindest die wichtigsten – kennen, um Vor- und Nachteile von neuen Entwicklungen angemessen beurteilen zu können.

3 Die Gliederung der deutschen Sprache

21 3.1 Allgemeines

Die gegenwärtige deutsche Sprache ist kein einheitliches Gebilde, sondern hat verschiedene Erscheinungsformen (Varietäten):

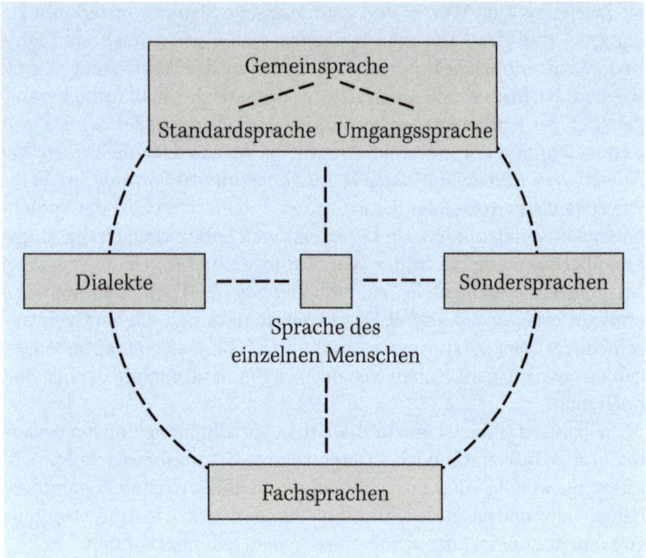

Eine solche schematische Darstellung darf nicht so verstanden werden, als ob es sich bei den einzelnen Sprachformen um in sich abgeschlossene Bereiche handele. Vielmehr gibt es Übergänge und wechselseitige Einflüsse, was in dem Schema durch die gestrichelte Linie angedeutet wird.

Zu unterscheiden sind einerseits die Sprache einzelner Menschen, die Individualsprache (↑2), von den Sprachen bestimmter Gemeinschaften oder Gruppen und andererseits diese Gemeinschafts- und Gruppensprachen untereinander.

Jeder Mensch hat seine eigene Sprache; er unterscheidet sich im Sprechen und Schreiben von anderen durch seine Stimme und seine

Stimmführung, durch Besonderheiten in seiner Aussprache, durch seine Handschrift und durch seine Auswahl aus Wortschatz und grammatischen Mitteln. Zwar spricht und schreibt jeder Mensch in unterschiedlichen Situationen unterschiedlich, aber es gibt doch Merkmale (Stilzüge), die für längere Zeit die Sprache eines Menschen kennzeichnen und seinen Sprachstil ausmachen. Daher sagt man etwa *Sie schreibt einen flüssigen Stil* oder *Der Brief kann nicht von ihm stammen, das ist nicht sein Stil.*

Der einzelne Mensch hat »seine« Sprache aber nur im Rahmen einer oder mehrerer Gemeinschaftssprachen, deren Besonderheiten im Folgenden gekennzeichnet werden sollen.

3.2 Die Gemeinsprache

Die Sprachform, die im ganzen deutschen Sprachraum verbreitet ist, die – im Gegensatz zu den Dialekten, Fach- und Sondersprachen – allen gemeinsam ist, nennt man **Gemeinsprache.** Die Gemeinsprache lässt sich in die Standardsprache und die Umgangssprache untergliedern. 22

Mit **Standardsprache** wird die Sprachform bezeichnet, an die man zunächst meist denkt, wenn man von der deutschen Sprache spricht, und um die es in diesem Buch immer geht, wenn nicht ausdrücklich auf eine andere Form hingewiesen wird. Man nennt sie auch »Hochsprache« oder »Hochdeutsch«. Gegen diese beiden Begriffe bestehen insofern Bedenken, als sie eine Wertung enthalten und durch sie andere Sprachschichten, besonders die Dialekte, abgewertet werden können. Dazu kommt, dass man in der Sprachwissenschaft mit »Hochdeutsch« die mittel- und süddeutschen Dialekte bezeichnet (↑25).

Mehr als andere Sprachformen ist die Standardsprache normiert, d.h. durch Regeln bestimmt, die beim Spracherwerb und vor allem auch im Deutschunterricht der Schulen erlernt werden. So gibt es Regeln für die Rechtschreibung, Aussprache, Grammatik und den Wortgebrauch, aber auch für das Verfassen bestimmter Texte wie Briefe (insbesondere Geschäftsbriefe), Lebensläufe, Protokolle, Berichte oder Beschreibungen. Die meisten Arbeiten, die sich auf die deutsche Ge-

genwartssprache beziehen – etwa Grammatiken oder Wörterbücher –, befassen sich mit der Standardsprache.

23 Viel schwieriger als die Standardsprache ist die **Umgangssprache** zu beschreiben, da sie kein einheitliches Gebilde darstellt und nicht normiert ist. Sie wird vorwiegend im privaten Bereich, im persönlichen Gespräch verwendet und ist von Region zu Region unterschiedlich, da sie von den verschiedenen Dialekten beeinflusst wird. Auch Eigentümlichkeiten der Sonder- oder Fachsprachen können in sie eindringen. So ist die Umgangssprache zwischen jüngeren Menschen häufig anders als die zwischen älteren, und persönliche Gespräche zwischen Arbeitskollegen enthalten häufig fachsprachliche Wörter und Wendungen, auch wenn sie sich nicht auf ihre Arbeit oder ihren Beruf beziehen.

Vor allem aber ist die Umgangssprache dadurch bestimmt, dass standardsprachliche Normen weniger beachtet oder zumindest sehr vereinfacht werden: Man zieht Wörter zusammen *(wir ham* statt *wir haben, das isses* statt *das ist es),* benutzt kurze, oft unvollständige Sätze, wenig unterordnende Nebensätze, ergänzt, was man vergessen hat *(Ich hab ihn gesehen, Herrn Mayer),* verwendet Allerweltswörter *(tun, machen, Ding, Sache),* gefühlsbeladene Ausrufe *(Mensch! Verdammt!)* und saloppe oder drastische Wendungen, die man in der Standardsprache vermeiden würde.

Die Bedeutung der Gemeinsprache und besonders der Standardsprache hat immer mehr zugenommen. An dieser Sprachform, die sich seit dem späten Mittelalter herausgebildet hat, nehmen heute, wenn auch in unterschiedlicher Weise, alle Deutsch Sprechenden teil. Besonders die Schule und die Massenmedien (Zeitungen, Rundfunk und Fernsehen) haben dazu beigetragen, dass die Normen der Standardsprache als verbindlich angesehen werden; dies gilt vor allem für Rechtschreibung und Grammatik, weniger für Aussprache, Wortschatz und Stil.

3.3 Dialekte

24 Wie schon im vorigen Abschnitt gesagt, hat sich die deutsche Gemeinsprache erst seit dem späten Mittelalter, seit Beginn der frühneuhochdeutschen Zeit im 14. Jahrhundert, ganz allmählich entwickelt. Vorher gab es im deutschen Sprachgebiet keine einheitliche Sprache, sondern

verschiedene **Dialekte** (Mundarten), von denen sich die meisten – wenn auch in veränderter Form – bis heute erhalten haben.

Dialekte sind Sprachformen, die in bestimmten geografischen Räumen (Gegenden, Landschaften, Orten) gesprochen werden. Die folgende Karte zeigt die deutschen Dialekte in der Gegenwart:

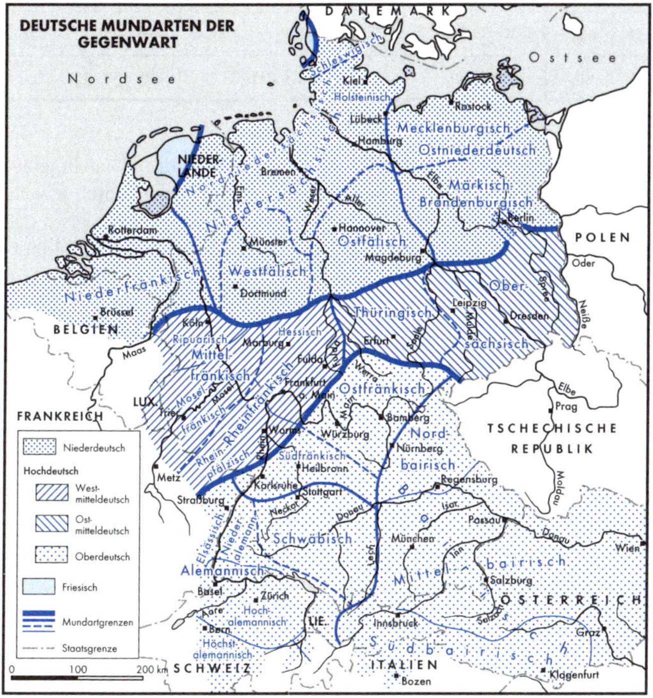

Man unterscheidet die großräumigen Sprachgebiete des Niederdeut- **25**
schen, Mitteldeutschen und Oberdeutschen. »Mitteldeutsch« und »Oberdeutsch« werden mit dem Begriff »Hochdeutsch« zusammengefasst. Diese Gliederung ergibt sich vor allem aus Unterschieden in der Lautung, die sich im Laufe der Sprachgeschichte entwickelt haben. So haben sich im Hochdeutschen bestimmte Laute verändert, die im Niederdeutschen und auch in den anderen germanischen Sprachen (z. B.

im Englischen) unverändert blieben. Man spricht hier von der hochdeutschen Lautverschiebung, die vor allem die Laute *p, t* und *k* betraf:

	niederdeutsch	englisch	hochdeutsch
p → f/pf	open, pund	open, pound	offen, Pfund
t → s/z	dat, tied	that, tide	das, Zeit
k → ch	ik, maken	I (aus ic), make	ich, machen

Wie die Karte (↑24) zeigt, gliedern sich die großräumigen Dialektgebiete des Niederdeutschen, Mitteldeutschen und Oberdeutschen jeweils in verschiedene Mundarten. Zum Niederdeutschen gehören etwa das Westfälische, Holsteinische und Mecklenburgische, zum Mitteldeutschen etwa das Moselfränkische, Hessische und Thüringische, zum Oberdeutschen etwa das Schwäbische und Bairische.

Dialekte kommen fast ausschließlich in gesprochener Sprache vor. Sie werden vor allem im persönlichen Gespräch verwendet, zuweilen auch im Rundfunk und in öffentlichen Reden und Diskussionen, etwa in Predigten oder Parlamentssitzungen kleinerer Gemeinden. Gelegentlich finden sich Dialekte aber auch in der geschriebenen Sprache: in Zeitungen (besonders im Lokalteil), in Romanen, Erzählungen, Dramen, Gedichten und in Textvorlagen für Mundartlieder.

26 Im Vergleich zur Standardsprache sind Dialekte nichts Zweitrangiges oder Minderwertiges. Zwar ist die »kommunikative Reichweite« des Dialekts viel geringer als die der Standardsprache, aber in alltäglichen Situationen kann der Dialekt oft mehr leisten, da der für solche Situationen notwendige Wortschatz im Dialekt häufig differenzierter und treffender ist. Dazu kommt, dass die meisten Menschen stark gefühlsmäßig auf Dialekte reagieren, sowohl auf den eigenen (falls sie einen Dialekt sprechen) als auch auf fremde. Dialekte können Sympathie und Antipathie erzeugen.

Die Bedeutung der Dialekte hat immer mehr abgenommen, eine Entwicklung, die mit der immer weiteren Verbreitung der Gemeinsprache zusammenhängt und die vor allem im 19. und 20. Jahrhundert und besonders in den letzten Jahrzehnten sehr schnell fortgeschritten ist, insbesondere auch durch den Einfluss der Massenmedien. Aber diese

Entwicklung verläuft im deutschen Sprachraum sehr unterschiedlich: In Mittel- und vor allem in Süddeutschland und in Österreich spielen Dialekte nach wie vor eine große Rolle; eine besondere Situation besteht in der Schweiz, wo das Schweizerdeutsch in weiten Bereichen des öffentlichen Lebens gebraucht wird. Überhaupt ist das Interesse an Mundarten in den letzten Jahren wieder gestiegen, auch bei Jugendlichen. Dies steht im Zusammenhang damit, dass man sich ganz allgemein wieder stärker mit regionaler, mit »heimatlicher« Kultur befasst. Allerdings muss man auch sehen, dass sich die Dialekte immer mehr der Standardsprache angleichen, sodass die kleineren Dialekte in größeren Regionalsprachen (Regiolekten) aufgehen (vgl. etwa den Regiolekt des Rhein-Main-Gebiets oder von Berlin und Brandenburg).

3.4 Fachsprachen

Fachsprachen gibt es, seitdem es Arbeitsteilung gibt, und je differen- 27
zierter die Arbeitsteilung – vor allem im 19. und 20. Jahrhundert – wurde, desto mehr sprachliche Mittel wurden entwickelt, die nur auf einem eng begrenzten Gebiet anwendbar und weitgehend nur für die auf diesem Gebiet Tätigen verständlich sind. Früher spielten Fachsprachen vor allem im Handwerk eine Rolle; wenn man heute von Fachsprachen spricht, so denkt man in erster Linie an die Sprachen der Wissenschaft, der Technik und der Verwaltung.

Über die Frage, wie viele Fachsprachen es gibt, besteht keine Einigkeit, und es wird auch schwierig, vielleicht unmöglich sein, hier zu einer Einigung zu gelangen, da die Auffassungen darüber, was ein »Fach« ist und ob jedes Fach eine eigene Fachsprache besitzt, sehr auseinandergehen. Bilden beispielsweise Bereiche wie Chemie oder Elektrotechnik Fächer mit einheitlichen Fachsprachen, oder muss man von den Spezialgebieten ausgehen, bei der Chemie also etwa unterscheiden zwischen den Sprachen der organischen und anorganischen Chemie, bei der Elektrotechnik etwa zwischen den Sprachen der Starkstromtechnik, der Nachrichtentechnik, der Messtechnik und der Regelungs- und Steuerungstechnik? Und kann man überhaupt von einzelnen Fachsprachen sprechen, wenn man bedenkt, dass sich die einzelnen Arbeitsbereiche wechselseitig beeinflussen? So sind sowohl für die Chemie als auch für die Elektrotechnik die Physik und ihre Sprache von großer Bedeutung.

Wenn sich auch die Auffassungen der Sprachwissenschaftler über die Gliederung der Fachsprachen und den Bau der einzelnen Fachsprachen unterscheiden, so ist man sich andererseits einig darüber, dass es für Fachsprachen insgesamt gewisse Kennzeichen gibt, die diese Sprachform von anderen unterscheiden; die wichtigsten von ihnen sollen im Folgenden genannt werden.

28 Dem Laien fällt an Fachsprachen vor allem auf, dass sie Wörter enthalten, die er nicht versteht. Solche Fachwörter oder Termini (Singular: Terminus) dienen den Fachleuten dazu, bestimmte Gegenstände und Sachverhalte besonders genau und eindeutig zu benennen. Die Gesamtheit der Termini eines bestimmten Faches nennt man Terminologie. So spricht man etwa von der medizinischen oder juristischen Terminologie.

Ein Fachwort erhält seinen genauen Inhalt im Allgemeinen durch Definition, die – wie eine Gleichung in der Mathematik – zwei Seiten hat: Links steht das, was noch unbekannt (unverständlich) ist, was also noch definiert werden muss, rechts das, was bekannt (verständlich) ist und was daher zur Definition verwendet werden kann:

Hypotenuse =	in einem rechtwinkligen Dreieck die dem rechten Winkel gegenüberliegende Seite
Etymologie =	Wissenschaft von der Herkunft und Geschichte der Wörter

Nach weitverbreiteter Meinung handelt es sich bei Fachwörtern meist um Fremdwörter (↑62), und hierin sieht man den Grund dafür, dass Fachwörter für Laien schwer oder nicht verständlich sind. Nun stammen gewiss viele Fachwörter aus fremden Sprachen, aber nicht das macht sie un- oder schwer verständlich, sondern die für Laien unbekannten, durch Definition geschaffenen Inhalte. Die Juristen unterscheiden beispielsweise zwischen *Eigentum* und *Besitz*, zwei deutschen Wörtern, die in der Gemeinsprache nahezu synonym (gleichbedeutend) sind. Nach dem Bürgerlichen Gesetzbuch ist Eigentümer einer Sache derjenige, dem sie gehört, der das Recht hat, über sie innerhalb der von der Rechtsordnung gezogenen Grenzen frei zu bestimmen; Besitzer ist derjenige, der die Sache tatsächlich hat (»Der Besitz einer Sache wird durch die Erlangung der tatsächlichen Gewalt über die Sache erworben.«). In diesem Sinne ist etwa der Mieter einer Wohnung auch der Besitzer der Wohnung. Dieser juristisch-fachsprachliche Inhalt von *Besitz* weicht erheblich vom gemeinsprachlichen ab und ist nur für denjenigen verständlich, der die fachsprachliche Definition kennt. Auch Fachwörter, die aus der deutschen Sprache stammen, können also ohne Definition nicht verstanden werden. Dies gilt auch für grammatische Termini: *Beugung* beispielsweise ist ohne Definition genauso wenig verständlich wie *Flexion* (↑71).

Fachsprachen unterscheiden sich von anderen Sprachformen aber nicht nur durch ihren besonderen Wortschatz, sondern auch in ihrer Grammatik. Zwar sind die grammatischen Mittel die gleichen wie die der Standardsprache, aber bestimmte Mittel werden häufiger verwendet. Die folgenden Merkmale betreffen vor allem die naturwissenschaftlichen und technischen Fachsprachen: **29**

Mehrgliedrige Zusammensetzungen kommen öfter vor:

> Rotationskolbenmotor, Trapezgewindeschleifmaschine, Drehstromkurzschlussläufermotor, Hörsprachgeschädigtenpädagogik, Lohnsteuerjahresausgleichsantragsverfahren

Nomen treten gehäuft auf, sodass der Nominalstil (↑292) vorherrscht:

> Bei der Überprüfung der Gültigkeit dieser Hypothese ist der zu geringe Umfang an Ausgangsmaterial in Anschlag zu bringen.
> (In dem stärker verbalen Stil der Gemeinsprache könnte der Satz heißen: Wenn man überprüft, ob diese Hypothese gültig ist, muss man berücksichtigen, dass das Ausgangsmaterial nicht groß genug ist.)

Der letzte Beispielsatz macht deutlich, dass längere Attribute (↑276) vorherrschen:

> die Überprüfung der Gültigkeit dieser Hypothese

Aussagen werden also häufig in Einzelsätzen »komprimiert«; dadurch überwiegen in fachsprachlichen Texten Hauptsätze. Wenn Nebensätze vorkommen, handelt es sich meist um Relativsätze (↑600), Konditionalsätze (*wenn;* ↑589), Kausalsätze (*weil, da;* ↑587) oder *dass*-Sätze (↑579).

Da die wichtigen Informationen vor allem durch Nomen ausgedrückt werden, haben Verben häufig keine eigentliche Bedeutung, sondern nur eine grammatische Funktion; es entstehen Funktionsverbgefüge (↑188):

> in Anschlag bringen, zum Ausdruck bringen, zur Anwendung kommen, in Erwägung ziehen

In Fachtexten wird der Handelnde häufig nicht genannt; es herrscht ein »unpersönlicher« Stil vor, besonders durch Verwendung des Passivs (↑178), von *man* oder von reflexiven Verben (↑186):

> Durch den Einsatz schnell laufender Pressen werden sehr hohe Stückzahlen erzielt. Man arbeitet fast ausschließlich vom Band. Viele Arbeitsvorgänge lassen sich leicht automatisieren.

30 Fachsprachen haben eine immer größere Bedeutung gewonnen. Ihre Zahl nimmt ständig zu, die Ausdrucksmittel der einzelnen Fachsprachen vermehren sich in einer Weise, dass Fachlexika häufig schon nach kurzer Zeit veralten; der Wortschatz der Fachsprachen ist schon seit Langem weitaus umfangreicher als der der Gemeinsprache. Vor allem aber wirkt keine andere Sprachform so nachhaltig auf die Gemeinsprache ein. So findet sich beispielsweise der Nominalstil immer häufiger auch in standardsprachlichen Texten, und Fachwörter dringen in großer Zahl in die Gemeinsprache ein, etwa aus den Bereichen der Medizin *(Diagnose, Therapie, Hormone, Herzinfarkt),* der elektronischen Medien *(Computer, Bit, Datenbank)* oder der Verwaltung *(Aufsichtsbehörde, Verwaltungsakt, Rechtsmittelbelehrung);* allerdings ändern die Fachwörter in der Gemeinsprache häufig ihre Bedeutung.

Oft werden Fachsprachen negativ beurteilt, weil man sie als Laie nicht versteht. Man fordert, dass sich die Fachleute verständlich ausdrücken sollen. Fachsprachen sind jedoch notwendig, denn für die besonderen Gegenstände und Fragestellungen der einzelnen Fächer, vor allem der wissenschaftlichen, reichen die gemeinsprachlichen Mittel nicht aus. Freilich müssen die einzelnen Fachgebiete dafür sorgen, dass die Ergebnisse ihrer Arbeit auch für Laien verständlich werden. Die fachsprachlichen Inhalte müssen also in Gemeinsprache »übersetzt« werden. Dies ist die Aufgabe der Fachleute selbst oder besonderer »Vermittler«, also etwa von Sachbuchautoren oder Journalisten.

3.5 Sondersprachen

31

Das Wort **Sondersprache** kann sehr Unterschiedliches bedeuten. Man kann damit etwa alle »Sonderformen« des Deutschen bezeichnen, d.h. alle Sprachformen außer der Gemeinsprache. Meist aber versteht man darunter die Sprache größerer oder kleinerer Gruppen innerhalb der Sprachgemeinschaft, z.B. die Sprache der Jugendlichen, der älteren Menschen, der Arbeiter oder der Akademiker. Diese Beispiele machen deutlich, dass es sich hier um sehr verschiedenartige Sprachformen handelt und dass es vom jeweiligen Gesichtspunkt abhängt, welche Sondersprachen man unterscheidet.

So kann man etwa fragen: Gibt es eine besondere Sprache der Jugendlichen? Man kann aber auch spezieller danach fragen, ob es eine besondere Sprache der Schülerinnen und Schüler, der Studierenden, der Auszubildenden oder der Mädchen bzw. Jungen gibt. Und wenn man so fragt, weiß man selbstverständlich, dass die Jugendlichen bzw. Schüler, Studenten usw. nicht alle gleich sprechen, dass es also nicht um eine Einheitssprache für alle Angehörigen einer Gruppe geht. Man will vielmehr wissen, ob bestimmte sprachliche Mittel nur oder zumindest häufiger in bestimmten Gruppen vorkommen.

Für die Jugendsprache sind etwa folgende Wendungen kennzeichnend, die zum Teil auch schon früher vorkamen und von denen einige bereits in die Umgangssprache eingedrungen sind:

> Mach mich nicht an! Darauf habe ich keinen Bock. Da fahr ich voll drauf ab. Die steht auf mich. Du nervst! Er rafft es mal wieder nicht. Sie sind zusammen abgeschoben. Das ist geil / total genial /echt cool / voll fett /super krass.

Jugendsprache kann untertreibend, »cool«, aber auch übertreibend sein *(Ich hasse das).* Jugendliche verwenden diese Sprache hauptsächlich, wenn sie unter sich sind, und zwar einmal, um sich von der Sprache der Erwachsenen abzugrenzen, zum anderen, um dadurch die Zugehörigkeit zu einer Gruppe zu dokumentieren.

Sondersprachen, die hier am Beispiel der Jugendsprache gekennzeichnet wurden, sind also Kommunikationsmittel sozialer Gruppen und unterscheiden sich von den Fachsprachen dadurch, dass sie sich nicht auf bestimmte Arbeitsbereiche oder Berufe beziehen. Da aber die Angehörigen eines Berufs oder einer Berufsgruppe – etwa die Mediziner, Juristen, Ingenieure oder Metallarbeiter – auch sozialen Gruppen angehören, sind die Übergänge zwischen Fach- und Sondersprachen fließend.

Was ist Grammatik und wozu braucht man Grammatikkenntnisse?

Wörter bilden die »Bausteine« von Sprache und Kommunikation. Aber 32
Sprechen und Schreiben besteht, wie jeder weiß, nicht in einer willkürlichen Aneinanderreihung von Wörtern. Man vergleiche folgende Wortfolgen:

1. Haus der mit sprechen das Besitzer der gestern Mieter.
2. Der Besitzer das Haus sprechen gestern mit der Mieter.
3. Der Besitzer des Hauses sprechen gestern mit der Mieter.
4. Der Besitzer des Hauses sprechte gestern mit der Mieter.
5. Der Besitzer des Hauses sprach gestern mit den Mieter.
6. Der Besitzer des Hauses sprach gestern mit dem Mieter.
7. Der Hausbesitzer sprach gestern mit dem Mieter.

In der ersten Folge stehen neun Wörter beziehungslos nebeneinander; sie ergeben zusammen keinen Sinn.

In Folge 2 sind die Wörter in eine Wortfolge (Wortstellung) gebracht, wie sie im Deutschen möglich ist; man kann jetzt erraten, was der Satz bedeuten soll.

In Folge 3 wird die Beifügung (das Attribut) zu *Besitzer* in den richtigen Fall, nämlich den Genitiv *(des Hauses)*, gesetzt.

In Folge 4 steht eine falsche Form für das Präteritum. Die Endung *-te* ist zwar für die meisten Verben möglich *(fragte, sagte, siegte, lebte)*, nicht aber bei unregelmäßigen Verben wie *sprechen (sprach), rufen (rief), tun (tat)* oder *laden (lud)*.

In Folge 5 steht nach der Präposition *mit* der Akkusativ statt des im Deutschen notwendigen Dativs *(mit dem Mieter)*.

Folge 6 schließlich enthält einen grammatisch richtigen deutschen Satz.

Auch Folge 7 stellt einen korrekten Satz dar, in dem zwei Wörter zu einem neuen Wort zusammengesetzt sind *(der Besitzer des Hauses – der Hausbesitzer)*.

Aus dem »Wortsalat« der 1. Folge können noch weitere grammatisch richtige Sätze gebildet werden, etwa:

Der Mieter des Hauses sprach gestern mit dem Besitzer.
Mit dem Besitzer des Hauses sprach gestern der Mieter.
Gestern sprach der Besitzer des Hauses mit dem Mieter.
Sprach der Besitzer des Hauses gestern mit dem Mieter?

Die Wörter müssen also in bestimmter Weise geformt und angeordnet werden, damit richtige Sätze entstehen, und dies geschieht nach bestimmten Regeln. Die Gesamtheit dieser Regeln nennt man **Grammatik.**

33 Nun ist die Beschäftigung mit Grammatik aber keineswegs die Voraussetzung dafür, dass man richtige Sätze bilden kann. Von einem bestimmten Alter an weiß jeder Deutsch Sprechende, dass der Satz *Gestern sprechte er mit ihm* einen Fehler enthält, und er weiß auch, dass es *der Besitzer des Hauses* heißt und dass man nicht sagen kann *er sprach mit ihn.*

Im Großen und Ganzen beherrschen die Deutsch Sprechenden also die grammatischen Regeln ihrer Sprache, die sie nach und nach unbewusst gelernt haben. Vor allem als Kinder haben sie Fehler gemacht, man hat sie verbessert, und sie haben mehr und mehr gemerkt, welche Regeln in ihrer Muttersprache gelten. Wenn beispielsweise ein Kind sagt *er sprechte* oder *er gehte,* so kann man daraus ersehen, dass es eine Regel gelernt hat, nämlich die, dass häufig *-te* an den Stamm des Verbs gehängt wird, wenn man über Vergangenes spricht. Allerdings gibt es von dieser Regel Ausnahmen, und die hat das Kind noch nicht gelernt.

Die Tatsache, dass man beim Sprechen und Schreiben die grammatischen Regeln seiner Muttersprache im Großen und Ganzen beherrscht, bedeutet jedoch nicht, dass man über diese Regeln Bescheid weiß. Man kann beispielsweise die Formen des Präteritums *(er sagte, sprach, lief)* richtig gebrauchen, ohne zu wissen, dass es sich um das Präteritum handelt, ohne überhaupt über die Tempusformen des Deutschen (Präsens, Präteritum, Futur usw.) Bescheid zu wissen und ohne sich klargemacht zu haben, welche Möglichkeiten es im Deutschen gibt, Vergangenes auszudrücken. Die Beschäftigung mit Grammatik führt also dazu, dass man sich Regeln bewusst macht, die man unbewusst weitgehend beherrscht.

34 Welchen Sinn hat es nun, sich solche Regel bewusst zu machen? Oder anders ausgedrückt: Wozu braucht man grammatische Kenntnisse?

Es lassen sich folgende Gründe für die Beschäftigung mit Grammatik angeben.

Grammatische Kenntnisse fördern die Kommunikationsfähigkeit; das soll heißen, dass jemand, der über grammatisches Wissen verfügt, besser sprechen, schreiben und verstehen kann. Gegen diese Begründung könnte man anführen, dass von den vielen, die sprechen und schreiben, hören und lesen, nur wenige solide Grammatikkenntnisse besitzen. An diesem Einwand ist richtig, dass man, wie bereits zuvor gesagt, im Großen und Ganzen richtig sprechen kann, ohne sich intensiver mit Grammatik befasst zu haben, da man die grammatischen Regeln unbewusst zum großen Teil beherrscht. Dies gilt aber schon nicht mehr für das Schreiben: Wer die Regeln der geltenden Orthografie richtig anwenden will, braucht grammatische Kenntnisse. Wer beispielsweise Nomen großschreibt, wer zwischen *seid* und *seit* und *das* und *dass* unterscheiden kann, wer zwischen Haupt- und Nebensätzen Kommas setzt, muss zumindest ungefähr wissen, was man unter »Nomen«, »Verb«, »Konjunktion«, »Präposition«, »Hauptsatz« und »Nebensatz« versteht.

Grammatisches Wissen ist aber nicht nur für die Rechtschreibung notwendig, sondern auch immer dann, wenn man im Zweifel über den richtigen Sprachgebrauch ist – und solche Fälle treten im Deutschen sehr oft auf: Heißt es *Wenn er Geld bräuchte, würde er mich fragen* oder muss man *brauchte* sagen? Heißt es *Er sagte, sie sei zu Hause* oder ... *sie wäre zu Hause* oder ... *sie ist zu Hause?Sagt man wir Deutsche* oder *wir Deutschen; am Ersten dieses Monats* oder *am Ersten diesen Monats; wir gingen spazieren, trotzdem es regnete* oder ... *obwohl es regnete?*

Außerdem erleichtern Grammatikkenntnisse das Verstehen komplizierter Sätze, etwa in Fachsprachen:

> Der die das Recht auf Steuererhöhungen betreffenden Fragen bearbeitenden Kommission steht die alleinige Entscheidung zu.

Dieser Satz wird verständlich, wenn man sich seinen Aufbau im Einzelnen Schritt für Schritt klarmacht:

Der Kommission steht die alleinige Entscheidung zu.

die Fragen bearbeitenden (Attribut zu *Kommission*)

das Recht auf Steuererhöhungen betreffenden
(Attribut zu *Fragen*)

Allgemein gilt: Wer über grammatisches Wissen verfügt, kennt damit die unterschiedlichen Ausdrucksmöglichkeiten der Sprache. Er muss Sprechen und Schreiben nicht dem augenblicklichen Einfall überlassen, sondern kann auswählen, kann bewusst entscheiden, welche sprachlichen Mittel er in einem bestimmten Zusammenhang gebrauchen will, kann sich genau, aber auch abwechslungsreich ausdrücken, kann gezielt seinen Stil verbessern und kann die Sprache anderer bewusster aufnehmen und damit besser verstehen. Und wer die geschriebene oder gesprochene Sprache anderer beurteilen muss oder will, also beispielsweise etwas aussagen will über die Sprache eines Zeitungsartikels, eines Geschäftsbriefs, eines Protokolls, eines Fachbuchs, eines Schülers, eines Schriftstellers, eines Politikers oder eines Bekannten, der braucht dazu grammatische Kenntnisse.

Auch beim Fremdsprachenlernen – etwa in der Schule, in Kursen der Erwachsenenbildung oder im Selbststudium – kann auf Grammatik nicht verzichtet werden, denn hierbei wird eine Sprache bewusst und systematisch gelernt. Der Lehrende oder ein Lehrbuch machen dem Lernenden den grammatischen Bau der fremden Sprache bewusst, auch indem sie die Unterschiede zur Muttersprache erläutern.

35 Dass es notwendig ist, sich mit Grammatik zu beschäftigen, leuchtet den meisten Menschen ein. Für viele gilt jedoch Grammatik als langweilig und schwierig. Die Meinung, Grammatik sei langweilig, bildet sich meist in der Schulzeit, und zwar vor allem deshalb, weil Grammatik besonders in den unteren Schulklassen behandelt wird und Schüler in diesem Alter meist andere Interessen haben. Dazu kommt, dass oft

Einzelheiten gelehrt werden und den Schülern häufig die grammatischen Zusammenhänge und der Sinn des Grammatikunterrichts nicht klar werden. Wenn man sich jedoch von dem Vorurteil, die Beschäftigung mit Grammatik müsse langweilig sein, frei macht, erkennt man schnell, dass es sehr interessant ist, sich mit dem Bau und den Funktionen einer Sprache zu befassen, so wie es interessant ist, sich mit der Struktur einer gotischen Kathedrale, eines Gedichts von Goethe oder einer Sinfonie von Beethoven zu beschäftigen.

Was die Schwierigkeiten der Grammatik angeht, so ist es sicher richtig, dass grammatische Zusammenhänge nicht ganz leicht zu durchschauen sind. Andererseits ist Grammatik auch nicht schwerer zu verstehen als andere Gebiete, mit denen man sich in der Schule, im Studium oder im Beruf befassen muss. Im Übrigen bedeutet die Beschäftigung mit Grammatik nicht, dass man sich alle Einzelheiten merkt, sondern dass man die wichtigen Zusammenhänge versteht. Es ist daher sinnvoll, dieses Buch zunächst einmal ganz oder in Teilen durchzuarbeiten und es dann als Nachschlagewerk zu verwenden.

AUSSPRACHE UND SCHREIBUNG

1 Die Aussprache

1.1 Der Laut

36 **Allgemeines**

Laute sind die kleinsten Einheiten der gesprochenen Sprache. Die Art, wie sie gebildet werden, kann man sich anhand einer schematischen Darstellung des menschlichen Kopfes leicht klarmachen:

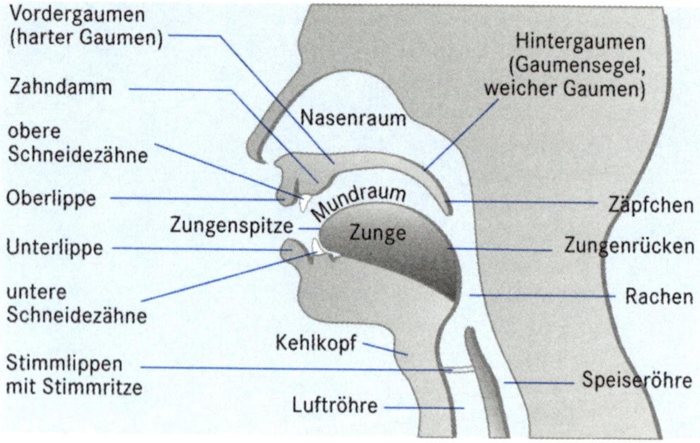

Die für das Sprechen notwendige Luft kommt aus der Lunge und dringt durch die Luftröhre, den Kehlkopf, den Rachen, den Mund oder die Nase nach außen. Durch ein kompliziertes Zusammenspiel verschiedener Organe entstehen die Sprachlaute.

Im Kehlkopf befinden sich die Stimmlippen, die man mit den Saiten eines Musikinstruments vergleichen kann. Werden sie durch den Luftstrom in Schwingungen versetzt, so entstehen **stimmhafte** Laute, schwingen sie bei der Lautbildung nicht, so werden **stimmlose** Laute gebildet. So unterscheiden sich etwa *b* und *p*, *d* und *t*, *g* und *k* dadurch, dass der jeweils erste Laut stimmhaft, der zweite stimmlos ist:

stimmhafter Laut	backen, danken, Gabel
stimmloser Laut	packen, tanken, Kabel

Da die Rechtschreibung die Laute nicht eindeutig wiedergibt (↑49–51), hat man eine **Lautschrift** entwickelt, deren Zeichen – im Gegensatz zu Buchstaben – in eckige Klammern gesetzt werden:

kurz [kurts], Kind [kint]

Die Lautschrift (↑37–39) unterscheidet sich nur in wenigen Zeichen von der Schreibschrift und kann daher leicht erlernt werden. Wer sie kennt, kann sich besser mit der Aussprache des Deutschen oder anderer Sprachen befassen und ohne Mühe die Ausspracheangaben in Wörterbüchern verstehen.

Sprachlaute werden in zwei Gruppen eingeteilt: Vokale (Selbstlaute) und Konsonanten (Mitlaute).

Vokale 37

Vokale sind durch zwei Merkmale gekennzeichnet: Sie sind immer stimmhaft, und bei ihrer Bildung strömt die Atemluft ungehindert aus. Die unterschiedliche Klangfarbe der Vokale hängt vor allem von der Zungenstellung und der Formung der Lippen ab. Vgl. etwa die Aussprache folgender Wörter:

Stahl, Stall, stehlen, Stelle, Stiel, Stille, Stola, Stolz, Stuhl, Stulle

Im Deutschen gibt es folgende Vokale:

Einfache Vokale		
[a]		Wasser
[ɐ]	abgeschwächtes [a]	Wasser
[e]		Leben
[ɛ]	offenes [e]	Stätte, Eltern
[ə]	Murmelvokal	fahren
[i]		Bitte
[o]		rot
[ɔ]	offenes [o]	Rost
[œ]		Löffel
[u]		Kuchen
[y]		Hütte

Doppelvokale (Diphthonge)	
[ai]	Reise, Laib
[au]	Tau
[ɔy]	Leute, Geräusch

Außerdem finden sich in Fremdwörtern Vokale, die in ursprünglich deutschen Wörtern nicht vorkommen. Sie stammen meist aus dem Französischen oder Englischen. Beispiele:

Fremdsprachige Vokale		
[ã]	nasale Vokale, aus dem Französischen	Rendezvous
[ɛ̃]		Teint
[õ]		Fondue
[œ̃]		Parfum
[ei]	Doppelvokale, aus dem Englischen	Lady
[ou]		Show

Vokale können **lang** oder **kurz** sein. In der Lautschrift wird Länge mit [:] wiedergegeben:

langer Vokal	Rate [ra:tə]	Miete [mi:tə]
kurzer Vokal	Ratte [ratə]	Mitte [mitə]

Sie können **offen** oder **geschlossen** sein:

offener Vokal	offen [ɔfən]	Bären [bɛ:rən]
geschlossener Vokal	Ofen [o:fən]	Beeren [be:rən]

Konsonanten

Konsonanten werden dadurch gebildet, dass die ausströmende Luft 38
beim Sprechen zeitweise gestoppt oder behindert wird. Im Deutschen gibt es folgende Konsonanten:

Konsonanten		
[b]		Ball
[d]		Dorf
[f]		fallen, Vater
[g]		gehen
[h]		Haus
[j]		Jahr
[k]		Küche, Berg
[l]		lachen
[m]		Meer
[n]		Nase
[p]		Paket
[r]		Rose
[s]		aus, Schloss, Schoß
[t]		Turm, Tod
[v]	stimmhaftes [f]	Wasser, Vase
[z]	stimmhaftes [s]	Rose
[ʃ]	sch-Laut	Schiff
[ç]	Ichlaut	ich, fertig
[x]	Achlaut	Bach
[ŋ]	ng-Laut	lang

⚠ Im Vergleich zu den entsprechenden Buchstaben können drei Zeichen der Lautschrift zu Verwechslungen führen:

- [v] gibt die Aussprache des Buchstabens *w (Wasser)* und gelegentlich des Buchstabens *v (Vase)* wieder. Das Zeichen [w] steht für den englischen *w*-Laut (z. B. in *water*).
- [z] steht nicht für [ts] (z. B. in *Zimmer*), sondern für den stimmhaften *s*-Laut *(Rose)*.
- [x] steht nicht für [ks] (z. B. in *Max*), sondern für einen stimmlosen Reibelaut, der hinten am Gaumen gebildet wird *(Bach)*.

Die wichtigsten fremdsprachigen Konsonanten und Konsonantenverbindungen sind:

Fremdsprachige Konsonanten	
[ʒ]	Garage
[dʒ]	Gin
[θ]	Thriller

39 Man unterscheidet zwischen der **Artikulationsart** (Wie wird ein Konsonant gebildet?) und dem **Artikulationsort** (Wo wird ein Konsonant gebildet?). Die Tabelle auf der folgenden Seite gibt für alle oben angeführten Konsonanten die Artikulationsart und den Artikulationsort an.

Erläuterungen zur Tabelle auf S. 55:

Verschlusslaute entstehen, wenn ein Verschluss gebildet und dadurch die Luft zeitweilig am Ausströmen gehindert wird. Bei [p] und [b] etwa sind die Lippen zunächst geschlossen und öffnen sich dann.

Reibelaute entstehen, wenn die Luft beim Ausströmen eingeengt und dadurch ein Reibegeräusch erzeugt wird. Bei [s] beispielsweise wird die Luft zwischen den Zähnen »gerieben«.

Nasenlaute entstehen, wenn die Luft nicht durch den Mund, sondern durch die Nase ausströmt.

Ein **Seitenlaut** ist das [l]: Die Luft entweicht auf beiden Seiten der Zunge.

Das [r] kann entweder gerollt oder kurz angeschlagen werden, und zwar entweder mit der Zungenspitze (an den Oberzähnen) oder mit dem Zäpfchen; außerdem kann es am Zäpfchen gerieben werden, sodass es im Deutschen fünf verschiedene Möglichkeiten der Aussprache gibt.

Artikul.-ort / Artikul.-art	Lippenlaute		Lippenzahnlaute		Zahnlaute		Vordergaumenlaute		Hintergaumenlaute		Zäpfchenlaute	Stimmritzenlaute
	stimmlos	stimmhaft	stimmlos	stimmhaft	stimmlos	stimmhaft	stimmlos	stimmhaft	stimmlos	stimmhaft	stimmhaft	stimmlos
Verschlusslaute	p	b			t	d			k	g		
Reibelaute			f	v	s ʃ θ	z ʒ	ç	j	x		r	h
Nasenlaute		m				n		ŋ				
Seitenlaute						l						
Gerollte Laute						r					r	
Geschlagene Laute						r					r	

[h] wird in der Stimmritze, dem Spalt zwischen den Stimmlippen, gebildet.

40 Laute und Phoneme

Die Aussprache der einzelnen Menschen weist zum Teil erhebliche Unterschiede auf, was durch verschiedene Faktoren bedingt ist (Stimmlage, Einfluss von Dialekten u. a.). Aber obwohl jeder anders spricht, kann man sich gegenseitig verstehen: Ob jemand ein [r] mit der Zungenspitze oder mit dem Zäpfchen rollt, ist für das Verständnis unwichtig; die Hörer wissen, dass es »derselbe« Laut ist, obwohl die beiden Laute ganz unterschiedlich gebildet werden. Die beim Sprechen gebildeten Laute, die **Phone,** werden auf einheitliche Lauttypen, die **Phoneme,** bezogen.

Phoneme sind die für eine Sprache wichtigen Lauttypen, weil durch sie Bedeutungsunterschiede von Wörtern zum Ausdruck kommen. So sind [b] und [p] im Deutschen unterschiedliche Phoneme, da durch sie beispielsweise die Wörter *backen* und *packen* unterschieden werden. Dagegen ist der Lispellaut [θ] kein Phonem des Deutschen; das wissen alle Deutsch Sprechenden, und wenn jemand lispelt, so versteht man seinen Lispellaut als eine besondere Aussprache von [s]. Im Englischen dagegen gibt es das Phonem [θ], sodass es hier wichtig ist, [s] und [θ] zu unterscheiden:

sing [siŋ] ›singen‹, thing [θiŋ] ›Ding‹

Wenn man also von den Lauten einer Sprache spricht, meint man meistens nicht die von einzelnen Menschen in einer bestimmten Situation gebildeten Laute, sondern die für die Sprache typischen Phoneme.

41 1.2 Die Silbe

Die **Silbe** ist die kleinste Lautfolge, die sich bei der Untergliederung des Redestroms ergibt; gelegentlich bildet auch ein Einzellaut eine Silbe. In der Silbe kommt im Allgemeinen ein Vokal bzw. ein Doppelvokal als Silbenträger vor; außerdem enthält sie meist einen oder mehrere Konsonanten:

ah [a:], da [da:], ab [ap], Schmutz [ʃmuts].

Gelegentlich kommen auch Konsonanten als Silbenträger vor; so kann beispielsweise in unbetonten Silben bei schnellem Sprechen das [ə] wegfallen:

laufen [laufən] oder [laufn].

(Das [n] ist Silbenträger der zweiten Silbe.)

1.3 Die Betonung

Der Redestrom verläuft beim Sprechen nicht gleichmäßig, sondern einzelne Teile werden besonders hervorgehoben. Eine solche Hervorhebung nennt man **Betonung** oder **Akzent**. Sie kann durch Veränderung der Tonhöhe oder durch Steigerung der Lautstärke – durch größeren Atemdruck – bewirkt werden; beide Betonungsarten kommen meist gemischt vor, allerdings ist eine vorherrschend. Im Japanischen beispielsweise geschieht die Betonung überwiegend durch Tonhöhenveränderungen – man spricht von musikalischem Akzent –, im Deutschen überwiegend durch Steigerung der Lautstärke – man spricht von dynamischem Akzent. 42

Die Betonung im Satz

Je nach der Absicht des Sprechers können in einem Satz einzelne Wörter oder Wortgruppen besonders betont werden. In dem Satz *Gestern habe ich den ganzen Tag gearbeitet* gibt es verschiedene Betonungsmöglichkeiten: 43

Gestern habe ich den ganzen Tag gearbeitet (und heute ruhe ich mich aus).

Gestern habe ich den ganzen Tag gearbeitet (während du nur geschlafen hast).

Gestern habe ich den ganzen Tag gearbeitet (und nicht nur ein paar Stunden).

Gestern habe ich den ganzen Tag gearbeitet (und hatte keine Freizeit).

44 Während die Hervorhebung einzelner Wörter oder Wortgruppen Sache des jeweiligen Sprechers ist, liegt die Satzmelodie, die **Intonation,** der Sätze in einer Sprache weitgehend fest.

Insbesondere Aussagen, Aufforderungen und Fragen sind durch eine charakteristische Intonation gekennzeichnet:

Aussage: Du gehst jetzt nach Hause
(und ich muss noch hier bleiben).

Aufforderung: Du gehst jetzt nach Hause!

Frage: Du gehst jetzt nach Hause?

Bei Aussagen und Aufforderungen spricht man von fallender, bei Fragen von steigender Intonation.

Auch Pausen spielen für die Satzmelodie eine wichtige Rolle. Ihre Veränderung kann eine Veränderung der Satzbedeutung bewirken:

Herr Schmidt, glaubte Herr Müller, kenne den Weg.
Herr Schmidt glaubte, Herr Müller kenne den Weg.

Er will sie nicht.
Er will, sie nicht.

Die jeweilige Bedeutung ergibt sich in der gesprochenen Sprache durch die Pausen, in der Schrift durch die Satzzeichen.

Die Betonung im Wort

45 Bei mehrsilbigen Wörtern ist eine Silbe besonders betont. Die Betonung wird durch einen hochgestellten Strich vor der betonten Silbe gekennzeichnet:

Leben ['le:bən], vergessen [fɛr'gɛsən]

In manchen Sprachen, etwa im Russischen, können unterschiedliche Silben im Wort betont werden, in anderen liegt die Betonung auf einer bestimmten Silbe: So wird etwa im Tschechischen in der Regel die erste Silbe betont und im Polnischen die zweitletzte.

Im Deutschen liegt der Hauptton im Allgemeinen auf der ersten Silbe:

'Arbeit, 'gehen, 'Leute, 'rosa, 'Schwierigkeit, 'Waschmaschine

Die wichtigsten Ausnahmen von dieser Regel:

Die Vorsilben *be-*, *ent-*, *er-*, *ge-*, *ver-*, *zer-* sind immer unbetont:

be'deuten, ent'fernen, Er'gebnis, ge'wöhnlich, Ver'lust, Zer'fall

Bestimmte Vorsilben kommen betont und unbetont vor (↑195):

'übersetzen – über'setzen, 'umfahren – um'fahren

Ableitungssilben mit *-ei* und *-ier-* werden betont:

Par'tei, Poli'zei, Büche'rei; stu'dieren, hal'bieren, po'lieren

Abkürzungen, die buchstabiert werden, sind meist auf der letzten Silbe betont:

P'C, E'U, AB'S, BG'B, DV'D, SM'S, OEC'D

Abweichungen von den allgemeinen Betonungsregeln ergeben sich vor allem dann, wenn der Sprecher einen Gegensatz betonen will:

Ich war 'ergriffen, obwohl ich nichts 'begriffen hatte.

Er ist ein Menschen'freund (und kein Menschen'feind).

Für Namen und Fremdwörter lassen sich keine allgemeinen Beto- 46
nungsregeln aufstellen. Da im Deutschen die Betonung meist auf der ersten Silbe liegt, wird gelegentlich auch bei Fremdwörtern, die ursprünglich nicht auf der ersten Silbe betont werden, die Betonung auf die erste Silbe verlegt. Das gilt vor allem für die Umgangssprache:

Tele'fon – 'Telefon, posi'tiv – 'positiv, internatio'nal –'international;

Ta'bak (frühere Betonung) – 'Tabak (heutige Betonung);

Bü'ro (standardsprachlich) – 'Büro (umgangssprachlich, besonders in Süddeutschland)

Gelegentlich kommen auch unterschiedliche Bedeutungen durch unterschiedliche Betonungen zum Ausdruck:

Ca'fé (Gaststätte, die in erster Linie Kaffee und Kuchen anbietet) – 'Kaffee (Getränk; immer häufiger wird allerdings auch hier die zweite Silbe betont).
'Tenor (Sinn, Einstellung) – Te'nor (hohe Männerstimme)

1.4 Standard- und Umgangslautung

47 Im Gegensatz zur Rechtschreibung (↑57) wurde die Aussprache bisher nicht amtlich festgelegt. Man hat aber seit dem Ende des 19. Jahrhunderts die Aussprache der Deutsch Sprechenden, besonders der Bühnenschauspieler, genau beobachtet und auf dieser Grundlage Ausspracheregeln erarbeitet, an die sich berufsmäßige Sprecher (Schauspieler, Hörfunk- und Fernsehsprecher) meist halten und die über Schule, Theater, Hörfunk und Fernsehen auf die Aussprache der gesamten Bevölkerung einwirken.

Man nennt diese Ausspracheregeln, die sich auch in den meisten Wörterbüchern finden, **Standardlautung** und grenzt sie von der **Umgangslautung** ab, die im alltäglichen Leben verwendet wird. Die Umgangslautung ist nicht einheitlich, sondern hauptsächlich durch folgende Faktoren bestimmt:

- durch Dialekteinfluss: Norddeutsche beispielsweise unterscheiden häufig nicht zwischen geschlossenem [e:] und offenem [ɛ:]: *Mädchen* sprechen sie dann ['me:tçən] und nicht ['mɛ:tçən] aus;
- durch unterschiedliche sprachliche Bildung: Wer beispielsweise nicht Französisch gelernt hat, kann möglicherweise die Nasale in Fremdwörtern nicht richtig aussprechen: *Teint* spricht er dann [tɛŋ] und nicht [tɛ̃] aus;
- durch die jeweilige Sprechsituation: Wer schnell spricht, gleicht benachbarte Laute einander an: *Ausschank* spricht er dann ['auʃʃaŋk] und nicht ['ausʃaŋk] aus;
- durch Ausspracheeigenheiten jedes einzelnen Sprechers.

2 Schrift und Rechtschreibung

2.1 Die Schrift

Allgemeines 48

Man muss zwei Arten von **Schrift** unterscheiden:

Bestimmte Schriftzeichen beziehen sich auf die Inhaltsseite der Sprache, das heißt, sie suchen die Bedeutung der Wörter wiederzugeben. Die folgenden Zeichen der chinesischen Schrift machen diesen Zusammenhang deutlich:

木 ›Holz‹ (Baum) 森 ›Wald‹

Auch moderne Bildzeichen (Piktogramme), wie man sie z. B. auf Bahnhöfen oder Flughäfen findet, geben den Inhalt eines Wortes bzw. einer Aussage oder Aufforderung wieder:

Rauchverbot

Restaurant

Rolltreppe

Fluchtweg

Die Schrift, die heute für die meisten Sprachen verwendet wird, bezieht sich hauptsächlich auf die Ausdrucksseite der Sprache, das heißt, sie sucht nicht die Bedeutung der Wörter, sondern die gesprochenen Laute durch **Buchstaben** wiederzugeben: gesprochen [haus] – geschrieben *Haus*.

Laute und Buchstaben 49

In der heutigen Rechtschreibung gibt es 59 Buchstaben, und zwar

- 30 kleine Buchstaben: a, b, c ... z, ß und die Umlaute ä, ö, ü
- 29 große Buchstaben: A, B, C ... Z und die Umlaute Ä, Ö, Ü

Man muss zwischen den gesprochenen Lauten und den geschriebenen Buchstaben unterscheiden. Einem Laut entspricht nicht immer ein Buchstabe:

Schreibt man beispielsweise *ck* (etwa in *Sack*) oder *sch* (etwa in *Schiff*), so schreibt man zwei bzw. drei Buchstaben für einen Laut.

Auch entspricht einem Laut nicht immer derselbe Buchstabe bzw. dieselbe Buchstabenverbindung:

Fass [fas], Waffe ['vafə], Vater ['fa:tɐ], Phase ['fa:zə]

Der Laut [f] kann also durch die Buchstaben *f, ff, v* und *ph* wiedergegeben werden. Berücksichtigt man, dass die Buchstaben groß- oder kleingeschrieben werden können, so gibt es acht verschiedene Möglichkeiten, den Laut [f] in der Schrift auszudrücken.

Noch mehr Möglichkeiten bestehen beispielsweise, um den Laut [t] wiederzugeben (die Unterscheidung von großen und kleinen Buchstaben bleibt im Folgenden unberücksichtigt):

[t]	t	(Tisch)
	tt	(satt)
	th	(Apotheke)
	d	(Rad)
	dt	(verwandt)

Auch bei der Schreibung der Vokale herrscht kein Eins-zu-eins-Verhältnis:

[e:]	beten	['be:tən]	— e
	Beet	[be:t]	— ee
	Ehre	['e:rə]	— eh

[i:]	Lid	[li:t]	— i
	Lied	[li:t]	— ie
	sieht	[zi:t]	— ieh
	ihm	[i:m]	— ih

Die Beziehung zwischen Lauten und Buchstaben, die hier nur beispielhaft erläutert wird, kann man auch umgekehrt darstellen, indem man von den Buchstaben ausgeht:

e	beten	['be:tən]	[e:]
	fahren	['fa:rən]	[ə]
	Ernte	['ɛrntə]	[ɛ]
v	Vater	['fa:tɐ]	[f]
	Vase	['va:zə]	[v]

Im Vergleich zum Deutschen ist das Verhältnis von Lauten und Buchstaben im Englischen viel ungeregelter; es ist häufig nur aus der historischen Entwicklung des Englischen zu erklären. So wird beispielsweise der Laut [ɔ:] wiedergegeben als

a *(all)*, al *(talk)*, au *(autumn)*, augh *(taught)*, aw *(law)*, awe *(awe)*, o *(bore)*, oa *(broad)*, oo *(door)*, ou *(pour)*, ough *(sought)*.

Und die Buchstaben *ea* können für folgende Laute stehen:

[a:] *(heart)*, [e] *(dead)*, [eə] *(wear)*, [ei] *(great)*, [ɜ:] *(earth)*, [i:] *(clean)*, [iə] *(dear)*, [i] *(guinea)*

Von der Aussprache kann man also nicht mit Sicherheit auf die Schreibung schließen, und die Schreibung lässt nicht immer erkennen, wie ein Wort ausgesprochen wird. Die Aufforderung »Schreibe, wie du sprichst!« ist also nicht uneingeschränkt angebracht.

2.2 Die Rechtschreibung

Gäbe es eine Eins-zu-eins-Beziehung zwischen Lauten und Buchsta- 50
ben und bezöge sich die Rechtschreibung ausschließlich auf die Aussprache, so würde jeder, der die richtige Aussprache beherrscht, ohne Schwierigkeiten fehlerfrei schreiben können. Dass aber neben der Aussprache auch andere Gesichtspunkte die **Rechtschreibung (Orthogra-**

fie) bestimmen, erkennt man etwa daran, dass es zwar große und kleine Buchstaben gibt, nicht aber große und kleine Laute.

Im Folgenden sollen nicht die Rechtschreibregeln im Einzelnen behandelt werden (sie finden sich in Rechtschreibwörterbüchern), sondern nur die wichtigsten Prinzipien, denen die heutige Rechtschreibung folgt.

Die wichtigsten Rechtschreibprinzipien

Das Ausspracheprinzip

51 Die Rechtschreibung orientiert sich in erster Linie an der Aussprache: Die Buchstaben sollen die Laute wiedergeben. Wie vorher (↑49) dargelegt wurde, entstehen Probleme dadurch, dass es kein Eins-zu-eins-Verhältnis zwischen Lauten und Buchstaben gibt, dass also ein Laut durch verschiedene Buchstaben wiedergegeben werden und ein Buchstabe für verschiedene Laute stehen kann:

[s] — s (aus)
[s] — ss (Wasser)
[s] — ß (Floß)

s — [s] (aus)
s — [z] (Sonne)

Weitere Beispiele ↑49.

52 Auch bei der Worttrennung am Zeilenende orientiert man sich an der Aussprache: Man trennt nach den Silben (↑41), die sich bei langsamem Lesen ergeben:

re-den, han-deln, freund-lich, freu-dig

Bestimmte mehrteilige Wörter kann man nicht nur nach Silben trennen, sondern auch danach, wie sie sprachgeschichtlich oder von der Herkunftssprache her zusammengesetzt sind:

hi-nauf/hin-auf
he-ran/her-an
Pä-da-go-gik/Päd-a-go-gik
Chi-rurg/Chir-urg

Das Wortprinzip

Das Wort *Berg* wird [bɛrk] ausgesprochen, die Mehrzahl *(Berge)* lautet ['bɛrgə]. Würde man sich in der Schrift streng an die Aussprache halten, so müsste im ersten Fall ein *k*, im zweiten ein *g* geschrieben werden. Da es sich aber in beiden Fällen um dasselbe Wort handelt und dies auch optisch deutlich werden soll, wird in der Rechtschreibung nur ein Buchstabe – das *g* – verwendet. 53

Solche Fälle treten im Deutschen sehr oft auf:

der Tag [k], des Tages [g], die Tage [g]
das Rad [t], des Rades [d], die Räder [d]
der Leib [p], des Leibes [b], die Leiber [b]

Bei Unklarheiten über die Schreibung eines Wortes hilft es oft, wenn man die Beugungsformen (Flexionsformen) miteinander vergleicht:

rund [t] – ein runder Tisch [d] – runde Fenster [d]
bunt [t] – ein bunter Strauß [t] – bunte Blumen [t]

lieben [b] – er liebt [p]
piepen [p] – er piept [p]

Häufig gibt auch der Vergleich mit Wörtern derselben Wortfamilie (↑61) Hinweise auf die Schreibung:

Nachname (einer Person) – Name
Nachnahme (bei der Post) – nehmen
Weisheit – weise
Weißmacher – weiß
überschwänglich – Überschwang
behände – Hand

Im Deutschen gibt es viele Wörter, die sich nicht in der Aussprache, wohl aber in der Bedeutung unterscheiden. Man nennt sie gleichlautende Wörter oder Homonyme (↑60). Sie werden meist gleich geschrieben: 54

Strauß (Vogel) – Strauß (Blumen), Bank (Sitzgelegenheit) – Bank (Geldinstitut)

Gelegentlich aber kommt der Bedeutungsunterschied in einer unterschiedlichen Schreibung zum Ausdruck, ohne dass sich dafür Regeln angeben lassen:

> Mohr – Moor, Seite – Saite, Miene – Mine, Lied – Lid, leeren – lehren, mahlen – malen

55 Das grammatische Prinzip

Einige Regeln der deutschen Rechtschreibung ergeben sich aus grammatischen Gesichtspunkten. Hierzu gehört vor allem die Großschreibung der Nomen.

Das Deutsche ist die einzige Sprache, in der Nomen großgeschrieben werden. Probleme entstehen dadurch, dass für einen Schreiber oft nicht klar ist, ob es sich um ein Nomen handelt, da einerseits Nomen in eine andere Wortart überwechseln können *(trotz, dank, kraft, abends, mangels)*, andererseits Wörter anderer Wortarten nominalisiert werden können (*Dein Singen geht mir auf die Nerven. Das Gute siegt immer. Im Allgemeinen kommt es auf das Hier und Jetzt an;* ↑271).

Zu den Rechtschreibregeln, die sich aus grammatischen Gesichtspunkten ergeben, gehören auch
- die Großschreibung des Satzanfangs,
- die Zeichensetzungsregeln (Interpunktionsregeln), die die Art des Satzes (durch Punkt, Ausrufezeichen, Fragezeichen) oder die grammatische Gliederung der Sätze (z. B. durch Komma, Gedankenstrich) wiedergeben.

56 Das Höflichkeitsprinzip

Aus Höflichkeit (bzw. wegen Distanz) gegenüber angesprochenen Personen werden das Anredepronomen *Sie* und das entsprechende Possessivpronomen in Briefen und bei der schriftlichen Wiedergabe einer wörtlichen Rede großgeschrieben:

> Ich habe Sie gestern vermisst. Wie geht es Ihnen? Grüßen Sie bitte Ihre Frau. Er sagte: »Ich würde Sie gerne wiedersehen.«

Aus demselben Grunde werden Titel, Rang- und Ehrenbezeichnungen, auch bestimmte Amts- und Funktionsbezeichnungen großgeschrieben:

> Seine Majestät, der Heilige Vater, der Erste Bürgermeister, die Technische Direktorin

Zur Entwicklung der Rechtschreibung

57

Die heutige Rechtschreibung ist das Ergebnis einer langen geschichtlichen Entwicklung. Bis zum Beginn des 20. Jahrhunderts gab es keine einheitliche Regelung für den gesamten deutschen Sprachraum, wohl aber Rechtschreibgewohnheiten.

Im Jahre 1901 wurde auf einer orthografischen Konferenz in Berlin eine einheitliche Regelung der deutschen Rechtschreibung verabschiedet, die 1902 in Deutschland, Österreich und der Schweiz als verbindlich für Schulen und Behörden erklärt wurde. Diese Regelung wies große Lücken auf – es fehlten etwa Bestimmungen zur Getrennt- und Zusammenschreibung und zur Interpunktion. Außerdem enthielt sie Mängel und Widersprüche, was schon ihren Verfassern – etwa Konrad Duden – bewusst war, denen es vor allem um die Einheit der Rechtschreibung ging und die schon damals der Auffassung waren, diese Regelung müsse verbessert und vereinfacht werden. Es ist daher verständlich, dass es immer wieder Reformvorschläge und -diskussionen gab. Seit den 1970er-Jahren befassen sich Wissenschaftler verstärkt mit diesem Thema. Mitglieder verschiedener Forschungsgruppen aus Deutschland, Österreich und der Schweiz trafen sich zu Arbeitstagungen und legten Reformvorschläge vor, die unter Fachleuten und in der Öffentlichkeit diskutiert wurden.

Von staatlichen Vertretern der deutschsprachigen Länder – auch aus Ländern mit deutschsprachigen Minderheiten – wurde am 1. Juli 1996 ein neues Regelwerk verabschiedet, das am 1. August 1998 offiziell in Kraft trat. Dieses Regelwerk wurde in der Öffentlichkeit einerseits begrüßt, andererseits kritisiert. Um der Kritik Rechnung zu tragen, wurden in den folgenden Jahren von der »Zwischenstaatlichen Kommission für deutsche Rechtschreibung« Änderungsvorschläge gemacht. An die Stelle dieser Kommission trat im Jahre 2004 der »Rat für deutsche Rechtschreibung«, der aus Mitgliedern Deutschlands, Österreichs, der Schweiz, Liechtensteins, Südtirols und der deutschsprachigen Gemeinschaft Belgiens besteht und der das Regelwerk wiederum veränderte. Diese Neuregelung trat am 1. August 2006 in Kraft.

Die Einzelheiten der gültigen Rechtschreibung finden sich in aktuellen Rechtschreibwörterbüchern.

DAS WORT

Zur Wortbedeutung

58 1 Das sprachliche Zeichen

An jedem Zeichen, etwa einem beliebigen Verkehrszeichen, muss man zweierlei unterscheiden:

das Signal, das man wahrnimmt (in diesem Fall mit den Augen) → 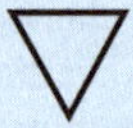

das, was einem das Signal sagt, was es bedeutet → ›Vorfahrt gewähren‹

Allgemein gilt: Wenn etwas, was man wahrnimmt (etwa sieht oder hört), eine Bedeutung hat, spricht man von einem Zeichen. Ein Zeichen hat immer zwei Seiten: eine **Ausdrucksseite** (= was man wahrnimmt) und eine **Inhaltsseite** oder **Bedeutungsseite** (= was mitgeteilt wird):

Ausdruck	Zeichen
Inhalt	

Auch Wörter, etwa das Wort *Stuhl*, sind Zeichen; man hört oder sieht etwas (Laute oder Buchstaben), kann aber nur etwas verstehen, wenn man die Bedeutung kennt:

Ausdrucksseite (Lautung, Schreibung)	sprachliches Zeichen (Wort)	*Stuhl*
Inhaltsseite (Bedeutung)		›Sitzgelegenheit mit Rückenlehne für eine Person‹

Der Unterschied zwischen der Ausdrucks- und der Inhaltsseite wird einem besonders bewusst, wenn man eine Sprache hört, die man nicht kennt, oder Texte in einer solchen Sprache »liest«: Man erkennt, dass es sich um Sprache handelt, man kann Einzelheiten der Ausdrucksseite unterscheiden (Laute, Silben, Buchstaben), aber man versteht nichts, da man die Bedeutung nicht kennt.

Ein **Wort** ist also eine Einheit aus Ausdruck und Inhalt, eine Verbindung von Lauten bzw. Buchstaben und einer Bedeutung (die Lehre von den Bedeutungen heißt **Semantik**).

Die kleinsten Bedeutungseinheiten einer Sprache nennt man **Morpheme** (↑77). Hierbei handelt es sich einerseits um einfache (nicht zusammengesetzte und nicht abgeleitete) Wörter wie *Tisch, Wald* oder *Geist,* andererseits um Wortteile, die bei der Wortbildung oder Flexion verwendet werden:

Tisch-chen: zwei Morpheme:	*Tisch* (Stammbedeutung) + *-chen* (Bedeutung: Verkleinerung)
Frau-en: zwei Morpheme:	*Frau* (Stammbedeutung) + *-en* (Bedeutung: Plural)

2 Das Verhältnis von Ausdruck und Inhalt

Der Schriftsteller Peter Bichsel erzählt in der Geschichte »Ein Tisch ist ein Tisch« von einem einsamen, alten Mann, der sein eintöniges Leben dadurch zu verändern sucht, dass er die Bezeichnungen für die Gegenstände in seinem Zimmer vertauscht: Das Bett nennt er *Bild,* den Tisch nennt er *Teppich,* den Stuhl *Wecker,* die Zeitung *Bett* usw. Auf diese Weise schafft er sich eine eigene Sprache, die er in Selbstgesprächen benutzt, sodass er die »alte« Sprache vergisst. Das führt dazu, dass die Menschen den alten Mann nicht mehr verstehen und er noch mehr vereinsamt. 59

Der Mann verändert nicht die Bedeutung der Wörter, auch nicht die Ausdrucksseite, sondern die Verbindung von Ausdruck und Inhalt. Diese Verbindung ist zwar nicht notwendig so, wie sie ist; sie könnte auch ganz anders sein, denn das Bett könnte beispielsweise auch *Bild* heißen. Aber im Laufe der Entwicklung der deutschen Sprache haben sich feste Verbindungen ergeben, die heute gültig sind. Wer sie verändert, wird nicht mehr verstanden.

Der Ausdruck ist »Träger« des Inhalts, ist »Signal« für den Inhalt: Wenn man das Wort *Stuhl* hört oder liest, verbindet man damit eine bestimmte Bedeutung. Aber der Ausdruck »enthält« den Inhalt nicht, denn sonst könnte man in einer fremden Sprache aus dem, was man hört oder liest, direkt auf die Bedeutung schließen. Bei **lautmalenden Wörtern** wie *zischen, wiehern, piepen* oder *summen* hat man allerdings den Eindruck, als ob der Ausdruck (die Lautung) direkt auf den Inhalt verweist. Solche Wörter wirken jedoch nur lautmalend, wenn man die Bedeutung kennt, wenn man weiß, dass diese Wörter Töne oder Geräusche bezeichnen. Man vergleiche etwa folgende Wortpaare:

platzen – Platz	Klang – Rang
zischen – fischen	krachen – Drachen
klingen – ringen	rauschen – tauschen

Die jeweils links stehenden Wörter empfindet man als lautmalend, weil ihre Bedeutung auf Lautliches, auf Akustisches verweist. Dagegen beziehen sich die rechts stehenden Wörter nicht auf etwas Hörbares, und deshalb werden sie auch nicht als lautmalend empfunden. Lautmalende Wörter »schaffen« also nicht die Bedeutung, sondern können sie nur verstärken und dadurch, besonders in der Dichtung, die Wirkung erhöhen.

3 Vom Ausdruck zum Inhalt

60 Gleichlautende Wörter

Dass man vom Ausdruck nicht direkt auf den Inhalt schließen kann, ergibt sich auch daraus, dass viele Ausdrücke sehr unterschiedliche Bedeutungen haben (bei den folgenden Beispielen handelt es sich nicht um vollständige Bedeutungsbeschreibungen):

¹Bank = Sitzgelegenheit
²Bank = Geldinstitut

¹Hahn = männliches Haustier
²Hahn = Vorrichtung zum Öffnen und Schließen

[1]Kapelle = kleine Kirche
[2]Kapelle = Gruppe von Musikern

[1]mangeln = nicht oder unzureichend vorhanden sein
[2]mangeln = Wäsche glätten

[1]löschen = machen, dass etwas zu brennen aufhört
[2]löschen = die Fracht eines Schiffes ausladen

Solche Wörter mit gleicher Ausdrucksseite und unterschiedlicher Bedeutung nennt man **gleichlautende Wörter** oder **Homonyme.** Gelegentlich werden sie gleich ausgesprochen, aber unterschiedlich geschrieben:

Lied – Lid, Wal – Wahl, Seite – Saite, Rad – Rat, malen – mahlen, seit – (ihr) seid

Wortfamilien

61

Wörter können im Hinblick auf die Ausdrucksseite verwandt sein:

binden, anbinden, verbinden, Binde, Band, Verband, bändigen, Bund, Bündel, Verbündete …

Solche Gruppen von Wörtern, die auf einen gemeinsamen Wortstamm zurückgehen (in diesem Fall *bind-*), nennt man **Wortfamilien.** Im Laufe der Sprachgeschichte haben sich häufig einzelne »Angehörige« solcher »Familien« so weit von ihren »Verwandten« entfernt, dass die Zusammengehörigkeit heute nicht mehr empfunden wird; nur die Etymologie, die sich mit der Herkunft und Geschichte der Wörter befasst, kann dann die Verwandtschaft noch erkennen.

Während beim obigen Beispiel *(binden, anbinden …)* wohl alle Deutsch Sprechenden nach ihrem Sprachgefühl entscheiden würden, dass die Wörter lautlich und bedeutungsmäßig zusammengehören, gilt das nicht für die folgenden Beispiele:

hassen – hässlich: Die Wörter werden zwar lautlich als zusammengehörig empfunden, nicht aber bedeutungsmäßig (wer etwas als hässlich empfindet, muss es deshalb nicht hassen).

ziehen – Zügel: Die Wörter werden wohl kaum noch lautlich als zusammengehörig empfunden, allenfalls noch bedeutungsmäßig (am Zügel kann man ziehen).

ziehen – Zeuge: Die Wörter werden weder lautlich noch bedeutungsmäßig als zusammengehörig empfunden.

Unter »Wortfamilie« kann man also zweierlei verstehen:
- Wörter, die etymologisch, d. h. im Hinblick auf ihre Herkunft, zusammengehören,
- Wörter, die etymologisch zusammengehören und die von der heutigen Sprachgemeinschaft noch als zusammengehörig empfunden werden.

Deutsche Wörter – Fremdwörter – Lehnwörter

62 Was die Herkunft des deutschen Wortschatzes angeht, so unterscheidet man drei Arten von Wörtern:

- ursprünglich deutsche Wörter, die seit frühester Zeit zur deutschen Sprache gehören und die auch **indigene Wörter** oder **Erbwörter** genannt werden:

  Mann, Frau, essen, fahren, jung, weiß

- Wörter aus anderen Sprachen, die ihre vom Deutschen abweichende Ausdrucksseite zumindest teilweise bewahrt haben, sich also in Lautung, Betonung oder Schreibung von deutschen Wörtern unterscheiden **(Fremdwörter)**:

  Teint, Fondue, Lady, Akademie, Definition, fair

- Wörter aus anderen Sprachen, denen man aber ihre fremde Herkunft heute nicht mehr anmerkt **(Lehnwörter)**:

  Fenster, preisen, opfern, Streik

Diese Dreiteilung bezieht sich also auf die Etymologie, die Herkunft und Geschichte der Wörter, und ist daher für denjenigen wichtig, der sich mit der Geschichte der deutschen Sprache befasst (↑19).

Dem Sprachbenutzer fällt lediglich der Unterschied zwischen deutschen Wörtern (einschließlich Lehnwörtern) einerseits und Fremdwörtern andererseits auf, da ihm die Fremdwörter besondere Schwierigkeiten bei der Aussprache und in der Schreibung bereiten können.

Die Unterscheidung von deutschen Wörtern und Fremdwörtern bezieht sich also nur auf die Ausdrucks-, nicht auf die Inhaltsseite. Dass häufig auch der Inhalt (die Bedeutung) der Fremdwörter nicht oder schwer verständlich ist, hängt damit zusammen, dass die Fremdwörter oft besonderen Sprachschichten, insbesondere den Fachsprachen, angehören. Zum Verhältnis von Fremdwort und Fachwort ↑28.

Die Fremdwörter im Deutschen stammen aus verschiedenen Sprachen, besonders aus dem Griechischen, Lateinischen und Französischen. Im letzten Jahrhundert und vor allem in den letzten Jahrzehnten war der Einfluss des Englischen besonders stark, und da das Englische heute die dominierende Sprache in der ganzen Welt ist, wird dieser Einfluss noch zunehmen. 63

Hierüber machen sich viele Menschen Sorgen, weil sie befürchten, dass die deutsche und andere Sprachen ihren Eigencharakter verlieren und immer »englischer« werden. Man muss aber bedenken, dass die Zahl der englischen Fremdwörter, der **Anglizismen,** im Verhältnis zum gesamten deutschen Wortschatz und auch im Verhältnis zu den Fremdwörtern aus anderen Sprachen gering ist und dass Anglizismen nur in wenigen Textsorten (besonders in bestimmten Fachsprachen und in der Werbesprache) verstärkt vorkommen. Zum Verhältnis von Deutsch und Englisch ↑11.

4 Vom Inhalt zum Ausdruck

Bedeutungsähnliche Wörter 64

Neben Wörtern mit gleicher Ausdrucks-, aber unterschiedlicher Inhaltsseite (↑60) gibt es umgekehrt Wörter, deren Bedeutung gleich oder ähnlich ist, die sich aber auf der Ausdrucksseite unterscheiden:

> Metzger – Fleischer, Schuhmacher – Schuster, Samstag – Sonnabend, Krankenhaus – Hospital – Klinik, Fahrstuhl – Aufzug – Lift

Solche Wörter heißen **sinnverwandte Wörter** oder **Synonyme.**

Wörter, die völlig bedeutungsgleich und damit austauschbar sind, gibt es nur sehr wenige; es handelt sich hierbei häufig um unterschiedliche Ausdrücke, die in verschiedenen Gegenden des deutschen Sprachgebiets verwendet werden, wie *Schuster – Schuhmacher* oder

Samstag – Sonnabend. Synonyme Wörter haben meist nur eine ähnliche Bedeutung. So sind etwa *Kopf* und *Haupt* nicht bedeutungsgleich, denn man kann beispielsweise nicht sagen *Er wurde am Haupt operiert.*

Wörter mit entgegengesetzter Bedeutung werden **Antonyme** genannt:

Tag – Nacht, heiß – kalt, immer – nie(mals)

Wortfelder

65 Die Bedeutung eines einzelnen Wortes ergibt sich oft nur, wenn man es im Zusammenhang mit anderen Wörtern sieht. Diese Tatsache kann man sich etwa anhand der Leistungsbewertung in Schulen verdeutlichen: Die Note *mangelhaft* beispielsweise bedeutet nicht, dass eine Arbeit Mängel aufweist, denn auch eine mit *gut, befriedigend* oder *ausreichend* bewertete Arbeit hat irgendwelche Mängel, sonst wäre sie mit *sehr gut* benotet worden. Die Bedeutung der Noten kann man nur verstehen, wenn man weiß, dass sie im Rahmen einer sechsstufigen Zensurenskala verwendet werden *(sehr gut, gut, befriedigend, ausreichend, mangelhaft, ungenügend).* Erst dann sieht man, dass *mangelhaft* eine sehr negative Beurteilung bedeutet. Auch *sehr gut* muss nicht immer die beste Note sein: An Universitäten gibt es eine Zensurenreihe, an deren Spitze *mit Auszeichnung* steht; erst dann folgen *sehr gut* und *gut.* Man muss also die Zensurenskala kennen, um die Bedeutung einer Note zu verstehen. Oder anders ausgedrückt: Die Bedeutung der einzelnen Note ergibt sich aus dem Stellenwert, den sie in der jeweiligen Skala hat.

Ein anderes Beispiel: Was beim Militär ein *Major* ist, lässt sich an dem Wort allein nicht erkennen. Auch die Herkunft des Wortes – von lateinisch *maior* ›größer‹ – weist lediglich darauf hin, dass es sich vermutlich um einen höheren Dienstgrad handelt. Erst wenn man weiß, welchen Stellenwert die Bezeichnung auf der Skala der Dienstgrade im Heer und bei der Luftwaffe hat *(… Oberleutnant, Hauptmann, Major, Oberstleutnant, Oberst …),* kennt man die Bedeutung des Wortes.

Auch die Bedeutung anderer Berufsbezeichnungen oder Titel ergibt sich aus ihrer Stellung im Rahmen der übrigen Bezeichnungen und Titel. Dass beispielsweise in einem Ministerium ein *Ministerialdirektor* über einem *Ministerialdirigenten* steht und dass ein *Staatssekretär* eine noch höhere Position einnimmt, ist von den einzelnen Wörtern her nicht zu verstehen.

Wörter, die inhaltlich zusammengehören, bilden ein **Wortfeld.** Die Wörter eines Feldes gehören der gleichen Wortart an, sind also z.B. Nomen oder Verben.

Bei den obigen Beispielen handelt es sich um künstliche, leicht überschaubare Wortfelder, die bewusst gebildet wurden und sich deshalb auch verhältnismäßig leicht ändern lassen. So können etwa Zensurenskalen durch die zuständigen Behörden verändert werden, und dies ist in den letzten Jahrzehnten in der Bundesrepublik Deutschland auch geschehen.

Auch in der alltäglichen Sprache, deren Wortbedeutungen nicht bewusst geschaffen wurden, sondern sich im Laufe der Sprachgeschichte gebildet haben, sind die Wörter meist Glieder umfassenderer Wortfelder. Bei den folgenden Beispielen handelt es sich lediglich um die Aufzählung einiger Wörter, die zu bestimmten Feldern gehören:

Stuhl, Hocker, Sessel, Bank, Sofa, Couch
Frau, Weib, Mädchen, Jungfrau, Gattin, Gemahlin, Dame
laufen, gehen, rennen, rasen, schlendern, stapfen
weinen, jammern, wimmern, flennen, heulen
warm, heiß, lau, kühl
rot, gelb, grün, blau, violett
vielleicht, eventuell, wahrscheinlich, bestimmt, sicher

Die genannten Wortreihen enthalten die zu einem Feld gehörenden 66
Wörter nicht vollständig; vor allem wird aus diesen Reihen nicht erkennbar, wie die einzelnen Wörter inhaltlich (bedeutungsmäßig, semantisch) zusammengehören, wie sich das Feld semantisch gliedert. Diese Frage soll im Folgenden an einem Beispiel erörtert werden.

Was haben die Wörter *Stuhl, Hocker, Sessel, Bank, Sofa, Couch* gemeinsam? Sie sind Bezeichnungen für Möbel, und zwar Möbel, auf denen man sitzen, zum Teil auch liegen kann. Das Merkmal ›Sitzmöbel‹ gilt für alle diese Wörter, es ist das für dieses Wortfeld kennzeichnende Bedeutungsmerkmal.

Besondere Bedeutungsmerkmale geben an, wie sich die Wörter innerhalb des Wortfeldes unterscheiden:

Stuhl und *Hocker* beispielsweise unterscheiden sich dadurch, dass Hocker im Gegensatz zu Stühlen keine Rückenlehne haben, und *Stuhl* und *Bank* dadurch, dass Stühle für eine Person, Bänke dagegen für mehrere Personen bestimmt sind. Bildlich lässt sich dieser Zusammenhang so darstellen:

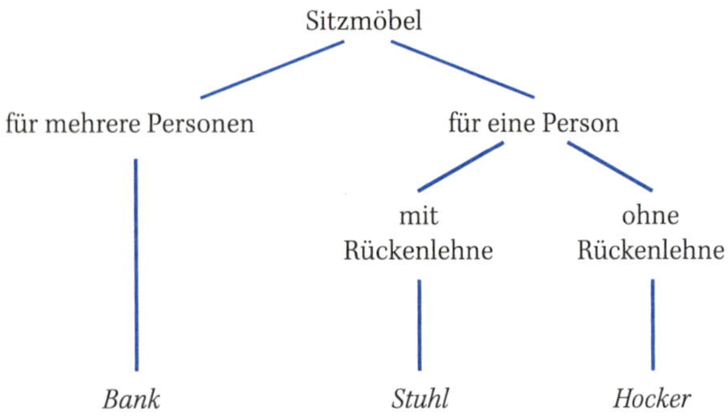

Dieses Bild stellt nur einen kleinen Ausschnitt aus dem Wortfeld »Sitzmöbel« dar. Auch für die übrigen Wörter des Feldes lassen sich unterschiedliche Bedeutungsmerkmale angeben.

Das Wortfeld »Sitzmöbel« ist Teilfeld des übergeordneten Feldes »Möbel«, dessen Gliederung sich grob so darstellen lässt:

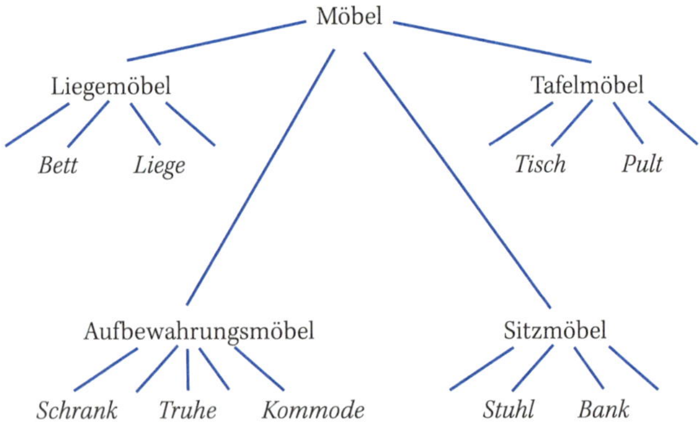

Allgemein gilt: Die Wörter eines Feldes sind durch ein gemeinsames Bedeutungsmerkmal – einen Oberbegriff – gekennzeichnet. Innerhalb eines Feldes geben unterscheidende Bedeutungsmerkmale – Unterbegriffe – den Stellenwert der einzelnen Wörter an.

Metaphern 67

Häufig werden Wörter nicht in ihrer eigentlichen, sondern in einer übertragenen Bedeutung verwendet:

> Die Preise steigen. Der Spieler jagt über das Feld und feuert den Ball ins Tor. Herr Meyer ist ein Fuchs; bei ihm muss man aufpassen. Wir standen am Fuß des Berges. Über ihre spitze Bemerkung habe ich mich sehr geärgert.

Solche Wörter, die außerhalb ihres ursprünglichen Geltungsbereichs gebraucht werden, nennt man **Metaphern.** (Das Wort kommt aus dem Griechischen und bedeutet ›Übertragung‹.)

Metaphern sind häufig verkürzte Vergleiche: Gegenstände (im weitesten Sinne) oder Begriffe werden miteinander verglichen, ohne dass der Vergleich direkt ausgedrückt wird:

> Die Preise steigen. (Sie steigen, wie z. B. ein Flugzeug steigt.) Herr Meyer ist ein Fuchs. (Er ist so schlau wie ein Fuchs.) Wir standen am Fuß des Berges. (Der unterste Teil des Berges ist wie der unterste Teil des menschlichen Körpers.)

Die Beispiele verdeutlichen, dass bei solchen Vergleichen Gegenstände oder Begriffe nicht in allen Einzelheiten, sondern nur im Hinblick auf ein bestimmtes Merkmal verglichen werden:

Wenn man vom *Fuß* des Berges spricht, denkt man nicht daran, dass Füße Zehen haben oder zum Laufen bestimmt sind, sondern nur daran, dass sie unten sind.

Wenn man einen Menschen einen *Fuchs* nennt, denkt man nicht daran, dass Füchse einen Schwanz haben, dass ihr Fell rötlich ist und dass sie bellen, sondern nur daran, dass sie als schlau, listig, gerissen gelten.

Schematisch kann man diesen Zusammenhang so darstellen:

Fuß (des Menschen) *Fuß* (des Berges)

Vergleichsmerkmal: unten

Fuchs (Tier) *Fuchs* (Mensch)

Vergleichsmerkmal: schlau

Dasselbe Wort kann in unterschiedlicher Weise als Metapher wirken: In dem Satz *Mein Radiergummi hat Füße bekommen* (= Er ist verschwunden, von jemandem mitgenommen worden) ist das Vergleichsmerkmal nicht, wie im obigen Beispiel, ›unten‹, sondern ›Laufen‹, ›Bewegung‹.

Ein großer Teil des Wortschatzes besteht aus Metaphern, aber bei vielen Metaphern ist der Bezug zu ihrem ursprünglichen Geltungsbereich beim alltäglichen Sprechen nicht oder kaum mehr bewusst; man spricht dann von »verblassten« Metaphern:

Lebensabend, Geistesblitz, Dachverband, Stuhlbein, Flussarm, Glühbirne, Redefluss, Staatsoberhaupt, Hauptsache

Außerdem gibt es Wörter, die zu einer bestimmten Zeit als Metaphern entstanden sind, denen man das aber heute nicht mehr ansehen kann: So bedeutet das Wort *Kopf* ursprünglich ›Schale‹, ›Trinkschale‹, ›Becher‹. (Das englische Wort *cup* ›Tasse‹ ist mit *Kopf* verwandt.) Da die Schädeldecke die Form einer Schale hat (vgl. *Hirnschale*), wurde das Wort auf den Körperteil übertragen und verdrängte im Laufe der letzten Jahrhunderte mehr und mehr das Wort *Haupt*.

68 Feste Wendungen

Bisher wurde in diesem Kapitel von einzelnen Wörtern als Einheiten von Ausdruck und Inhalt gesprochen. Daneben aber gibt es feste Wortverbindungen, die im Gegensatz zu Wortgruppen oder Sätzen eine einheitliche, feste Bedeutung haben, deren Bedeutung also nicht aus ihren einzelnen Teilen hergeleitet werden kann:

> sich den Bauch vollschlagen, Augen machen, keine Miene verziehen, etwas unter die Lupe nehmen, Bahn brechen, Farbe bekennen, Berge versetzen, in Hülle und Fülle, klein beigeben, etwas auf die lange Bank schieben

Wenn man weiß, was *Bank* und *lang* bedeutet, weiß man noch nicht – und kann es auch kaum erraten –, dass *auf die lange Bank schieben* ›aufschieben‹, ›verzögern‹ bedeutet. Auch die Bedeutung einer Wendung wie *jemanden auf die Palme bringen* (›wütend machen‹) lässt sich aus den einzelnen Wörtern nicht ableiten. Andere Wendungen sind leichter durchschaubar, können also auch von jemandem, der sie zum ersten Mal hört, leichter verstanden werden: *sich den Bauch vollschlagen, unter die Lupe nehmen, keine Miene verziehen.*

Wortverbindungen dieser Art nennt man **feste Wendungen, Redewendungen** oder **idiomatische Wendungen** (vom griechischen Wort *idioma* ›Eigentümlichkeit‹, ›Besonderheit‹). Sie bestehen aus mehreren Ausdrücken, haben aber – wie einzelne Wörter – eine einheitliche, feste Bedeutung:

Ausdrucksseite	sprachliches Zeichen	*auf die lange Bank schieben*
Inhaltsseite		›verzögern‹

Um solche festen Wendungen gebrauchen oder verstehen zu können, muss man ihre Herkunft nicht kennen. *Auf die lange Bank schieben* stammt aus dem Gerichtswesen: Die Bank war früher der Ablageplatz für Gerichtsakten, und die Akten lagen dort häufig lange, bis sie bearbeitet wurden. Die meisten Deutsch Sprechenden werden das nicht wissen, können die Wendung aber dennoch richtig verwenden und verstehen, da sich die Bedeutung nicht aus den einzelnen Bestandteilen der Wendung ergibt.

In der deutschen Sprache der Gegenwart finden sich sehr viele feste Wendungen. Wie die Metaphern vergrößern sie die Ausdrucksmöglichkeit der Sprache und erlauben es dem Sprecher und Schreiber, zwischen unterschiedlichen Sprachstilen zu wählen. Feste Wendungen ermöglichen es etwa, sich gehoben-feierlich oder umgangssprachlich-salopp auszudrücken. So gibt es beispielsweise für ›sterben‹ neben Wörtern wie *ableben, entschlafen, heimgehen, verrecken* auch Wendungen wie

> sein Leben lassen, den letzten Atemzug tun, zu seinen Vätern versammelt werden, das Zeitliche segnen, es nicht mehr lange machen, dran glauben müssen, in den letzten Zügen liegen, über den Jordan gehen, in die Grube fahren, ins Gras beißen, sich die Radieschen von unten ansehen, den Löffel abgeben.

Grundbegriffe der Formenlehre

Gegenstand der Formenlehre **(Morphologie)** ist, wie Wörter ihre Form verändern und wie sie intern aufgebaut sind. Außerdem geht es darum, auf welche Weise aus bestehenden Wörtern neue gebildet werden, wie sich Wörter zu größeren Einheiten zusammenschließen, um bestimmte Rollen im Satz zu übernehmen, und nach welchen Gesichtspunkten sich Wörter untergliedern lassen. **69**

1 Wortformen

Man unterscheidet zwischen dem **Wort** als Bedeutungseinheit (↑58) **70**
und der **Wortform.** Zum Beispiel besteht der Ausdruck *das Buch der Bücher* auf den ersten Blick aus vier »Wörtern«. Je zwei von ihnen haben aber dieselbe Bedeutung; sie sind nur verschiedene Formen ein und desselben Wortes *(Buch/Bücher, das/der):* der Ausdruck besteht aus zwei Wörtern in vier Wortformen.

Der Unterschied wird deutlich, wenn man in einem Wörterbuch nachschlägt (z. B. in einem Bedeutungswörterbuch, einem Rechtschreibwörterbuch oder einem deutsch-englischen Wörterbuch). Dort findet man keinen Eintrag *Bücher* oder beispielsweise *lest,* sondern nur die **Grundform** *Buch* bzw. *lesen:*

Buch, das; -[e]s, Bücher [mhd. buoch, ahd. buoh (Pl.), urspr. wohl = (Runen)zeichen, Buchstabe, dann: Schriftstück]: **1. a)** *größeres, gebundenes Druckwerk; ²Band:* ein dickes B.; ein B. in Leder; ein B. von 1 000 Seiten; Bücher binden; * **Goldenes B.** *(Gästebuch einer Stadt);* **das B. der Bücher** *(die Bibel);* **wie ein B. reden** (ugs.; *sehr*

¹lesen ⟨st. V.; hat⟩ [mhd. lesen, ahd. lesan, urspr. = zusammentragen, sammeln]: **1. a)** *etw. Geschriebenes, einen Text mit den Augen u. dem Verstand erfassen:* laut, leise, schnell, langsam l.; l. lernen; das Kind kann schon l.; abends im Bett noch l.; etw. aufmerksam, nur flüchtig l.; viel l.; einen Satz zweimal

(Die Wörterbücher geben aber in der Regel neben der Grundform bestimmte charakteristische Formen an, nach denen man auch die übrigen Wortformen bilden kann.)

Als Grund- (oder Nenn)form gilt beim Nomen der Nominativ Singular *(Buch),* beim Verb der Infinitiv *(lesen),* beim Adjektiv die endungslose Form *(gut).*

Im Satz sind alle Wörter Wortformen (auch wenn sie in der Grundform auftreten).

Flexion

71 Nicht alle Wörter kommen in verschiedenen Formen vor, vgl. z. B. *hier, auf, mit, und, wenn, doch;* nur Wörter bestimmter Art sind veränderlich. Die Formveränderung, also die Bildung verschiedener Wortformen, heißt **Flexion** (Beugung); man sagt: ein Wort wird flektiert (auch: es flektiert). Flexion geschieht auf zweierlei Weise:

Mittel der Flexion	
Anfügung einer Endung	der Tag → des Tages, die Tage les- → ich lese, ihr lest, wir lesen
Abwandlung des Vokals	der Ofen → die Öfen spring- → ich sprang; ruf- → er rief

Vielfach kommen beide Mittel der Flexion zusammen vor:

das Buch → die Bücher; les- → sie liest, sie lasen

Es gibt unterschiedliche Kategorien, nach denen Wörter flektiert werden; danach unterscheidet man zwei Hauptarten der Flexion: Deklination und Konjugation.

Deklination

72 **Deklination** ist die Flexion nach Genus (grammatischem Geschlecht), Numerus (Zahl) und Kasus (Fall):

Genus (Plural: Genera)	
Maskulinum/maskulin (männlich)	Tag, neuer, der, er
Femininum/feminin (weiblich)	Woche, neue, die, sie
Neutrum/neutral (sächlich)	Jahr, neues, das, es

Das Genus des Nomens (*Tag*$_{\text{Mask}}$, *Woche*$_{\text{Fem}}$, *Jahr*$_{\text{Neut}}$) verändert sich nicht, während Wörter anderer Wortarten, z. B. Adjektive, in allen drei Genera vorkommen.

Numerus (Plural: Numeri)	
Singular (Einzahl) **Plural (Mehrzahl)**	Tag, Woche, ich Tage, Wochen, wir

Die Numerusform zeigt an, ob es um einen einzelnen Gegenstand oder um eine Vielheit geht.

Kasus (Plural: Kasus; mit langem *u* gesprochen)	
Nominativ (1. Fall) **Genitiv (2. Fall)** **Dativ (3. Fall)** **Akkusativ (4. Fall)**	der Tag, dieser, ich des Tages, dieses, meiner dem Tag(e), diesem, mir den Tag, diesen, mich

Der Kasus dient dazu, die Funktion von Wörtern bzw. Wortgruppen im Satz (z. B. als Subjekt) zu kennzeichnen.

Dekliniert werden Nomen, Adjektive, Artikelwörter und Pronomen. Bei zwei dieser Wortarten gibt es eine zusätzliche Flexionsweise:
- Adjektive bilden zur Komparation, d. h. zum Aufbau eines Vergleichs, Steigerungsformen *(kalt – kälter – kältest-)*; ↑360.
- Beim Personal- und Possessivpronomen wird – wie sonst nur beim Verb – nach Person unterschieden *(ich/mein, du/dein, er/sein)*; ↑307, ↑317.

Konjugation

Konjugation nennt man die spezifische Flexion des Verbs. Die Verbformen kennzeichnen – grob zusammengefasst – verschiedene Aspekte des Geschehens, das durch das Verb ausgedrückt wird (Näheres ↑102). 73

Kategorien der Konjugation	
Person	ich sehe, du siehst, er sieht
Numerus (Zahl)	du siehst, ihr seht
Tempus (Zeit)	wir sehen/sahen/werden sehen
Modus [Indikativ, Konjunktiv]	sie sieht/sehe/sähe
Genus Verbi [Aktiv, Passiv]	er sieht/wird gesehen

74 Die Gesamtheit der Flexionsformen eines Wortes bildet ein **Paradigma,** d.h. ein Muster, nach dem auch andere Wörter dekliniert bzw. konjugiert werden. Muster mit gleichen oder ähnlichen Merkmalen werden zu **Flexionsklassen** oder **-typen** zusammengefasst.

Als Beispiel das Deklinationsschema des Nomens *Tag:*

	Singular	**Plural**
Nominativ	Tag	Tage
Genitiv	Tages	Tage
Dativ	Tag(e)	Tagen
Akkusativ	Tag	Tage

Das Paradigma hat acht Stellen, es gibt aber nur vier verschiedene Formen; das bedeutet: Bestimmte Formen übernehmen mehrere Funktionen. Zum Beispiel lauten hier – und in den allermeisten Deklinationsmustern – der Nominativ und der Akkusativ gleich (auch deswegen werden die Kasus in neueren Grammatikdarstellungen oft in der Reihenfolge Nom. – Akk. – Dat. – Gen. angeordnet).

Es gibt viele weitere Beispiele für den Formenzusammenfall (Synkretismus), vor allem auch beim Verb (↑151); trotzdem ist das Deutsche – etwa im Vergleich mit dem Englischen – noch eine relativ formenreiche Sprache.

2 Wortarten

Wörter werden, hauptsächlich nach ihrem unterschiedlichen Flexionsverhalten, in **Wortarten** (oder Wortklassen) eingeteilt. 75

Man unterscheidet in einem ersten Schritt flektierbare und nicht flektierbare Wörter. Die flektierbaren Wörter zerfallen in konjugierbare (das sind die Verben) und in deklinierbare. In dieser Gruppe ist das Nomen die wichtigste Wortart; nach bestimmten Merkmalen wird weiter zwischen Adjektiv, Artikel und Pronomen unterschieden.

Verben, Nomen und Adjektive gelten als die Hauptwortarten; sie machen zusammen über 90 % des Wortschatzes aus:

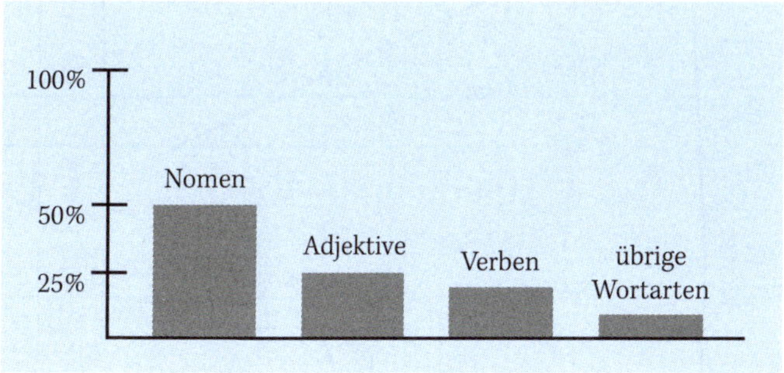

Während diese Hauptklassen unstrittig sind, werden die übrigen Wörter vielfach unterschiedlich eingeteilt. Die Einteilung hängt davon ab, nach welchen weiteren Kriterien und – vor allem – wie fein man differenzieren will. So werden z. B. alle unflektierbaren Wörter oft als »Partikeln« in einer einzigen Klasse zusammengefasst; man kann sie jedoch auch, z. B. nach ihrer Verwendung im Satz, weiter unterteilen.

Üblich ist die folgende Einteilung in neun Klassen:

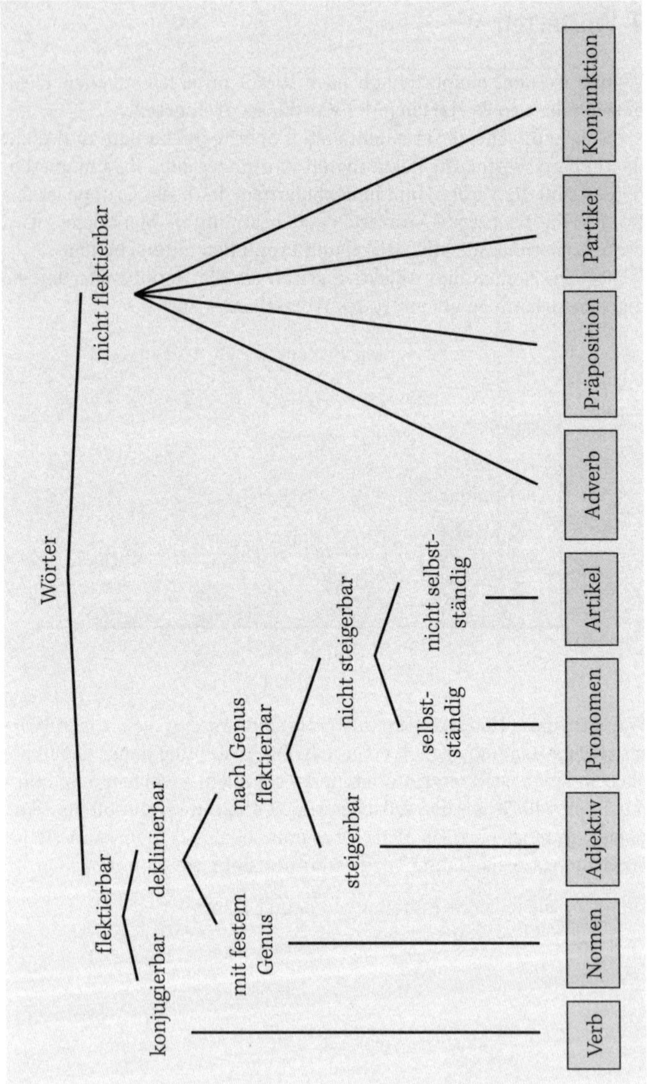
Wörter
flektierbar
nicht flektierbar
konjugierbar
deklinierbar
mit festem Genus
nach Genus flektierbar
steigerbar
nicht steigerbar
selbstständig
nicht selbstständig
Verb
Nomen
Adjektiv
Pronomen
Artikel
Adverb
Präposition
Partikel
Konjunktion

Kurzcharakteristik der Wortarten

76

Wortart	Merkmale	Beispiele
Verb	flektierbar u. a. nach Person, Numerus, Tempus	kommen, fragen, haben, sein, werden
Nomen	flektierbar nach Numerus und Kasus; festes Genus	Tag, Woche, Jahr, Unglück, Neuigkeit
Adjektiv	flektierbar nach Genus, Numerus, Kasus; steigerbar	neu, groß, rot, glücklich, stressig
Artikel	flektierbar nach Genus, Numerus, Kasus; nur zusammen mit einem Nomen vorkommend	der (Tag), eine (Woche), das (Jahr)
Pronomen	flektierbar nach Person bzw. Genus, Numerus, Kasus; selbstständig im Satz vorkommend	ich, sie, das, einer, jemand, nichts, wer
Adverb	nicht flektierbar; erfragbar	heute, dort, darum, so
Präposition	nicht flektierbar; nicht erfragbar; kasusregierend	auf, bei, in, unter, vor, wegen, anhand
Partikel	nicht flektierbar; nicht erfragbar; im Satz stehend	ja, denn, doch, mal, nicht, sogar, wohl
Konjunktion	nicht flektierbar; nicht erfragbar; Sätze verbindend	und, oder, aber, dass, weil, wenn

Die Merkmale, durch die eine Wortart bestimmt ist, gelten nicht immer für alle Wörter der Klasse. So gibt es beispielsweise Nomen ohne Pluralformen *(Regen, Obst, Kälte, Ruhe)* und Adjektive, die nicht steigerbar sind *(viereckig, schwanger, steuerlich).*

Manche Wörter sind nicht nur einer Wortart zuzurechnen, z. B. *das* oder *seit:*

Wo ist das Buch? (Artikel) – Das weiß ich nicht. (Pronomen)

Er ist seit einer Stunde weg. (Präposition) – Seit er wieder da ist, gibt es nur Ärger. (Konjunktion)

Alle Wortarten lassen sich nach zusätzlichen – vor allem semantischen – Eigenschaften der Wörter weiter untergliedern.

3 Wortaufbau

77 Neben einfachen Wörtern wie *Buch, Tag, wohnen, richten, gut, neu* gibt es solche, die aus zwei oder mehr Teilen bestehen (komplexe Wörter). Die Einheiten, in die sie sich zerlegen lassen, findet man auch in anderen Wörtern; vgl. z. B.:

Errichtung:	Er-richt-ung
er-:	Ersatz, erleben, ersichtlich
-richt-:	berichten, Richter, richtig
-ung:	Wohnung, Verbindung, ahnungslos

Solche Wortbestandteile kommen in der Regel nicht selbstständig vor; sie haben aber doch eine Bedeutung, mit der sie zur Gesamtbedeutung eines Wortes beitragen. Man nennt diese kleinsten bedeutungstragenden Einheiten einer Sprache **Morpheme** (↑58). Zu ihnen gehören auch die Flexionsendungen.

Morpheme dürfen nicht mit Silben gleichgesetzt werden, die reine Sprecheinheiten sind (↑41). So ist zwar z. B. die »Nachsilbe« *-lich (rechtlich)* tatsächlich eine Silbe, die »Nachsilbe« *-ung (Richtung)* dagegen nicht. Die Zerlegung eines Wortes nach Morphemen und Silben kann ganz unterschiedlich aussehen:

Morpheme	Wohn-ung-en, Richt-er-in, wolk-ig
Silben	Woh-nun-gen, Rich-te-rin, wol-kig

78 In einem komplexen Wort ist e i n Teil das Basismorphem, der sogenannte (Wort-)**Stamm;** auf ihm baut sich die Bedeutung des Wortes auf. Er ist die Grundeinheit bei der Flexion und der Ableitung von Wörtern.

In bestimmten Fällen wird dabei der Vokal des Stammes abgewandelt; er kann als **Umlaut** oder als **Ablaut** erscheinen:

Umlaut: **a, o, u, au → ä, ö, ü, äu**	Wald → Wälder, wolk- → bewölkt, kurz → kürzen, lauf- → er läuft
Ablaut: **Wechsel des Vokals (↑108)**	les- → lies, sie las bind- → ich band, gebunden

Die Wortteile vor und hinter dem Stamm heißen zusammengefasst **Affixe** (Affix = ›das Angeheftete‹). Nach ihrer Stellung unterscheidet man **Präfixe** (Vorsilben) und **Suffixe** (Nachsilben): 79

Präfix	be-, ent-, er-, ge-, un-, ver-, zer-
Suffix	-bar, -er, -heit, -ig, -in, -lich, -ung

Präfixe sind typisch für die Bildung neuer Wörter. Das einzige Flexionspräfix ist *ge-* zur Bildung des Partizips II *(ge-lesen)*.

Bei Suffixen ist zu unterscheiden zwischen Flexionssuffixen oder -endungen, die zur Bildung der Wortformen dienen, und Suffixen, mit denen Wörter abgeleitet werden:

Flexionsendung	-en: Wohnungen, Frauen, wir lesen -t: liest, kommt, baut, hat gebaut
Ableitungssuffix	-ung: Errichtung, Wohnung, Steuerung -lich: gerichtlich, wohnlich, steuerlich

80 **Übersicht über den Wortaufbau**

(am Beispiel des Stammes *bind-*, mit einzelnen Flexionsendungen):

Präfix(e)	Stamm	Suffix(e)	
		Ableitungssuffix(e)	Flexionsendung
	bind		et
Ge	bind	e	
	Bind	er-ei	
Ent	bind	ung	
ver	bind	lich	e
Un-ver	bind	bar-keit	
	Band		es
un	bänd	ig	
ge	bund		en
	Bünd	nis	

4 Wortbildung

81 **Wortbildung** ist das Verfahren, nach dem einfache Wörter (bzw. ihr Stamm) mit anderen Wörtern oder Wortteilen zu komplexen Wörtern verbunden werden.

Wortbildung ist kein abgeschlossener Vorgang; zu jeder Zeit braucht man Bezeichnungen für aktuelle Neuerungen und Entwicklungen etwa im technischen, wirtschaftlichen oder sozialen Bereich. Neubildungen (Neologismen) der letzten Zeit sind z. B. *Fanmeile, Selfie, kultig, verpartnert, bespaßen, chillen, simsen, twittern.*

Die Bildung neuer Wörter aus vorhandenem Wortmaterial geschieht nach bestimmten Mustern, die sich in der Sprache etabliert haben. Man unterscheidet hauptsächlich zwei Muster (d. h. Verfahren bzw. Produkte) der Wortbildung:

Zusammensetzung	Glück + Wunsch → Glückwunsch
Ableitung	un- + Glück → Unglück Glück + -lich → glücklich

Zusammensetzung

Bei der **Zusammensetzung** werden zwei oder mehr selbstständige Wörter (bzw. ihr Stamm) zu einem komplexen Wort zusammengefügt. Der lateinische Fachausdruck dafür lautet **Komposition;** ein zusammengesetztes Wort heißt **Kompositum** (Plural: Komposita). 82

In einem Kompositum ist immer das letzte Glied entscheidend: Es legt die Wortart des zusammengesetzten Wortes fest; z. B.:

Schreibtisch	Verb + Nomen → Nomen
Hochhaus	Adjektiv + Nomen → Nomen
schreibfaul	Verb + Adjektiv → Adjektiv
haushoch	Nomen + Adjektiv → Adjektiv

Die Glieder einer Zusammensetzung stehen teils unmittelbar nebeneinander *(Bild + Band → Bildband),* teils werden an der Verbindungsstelle, der »Fuge«, bestimmte Laute bzw. Buchstaben eingeschoben *(Bild + Rahmen → Bilderrahmen).* Solche **Fugenzeichen** kommen vor allem in zusammengesetzten Nomen vor; ↑260.

In der Regel wird das zweite Glied eines Kompositums durch das erste inhaltlich näher bestimmt (determiniert). Die Teile heißen deshalb **Bestimmungswort** (Determinans) und **Grundwort** (Determinatum); das Gesamtwort ist ein **Determinativkompositum:** 83

Bestimmungswort	**Grundwort**	**Bedeutung**
Schreib	tisch	›Tisch zum Schreiben‹
Holz	tisch	›Tisch aus Holz‹
haus	hoch	›hoch wie ein Haus‹
brust	hoch	›bis zur Brust hoch reichend‹

Es ist nicht selbstverständlich, dass – wie im Deutschen – das Grundwort rechts steht. In romanischen Sprachen beispielsweise gilt in der Regel die umgekehrte Reihenfolge, d. h., das Grundwort steht links; vgl. z. B. frz. *cigarette-filtre* ›Filterzigarette‹ (und nicht etwa ›Zigarettenfilter‹), ital. *caffè latte* ›Milchkaffee‹.

84 Auch mehrteiligen Zusammensetzungen liegt das zweigliedrige Muster zugrunde; die Teile werden schrittweise zu einem komplexen Grund- oder Bestimmungswort zusammengefügt (↑258). So verbinden sich etwa in dem zusammengesetzten Wort *Steuervergünstigungsabbaugesetz* zunächst die Wörter *Steuer* und *Vergünstigung,* diese dann mit *Abbau* und das Ganze schließlich mit dem letzten Grundwort *Gesetz:*

Steuer vergünstigungs abbau gesetz

›Gesetz zum Abbau von Vergünstigungen hinsichtlich Steuern‹

Ableitung

85 **Ableitung** (Derivation) heißt das Verfahren, nach dem ein selbstständiges Wort bzw. sein Stamm mit unselbstständigen Wortteilen zu einem komplexen Wort verbunden wird. Nach der Stellung der Affixe (↑79) im Verhältnis zum Stamm, der Ableitungsbasis, unterscheidet man zwei Arten der Ableitung:

Ableitung mit Präfixen (Präfixbildung)	Unglück, Missgriff, Gestein uralt, undicht, indirekt bezahlen, entladen, verändern
Ableitung mit Suffixen (Suffixbildung)	Freundin, Zahlung, Klugheit freundlich, zahlbar, steinig formatieren, realisieren, lächeln

Präfixe und Suffixe können mehrfach und auch zusammen in einem abgeleiteten Wort vorkommen; sie sind dann in einer bestimmten Reihenfolge angebunden:

ver-änder-lich

Un-ver-änder-lich-keit

Präfixe haben keinen Einfluss auf die Wortart des neuen Wortes; *Unglück* beispielsweise ist ebenso ein Nomen wie *Glück, bezahlen* ebenso ein Verb wie *zahlen*. Dagegen wird mit den meisten Suffixen ein Wort in eine andere Wortart überführt; entscheidend ist das letzte Suffix. So ergeben z. B. Ableitungen mit *-lich* immer Adjektive *(veränderlich)*, solche mit *-heit/keit* immer Nomen *(Unveränderlichkeit)*. Auch hier ist also, wie bei Zusammensetzungen, der letzte Bestandteil bestimmend für die Art des Gesamtwortes.

Manche Bildungen werden gar nicht mehr als Ableitungen empfunden, z. B. *Fahrt, Naht, Flucht* (← *flieh-*), *Sicht* (← *seh-*), *Freude, Beschwerde, Gemälde;* Suffixe wie *-t* oder *-de* spielen heute in der Wortbildung keine Rolle mehr. Andere Suffixe, z. B. *-ung, -er, -bar,* sind dagegen »produktiv«: Mit ihnen werden massenhaft neue Wörter gebildet (bis hin zu ungrammatischen Bildungen wie **unkaputtbar*).

Als eine besondere Art der Ableitung gilt die **Konversion,** d. h. die Über- **86**
führung eines Wortes in eine andere Wortart ohne Wortbildungsmittel, z. B.

lauf- → der Lauf, rot → das Rot

Durch Konversion entstehen vor allem neue Nomen (↑271).

Sehr zahlreich sind Bildungen mit fremdsprachigen Bestandteilen wie **87**
z. B.

bio- (Bioladen), geo- (geopolitisch), multi- (multikulturell), neo- (neoliberal), öko- (Ökostrom), -thek (Spielothek)

Die Wortteile haben eine volle Bedeutung, können aber nicht selbstständig gebraucht werden. Bildungen mit ihnen nehmen eine Zwischenstellung zwischen Ableitung und Zusammensetzung ein.

5 Wortgruppen

Vielfach treten Wörter nicht allein auf, um eine bestimmte Funktion **88**
im Satz auszuüben, sondern sie schließen sich zu einer **Wortgruppe** zusammen:

Ganz knapp siegte in diesem Spiel die gegnerische Mannschaft.

Wortgruppen (nach engl. *phrase* auch Phrasen genannt) bilden die mittlere Ebene des sprachlichen Aufbaus zwischen Wort und Satz.

In einer Wortgruppe ist e i n Element der **Kopf,** d. h. das zentrale Element, das die Art der ganzen Gruppe festlegt. Nach ihm bestimmt sich, welche anderen Wörter in der Gruppe vorkommen können oder müssen und in welcher Form sie auftreten. Entsprechend werden Wortgruppen nach ihrem Kopf benannt, z. B.:

Nominalgruppe	die Mannschaft, ein starker Gegner
Adjektivgruppe	ganz knapp, leicht grau, sehr groß
Präpositionalgruppe	in diesem Spiel, für dich, zu mir

89 Präpositionen bilden deshalb den Kopf einer Wortgruppe, weil sie immer ein weiteres Element fordern und dessen Kasus bestimmen:

in diesem Spiel $_{\text{Dat}}$, durch das Spiel $_{\text{Akk}}$, während des Spiels $_{\text{Gen}}$

Nominalgruppen sind am weitesten ausbaufähig. Nomen können mit **Attributen** (Beifügungen) der verschiedensten Art stufenweise zu hochkomplexen Gruppen verbunden werden. Ein relativ einfaches Beispiel:

der knappe Sieg der Mannschaft aus Bremen

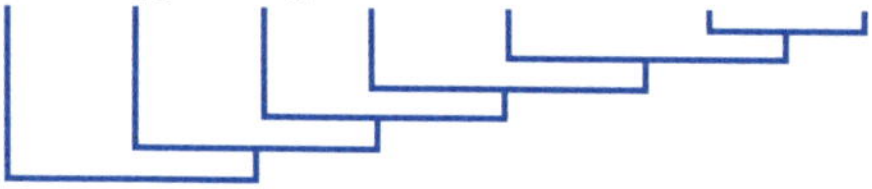

Der interne Aufbau der Wortgruppe wird im Einzelnen bei den jeweiligen Wortarten beschrieben.

90 Eine besondere Rolle unter allen Wörtern spielt das Verb (genauer: das Vollverb, ↑93); es bildet auf zweifache Weise Wortgruppen.

Zum einen kann es sich mit anderen Verben (vor allem Hilfsverben, ↑95) zu einer Gruppe zusammenschließen. Diese Gruppe heißt **Verbalkomplex** (ein »Komplex« ist eine Verbindung von gleichartigen Elementen):

Verbalkomplex	hat gesiegt, wird siegen, kann besiegt werden

Der Verbalkomplex bildet das Prädikat des Satzes.

Zum anderen legt das Verb fest, welche anderen Glieder vorkommen müssen, damit ein Satz zustande kommt. So verlangt z. B. das Verb *besiegen* neben dem Subjekt *(wer?)* eine Ergänzung im Akkusativ *(wen?): Die Mannschaft besiegte den Titelverteidiger.* In diesem Zusammenhang ist das Verb das Zentrum einer **Verbgruppe:**

Verbgruppe	den Titelverteidiger besiegen, einem Spieler die Rote Karte zeigen, auf den Sieg hoffen

Die Verbgruppe ergibt zusammen mit dem Subjekt den Satz.

Die Wortarten

1 Das Verb

91 Verben sind Wörter wie

schreiben, geben, liegen, sein, werden, können, befestigen

Mit den deutschen Bezeichnungen »Tätigkeitswort«, »Tu(n)-wort« und »Zeitwort« werden zwei Eigenschaften von Verben hervorgehoben: Sie können Handlungen benennen *(schreiben, geben),* und sie können zeitliche Verhältnisse ausdrücken *(er schreibt – er schrieb).* Damit ist jedoch bei Weitem nicht alles erfasst, was die Wortart **Verb** ausmacht.

Verben haben folgende typische Form- und Funktionseigenschaften:

- Sie werden konjugiert, d.h., sie verändern ihre Form nach bestimmten, zum Teil nur für sie gültigen Kategorien. Die verbspezifischen Kategorien sind Tempus, Modus (Indikativ, Konjunktiv, Imperativ) und Genus Verbi (Aktiv, Passiv).
- Das Verb ist zentral für den Aufbau des Satzes: Es bildet das Prädikat und legt die Art und Form der weiteren notwendigen Satzeinheiten fest.

Das Verb – von lat. *verbum* ›Wort‹ – ist damit grammatisch »das Wort« schlechthin.

1.1 Untergliederung der Verben

92 Verben lassen sich nach verschiedenen Gesichtspunkten weiter untergliedern; im Vordergrund steht der Aspekt, wie sie syntaktisch – das heißt hier: bei der Bildung des Prädikats – verwendet werden. Danach unterscheidet man folgende Subklassen:

Vollverben	Sie fährt in die Stadt.
Hilfsverben	Sie ist in die Stadt gefahren.
Modalverben	Sie will in die Stadt fahren.

Vollverben

Wenn man vom »Verb« spricht, meint man in der Regel **Vollverben** wie z. B. 93

fahren, lesen, kommen, telefonieren, lieben, essen, geben

Vollverben haben eine selbstständige, »volle« Bedeutung; sie können allein das Prädikat bilden:

Der Chef telefoniert noch. Ich liebe dich. Wir fahren ans Meer. Gib ihr fünf Euro. Liest er seine E-Mails nicht?

Nach ihrer Bedeutung lassen sich Vollverben in drei Hauptgruppen 94
einteilen:

Zustandsverben bezeichnen etwas Statisches:

Sie schläft jetzt endlich. Die Stadt liegt sehr schön. Wir wohnen im 3. Stock. Der Schaden betrug 4000 Euro. Das verstehe ich nicht. Er ähnelt mehr seiner Mutter.

Vorgangsverben bezeichnen ein Geschehen, einen Prozess, also die Veränderung eines Zustands:

Sie schlief endlich ein und wachte erst gegen Morgen wieder auf. Die Preise steigen. Die Blumen verblühen, die Blätter fallen von den Bäumen.

Handlungsverben bezeichnen Tätigkeiten; sie setzen also einen »Täter«, einen aktiven Urheber des Geschehens, voraus:

Wir mussten den Hund einschläfern. Er gibt dem Taxifahrer das Geld. Die Weltbank senkt den Leitzins.

Die Gruppen können vielfach weiter untergliedert werden. Grammatisch wichtige Untergruppen sind vor allem Verben des Sagens/Denkens und der Wahrnehmung *(sagen, denken, glauben, fühlen, sehen),* Verben der Übermittlung *(geben, nehmen),* Verben des Verursachens *(säubern* ›sauber machen‹) und Verben, mit denen der zeitliche Verlauf unterschiedlich dargestellt wird (durative/nicht durative Verben: *schlafen – einschlafen, blühen – verblühen*).

Hilfsverben

95 **Hilfsverben** (Auxiliarverben) sind die Verben *haben, sein, werden,* wenn sie zusammen mit einem Vollverb vorkommen; sie »helfen«, mehrteilige Verbformen zu bilden.

Mit Formen von *haben* und *sein* werden die Perfekttempora (↑127) gebildet:

Perfekt: ich habe gesagt; er ist gekommen

Plusquamperfekt: ich hatte gesagt; er war gekommen

werden dient zur Bildung des Futurs (↑127) und des Passivs (↑128):

Futur: ich werde sagen, er wird kommen

Passiv: es wird gesagt

Zur Konjugation von *haben, sein* und *werden* ↑202–204.

96 Nicht in allen Verwendungen sind *haben, sein* und *werden* Hilfsverben.

haben kann allein – als Vollverb – das Prädikat bilden:

Sie hat zwei Katzen. Das Stück hatte großen Erfolg. Ich habe keine Zeit.

Auch *sein* und *werden* treten selbstständig im Satz auf, allerdings können sie nicht allein, sondern nur zusammen mit einer Prädikativergänzung (↑518) das Prädikat bilden:

Stefan ist Bauingenieur / verheiratet / nicht zu Hause. Das Wetter wurde schlechter. Werde bald wieder gesund!

Solche Verben, die zwischen Hilfs- und Vollverben stehen, heißen **Kopulaverben** (sie verknüpfen das Subjekt mit der Prädikativergänzung).

werden als Kopulaverb unterscheidet sich von dem Hilfsverb *werden* im Partizip II: Das Kopulaverb hat das übliche Präfix *ge- (geworden),* für das Hilfsverb lautet die Form *worden:*

werden als Kopulaverb: Er ist krank geworden.
werden als Hilfsverb: Er ist untersucht worden.

Modalverben

Die Verben 97

dürfen, können, mögen, müssen, sollen, wollen

sind **Modalverben,** wenn sie sich mit einem Vollverb im reinen Infinitiv (Infinitiv ohne *zu*) verbinden:

Darf man hier rauchen? Es kann bis in die Niederungen schneien. Was möchten Sie trinken? Wir müssen uns beeilen. Du sollst nicht töten. Ich wollte dir doch nur helfen.

Das Partizip II der Modalverben wird durch den Infinitiv ersetzt; man spricht deshalb von **Ersatzinfinitiv.** So heißt etwa das Perfekt von *Er muss gehen*

Er hat gehen müssen (er hat gehen *gemusst)

Ebenso:

Das hättet ihr nicht tun dürfen. Sie haben gerade noch rechtzeitig fliehen können. Er hatte schon immer Pilot werden wollen.

Wenn *dürfen, können* usw. als Vollverben gebraucht werden, steht die »reguläre« Partizipform mit *ge-* und der Endung *-t:*

Ich hätte das nicht so gut gekonnt. Sie hat nicht in die Disco gedurft. Er hatte den Typen nie gemocht.

Zur Konjugation der Modalverben ↑205.

Modalverben drücken zum einen eine mehr oder weniger »objektive« Möglichkeit oder Notwendigkeit – in verschiedenen Spielarten – aus, z. B.: 98

Fähigkeit	Analphabeten können nicht lesen und schreiben.
Wunsch, Wille	Wir möchten/wollen das zunächst intern besprechen.
Erlaubnis	Hier darf man nicht parken.
Forderung	Ihr sollt euch beim Chef melden.
Zwang	Der Termin musste verschoben werden.

⚠ Modalverben sind überflüssig, wenn die Forderung, Erlaubnis usw. bereits in einem anderen Verb ausgedrückt ist:

☹	☺
Sie verlangt, dass er das Geld sofort zurückzahlen soll.	... zurückzahlt.
Gestatten Sie, dass ich mich zu Ihnen setzen darf?	... zu Ihnen setze.
Das vermag ich noch nicht sagen zu können.	... zu sagen.

99 Zum anderen beziehen sich Modalverben auf Glauben und Einschätzungen des Sprechers:

Er dürfte (müsste) inzwischen da sein (›Ich vermute [stark], dass er inzwischen da ist‹). Sie kann gelogen haben (›Ich halte es für möglich, dass sie gelogen hat‹). Sie sollen geheiratet haben (›Es heißt, dass sie geheiratet haben, aber bestätigen kann ich das nicht‹). Er will das ganz allein gemacht haben (›Er behauptet, das ganz allein gemacht zu haben, aber ich habe Zweifel daran‹).

Auch das Futur (*werden* + Infinitiv, ↑146) kann in diesem Sinne »modal« verwendet werden:

Das wird schon so stimmen. Sie wird gelogen haben.

100 *brauchen*

In einem weiteren Sinne gehört auch *brauchen* zu den Modalverben. Es steht dann immer mit *nicht* oder einschränkenden Partikeln und entspricht negiertem oder eingeschränktem *müssen:*

Sie brauchen sich nicht (zu) entschuldigen (= Sie müssen sich nicht entschuldigen). Du brauchst es nur (zu) sagen.

⚠ Der Infinitiv bei *brauchen* steht mit *zu,* häufig aber auch ohne *zu:*

Du brauchst nicht zu kommen. Du brauchst nicht kommen.

zu wird besonders in der gesprochenen Umgangssprache oft weggelassen; in der geschriebenen Sprache wird dagegen noch der Infinitiv mit *zu* vorgezogen.

In weiterer Anpassung an die Modalverben wird auch manchmal die Endung *-t* in der 3. Person Singular weggelassen:

Er brauch nicht kommen (wie: er muss nicht kommen).

Dies ist jedoch nicht zulässig; es heißt nur:

Er braucht nicht (zu) kommen.

Modalitätsverben

101

Zum Randbereich der Modalverben gehören

haben, sein, scheinen, pflegen, drohen, versprechen

in einer bestimmten Verwendung. Bei diesen **Modalitätsverben** wird – im Unterschied zu den Modalverben – der Infinitiv des Vollverbs immer mit *zu* angeschlossen:

Ich habe noch zu arbeiten. Dazu ist Folgendes zu sagen. Sie schien uns nicht zu erkennen. Er pflegt jeden Tag einen Mittagsschlaf zu halten. Die Maschine drohte abzustürzen. Es versprach ein lustiger Abend zu werden.

haben + *zu* entspricht *müssen; sein* + *zu* drückt Notwendigkeit oder Möglichkeit aus; vgl.:

Sie hat noch etwas zu erledigen. – Sie muss noch etwas erledigen. Dazu ist zu sagen ... – Dazu muss gesagt werden ... Das Schloss war leicht zu öffnen. – Das Schloss konnte leicht geöffnet werden.

drohen (›in Gefahr sein‹) und *versprechen* (›zu erwarten sein‹) kommen viel häufiger in ihrer eigentlichen Bedeutung vor (›eine Drohung aussprechen‹, ›ein Versprechen abgeben‹); sie sind dann Vollverben, und die angeschlossene Infinitivgruppe kann durch ein Komma abgetrennt werden:

Der Terrorist drohte(,) die Maschine zum Absturz zu bringen.
Ich verspreche(,) pünktlich zu sein.

1.2 Verbformen

102 Verben verändern ihre Form nach folgenden Kategorien:

Person		
	1. Person	ich finde, wir finden
	2. Person	du findest, ihr findet
	3. Person	er/sie/es findet, sie finden
Numerus		
	Singular	ich finde, er findet
	Plural	wir finden, sie finden
Tempus		
	Präsens	ich finde
	Präteritum	ich fand
	Perfekt	ich habe gefunden
	Plusquamperfekt	ich hatte gefunden
	Futur I	ich werde finden
	Futur II	ich werde gefunden haben
Modus		
	Indikativ	er findet
	Konjunktiv	er finde, er fände
	Imperativ	finde, findet
Genus Verbi		
	Aktiv	er findet
	Passiv	er wird gefunden

103 Zum Teil sind alle diese Kategorien in einer einzigen Verbform realisiert. So besagt z. B. die Form *fandest,* dass die angesprochene Person (2. Person) als einzelne (Singular) in der Vergangenheit (Präteritum) wirklich (Indikativ) und tätig (Aktiv) an dem Ereignis ›finden‹ beteiligt war. Oft verteilen sich die Kategorien aber auf zwei oder drei Formen (so z. B. im Perfekt und im Passiv). Es sind also **einfache** (einteilige) und **mehrteilige** Verbformen zu unterscheiden:

einfache Verbform	finden, fandest, hätten, sind, wird
mehrteilige Verbform	hat gefunden, sind gefunden worden

Im Satz ist immer eine Verbform – die einfache oder eine der mehrteiligen – nach Person (und Numerus, Tempus und Modus) bestimmt. Man bezeichnet sie deshalb als **Personalform** des Verbs oder mit einem lateinischen Fachausdruck als **finite** (d.h. bestimmte) Verbform. **Infinite** Verbformen sind der Infinitiv und das Partizip: 104

finite Verbform	finde, fandest, hätten, sind, wird
infinite Verbform	finden, haben, gefunden, gehabt

Eine Zwischenstellung nimmt der Imperativ ein (↑169).

Die Bildung der Verbformen

Ausgangspunkt der Formenbildung ist der **Verbstamm.** Man erhält ihn, indem man die Infinitivendung *-(e)n* abstreicht: 105

sagen: sag-, finden: find-, feiern: feier-

In dieser Form tritt der Stamm immer im Präsens auf; im Präteritum und im Partizip II kann er eine andere Form haben. Man charakterisiert deshalb die Konjugation eines Verbs mit folgenden **Stammformen:**

1. Stammform (Infinitiv Präsens)	**2. Stammform** (1./3. Pers. Sg. Präteritum)	**3. Stammform** (Partizip II)
sagen finden rufen	sagte fand rief	gesagt gefunden gerufen

106 Für die Bildung der Verbformen gibt es grundsätzlich folgende Mittel (↑ auch 71):

- An den Verbstamm werden Suffixe (Endungen) angefügt, z. B. zur Kennzeichnung der Person oder zur Bildung des Präteritums:

  ich sag-e, du sag-st, wir sag-en; ich sag-t-e

- Der Vokal des Verbstamms wird abgewandelt: Er erscheint als Ablaut oder als Umlaut (↑ 78):

  Ablaut: finden – fand – gefunden
  Umlaut: fand – fände, konnte – könnte

Die Kombination bzw. die Auswahl der Mittel ergibt zwei Konjugationsweisen des Verbs: die sogenannte regelmäßige und die unregelmäßige Konjugation.

Regelmäßige und unregelmäßige Konjugation

107 Von regelmäßiger Konjugation bzw. **regelmäßigen Verben** spricht man, wenn die Verbformen (im Präteritum und Partizip II) ausschließlich mit der Endung *-t* gebildet werden; in allen anderen Fällen handelt es sich um unregelmäßige Konjugation bzw. **unregelmäßige Verben.** Die typische Ausprägung:

	Präteritum	**Partizip II**	**Beispiele**
regelmäßige Verben	Stammvokal gleichbleibend, Endung *-t*		sag-: sagte, gesagt lieb-: liebte, geliebt
unregelmäßige Verben	Stammvokal abgewandelt	(Stammvokal abgewandelt) Endung *-en*	find-: fand, gefunden schreib-: schrieb, geschrieben

In einer anderen Terminologie unterscheidet man zwischen **schwachen** und **starken** Verben. »Schwach« entspricht »regelmäßig«; »stark« ist enger als »unregelmäßig«; es bezeichnet nur die Verben mit Veränderung des Stammvokals.

Für den Vokalwechsel bei den unregelmäßigen Verben gibt es bestimmte Muster (sogenannte Ablautreihen); am häufigsten sind die Muster **108**

ei–i–i	reißen – riss – gerissen beißen, reiten, schneiden, schreiben, schweigen
i–a–u	finden – fand – gefunden binden, singen, springen, trinken, zwingen

Außer dem Vokal kann sich bei unregelmäßigen Verben auch der stammauslautende Konsonant ändern:

ziehen – zog – gezogen, stehen – stand – gestanden

Konjugationsmuster ↑199.
Liste der unregelmäßigen Verben ↑206.

Zu den unregelmäßigen Verben zählen auch solche, die teils starke und teils schwache Formen, also eine **gemischte Konjugation,** haben. Sie verändern sich im Stamm, haben aber *-t* im Präteritum und Partizip II: **109**

rennen – rannte – gerannt, denken – dachte – gedacht

Oder das Partizip II wird mit *-en* gebildet, während die Konjugation ansonsten regelmäßig ist:

backen – backte – gebacken, mahlen – mahlte – gemahlen

Eine Reihe von Verben kommt sowohl regelmäßig wie unregelmäßig konjugiert vor; im Allgemeinen ist die regelmäßige Konjugation gebräuchlicher. Beispiele: **110**

	regelmäßig	**unregelmäßig**
glimmen	glimmte – geglimmt Die Zigaretten glimmten in der Dunkelheit.	glomm – geglommen In seinen Augen glomm ein gefährlicher Funken.
triefen	triefte – getrieft Die Kleider trieften vor Nässe.	troff – getroffen Aus der Wunde troff Blut.

	regelmäßig	**unregelmäßig**
senden	sendete – gesendet Die Ware ist versendet worden.	sandte – gesandt Die Ware ist versandt worden.
wenden	wendete – gewendet An wen haben Sie sich gewendet? in der Bedeutung ›umdrehen‹ nur schwach: Sie wendete den Braten.	wandte – gewandt An wen haben Sie sich gewandt?

Manchmal ist mit der unterschiedlichen Konjugation ein Bedeutungsunterschied verbunden:

	regelmäßig	**unregelmäßig**
bewegen	›die Lage verändern‹: bewegte – bewegt Hat sich da etwas bewegt?	›veranlassen‹: bewog – bewogen Was hat dich dazu bewogen?
erschre-cken	›in Schrecken versetzen‹: erschreckte – erschreckt Hast du mich erschreckt!	›in Schrecken geraten‹: erschrak – erschrocken Bin ich erschrocken!
hängen	transitiv: hängte – gehängt Sie hängte das Bild an die Wand.	intransitiv: hing – gehangen Das Bild hing schief an der Wand.
schaffen	›bewältigen‹: schaffte – geschafft Er hat die Prüfung geschafft.	›hervorbringen‹: schuf – geschaffen Es wurden viele neue Stellen geschaffen.
schleifen	›ziehen‹: schleifte – geschleift Sie schleiften ihn über den Boden.	›schärfen‹: schliff – geschliffen Er schliff sein Messer an einem Stein.

Die weitaus meisten Verben des Deutschen werden regelmäßig konju- **111**
giert, und ihr Anteil nimmt ständig zu: Bestimmte alte »starke« Verben werden ungebräuchlich oder treten in die regelmäßige Konjugation über (vgl. etwa *backte* gegenüber dem alten *buk*), vor allem aber werden Neubildungen und Verben, die aus anderen Sprachen ins Deutsche übernommen wurden, ausschließlich regelmäßig konjugiert *(telefonieren, rationalisieren, tanken, filmen, zappen, mailen, surfen, outsourcen).*

Demgegenüber stellen die unregelmäßigen Verben nur eine relativ kleine Gruppe dar. Zu ihnen gehören allerdings so wichtige und häufig gebrauchte Verben wie z. B. *sehen, kommen, geben* und vor allem die Hilfsverben.

Finite Verbformen (Personalformen)

Die finite Form des Verbs, d. h. die Form, die nach Person und Numerus **112**
bestimmt ist, richtet sich nach dem Subjekt des Satzes:

Ich interessiere mich dafür. – Das interessiert mich.

Zur Übereinstimmung von Subjekt und Prädikat ↑499–504.

Person und Numerus werden durch Endungen (die sogenannten **Personalendungen**) angezeigt, die an den Verbstamm angefügt werden. Sie kennzeichnen drei Personen, jeweils im Singular und im Plural: den Sprecher (1. Person), den Angesprochenen (2. Person) und das Besprochene (3. Person).

Für die 2. (die angesprochene) Person gibt es im Deutschen noch die Distanzform (Höflichkeitsform) mit *Sie* (↑308); sie lautet – sowohl für eine wie für mehrere Personen – wie die 3. Person Plural.

113 Die Personalendungen für regelmäßige und unregelmäßige Verben im Indikativ Präsens und Präteritum:

Personalendungen Präsens			
Numerus	**Person**	**regelmäßig**	**unregelmäßig**
Singular	1. (ich) 2. (du) 3. (er/sie/es)	mache machst macht	schreibe schreibst schreibt
Plural	1. (wir) 2. (ihr) 3. (sie)	machen macht machen	schreiben schreibt schreiben

Personalendungen Präteritum			
Numerus	**Person**	**regelmäßig**	**unregelmäßig**
Singular	1. (ich) 2. (du) 3. (er/sie/es)	machte machtest machte	schrieb schriebst schrieb
Plural	1. (wir) 2. (ihr) 3. (sie)	machten machtet machten	schrieben schriebt schrieben

Die meisten Endungen sind nicht eindeutig: *-en* steht in allen Paradigmen für die 1. und die 3. Person Plural, *-t* steht für die 3. Person Singular und die 2. Person Plural Präsens usw. Besonders deutlich wird der Formenzusammenfall, wenn die Konjunktivformen mit einbezogen werden; ↑151.

114 Lautliche Besonderheiten bei den Personalendungen
Die Endung *-e* in der 1. Person Singular Präsens wird in der Umgangssprache oft weggelassen:

> Ich mach das nur noch schnell fertig, dann komm ich. Ich schreib dir mal meine E-Mail-Adresse auf. Seh ich das richtig so?
> Ich glaub, ich bin im falschen Film.

Die (Präsens-)Endungen *-st* und *-t* werden um ein *e* erweitert, wenn der Verbstamm auf *d* oder *t* endet (↑122):

du redest, sie findet, es kostet, ihr arbeitet

Die Endung *-st* verliert das *s*, wenn der Verbstamm auf *s, ss, ß, x* oder *z* endet, sodass hier die 2. und die 3. Person Singular gleich lauten:

du reist (wie: er reist), du küsst, du stößt, du faxt, du sitzt

⚠ Verben, deren Stamm auf *sch* endet, behalten das *s* in der Endung *-st* bei:

Du überraschst (*überrascht) mich immer wieder. Was wünschst (*wünscht) du dir zum Geburtstag? Da täuschst (*täuscht) du dich aber!

Infinite Verbformen

Der Infinitiv 115

Der **Infinitiv** ist die Grundform des Verbs, die Form, in der man ein Verb gewöhnlich nennt und in der es in Wörterbüchern angeführt wird. Er besteht aus dem Verbstamm und der Endung *-en* bzw. *-n* (wenn der Stamm auf *el* oder *er* ausgeht):

lachen, schreiben, finden, kommen, regeln, klettern

Außer dem **Infinitiv Präsens** *(finden)* gibt es einen **Infinitiv Perfekt** *(gefunden haben)* und die entsprechenden passivischen Infinitive *(gefunden werden, gefunden worden sein).* Alle diese Arten des **reinen Infinitivs** kommen bei der Bildung der Futurformen und in Verbindung mit Modalverben vor.

In anderen Fällen erscheint der **Infinitiv mit *zu***:

Sie scheint zu schlafen. Wir hoffen zu gewinnen.

zu steht bei einfachen Verben immer direkt vor dem Infinitiv, bei Verben mit abtrennbarer Partikel (↑190) wird es zwischen die Verbteile gesetzt:

einzuschlafen, abzuwarten, zurückzukommen

Wenn sich der Infinitiv mit weiteren Einheiten verbindet, entsteht eine **Infinitivgruppe** (ein erweiterter Infinitiv); ↑610:

Ich hoffe(,) bald von euch zu hören.

Das Partizip

116 Man unterscheidet zwei Arten des **Partizips:**

Partizip I	kochend, laufend, erschütternd, vorbeugend
Partizip II	gekocht, gelaufen, erschüttert, vorgebeugt

Der lateinische Fachausdruck und die (früher gebräuchliche) deutsche Bezeichnung »Mittelwort« weisen darauf hin, dass Partizipien nicht reine Verbformen sind; sie »partizipieren« an zwei Wortarten: Einerseits können sie wie ein Verb Ergänzungen und andere Satzglieder bei sich haben; sie bilden dann eine satzähnliche **Partizipgruppe** (ein erweitertes Partizip; ↑619). Andererseits können sie wie ein Adjektiv als Attribut zu einem Nomen verwendet und damit dekliniert werden.

Der verbale bzw. adjektivische Charakter ist beim Partizip I und II unterschiedlich stark ausgeprägt.

117 **Partizip I**

Das Partizip I (auch Partizip Präsens genannt) wird gebildet, indem man *-d* an den Infinitiv anfügt:

lachend, lesend, spielend, blühend, geltend

Es kann – im Unterschied zum Infinitiv und zum Partizip II – nicht als Verbform verwendet werden *(*ich bin lesend),* sondern kommt nur als Adjektiv (zum Teil auch mit Steigerungsformen) vor:

mit einem lachenden und einem weinenden Auge, nach geltendem Recht, bedeutende/bedeutendere Ereignisse, das spannendste Buch

Partizip II

118 Dem Partizip II (auch: Partizip Perfekt) liegt der Partizipstamm des Verbs zugrunde, der einen anderen Vokal als der Präsensstamm haben kann (↑105); an den Stamm wird ein Suffix *(-t* oder *-en)* und in der Regel das Präfix *ge-* angefügt.

Für das Suffix gilt:

-*(e)t:* regelmäßige Verben	gesagt, gestellt, gearbeitet
-*en:* unregelmäßige Verben	geschrieben, gefunden, gebrochen

⚠ *winken* ist ein regelmäßiges Verb:

winken – winkte – gewinkt

Die Partizipform *gewunken* ist umgangssprachlich und gilt standardsprachlich als nicht korrekt.

Das Präfix *ge-* erhalten im Prinzip Verben, die Anfangsbetonung haben. **119**
Das sind einfache Verben *(stellen)* und die mit ihnen gebildeten komplexen Verben, deren erster (betonter) Teil abtrennbar ist (*aufstellen – ich stelle auf;* ↑190):

'stellen – gestellt, 'aufstellen – aufgestellt

ge- wird nicht gesetzt bei Verben, die nicht anfangsbetont sind. Darunter fallen:

– Verben mit nicht abtrennbarem Präfix (z. B. *be-*, *ver-*):

be'stellen – bestellt, ver'sprechen – versprochen

– Verben auf *-ieren* (und einige andere):

telefo'nieren – telefoniert, kas'sieren – kassiert, rationali'sieren – rationalisiert, prophe'zeien – prophezeit

ge- entfällt auch, wenn solchen Verben eine betonte Partikel vorangestellt ist:

'vorbestellen – vorbestellt, 'abkassieren – abkassiert, 'wegrationalisieren – wegrationalisiert

Zusammengefasst:

Partizip II mit *ge-*: anfangsbetonte Verben	**Partizip II ohne *ge-*: nicht anfangsbetonte Verben (und deren Erweiterungen)**
stellen – gestellt abstellen – abgestellt brechen – gebrochen aufbrechen – aufgebrochen hingehen – hingegangen	bestellen – bestellt vorbestellen – vorbestellt zerbrechen – zerbrochen diskutieren – diskutiert ausdiskutieren – ausdiskutiert

Zu *werden – geworden/worden* ↑96.

120 *ge-* wird bei trennbaren Verben nicht vorangestellt, sondern zwischen den Bestandteilen eingefügt:

abgeholt, hinaufgestiegen, teilgenommen, tiefgestapelt

⚠ Bei manchen Verben besteht Unsicherheit, ob sie trennbar sind, ob also *ge-* im Partizip II (und *zu* im Infinitiv) vorangestellt oder eingeschoben wird. Zum Teil verhalten sich die Verben auch unterschiedlich: Sie werden im Partizip II getrennt *(er ist notgelandet / *genotlandet)*, in anderen Verbformen dagegen nicht *(er notlandet / *landet not)*. Vor allem bei entlehnten Verben schwankt die Konjugation; man findet z. B. *downgeloadet* und *gedownloadet.* Die folgende Übersicht zeigt für einige dieser Verben, welche Partizip-II-Form üblicher ist:

Infinitiv	**Partizip II**	
	***ge-* vorangestellt**	***ge-* eingefügt**
brandmarken	gebrandmarkt	
doppelklicken		doppelgeklickt
downloaden		downgeloadet
handhaben	gehandhabt	
maßregeln	gemaßregelt	
notlanden		notgelandet

Infinitiv	Partizip II	
	ge- vorangestellt	*ge-* eingefügt
schlussfolgern	geschlussfolgert	
schutzimpfen		schutzgeimpft
updaten		upgedatet
wetteifern	gewetteifert	

Das Partizip II ist eine echte Verbform; mit ihm werden die Perfektformen des Verbs gebildet *(wir haben/hatten gekocht).* Es kann aber auch – wie das Partizip I ausschließlich (↑117) – als Adjektiv stehen: 121

gekochtes Gemüse, nach getaner Arbeit, der zerbrochene Krug

Viele Partizip-II-Formen haben in adjektivischer Verwendung eine eigene Bedeutung entwickelt, sodass sie nur noch als Adjektive empfunden werden:

ausgefallen, berühmt, erlesen, gewandt, verrückt, verschroben

Allerdings können nicht alle Partizipien II als Adjektive verwendet werden. Adjektivischer Gebrauch ist möglich

- bei allen transitiven Verben (d. h. passivfähigen Verben mit Akkusativergänzung, ↑185):

  der eingezahlte Betrag, ein angenommenes Kind, gesendete Objekte

- bei intransitiven Verben mit *sein*-Perfekt:

  der eingegangene Betrag (›der Betrag, der eingegangen ist‹), der übergelaufene Agent, der umgefallene Baum

Dagegen kann das Partizip II intransitiver Verben, die das Perfekt mit *haben* bilden, nicht als Adjektiv gebraucht werden:

die gestern *stattgefundene Versammlung (›die Versammlung, die gestern stattgefunden hat‹), die bisher *gegoltenen Bestimmungen, mit *zugenommenem Alter

Lautliche Besonderheiten

122 e-Einschub

Wenn der Verbstamm auf *d* oder *t* ausgeht, wird vor allen Endungen mit *t* ein *e* eingeschoben. Das betrifft folgende Formen:

- 2./3. Person Singular, 2. Person Plural, Imperativ Plural:

  du findest, er redet, ihr haltet, bittet

- Präteritum und Partizip II der regelmäßigen Verben:

  er gründete, ich rettete, sie arbeiteten; geredet, gemeldet, gerettet, gearbeitet

Das Gleiche gilt für Verben, deren Stamm auf Konsonant + *m* oder *n* endet (außer *lm, ln, rm, rn*):

du atmest, er widmet, ihr rechnet, sie atmete, wir rechneten, geatmet, gerechnet

(aber: du lernst, es qualmte, gelärmt)

123 e-Ausfall

Bei Verben, deren Stamm auf *el* oder *er* ausgeht, entfällt im Infinitiv und in der 1./3. Person Plural Präsens das *e* der Endung:

handeln, wir/sie handeln; ändern, wir/sie ändern

Verben auf *-el* stoßen in Formen mit der Endung *e* oft das *e* des Stammes aus:

1. Person Singular Präsens: ich hand(e)le/reg(e)le/grüb(e)le

Imperativ: handle, regle, sammle, wechsle

Im Imperativ findet sich auch die umgekehrte Verteilung: Das *e* des Stammes bleibt erhalten, dafür fällt das Endungs-*e* weg:

regel, sammel, wechsel, würfel

Verben auf *-er* behalten das *e* der Endung gewöhnlich bei:

ich ändere/sichere/ärgere mich; feier(e), ärger(e) dich nicht

Umlaut 124

Bei den meisten unregelmäßigen Verben mit dem Stammvokal *a, au* oder *o* tritt in der 2. und 3. Person Singular Präsens Umlaut ein:

fallen – du fällst, er fällt; laufen – du läufst, er läuft; stoßen – du stößt, er stößt

⚠ Regelmäßige Verben haben keinen Umlaut. Umgelautete Formen wie *du frägst, er verkäuft* sind deshalb standardsprachlich nicht korrekt.

backen wird heute überwiegend regelmäßig konjugiert (Präteritum *backte* statt früher *buk*). Dementsprechend sind auch die nicht umgelauteten Formen *du backst, er backt* üblicher als die alten umgelauteten *(du bäckst, er bäckt).*

e/i-Wechsel 125

Unregelmäßige Verben mit dem Stammvokal *e* ([eː] oder [ɛ]) haben in ihrer Mehrheit in der 2. und 3. Person Singular Präsens und im Imperativ Singular den Vokal *i* ([iː] oder [i]):

lesen – du liest, er liest, lies; essen – du isst, er isst, iss

Auch die Verben *gebären* und *(v)erlöschen* erhalten in diesen Formen *i: sie gebiert; das Feuer (v)erlischt.*

Zum *e/i*-Wechsel beim Imperativ ↑ auch 170.

1.3 Der Verbalkomplex

Außer im Präsens und Präteritum Aktiv *(er sagt, er sagte)* sind alle Verbformen mehrteilig; sie bilden einen **Verbalkomplex** (↑90). 126

Ein Verbalkomplex besteht aus einem finiten Verb und einem oder mehreren infiniten Verbformen (Infinitiv, Partizip II). Zentrum ist das Vollverb (z. B. *sagen*); es verbindet sich mit Hilfsverben zur Bildung der zusammengesetzten Tempora und des Passivs, z. B.:

er hat gesagt, sie werden sagen, es wird gesagt

Auch durch Modalverben entsteht ein Verbalkomplex:

er wollte sagen, sie soll gesagt haben

Die Teile des Verbalkomplexes stehen im Satz zusammen oder in bestimmter Weise getrennt voneinander (↑130–132):

..., dass er nicht alles gesagt hat. Er hat nicht alles gesagt.

127 Tempusformen

In den Perfektformen ist der Verbalkomplex so zusammengesetzt:

	finite Form von ***haben/sein*** +	**Partizip II Vollverb**
Perfekt	Präsens *haben/sein* hat ist	 gesagt gefahren
Plusquamperfekt	Präteritum *haben/sein* hatte war	 gesagt gefahren

Zur Bildung mit *haben* oder *sein* ↑140–143.

Die Teile des Verbalkomplexes in den Futurformen:

	Präsensform von *werden* +	**Infinitiv Vollverb**
Futur I	 wird	Infinitiv Präsens sagen
Futur II	 wird	Infinitiv Perfekt gesagt haben

128 Passivformen

Passivformen sind generell mehrteilig; sie enthalten immer eine Verbform mehr als die entsprechende Aktivform. Ein passivischer Verbalkomplex ist somit zwei- bis vierteilig.

Die Hauptpassivart, das *werden*-Passiv (↑173), wird mit Formen des Hilfsverbs *werden* und dem Partizip II des Vollverbs gebildet:

***werden*-Passiv**	**Tempusformen von *werden***	**+**	**Partizip II Vollverb**
Präsens	(es)	wird	gesagt
Präteritum		wurde	gesagt
Perfekt		ist	gesagt worden
Plusquamperfekt		war	gesagt worden
Futur I		wird	gesagt werden
Futur II		wird	gesagt worden sein

In den Futurformen tritt *werden* in zweifacher Funktion auf: als futurbildendes Hilfsverb (in finiter Form) und als Passivhilfsverb (in infiniter Form: *werden, worden*).

Weitere Verbalkomplexe 129

Ein Verbalkomplex entsteht auch, wenn ein Vollverb durch Modalverben erweitert wird:

> Ich mag/kann/will das nicht essen. Du musst den Verstand verloren haben. Er soll entlassen worden sein.

In den Perfekttempora erscheint das Modalverb nicht in der Partizip-II-Form, sondern als Infinitiv (Ersatzinfinitiv, ↑97), sodass diese **Modalverbkomplexe** zwei Infinitivformen enthalten:

> Ich habe das nicht essen können.

Das gilt in der Regel auch für Verbindungen mit Verben wie *sehen, hören* und *lassen* (Akkusativ mit Infinitiv; ↑614); hier wird aber manchmal auch das Partizip II gebraucht:

> Das habe ich seit Langem kommen sehen. Wir haben sie im Zimmer über uns auf und ab gehen hören/gehört. Die Polizei hat ihn laufen lassen. Sie hat ihr Handy liegen (ge)lassen.

Stellung

130 Der Verbalkomplex steht je nach der Satzform zusammenhängend, oder er wird aufgespalten.

Zusammenstehend erscheint er in Nebensätzen, d.h. genauer: in Sätzen mit Verbletztstellung (↑540):

> ..., wenn ich das auch oft gesagt habe; ..., dass der Termin erneut verschoben werden musste; ..., weil die Wandergruppe von einem Unwetter überrascht worden sein wird.

Die Abfolge spiegelt den Aufbau des Verbalkomplexes wider:

überrascht	worden	sein	wird
Vollverb	Hilfsverb$_{Passiv}$	Hilfsverb$_{Perfekt}$	Hilfsverb$_{Futur}$

131 Als jeweils letzter Teil steht die finite Verbform:

> ..., weil sie überrascht wird / überrascht worden ist / überrascht worden sein wird

Von dieser Stellungsregel gibt es eine Ausnahme:

Enthält der Verbalkomplex zwei Infinitivformen, wie es vor allem bei Modalverbkomplexen im Perfekt der Fall ist (↑129), tritt die finite Form vor die übrigen Teile des Verbalkomplexes:

> ..., sodass der Termin erneut hat verschoben werden müssen; ..., weil sie von einem Unwetter hätte überrascht werden können.

Wo beide Perfektbildungen des Erweiterungsverbs möglich sind (Ersatzinfinitiv oder Partizip II bei *sehen, hören, lassen,* ↑129), stehen sich also gegenüber:

> (finites Verb vorangestellt:) weil ich dich nicht habe kommen hören – (finites Verb nachgestellt:) weil ich dich nicht kommen gehört habe. Dass sie ihr Handy hat liegen lassen – dass sie ihr Handy liegen gelassen hat.

132 In Hauptsätzen (d.h. Sätzen mit Verbzweit- bzw. Verberststellung; ↑540) stehen die Teile des Verbalkomplexes getrennt: Die finite Verbform erscheint an der zweiten oder ersten Stelle im Satz; die infiniten Formen stehen am Satzende:

> Der Termin musste leider erneut verschoben werden. Die Gruppe wird bei ihrer Wanderung von einem Unwetter überrascht worden sein. Habe ich das nicht schon immer gesagt?

Diese Aufspaltung des Verbalkomplexes, durch die eine »Klammer« um die Satzglieder entsteht, ist eine Besonderheit des Deutschen (↑541–543).

1.4 Tempus

Wie der Fachausdruck besagt (lat. *tempus* ›Zeit‹) hat das **Tempus** des Verbs (Plural: Tempora) mit Zeit zu tun: Seine typische Aufgabe ist es, den im Satz dargestellten Sachverhalt zeitlich einzuordnen. Das kann auch durch Adverbiale wie *jetzt, vor drei Tagen, im nächsten Jahr* geschehen; solche temporalen Bestimmungen müssen jedoch nicht in einem Satz vorkommen, während das Prädikat notwendig in einem bestimmten Tempus steht. 133

Die Tempora des Deutschen:

Präsens	es regnet
Präteritum	es regnete
Perfekt	es hat geregnet
Plusquamperfekt	es hatte geregnet
Futur I	es wird regnen
Futur II	es wird geregnet haben

Tempora sind durch ihre Form bestimmt; sie dürfen nicht mit Einteilungen nach der semantischen Kategorie »Zeit« gleichgesetzt werden. Begriffe wie »Gegenwart« usw. sind deshalb zur Bezeichnung der Tempusformen ungeeignet.

Tempus und Zeit

134 Zeit gliedert sich nach unserer Vorstellung in Vergangenheit, Gegenwart und Zukunft. Was dies jeweils ist, bestimmt sich von der **Sprechzeit** her, d. h. von dem Zeitpunkt, in dem der Sprecher den Satz äußert: Der **Vergangenheit** gehören Ereignisse an, die zu diesem Zeitpunkt abgeschlossen sind, **Gegenwart** ist der Zeitraum, der um den Sprechzeitpunkt herum liegt, und zur **Zukunft** gehören Ereignisse, die zur Sprechzeit noch nicht begonnen haben. Schematisch:

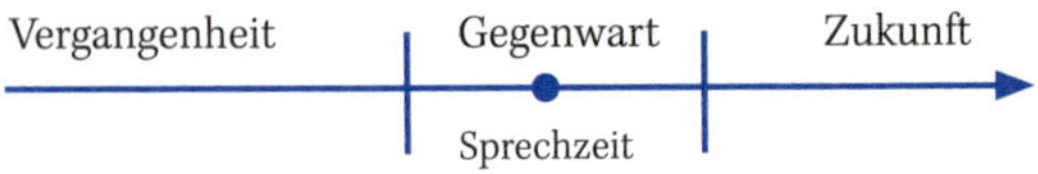

Die Tempora im Deutschen spiegeln diese Zeiteinteilung nicht einfach wider; das kann man schon daraus ersehen, dass es nicht drei, sondern sechs Tempora gibt. Die zeitliche Einstufung wird einerseits durch die Tempora weiter differenziert, andererseits kann ein Tempus verschiedene Ereigniszeiten wiedergeben (das Präsens z. B. eine gegenwärtige und eine zukünftige: *Es regnet – morgen regnet es bestimmt*).

135 Man kann zwei Gruppen von Tempora unterscheiden:

Präsens, Präteritum und Futur I geben von sich aus keine Begrenzung für das dargestellte Geschehen vor. Der Zeitpunkt oder Zeitabschnitt, von dem die Rede ist, wird aus dem Kontext erschlossen oder ist explizit durch Temporalangaben festgelegt, z. B.: *Als wir ankamen / Bei unserer Ankunft regnete es.*

Perfekt, Plusquamperfekt und Futur II enthalten einen perfektiven Anteil, der signalisiert, dass das dargestellte Geschehen – relativ zu einer bestimmten **Bezugszeit** – abgeschlossen ist; z. B.: *Als wir ankamen, hatte es geregnet* (das heißt, bei der Ankunft regnete es nicht mehr).

Diese Unterscheidung Verlauf – Abgeschlossenheit wird in anderen Sprachen nicht am Tempus (bzw. an Tempusgruppen) festgemacht, sondern gilt im Prinzip für jedes Verb, unabhängig davon, in welchem Tempus es erscheint. So muss man z. B. im Englischen fast immer zwischen der einfachen Verbform und der »progressive form« auf *-ing* wählen *(we walk – we are walking, we walked – we were walking)*. Besonders charakteristisch ist diese systematisch doppelte Sehweise, **Aspekt** genannt, für slawische Sprachen; in ihnen hat im Allgemeinen jedes Verb eine sogenannte perfektive und eine imperfektive Variante.

Das Präsens

Ich lese gerade einen unheimlich spannenden Krimi. Fahrt ihr nächstes Jahr wieder an die Ostsee? Am 20. Juli 1969 landen die ersten Menschen auf dem Mond. Wasser kocht bei 100 °C. 136

Wie die Beispiele zeigen, kann das Präsens nicht nur ein gegenwärtiges, zur Sprechzeit ablaufendes Geschehen ausdrücken; es hat insgesamt folgende Gebrauchsweisen:

Bezug auf gegenwärtiges Geschehen	Was machst du da? Ich suche eine Rechnung. Frau Schmidt ist zurzeit in Urlaub.
Bezug auf zukünftiges Geschehen	Man sieht sich. Sie kommt schon noch. In ein paar Wochen spricht niemand mehr davon.
Bezug auf vergangenes Geschehen	Im September 1941 beginnt die Belagerung Leningrads. Sie dauert 900 Tage.
Bezug auf allgemeingültigen Sachverhalt	Drei mal drei ist neun. Löwen haben eine Mähne. Wer einmal lügt, dem glaubt man nicht.

Der Gegenwarts- und vor allem der Zukunftsbezug wird oft durch entsprechende Temporalangaben verdeutlicht *(jetzt, gerade, heute – bald, morgen, nächstes Jahr).* 137

Die Darstellung von vergangenem Geschehen wirkt im Präsens unmittelbarer (als im typischen Präteritum): Das Präsens »vergegenwärtigt« geschichtliche Ereignisse (»historisches Präsens«):

Am 11. September 2001 rasen zwei Flugzeuge in die Zwillingstürme von New York.

oder es macht eine Erzählung lebendiger (»szenisches Präsens«):

Als ich heute Morgen in die Stadt fuhr, kommt doch auf einmal einer aus einer Nebenstraße geschossen und nimmt mir die Vorfahrt.

Dadurch, dass das Präsens sowohl für Gegenwärtiges wie für Zukünftiges und Vergangenes gebraucht werden kann, ist es auch geeignet, allgemeine, »zeitlose« Gültigkeit auszudrücken; es findet sich in dieser Funktion vor allem in mathematisch-logischen und sonstigen Gesetzesaussagen und in Sprichwörtern.

138 Das Präteritum

(Die früher gebräuchliche Bezeichnung »Imperfekt« wird heute im Deutschen nicht mehr verwendet.)

Goethe lebte von 1749 bis 1832. Der Präsident besuchte auf seiner Afrikareise vier Staaten. Nach dem Studium machte sie verschiedene Praktika. Es war einmal ein König, der hatte drei Söhne.

Das Präteritum stellt ein Geschehen als vergangen, in der Vergangenheit verlaufend dar. Es ist das typische Tempus des Berichts und der Erzählung, zumindest in der geschriebenen Sprache.

In der gesprochenen Alltagssprache wird anstelle des Präteritums immer mehr das Perfekt gebraucht, ↑144); vor allem im Süddeutschen ist das Präteritum inzwischen weitgehend verschwunden. Nur bei bestimmten Verben sind die Präteritumformen auch in gesprochener Sprache gebräuchlich und häufig, so insbesondere bei *sein* und bei den Modalverben.

Das Perfekt

139 Bildung des Perfekts

Ich habe ihn vor einem Jahr das letzte Mal gesehen. Er ist in eine andere Stadt gezogen. Wir haben geheiratet. Der Computer ist abgestürzt. Bald hast du es geschafft.

Das Perfekt ist ein zusammengesetztes Tempus. Es wird mit den Präsensformen des Hilfsverbs *haben* oder *sein* und dem Partizip II des Vollverbs gebildet (↑127). Für die Verteilung von *haben* und *sein* gilt:

140

Perfektbildung mit *haben* (*haben*-Perfekt)	
transitive Verben	Sie hat mich gestern angerufen. Wo hast du das Auto geparkt? Er hat gesagt, dass er den Job bekommen hat.
intransitive Verben, die ein Geschehen in seinem Verlauf ausdrücken (durative Verben)	Ich habe gut und lange geschlafen. Dort hat der Flieder noch geblüht. Wir haben bisher auf dem Land gelebt.

Perfektbildung mit *haben* (*haben*-Perfekt)	
reflexive Verben	Darüber habe ich mich sehr gefreut. Haben sie sich wenigstens entschuldigt?
Modalverben (auch in selbstständiger Verwendung)	Er hat nicht kommen können. Das haben wir nicht gewollt.

⚠ In regionaler Umgangssprache, vor allem in Süddeutschland, wird der Perfektform oft noch *gehabt* hinzugefügt *(er hat gesagt gehabt)*. Dieses »doppelte« Perfekt, das meist als Ersatz für das Plusquamperfekt steht, ist standardsprachlich nicht zulässig:

☹	☺
Das habe ich ganz vergessen gehabt.	Das hatte ich ganz vergessen.
Es hat stark geregnet gehabt.	Es hatte stark geregnet.
Wir haben gerade gegessen gehabt, als ...	Wir hatten gerade gegessen, als ...

141

Perfektbildung mit *sein* (*sein*-Perfekt)	
intransitive Verben, die eine Zustands- oder Ortsveränderung bezeichnen	Ich bin erst gegen Morgen eingeschlafen. Hier ist der Flieder schon verblüht. Jetzt sind wir in die Stadt gezogen.
sein, werden, bleiben	Ihr seid so großzügig gewesen. Was bist du groß geworden! Sie ist immer die Gleiche geblieben.

142 Schwankungen in der Perfektbildung gibt es bei Bewegungsverben wie

> fahren, laufen, joggen, springen, schwimmen, segeln, rudern, reiten, tanzen

In der Regel steht hier der Aspekt der Ortsveränderung im Vordergrund; es gilt also die Perfektbildung mit *sein:*

> Ich bin eine Stunde gefahren/gelaufen, um dorthin zu kommen. Er ist vom Fünfmeterbrett gesprungen. Wir sind über den See geschwommen/gerudert. Sie ist vor Freude durchs Zimmer getanzt.

Die Bewegung kann aber auch in erster Linie als Betätigung gesehen werden; dann wird das Perfekt mit *haben* gebildet:

> Er hat sein bisher bestes Rennen gefahren. Heute haben wir besonders lange gejoggt/geschwommen. Die beiden haben den ganzen Abend miteinander getanzt.

143 Die Verben *liegen, sitzen, stehen* haben regional unterschiedliche Perfektformen.

In Norddeutschland gilt das reguläre *haben*-Perfekt (es handelt sich ja um Verben, die einen Zustand ohne Veränderung ausdrücken):

> Sie hat auf dem Sofa gelegen. Er hat ganz traurig in der Ecke gesessen. Wir haben stundenlang im Stau gestanden.

In Süddeutschland, Österreich und der Schweiz ist die Perfektbildung mit *sein* üblich:

> Sie ist auf dem Sofa gelegen. Er ist ganz traurig in der Ecke gesessen. Wir sind stundenlang im Stau gestanden.

144 Bedeutung und Gebrauch des Perfekts

Das Perfekt stellt ein Geschehen als abgeschlossen dar. Wenn ein Ereignis in der Vergangenheit, vor dem Sprechzeitpunkt, gemeint ist, sind Präteritum und Perfekt oft gegeneinander austauschbar:

> Es regnete den ganzen Tag in Strömen. – Es hat den ganzen Tag in Strömen geregnet.

Im Unterschied zum Präteritum hat aber das Perfekt – durch die Präsensform des Hilfsverbs – zugleich einen Gegenwartsbezug (es wird deshalb auch Präsensperfekt genannt); damit wird angezeigt, dass das Geschehen für den Sprecher zur Zeit seiner Äußerung noch relevant ist. So sagt man z. B. nach einem gewonnenen Spiel nicht *wir gewannen* und bei dem Verlust seiner Daten nicht *der Computer stürzte ab*, sondern:

Wir haben gewonnen. Der Computer ist abgestürzt.

In der Alltagskommunikation, in der es meist um solche für den Sprecher und Hörer gerade wichtigen Ereignisse geht, ist deshalb das Perfekt das vorherrschende Vergangenheitstempus.

Ähnlich wie das Präsens kann das Perfekt auch mit Zukunftsbezug gebraucht werden; es stellt dann ein Geschehen dar, das von einem zukünftigen Blickpunkt aus abgeschlossen ist, und entspricht damit dem Futur II (↑148):

Bald hast du es geschafft. (›Bald wirst du es geschafft haben‹.)
Wetten, dass er morgen alles wieder vergessen hat?

Das Plusquamperfekt 145

Ich war gerade eingeschlafen, da klingelte der Wecker. Sie gab zu, dass sie sich geirrt hatte. Als er endlich kam, waren die meisten schon gegangen.

Das Plusquamperfekt (wörtlich: ›mehr als Perfekt‹; auch Präteritumperfekt genannt) wird wie das Perfekt gebildet – mit dem Unterschied, dass das Hilfsverb *haben* bzw. *sein* im Präteritum erscheint (↑127). Mit diesem Vergangenheitsbezug drückt das Plusquamperfekt Vorzeitigkeit aus, d. h., es zeigt an, dass das dargestellte Geschehen vor einem anderen Geschehen in der Vergangenheit liegt:

Ich war gerade eingeschlafen, da klingelte der Wecker.

⚠ Umgangssprachlich werden manchmal Plusquamperfektformen gebraucht, ohne dass Vorzeitigkeit gegenüber einem anderen Geschehen ausgedrückt werden soll, z. B.:

(Was hast du gestern Abend gemacht?) Ich war im Kino gewesen.

Solche Formen, die hier als Mischung aus Präteritum und Perfekt anzusehen sind, gelten als nicht korrekt; es heißt:

Ich war im Kino. Oder: Ich bin im Kino gewesen.

Das Futur

146 Die Formen des Futurs werden mit dem Hilfsverb *werden* und dem Vollverb im Infinitiv gebildet (↑127). Handelt es sich dabei um den Infinitiv Präsens, spricht man von Futur I, die Form mit dem Infinitiv Perfekt heißt Futur II:

Futur I	Ich werde mir die Sache überlegen.
Futur II	Bis morgen werde ich mir die Sache überlegt haben.

Beide Futurtempora haben eine doppelte Verwendungsweise: Zum einen kennzeichnen sie ein Geschehen als zukünftig (temporale Verwendung), zum anderen können sie die subjektive Vermutung des Sprechers über ein – gegenwärtiges bzw. vergangenes – Geschehen ausdrücken (modale Verwendung).

147 Futur I

Das Parlament wird sich nach der Sommerpause damit befassen. Der Zug wird voraussichtlich 15 Minuten später ankommen. Dafür werdet ihr euch sofort entschuldigen! Ein paar Euro wirst du doch noch haben.

Verwendungsweisen des Futurs I	
temporal (Zukunftsbezug)	
Voraussage	Das wird unabsehbare Folgen haben.
Versprechen	Ich werde dir schreiben.
Drohung	Das wirst du mir büßen.
Aufforderung	Ihr werdet auf der Stelle verschwinden!
modal (Gegenwartsbezug)	Sie wird längst zu Hause sein. Das wird schon so stimmen.

Bei temporalem Gebrauch ist das Futur I oft durch das Präsens ersetzbar:

Ich werde dir schreiben. – Ich schreibe dir.

Futur II

148

Bald werden wir es geschafft haben. Bis morgen Abend wirst du das erledigt haben.

Das Futur II (auch »Futurperfekt« genannt) vereinigt in sich die Bedeutung des Futurs (Zukunftsbezug) und des Perfekts (Vollendung, Abgeschlossenheit). Es kann also ein Geschehen ausdrücken, das in der Zukunft zu einem bestimmten Zeitpunkt abgeschlossen ist. In dieser temporalen Verwendung ist das Futur II sehr selten; es wird meist durch das Perfekt (mit zukunftsbezogenen Temporalangaben) ersetzt (↑144):

Bald haben wir es geschafft. Bis morgen Abend hast du das erledigt.

Am ehesten wird das Futur II modal – zum Ausdruck einer Vermutung über vergangenes Geschehen – verwendet:

Es wird schon nicht so schlimm gewesen sein. Sie werden mich für völlig verrückt gehalten haben.

1.5 Modus: Indikativ, Konjunktiv, Imperativ

149 Der **Modus** des Verbs (Plural: Modi, deutsche Bezeichnung: »Aussageweise«) zeigt an, wie der Sprecher seine Äußerung verstanden wissen will. Er kann ein Geschehen als wirklich darstellen *(Er ist gegangen. Ich bin traurig.)* oder als nur möglich *(Wenn er ginge, wäre ich traurig.)*; und mit Verbformen wie *geh, geht* spricht er eine Aufforderung aus.

Entsprechend werden drei Modi unterschieden, wobei die beiden ersten als Hauptmodi gelten:

Indikativ	er geht, ging, ist gegangen
Konjunktiv	er gehe, ginge, sei gegangen
Imperativ	geh, geht

Der Verbmodus ist nicht das einzige Mittel, Einstellungen und Absichten des Sprechers auszudrücken. Er steht in dem größeren Zusammenhang der Modalität, in den auch die Modalverben *(können, wollen)* und modale Adverbiale *(vielleicht, tatsächlich)* gehören; insbesondere spielt er eine wichtige Rolle bei der Unterscheidung der Satzarten (↑471).

150 Der Indikativ

Der **Indikativ** (die Wirklichkeitsform) ist der neutrale Modus, die Normalform sprachlicher Äußerungen, von der sich die spezifischen Modi Konjunktiv und Imperativ abheben.

Der Indikativ stellt einen Sachverhalt als gegeben dar. Das muss nicht bedeuten, dass es sich um ein reales, tatsächliches Geschehen handelt. Auch »unwirkliche« Begebenheiten (etwa in Träumen oder Märchen) werden im Indikativ formuliert, wenn sie für den Sprecher Geltung haben, z. B.:

Ich stürzte in ein tiefes schwarzes Loch (– und wachte auf).

Die Konjunktivformen

Zu jeder Indikativform eines Verbs gibt es eine Form im **Konjunktiv** (eine Möglichkeitsform). Die Konjunktivformen haben z. T. eigene Endungen, und in bestimmten Fällen wechselt der Vokal: 151

sie geht – sie gehe, ich ging – ich ginge, er war – er wäre

Viele Formen des Konjunktivs lauten jedoch mit denen des Indikativs gleich. Dieser Formenzusammenfall (Synkretismus) ist im Präsens und Präteritum besonders häufig (Konjugationsmuster für alle Tempora ↑198, ↑199):

		Präsens		**Präteritum**	
		Indikativ	**Konjunktiv**	**Indikativ**	**Konjunktiv**
regel-mäßiges Verb	ich	frage	frage	fragte	fragte
	du	fragst	fragest	fragtest	fragtest
	er/sie/es	fragt	frage	fragte	fragte
	wir	fragen	fragen	fragten	fragten
	ihr	fragt	fraget	fragtet	fragtet
	sie	fragen	fragen	fragten	fragten
unregel-mäßiges Verb	ich	trage	trage	trug	trüge
	du	trägst	tragest	trugst	trügest
	er/sie/es	trägt	trage	trug	trüge
	wir	tragen	tragen	trugen	trügen
	ihr	tragt	traget	trugt	trüget
	sie	tragen	tragen	trugen	trügen

Im Präsens lauten immer die 1. Person Singular und die 1./3. Person Plural im Indikativ und Konjunktiv gleich; im Präteritum fallen bei den regelmäßigen Verben alle Konjunktivformen mit denen des Indikativs zusammen.

Am meisten unterscheiden sich die Indikativ- und Konjunktivformen im Präteritum unregelmäßiger Verben, vor allem wenn Umlaut hinzukommt: Bei Verben, die im Präteritum den Stammvokal *a, o* oder *u* haben, wird der Vokal im Konjunktiv zu *ä, ö, ü* umgelautet: 152

kam – käme, verlor – verlöre, trug – trüge

brauchte/bräuchte

Der Konjunktiv Präteritum von *brauchen* lautet *brauchte, brauchtest* usw. (wie im Indikativ), da *brauchen* ein regelmäßiges Verb ist und regelmäßige Verben keinen Umlaut im Konjunktiv haben (vgl. **frägte,* **räuchte*):

Wir würden euch nicht um das Geld bitten, wenn wir es nicht dringend brauchten.

Vor allem in inoffizieller Sprache findet man aber fast nur noch die umgelautete Form *bräuchte,* die leicht als Konjunktiv erkennbar ist:

Dazu bräuchte man mehr Informationen. Was bräuchtest du denn noch? Bräuchte mal Hilfe für Excel! Dann bräuchte ich das ja nicht mehr (zu) machen.

brauchen scheint sich auch hiermit (wie beim Gebrauch ohne *zu,* ↑100) an die Modalverben anzupassen, die im Konjunktiv überwiegend Umlaut haben (vgl. *könnte, müsste*). Die reguläre Form *brauchte* bleibt aber in jedem Fall korrekt:

Dazu brauchte man mehr Informationen.

153 Bei einigen unregelmäßigen Verben entspricht der Umlaut im Konjunktiv Präteritum nicht dem Vokal im Indikativ:

warf – würfe, starb – stürbe

Hier wird ein Vokal umgelautet, den es früher in der Konjugation dieser Verben gegeben hat (so hieß es z. B. *ich warf, wir wurfen*).

Öfter sind bei Verben mit *a* im Präteritumstamm zwei Konjunktivformen möglich: die mit dem regulären Umlaut *ä* und eine mit abweichendem Umlaut. In der folgenden Liste der wichtigsten Verben mit Doppelformen ist hervorgehoben, wenn eine der Formen deutlich häufiger als die andere ist.

	Indikativ Präteritum	Konjunktiv Präteritum	
befehlen	befahl	befähle	beföhle
beginnen	begann	begänne	begönne
empfehlen	empfahl	empfähle	empföhle
gelten	galt	gälte	gölte
gewinnen	gewann	gewänne	gewönne
helfen	half	hälfe	hülfe
schwimmen	schwamm	schwämme	schwömme
stehen	stand	stände	stünde
stehlen	stahl	stähle	stöhle

Diese Konjunktivformen werden aber generell nur noch selten gebraucht; sie klingen für die meisten Sprecher des Deutschen altertümlich und werden weitgehend durch die *würde*-Form ersetzt (↑167).

Konjunktiv I und II 154

Die Konjunktivformen werden zu zwei Gruppen zusammengefasst, die man Konjunktiv I und Konjunktiv II nennt. Zum **Konjunktiv I** zählen die Formen, bei denen das finite Verb im Konjunktiv Präsens steht; als **Konjunktiv II** bezeichnet man die mit dem Präteritum des finiten Verbs gebildeten Formen. Als Beispiel die Formen der 3. Person Singular Aktiv:

Konjunktiv I	**Konj.**	**Präsens**	er fahre
		Perfekt	er sei gefahren
		Futur I	er werde fahren
		Futur II	er werde gefahren sein
Konjunktiv II	**Konj.**	**Präteritum**	er führe
		Plusquamperfekt	er wäre gefahren

Die beiden Konjunktivarten haben größtenteils unterschiedliche Verwendungsweisen (↑156).

155 Die *würde*-Form

würde, würdest usw. ist der Konjunktiv Präteritum von *werden* und in bestimmten Verbindungen eine reguläre Konjunktiv-II-Form dieses Verbs, z. B.:

er wurde krank – er würde krank, sie wurde gefragt – sie würde gefragt

Unter der *würde*-Umschreibung oder ***würde*-Form** versteht man aber die Konstruktion *würde* + Infinitiv (Präsens oder Perfekt):

ich würde gehen, du würdest gehen

er würde gefragt haben, wir würden gegangen sein

Diese Formen, die keine Entsprechung im Indikativ haben *(*ich wurde gehen)*, stehen außerhalb der regulären Konjunktivbildung. Trotzdem – oder vielleicht gerade deswegen – wird die *würde*-Form häufig als Ersatz für Konjunktivformen gebraucht (↑165–167).

Der Gebrauch des Konjunktivs

156 Der Konjunktiv hat in Abgrenzung zum Indikativ zwei Anwendungsbereiche:

- Ausdruck der Nichtwirklichkeit:

  Es wäre schön, wenn du kämst. Hätten wir das doch eher gewusst!

  Dies ist die Hauptdomäne des Konjunktivs II.

- Indirekte Rede (Redewiedergabe):

  Er sagte, er sei krank. Sie habe die Stadt bereits verlassen, heißt es.

  Hier soll im Prinzip der Konjunktiv I stehen.

In beiden Bereichen wird mehr oder weniger häufig auch die *würde*-Form eingesetzt.

Nichtwirklichkeit

157 Mit dem Konjunktiv II drückt der Sprecher aus, dass etwas nicht wirklich der Fall ist:

Das wäre schön.
(nicht tatsächlich gegeben, aber immerhin möglich)

Das wäre schön gewesen.
(Möglichkeit ausgeschlossen, in keinem Fall zutreffend)

In diesem zweiten – engeren – Sinn von Nichtwirklichkeit (Irrealität) wird der Konjunktiv II besonders häufig in irrealen Konditionalsätzen (↑590) gebraucht. Sie drücken aus, dass etwas nur unter einer bestimmten Bedingung zutrifft, dass diese Bedingung aber nicht erfüllt ist und das Ereignis deshalb nicht eintritt:

Wenn ich Zeit gehabt hätte (– ich hatte aber keine Zeit –), wäre ich mitgekommen (– ich bin also nicht mitgekommen).

Eine andere Verwendungsweise des Konjunktivs II (bzw. der *würde*-Form) zeigen Sätze wie die folgenden: 158

Ich hätte gern einen Espresso. Könnte ich Sie nachher kurz sprechen? In dieser Ausfertigung käme das Sofa auf 100 Euro mehr. Ich hielte das nicht für gut. Würdet ihr bitte mal kurz herhören? Ich würde sagen/meinen/vorschlagen/dafür plädieren, dass ...

Hier geht es nicht um etwas Irreales, sondern der Sprecher mildert mit dem Konjunktiv seine Äußerung zu einer vorsichtigen Feststellung oder höflichen Aufforderung ab; es soll so aussehen, als hätte der Adressat die Möglichkeit, die Bitte oder Meinung abzulehnen. Man spricht deshalb in diesen Fällen vom »Konjunktiv der Höflichkeit«.

Auch der Konjunktiv I wird – allerdings nur am Rande – zum Ausdruck der Nichtwirklichkeit/Möglichkeit verwendet. Am ehesten findet er sich noch in formelhaften Wunschsätzen (↑485): 159

Sie lebe hoch! Dem Himmel sei Dank! Er ruhe in Frieden!

Früher wurden auch Anweisungstexte (Rezepte, Bedienungsanleitungen u. Ä.) im Konjunktiv I formuliert, z. B.:

Man nehme 500 g Mehl, 300 g Butter, ... und knete alles zu einem glatten Teig.

Für solche allgemeinen Aufforderungen ist heute der Infinitiv gebräuchlich; ↑483.

Indirekte Rede

160 **Indirekte Rede** (berichtete Rede) liegt vor, wenn eine Äußerung – die eines anderen oder eine frühere eigene – nicht wörtlich (im Original) angeführt wird, wie es in **direkter Rede** der Fall ist, sondern vom Standpunkt des berichtenden Sprechers aus wiedergegeben wird:

direkte Rede	indirekte Rede
Der Zeuge sagte: »Ich kann mich nicht an die Uhrzeit erinnern.«	Der Zeuge sagte, er könne sich nicht an die Uhrzeit erinnern.

Zur indirekten Rede zählt im weiteren Sinne auch die Wiedergabe von Gedanken, Einstellungen u. Ä.:

> Sie dachte/glaubte/fürchtete/hoffte/..., dass sie ihn nie wiedersehen würde.

161 Das Verb steht in der indirekten Rede in der Regel im Konjunktiv I. Außerdem müssen Personen-, Orts- und Zeitangaben, soweit sie sprecherbezogen sind, an die Perspektive des Berichtenden angepasst werden; vgl. z. B.:

> (Lena schreibt aus dem Ferienort:)
>
> (direkt:) »Es gefällt mir hier gar nicht.«
>
> (indirekt:) es gefalle ihr dort gar nicht.

Das Tempus ändert sich dagegen in der indirekten Rede im Prinzip nicht; es bleibt das gleiche wie in der entsprechenden direkten Rede, unabhängig vom Tempus des einleitenden Satzes:

direkte Rede	indirekte Rede
Er erklärt/erklärte/hat erklärt/...	
»Ich trete nicht zurück.« »Ich werde nicht zurücktreten.«	..., dass er nicht zurücktrete. ..., dass er nicht zurücktreten werde.

Nur für das Präteritum und das Plusquamperfekt der direkten Rede stehen in der indirekten Rede nicht die entsprechenden Konjunktivformen, sondern alle Vergangenheitstempora fallen im Konjunktiv Perfekt zusammen:

direkte Rede	**indirekte Rede**
Sie behauptet/behauptete/hat behauptet/...	
»Ich wusste nichts davon.« »Ich habe nichts davon gewusst.« »Ich hatte nichts davon gewusst.«	sie habe nichts davon gewusst.

Konjunktiv I und II in der indirekten Rede

Die indirekte Rede steht, zumindest in offizieller Sprache, im Konjunktiv I, soweit es eindeutige, d. h. vom Indikativ unterscheidbare Formen gibt. 162

Eindeutig sind die Konjunktiv-I-Formen (im Präsens) in diesen Fällen:

- bei *sein* in allen Formen:

  Der Störfall sei sicherheitstechnisch nicht von Bedeutung, erklärte das Ministerium. Das Personal der Anlage und die Umgebung seien nicht gefährdet gewesen.

- bei den Modalverben und *wissen* im Singular:

  Der Arzt sagt, ich dürfe aufstehen, solle mich aber noch schonen. Man wisse nie, ob es nicht einen Rückfall geben könne.

- bei allen übrigen Verben in der 3. Person Singular. Gebräuchliche Formen sind etwa:

  er/sie/es habe, werde, komme, gehe, gebe, nehme, bringe

Wenn Konjunktiv-I-Formen mit dem Indikativ gleich lauten, verwendet man in der indirekten Rede den Konjunktiv II, um Unklarheiten und Missverständnisse zu vermeiden: 163

Die Ministerin äußerte sich zufrieden über den Verlauf der Konferenz. Die Gespräche fänden in einer freundschaftlichen Atmosphäre statt; die Verhandlungen hätten gute Fortschritte gemacht.

Hier ist klar, dass Äußerungen der Ministerin wiedergegeben werden, dass also indirekte Rede vorliegt. Hieße es dagegen (mit Konjunktiv-I-Formen):

> Die Gespräche finden in einer freundschaftlichen Atmosphäre statt; die Verhandlungen haben gute Fortschritte gemacht.

könnte es sich auch um die Einschätzung des berichtenden Journalisten – im Indikativ – handeln.

Der Konjunktiv II wird aber auch dann verwendet, wenn an sich eindeutige und gebräuchliche Formen des Konjunktivs I zur Verfügung stehen:

> Der Arzt sagt, ich dürfte aufstehen, sollte mich aber noch schonen. Sie behaupten, sie wären schon mal dort gewesen. Sie meint immer, dass sie recht hätte.

Besonders in der gesprochenen Sprache überwiegt der Konjunktiv II in der indirekten Rede (sofern überhaupt der Konjunktiv verwendet wird; ↑164); der Konjunktiv I wird als »gehoben« oder gar als geziert empfunden.

Konjunktiv-II-Formen in der indirekten Rede können auch darauf zurückzuführen sein, dass bereits die direkte Rede im Konjunktiv II formuliert ist. Das ist bei irrationalen Konditionalsätzen der Fall; vgl. z. B.:

> Nora sagt: »Wir wären pünktlich gewesen, wenn es nicht einen Stau gegeben hätte.« – Nora sagt, sie wären pünktlich gewesen, wenn es nicht einen Stau gegeben hätte.

164 Indikativ in der indirekten Rede

In gesprochener Alltagssprache wird meist ganz auf den Konjunktiv in indirekter Rede verzichtet und stattdessen der Indikativ gebraucht:

> Er hat erklärt, dass er für niemanden zu sprechen ist. Anja fragt, ob sie morgen dein Auto haben kann. Sie sagt, sie kommt in einer halben Stunde.

Trotz des Indikativs ist klar, dass es sich hier nicht um Originaläußerungen, sondern um Redewiedergabe handelt. Kennzeichen dafür sind Einleitewörter wie *dass, ob* und die Pronomenverschiebung (z. B. *ich → er/sie;* ↑161).

Im Indikativ, und zwar in der Regel im Präteritum, steht auch eine besondere Form der Rede- bzw. Gedankenwiedergabe, die sogenannte **erlebte Rede:**

> Er ging unruhig auf und ab. Wo war er hier eigentlich? Warum kamen die anderen nicht? Was sollte er tun? (Er dachte: Wo bin ich hier eigentlich? Warum kommen die anderen nicht? Was soll ich tun?)

Zum Gebrauch der *würde*-Form

Die *würde*-Form (↑155) hat sich weitgehend zu einer Art »Einheitskonjunktiv« entwickelt; viele Sprecher ersetzen mit ihr praktisch alle Formen des Konjunktivs I und II. Hier sollte jedoch genauer differenziert werden. **165**

Der Gebrauch der *würde*-Form ist – auch in der Standardsprache – üblich und akzeptiert, wenn Konjunktivformen nicht eindeutig oder ungebräuchlich sind.

Ersatz für nicht eindeutige Konjunktivformen **166**

würde-Formen treten an die Stelle von Konjunktivformen, die mit dem Indikativ gleich lauten (wie es besonders beim Konjunktiv II der regelmäßigen Verben der Fall ist):

***würde*-Form**	**nicht eindeutige Konjunktivform**
Das würde mich freuen. Mit dem Geld würde ich mir ein Motorrad kaufen. Wahrscheinlich würden sie ihn laufen lassen.	Das freute mich. Mit dem Geld kaufte ich mir ein Motorrad. Wahrscheinlich ließen sie ihn laufen.

167 Ersatz für ungebräuchliche Konjunktivformen

Wenn Konjunktiv-II-Formen altertümlich und geziert klingen, werden sie durch *würde*-Formen ersetzt:

***würde*-Form**	**ungebräuchliche Konjunktiv-II-Form**
Ich würde dir helfen, wenn ich könnte.	Ich hülfe dir, ...
Es wäre zu schön, wenn wir gewinnen würden.	..., wenn wir gewännen/gewönnen.
Ich dachte, hier würden die gleichen Regeln gelten.	..., hier gälten/gölten die gleichen Regeln.
Wenn die Menschen nicht so viel Abfall in die Natur werfen würden, ...	Wenn die Menschen nicht so viel Abfall in die Natur würfen, ...
Du würdest anders urteilen, wenn du sie kennen würdest.	..., wenn du sie kenntest.

168 ⚠ *würde*-Formen sind unnötig, wenn eindeutige und geläufige Konjunktivformen vorhanden sind (wie z. B. *wäre, hätte, käme, wüsste*). Insbesondere Verbindungen mit *sein* und *haben* sollten nicht durch die schwerfällige Umschreibung mit *würde* ersetzt werden:

☹	☺
Wenn du dich darum gekümmert haben würdest, würde das nicht passiert sein.	Wenn du dich darum gekümmert hättest, wäre das nicht passiert.
Er würde immer noch nicht fertig sein, wenn wir ihm nicht geholfen haben würden.	Er wäre immer noch nicht fertig, wenn wir ihm nicht geholfen hätten.

Nach Möglichkeit sollte man auch eine Häufung, vor allem eine direkte Aufeinanderfolge, von *würde*-Formen vermeiden, wie sie in Konditionalgefügen auftreten kann:

Wenn man mich fragen würde, würde ich sofort Ja sagen.

Hier kann man sich oft helfen, indem man z. B. die Teilsätze umstellt:

Ich würde sofort Ja sagen, wenn man mich fragen würde.

Außerdem kann auch in einem der Teilsätze eine (an sich) nicht eindeutige Konjunktiv-II-Form stehen, denn aus dem Zusammenhang ist klar, dass nicht der Indikativ gemeint ist:

Wenn man mich fragte, würde ich sofort Ja sagen.

Der Imperativ

Mit dem **Imperativ** (deutsche Bezeichnung: »Befehlsform«) fordert der Sprecher jemanden zu etwas auf: 169

komm, kommt

Der Imperativ hat eine sehr eingeschränkte Konjugation und gilt deshalb als »halbfinite« Form. Er kommt nur im Aktiv vor, und es wird nicht nach Tempus und Person unterschieden (vielmehr bezieht er sich ja immer auf eine angesprochene Person bzw. Personengruppe). Die einzige Kategorie, nach der er bestimmt ist, ist der Numerus:

Imperativ Singular	komm, schreib(e), rechne, gib
Imperativ Plural	kommt, schreibt, rechnet, gebt

Die Imperativformen werden vom Präsensstamm des Verbs gebildet. 170

Der Imperativ Plural lautet immer mit der 2. Person Plural Präsens gleich:

ihr schreibt – schreibt!, ihr gebt – gebt!

Der Imperativ Singular erhält im Allgemeinen die Endung *-e,* die aber nicht immer stehen muss oder kann:

- mit *-e:*

  Die Endung muss stehen, wenn der Verbstamm auf *d/t* oder Konsonant + *m/n* endet (↑122):

  arbeite, bitte, achte, atme, rechne, öffne

Auch Verben auf *-eln* und *-ern* (↑123) haben in der Regel das Endungs-*e:*

hand(e)le, lächle, wechsle; ändere, feiere, verbessere
(aber auch ohne *e:* lächel, änder, feier)

- mit und ohne *-e:*

schreib(e), sag(e), hör(e), träum(e), glaub(e)

In der gesprochenen Sprache (in der ja Imperative hauptsächlich vorkommen) werden gewöhnlich nur die Formen ohne *-e* gebraucht:

schreib, sag, hör, komm, geh, bleib, lass, glaub

- ohne *-e:*

Verben, die im Präsens zwischen dem Stammvokal *e* und *i* wechseln (↑125), übernehmen im Imperativ Singular den Stamm mit *i* und bleiben endungslos; vgl.:

ich gebe, du gibst, er gibt – gib!

Die einzige Ausnahme ist *werden (du wirst, er wird)* mit dem Imperativ *werde!*

⚠ Oft wird nicht beachtet, dass der Wechsel e→i auch für den Imperativ gilt; es heißt z. B.:

Lies (* les) mal diesen Artikel! Wirf (* werf) das sofort weg!
Hilf (* helf) mir doch bitte! Iss (* ess) nicht so schnell!
Versprich (* versprech) es mir! Sieh (* seh) dir das an!

[siehe – mit Endung – ist eine spezielle Verweisform, vor allem in Büchern: s. (siehe) S. 24]

171 Weitere Aufforderungsformen

Mit den Imperativformen wendet sich der Sprecher an Personen, die er duzt. Er kann seine Aufforderung aber natürlich auch an jemanden richten, den er siezt (Distanzform, ↑308):

Seien Sie so nett und rufen Sie später noch mal an! Kommen Sie gut nach Hause! Buchen Sie Ihren Urlaub jetzt!

Und er kann sich selbst in die Aufforderung mit einbeziehen:

> Seien wir doch mal ehrlich! Fangen wir an! Lassen wir das ruhig auf uns zukommen!

Bei diesen Aufforderungsformen steht das Verb im Konjunktiv Präsens (3. bzw. 1. Person Plural). Dass es sich um eine Konjunktivform handelt, ist aber nur bei dem Verb *sein* erkennbar; bei allen anderen Verben lauten die Konjunktivformen mit den Indikativformen gleich und werden deshalb nicht mehr als Konjunktiv empfunden. So erklärt es sich, dass auch bei *sein* zunehmend der Indikativ *(sind)* statt des Konjunktivs *(seien)* gebraucht wird:

⚠

☹	☺
Sind Sie so nett und rufen mich später an! Sind wir doch ganz ehrlich!	Seien Sie so nett und rufen mich später an! Seien wir doch ganz ehrlich!

1.6 Aktiv und Passiv

Mit Verbformen im **Aktiv** und im **Passiv** kann ein und dasselbe Ereignis aus einer unterschiedlichen Perspektive dargestellt werden: 172

Aktiv	Der Arzt untersucht den Patienten.
Passiv	Der Patient wird vom Arzt untersucht.

Es geht um die gleichen Beteiligten, den Urheber der Handlung und den Betroffenen; die Rollen sind aber syntaktisch anders verteilt. Der Handelnde muss im Passiv nicht genannt werden.

Der Oberbegriff für Aktiv und Passiv ist **Diathese** oder **Genus Verbi** (im Deutschen »Handlungsart« oder »-richtung« genannt). Man darf »Aktiv« und »Passiv« und die entsprechenden deutschen Bezeichnungen »Tatform« und »Leideform« nicht wörtlich nehmen, denn oft geht es im Aktiv gar nicht um einen aktiven, tätigen Urheber *(Die Geschäfte schließen um 22 Uhr)*, und der Betroffene muss nicht ein leidensfähiges

Wesen sein *(Die Straße wird gesperrt).* Aktiv und Passiv sind also zunächst als reine Formbezeichnungen zu verstehen.

Das Aktiv ist die neutrale Grundform des Verbs; alle deutschen Verben gibt es im Aktiv, dagegen können nur bestimmte ein Passiv bilden.

Nach der Bildungsweise unterscheidet man das *werden-* und das *sein-*Passiv. Daneben gibt es eine Reihe passivähnlicher Konstruktionen.

173 Das *werden*-Passiv

Das *werden*-Passiv besteht aus Formen des Hilfsverbs *werden* und dem Partizip II des Vollverbs (↑128); Beispiele:

Das Haus wird renoviert. Der Antrag wurde von der Behörde abgelehnt. Die Zufahrtsstraßen sind von der Polizei gesperrt worden. Das Problem konnte noch nicht gelöst werden. Dein Vorschlag wäre sicher angenommen worden.

werden-Passiv-Formen können in allen Tempora gebildet werden (Konjugationsmuster ↑200). Dabei lautet das Partizip II von *werden* nicht *geworden,* sondern *worden* (↑96); so wird doppeltes *ge-* vermieden:

sind gesperrt worden, wäre angenommen worden

Das *werden*-Passiv stellt ein Ereignis im Verlauf, als Vorgang dar und wird deshalb auch **Vorgangspassiv** genannt. Es ist die zentrale, häufigste Passivart.

174 Das *sein*-Passiv

Das *sein*-Passiv wird mit Formen des Hilfsverbs *sein* und dem Partizip II des Vollverbs gebildet (Konjugationsmuster ↑201):

Das Haus ist renoviert. Die Straßen am Ufer sind wegen Hochwasser gesperrt. Das Problem war endlich gelöst. Bald wird die Angelegenheit vergessen sein.

Das *sein*-Passiv heißt auch **Zustandspassiv:** Es drückt aus, dass ein Zustand erreicht ist; der Zustand ist das Resultat eines vorausgegangenen Vorgangs:

Vorgang (*werden*-Passiv)	Zustand (*sein*-Passiv)
Die Straße ist gesperrt worden. Das Zimmer war aufgeräumt worden. Folgendes wurde beschlossen: …	Die Straße ist gesperrt. Das Zimmer war aufgeräumt. Folgendes ist beschlossen: …

Manchmal entspricht dem *sein*-Passiv auch ein *werden*-Passiv, das bereits selbst einen Zustand bezeichnet:

Der Platz ist/wird von einem hässlichen Neubau beherrscht. Die Stadtteile sind/werden durch einen Fluss getrennt. Der Raum war/wurde von Kerzen beleuchtet.

Als *sein*-Passiv gelten nur solche Konstruktionen mit *sein* + Partizip II, denen ein *werden*-Passiv gegenübersteht. In anderen – oberflächlich ähnlichen – Verbindungen ist das Partizip II nicht als Verbform, sondern als Adjektiv anzusehen:

Die Haut war stark gerötet. Ich bin erstaunt/empört über ihr Benehmen. Niemand war daran interessiert.

Die Opposition Aktiv – Passiv 175

In Sätzen, die im Aktiv und im Passiv stehen können, geht es in der Regel um eine Handlung: Es gibt jemanden, der handelt, und einen Gegenstand (Person oder Sache), der von der Handlung betroffen ist. Diese Rollen werden im Aktiv und Passiv unterschiedlich repräsentiert:

Im Aktivsatz erscheint der Handelnde als Subjekt, der Betroffene als Akkusativergänzung; im Passivsatz wird der Betroffene zum Subjekt »angehoben« und der Handelnde zu einer – nicht notwendigen – präpositionalen Ergänzung »herabgestuft«:

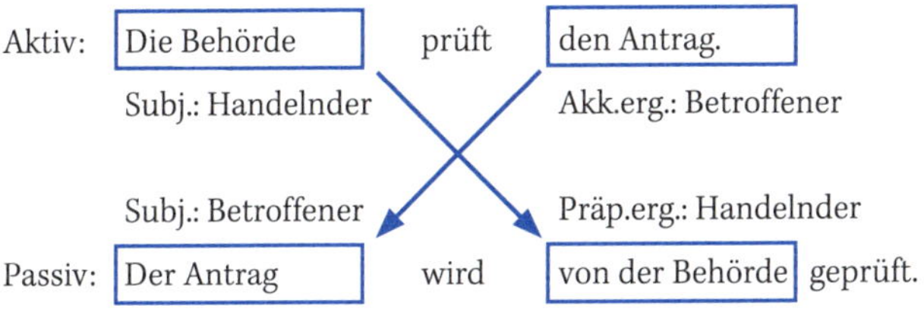

Andere Ergänzungen des Aktivsatzes (z.B. eine Dativergänzung) bleiben im Passivsatz unverändert:

> Der Präsident überreichte dem Mannschaftskapitän den Pokal. – Der Pokal wurde dem Mannschaftskapitän vom Präsidenten überreicht.

176 Passivfähige Verben

Ein Passiv kann von den meisten Verben gebildet werden, die im Aktiv eine Akkusativergänzung haben. Beispiele für solche transitiven Verben (↑185) sind etwa

> geben, bringen, schicken, zeigen, stellen, legen, suchen, produzieren, schreiben, benachrichtigen

Bestimmte Akkusativverben sind allerdings nicht passivfähig, und zwar Besitzverben (z.B. *haben, besitzen, bekommen*) und Verben, bei denen der Akkusativ eine Maßangabe ist (z.B. *wiegen, messen, kosten, betragen, enthalten*); vgl.:

> Sie hat zwei Katzen. – * Zwei Katzen werden von ihr gehabt. Er wiegt fast 100 Kilo. – * Fast 100 Kilo werden von ihm gewogen.

Umgekehrt können einige Verben ohne Akkusativergänzung ein Passiv bilden:

> Damit ist mir auch nicht geholfen. Es wurde viel gelacht und bis in den Morgen getanzt. Über dieses Problem ist schon oft nachgedacht worden.

Da es bei Verben wie *helfen, lachen* keine Akkusativergänzung gibt, die im Passiv zum Subjekt werden könnte, haben solche Passivsätze kein Subjekt oder nur das »unpersönliche« Pronomen *es* als Platzhalter (↑310). In der Regel wird auch nicht der Agens, der »Täter«, genannt; für ihn stände in dem entsprechenden Aktivsatz am ehesten das verallgemeinernde Pronomen *man;* vgl.:

> Darüber ist immer wieder heiß diskutiert worden. – Darüber hat man immer wieder heiß diskutiert.

Subjektlose Passivkonstruktionen dieser Art werden auch **unpersönliches Passiv** genannt.

Die Agensangabe (»Täter«angabe) im Passiv

Der Agens, d.h. der Handelnde (↑183), wird im Passivsatz – wenn überhaupt – in einer präpositionalen Wortgruppe genannt. Die typische Präposition ist *von,* daneben kommt auch *durch* vor. 177

von wird verwendet, wenn es sich um den unmittelbar tätigen Urheber oder Auslöser des Geschehens handelt. Das ist meist eine Person (oder Institution), also der »Täter« im eigentlichen Sinne:

> Er wird vom Chefarzt operiert. Die alte Frau ist von einem Radfahrer angefahren worden. Die Delegation wurde vom Bürgermeister der Patenstadt empfangen. Das Gesetz ist vom Bundestag verabschiedet worden.

Auslöser kann aber auch eine Sache sein:

> Sie wurde von einem Lastwagen angefahren. Der Baum ist vom Blitz getroffen worden. Die Bergsteiger wurden von einem Gewitter überrascht. Das Land ist erneut von einer Erdbebenkatastrophe heimgesucht worden.

⚠ In allen diesen Fällen ist nur *von,* nicht *durch* möglich:

> Er wird vom Chefarzt (*durch den Chefarzt) operiert. Sie wurde von einem Lastwagen (*durch einen Lastwagen) angefahren.

Eine Präpositionalgruppe mit *durch* bezeichnet das verursachende Moment:

> Der Verkehr wurde durch anhaltende Regenfälle stark behindert. Durch sein mutiges Eingreifen konnte das Verbrechen verhindert werden. Die Stadt ist durch das Erdbeben fast völlig zerstört worden.

Personen erscheinen in diesem Zusammenhang als »Mittel«; sie werden nicht als eigenverantwortlich handelnde, sondern beispielsweise als vermittelnde, nur ausführende Instanz gesehen:

> Er wurde durch einen Boten benachrichtigt. Das Gelände wird durch starke Polizeikräfte gesichert. Die Öffentlichkeit wurde durch den Regierungssprecher darüber informiert.

Solche Angaben mit *durch* können auch in dem entsprechenden Aktivsatz stehen:

> Man benachrichtigte ihn durch einen Boten.

178 Die Präpositionalgruppe, die im Passiv den »Täter« angibt, ist eine fakultative Ergänzung, d. h., sie ist syntaktisch nicht notwendig. Tatsächlich wird sie auch in den meisten Passivsätzen weggelassen. Das kann verschiedene Gründe haben:

Der Handelnde braucht nicht genannt zu werden, weil er allgemein bekannt oder aus dem Kontext erschließbar ist:

> Drei Tatverdächtige wurden festgenommen (nämlich von der Polizei). Sie ist zu zwei Jahren Gefängnis mit Bewährung verurteilt worden. Oft werden die Kinder in zu großen Klassen unterrichtet. Die Wohnung ist bereits vermietet. Der Keller war überflutet.

Unnötig ist die Nennung des Agens auch dann, wenn er eine beliebige Person ist. Das trifft insbesondere für Anweisungstexte zu, wie z. B. Gebrauchsanleitungen, Regeln, Rezepte, Verordnungen u. Ä.: Hier sind alle potenziellen Adressaten als Handelnde gemeint. Im Aktiv erschiene die Agensangabe als verallgemeinerndes Pronomen *man:*

> Nomen werden im Deutschen großgeschrieben. (Aktiv: Nomen schreibt man im Deutschen groß.) Das Gemüse wird in feine Streifen geschnitten. Das Medikament sollte nicht über längere Zeit eingenommen werden. Die Datei muss zunächst gespeichert werden.

In bestimmten Textsorten ist der nicht genannte Urheber mit dem Autor des Textes identisch und braucht deshalb nicht eigens genannt zu werden:

> Dieses Problem wird in Kapitel 3 behandelt. Unter Hinweis auf die neuen maß- und eichgesetzlichen Verordnungen wird mitgeteilt, dass ... (Bekanntmachung eines Landratsamtes)

Oft ist der Urheber (aus der Sicht des Sprechers) für den dargestellten Sachverhalt unwichtig:

> Das Wasser wird in Stauseen gespeichert und in unterirdischen Druckrohrleitungen zu Turbinen geführt. Update 1 wird installiert. Für sein Werk ist er vielfach ausgezeichnet worden.

Ein Grund für die Aussparung der Agensangabe kann natürlich auch sein, dass der Täter unbekannt ist:

> In dem Gedränge ist ihr die Handtasche entrissen worden. Gestern Nacht wurden in der Bahnhofstraße mehrere Autos aufgebrochen.

In bestimmten Fällen ist zu vermuten, dass der Urheber absichtlich nicht genannt wird:

> Die Benzinpreise wurden zu Wochenbeginn angehoben. Die Belegschaft des bestreikten Betriebes wurde ausgesperrt. Sie wird in eine andere Abteilung versetzt. Leider konnte Ihrem Antrag nicht stattgegeben werden.

Durch diese »Täterverschweigung« kann der Eindruck erweckt werden, dass gar kein menschliches Handeln vorliegt, sondern ein gleichsam von selbst ablaufendes Geschehen, für das niemand verantwortlich zu machen ist.

Wenn im Unterschied zu allen diesen Fällen der Handelnde im Passiv genannt wird, bildet er in der Regel den Informationsschwerpunkt:

> Er will unbedingt vom Chefarzt operiert werden. Der Elfmeter wird ausgeführt von Meier. Sie wurde von einem merkwürdigen Geräusch geweckt. Die Stadtteile sind durch einen Fluss getrennt.

Passivähnliche Konstruktionen

Neben dem *werden-* und dem *sein*-Passiv gibt es eine Reihe anderer passivartiger Formen:

bekommen/erhalten/kriegen + Partizip II **179**

> Die Preisträgerin bekam einen Blumenstrauß überreicht. Die Familie erhält eine Wohnung zugeteilt. Paul hat den Blinddarm rausgenommen gekriegt.

Diese Konstruktion steht dem »normalen« Passiv am nächsten; sie wird deshalb auch oft als ***bekommen*-Passiv** den beiden Hauptpassivarten an die Seite gestellt.

bekommen entspricht hier dem Hilfsverb *werden;* im Unterschied zum *werden*-Passiv erscheint aber nicht die Akkusativ-, sondern die Dativergänzung des Aktivsatzes im Passiv als Subjekt; vgl.:

Aktiv: Man überreichte ihr Blumen.

bekommen-Passiv: Sie bekam Blumen überreicht.

bekommen wird am häufigsten von den drei Verben gebraucht; es ist stilistisch neutral. *erhalten* gehört eher der gehobenen Sprache an, während *kriegen* stark umgangssprachlich gefärbt ist.

180 Funktionsverbgefüge

Nicht abgeholte Fundsachen kommen zur Versteigerung. Dieses Verfahren findet in der modernen Technik vielfache Anwendung. Durch seine Krankheit erfuhren die Arbeiten eine längere Unterbrechung.

Verben wie *kommen, gelangen, finden, erfahren* in Verbindung mit Nomen, die von Verben abgeleitet sind, bilden eine bestimmte Art von Funktionsverbgefügen (↑188); sie haben passivische Bedeutung und werden häufig, vor allem in amtlicher Sprache, anstelle eines *werden*-Passivs gebraucht:

Nicht abgeholte Fundsachen werden versteigert / kommen zur Versteigerung.

Weitere Beispiele:

zur Anwendung/Aufführung, zum Abschluss kommen
zur Ausführung/Darstellung, zum Einsatz gelangen
Aufnahme/Berücksichtigung/Verwendung finden
eine Behandlung/Bereicherung/Veränderung erfahren

181 Andere passivähnliche Konstruktionen bringen eine modale Komponente (Möglichkeit, Notwendigkeit) mit ins Spiel:

gehören + Partizip II:

Die Fenster gehören mal wieder geputzt. Solchen Leuten gehört der Führerschein abgenommen.

Diese umgangssprachliche Fügung entspricht einem *werden*-Passiv mit *müssen:*

Die Fenster müssen mal wieder geputzt werden.

sein + Infinitiv mit *zu:*

Der Motor war nicht mehr zu reparieren. Das Formular ist ausgefüllt und unterschrieben bis zum 30. 9. zurückzusenden.

Neben *sein* kommen – seltener – auch *bleiben, geben* und (umgangssprachlich) *gehen* vor:

Das bleibt abzuwarten. Es gibt viel zu tun. Das Schloss ging schwer zu öffnen.

Der Konstruktion entspricht ein *werden*-Passiv mit *können* oder *müssen:*

Der Motor konnte nicht mehr repariert werden. Das muss abgewartet werden.

sich lassen + Infinitiv:

Die Hintergründe der Tat lassen sich nur vermuten. Die Uhr ließ sich nicht mehr aufziehen.

Diese *lassen*-Konstruktion ist nur dann passivisch, wenn das Subjekt nicht eine aktive Person, sondern einen Gegenstand bezeichnet. Sie entspricht einem *werden*-Passiv mit *können:*

Die Hintergründe der Tat können nur vermutet werden.

Zu aktivischen *lassen*-Konstruktionen *(Er ließ die Uhr reparieren.)* ↑614.

1.7 Valenz

Allgemeines

Das Verb (genauer: das Vollverb) als Zentrum des Satzes fordert eine bestimmte Anzahl und Art von weiteren Einheiten, damit ein grammatisch korrekter Satz entsteht. So kann man z. B. nicht sagen *Er beantragte,* sondern man muss das, was jemand beantragt, mit nennen. Und die beantragte Sache muss im Deutschen im Akkusativ stehen, **182**

z. B.: *Er beantragte einen Pass* (anders etwa im Englischen: *He applied for a passport*).

Diese Eigenschaft des Verbs, andere Einheiten an sich zu binden und ihre Form zu bestimmen, heißt **Valenz.** Die deutsche Bezeichnung ist **Wertigkeit;** man unterscheidet ein-, zwei- und dreiwertige Verben.

183 Welche Einheiten bei einem Verb notwendig sind, ergibt sich aus seiner Bedeutung. Zum Beispiel ist in dem Verb *schenken* angelegt, dass es einen Schenkenden, einen geschenkten Gegenstand und einen Empfänger des Geschenks gibt *(Er schenkt ihr einen Ring).* Das Verb weist also den Personen und Gegenständen, die an dem dargestellten Sachverhalt beteiligt sind, bestimmte Rollen zu; man sagt auch: Es vergibt **semantische Rollen.**

Die vielen möglichen Einzelrollen lassen sich zu einer begrenzten Zahl von allgemeinen, typischen Rollen zusammenfassen; die wichtigsten sind:

semantische Rollen	
Handelnder, Urheber, »Täter« (Agens)	Er schenkt ihr einen Ring. Die Feuerwehr löschte den Brand.
wahrnehmende, empfindende Person	Der Zeuge hat drei Schüsse gehört. Ich friere. Mich friert. Ihm graut davor.
Empfänger, Adressat	Er schenkt ihr einen Ring. Teilen Sie uns bitte Ihre Ankunft mit.
betroffener Gegenstand, Objekt (Patiens)	Er schenkt ihr einen Ring. Die Feuerwehr löschte den Brand.
Gegenstand einer Wahrnehmung/ Empfindung	Der Zeuge hat drei Schüsse gehört. Die Sache interessiert mich nicht.

184 Valenz hat zugleich einen Formaspekt: Das Verb legt die Form, insbesondere den Kasus, der geforderten Einheiten fest. Diese Formbestimmung heißt **Rektion** (↑auch 470); *schenken* beispielsweise »regiert« u. a. den Akkusativ. Die regierten Einheiten, die Ergänzungen, bilden mit dem Verb die Verbgruppe; die voll ausgeprägte Verbgruppe (mit Einschluss des Subjekts) ist der Satz.

Zwischen der Form- und der Bedeutungsseite der Valenz besteht eine regelhafte – oder zumindest typische – Beziehung, wie sie sich z. B. bei dem Verb *schenken* zeigt:

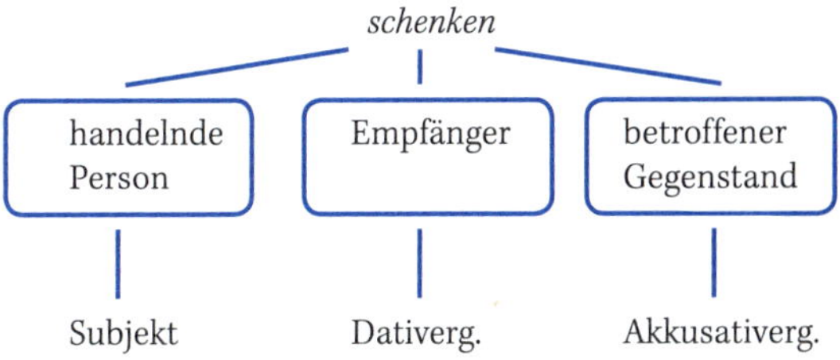

Es gibt allerdings keine völlige Übereinstimmung zwischen Art der Ergänzung und semantischer Rolle. Zum Beispiel kann eine Dativ- oder Akkusativergänzung auch die empfindende Person repräsentieren *(ihm graut, mich friert),* und in Passivsätzen *(Der Brand wurde gelöscht)* steht im Subjekt gerade nicht die handelnde Person, sondern die betroffene Sache.

Valenz ist nicht auf das Verb beschränkt; auch Nomen und Adjektive können formbestimmte Ergänzungen haben (↑284 für das Nomen, ↑379 für das Adjektiv).

Verben mit spezifischer Valenz

Transitive und intransitive Verben 185

Verben, die eine Akkusativergänzung bei sich haben (können), heißen **transitive Verben,** alle übrigen fasst man als **intransitive Verben** zusammen:

transitiv	Wir beraten Sie unverbindlich. Er erwartet einen Anruf. Man brachte sie ins Krankenhaus.
intransitiv	Wir raten euch zu Folgendem. Er wartet auf einen Anruf von ihr. Ich gehe jetzt ins Krankenhaus.

Die Unterscheidung spielt vor allem bei der Passivbildung eine Rolle (↑176).

186 Reflexive Verben

Er rasiert sich nass. Die Leute langweilten sich. Amüsier dich gut! Ich habe es mir anders überlegt. Wir müssen uns beeilen.

Reflexive Verben haben ein Reflexivpronomen (↑312) im Akkusativ oder Dativ bei sich, das sich auf einen bereits im Satz genannten Gegenstand zurückbezieht und so anzeigt, dass es sich um ein und denselben Gegenstand handelt:

Ich schäme mich. Schämst du dich nicht? Er schämt sich.

Es gibt Verben, die nur reflexiv vorkommen **(echt reflexive Verben)**; das Reflexivpronomen kann nicht weggelassen oder ausgetauscht werden:

Er bedankte sich. (*Er bedankte. *Er bedankte den Freund.)

Echt reflexive Verben sind beispielsweise

sich beeilen, sich entschließen, sich ereignen, sich nähern, sich schämen, sich verirren, sich verlieben

Andere Verben werden lediglich reflexiv gebraucht; sie haben ein nicht reflexives Gegenstück mit einer entsprechenden anderen Ergänzung:

Sie wäscht sich. – Sie wäscht das Hemd.

Manche dieser Verben stehen den echt reflexiven sehr nahe, weil sie vorwiegend reflexiv gebraucht werden (z. B. *sich rasieren/kämmen/beklagen/fürchten/erinnern*).

187 Unpersönliche Verben

Unter **unpersönlichen Verben** versteht man Verben, die kein Subjekt, sondern ein festes *es* (↑310) bei sich haben. Zu ihnen gehören vor allem die sogenannten **Witterungsverben:**

Es regnete in Strömen. Morgen soll es schneien. Endlich taut es. Wenn es blitzt und donnert, verkriecht sie sich unter die Decke.

In ihrer ursprünglichen Bedeutung sind diese Verben immer mit *es* verbunden; bei übertragenem Gebrauch können sie auch ein echtes Subjekt haben:

Der Zug donnerte über die Brücke. Seine Augen blitzten vor Zorn.

Eine zweite Gruppe von unpersönlichen Verben hat neben *es* noch eine Ergänzung:

Hier handelt es sich um eine wichtige Angelegenheit. Es gibt noch Hoffnung. Es kam zum Eklat. Es geht um die Zukunft des Landes.

Unpersönlich werden auch Verben wie *frieren, grau(s)en, schaudern, schwindeln* gebraucht. Sie erfordern eine Akkusativ- oder Dativergänzung (die die empfindende Person nennt); *es* kann, muss aber nicht stehen:

Mich friert. Ihn/Ihm graust (es) vor dem einsamen Wochenende. Bei dem Gedanken daran graut/schwindelt (es) einen/einem.

Funktionsverben

Bestimmte Verben, z. B. 188

bringen, kommen, nehmen, stellen, stehen, finden

bezeichnet man als **Funktionsverben,** wenn sie zusammen mit einem Nomen, das von einem Verb abgeleitet ist, und (in der Regel) einer Präposition das Prädikat bilden:

zum Abschluss/zur Aufführung/zum Ausdruck/in Ordnung bringen; zur Anwendung/zum Ausdruck/in Bewegung/in Ordnung kommen; in Anspruch/in Gebrauch/zur Kenntnis nehmen; in Aussicht/zur Diskussion stellen, in Verbindung/zur Verfügung/unter Druck stehen; Aufnahme/Beachtung/Erwähnung finden

Solche Verbindungen heißen **Funktionsverbgefüge.** In ihnen leistet das Nomen den Hauptbedeutungsbeitrag. Die Bedeutung des Verbs ist dagegen verblasst; es erfüllt weitgehend nur noch die grammatischen Funktionen eines Verbs (indem es Person, Numerus, Tempus usw. anzeigt).

Der Unterschied zu oberflächlich ähnlichen Fügungen zeigt sich u. a. darin, dass der präpositionale Teil eines Funktionsverbgefüges nicht erfragbar ist; vgl. z. B.:

(Verb + adverbiale Ergänzung:) Sie bringt das Paket zur Post. – Wohin bringt sie das Paket?

(Funktionsverbgefüge:) Sie bringt ihr Erstaunen zum Ausdruck. – *Wohin bringt sie ihr Erstaunen?

189 Zu Funktionsverbgefügen gibt es in der Regel entsprechende einfache Verben *(zum Abschluss bringen – abschließen, in Erwägung ziehen – erwägen).* Das heißt jedoch nicht, dass sie immer gleichbedeutend und gegeneinander austauschbar sind. So bedeutet z. B. *in Angriff nehmen* nicht ›angreifen‹, und *in Ordnung bringen* ist nicht das Gleiche wie *ordnen.* Meist sind Funktionsverbgefüge spezifischer als die entsprechenden einfachen Verben; zum Beispiel kann der Sprecher mit ihnen das Geschehen zeitlich abstufen; vgl.:

in Besitz nehmen – besitzen, in Brand geraten – brennen

⚠ Einfache Verben sind also nicht generell Funktionsverbgefügen vorzuziehen, sondern man muss von Fall zu Fall prüfen, welche Ausdrucksweise angemessener ist. Funktionsverbgefüge, die nicht mehr aussagen als das einfache Verb, sollten allerdings vermieden werden:

☹	☺
Da dieser Grund in Wegfall kommt, …	Da dieser Grund wegfällt, …
Die Zeitung kommt in allen Haushalten zur Verteilung.	Die Zeitung wird an alle Haushalte verteilt.
Sie konnten den Plan nicht zur Durchführung bringen.	Sie konnten den Plan nicht durchführen.

1.8 Wortbildung

Abgeleitete Verben

190 Am weitaus häufigsten werden komplexe Verben mithilfe von »Vorsilben« gebildet:

bewohnen, erwachen, vergleichen, zerlegen, ankommen, weggehen, unterbrechen, übersetzen

Zum Teil handelt es sich bei den »Vorsilben« um Präfixe, also unselbstständige Wortteile *(be-, er-, ver-)*, zum Teil um Partikeln im weiteren Sinne, die auch allein vorkommen können *(an, weg, unter)*. Auch sie sind aber wenig selbstständige Wörter, sodass die Bildung mit ihnen nicht als Zusammensetzung angesehen wird. (Als echte Verbzusammensetzungen gelten nur Verbindungen aus zwei Verbstämmen wie z. B. *rührbraten, trennschleifen,* die sehr selten vorkommen.)

Präfixe und Partikeln verbinden sich unterschiedlich eng mit dem Verb; sie bilden **untrennbare** und **trennbare Verben.** Die Unterschiede:

untrennbare Verben	trennbare Verben
Das Präfix steht immer mit dem Verb zusammen: Sie bekommt einen Preis.	Die Partikel steht in bestimmten Fällen vom Verb getrennt: Der Zug kommt um 9 Uhr an.
Das Partizip II wird ohne *ge-* gebildet: Sie hat den Preis bekommen.	Das Partizip II wird mit *ge-* (zwischen Partikel und Stamm) gebildet: Der Zug ist pünktlich angekommen.
zu beim Infinitiv steht getrennt vor dem Verb: Sie hofft den Preis zu bekommen.	*zu* beim Infinitiv tritt zwischen Partikel und Stamm: Wir hoffen rechtzeitig anzukommen.
Das Präfix ist unbetont: Be'kommt sie den Preis?	Die Partikel ist betont: Weißt du, wann der Zug 'ankommt?

Genauer zur Partizip-II-Bildung ↑118–120.

Untrennbare Verben 191

Verben mit nicht abtrennbarem, unbetontem Präfix heißen auch **Präfixverben.**

Die wichtigsten Präfixe:

be-	beladen, bekleiden, bewohnen, beachten
ent-	entladen, entkleiden, entkommen, entreißen
er-	erfrieren, erwachen, erkennen, erleben
miss-	missachten, missbilligen, missglücken
ver-	verachten, verarbeiten, verglasen, verlosen
zer-	zerbrechen, zerlegen, zerfallen, zerkleinern

Am häufigsten ist ein Verb die Basis, wie z. B. bei *beladen, bewohnen, verblühen.* Das Präfix drückt dann oft Phasen des Geschehens aus (*erblühen* ›anfangen zu blühen‹ – *verblühen* ›aufhören zu blühen‹), oder es macht aus einem intransitiven Verb ein transitives *(in einem Haus wohnen – ein Haus bewohnen).*

Bei Ableitungen aus Nomen und Adjektiven hat das Präfix häufig die Bedeutung ›versehen mit‹ *(bekleiden, verglasen)* oder ›machen/werden‹ (*vergrößern* ›größer machen‹, *erwachen* ›wach werden‹).

192 Trennbare Verben

Bei trennbaren Verben, also solchen mit abtrennbarer, betonter Partikel, spricht man auch von **Partikelverben.** Eine andere Bezeichnung für die Verbpartikel selbst ist **Verbzusatz.**

Einige häufige Verbpartikeln, gegliedert nach den Wortarten, aus denen sie kommen:

Präposition	
ab	abfahren, abholen, abnehmen
an	ankommen, anbinden, anbringen
auf	aufbauen, aufessen, aufstellen
aus	ausladen, austrinken, auswandern
ein (›in‹)	einladen, eintreten, einstellen
mit	mitmachen, mitarbeiten
nach	nachkommen, nachfragen
vor	vorkommen, vorziehen, vorstellen
zu	zugreifen, zunehmen, zuhören

Adverb	
her, hin	herkommen, herausbringen
(+ Erweiterungen)	hinlegen, hineingehen
weg	wegnehmen, weglaufen, weglegen
zurück	zurückkommen, zurückziehen
Adjektiv	festhalten, fernsehen, freihalten
Nomen	teilnehmen, preisgeben, standhalten

⚠ Manchmal werden trennbare Verben wie untrennbare behandelt: 193

Ich anerkenne das. – Statt: Ich erkenne das an.

Im Allgemeinen sind die getrennten Formen vorzuziehen:

☹	☺
Ich anvertraue dir hiermit ein Geheimnis.	Ich vertraue dir hiermit ein Geheimnis an.
Der Vorstand anberaumte die Sitzung auf den 9.9.	Der Vorstand beraumte die Sitzung auf den 9.9. an.
Sie vorenthalten uns wichtige Informationen.	Sie enthalten uns wichtige Informationen vor.

⚠ Bei bestimmten Verbverbindungen ist nicht leicht zu entschei- 194
den, ob es sich um ein komplexes Verb oder um eine weniger enge Verbfügung handelt. Das hat Auswirkungen auf die Schreibung: Schreibt man z. B. *Wir haben unser Geschäft wiedereröffnet* oder ... *wieder eröffnet*? Öfter ist – wie in diesem Fall – sowohl Zusammen- wie Getrenntschreibung möglich; die gültige Regelung findet man in einem aktuellen Rechtschreibwörterbuch.

Manchmal zeigt die unterschiedliche Schreibung (und Betonung) einen Bedeutungsunterschied an: Wenn durch die Verbindung ein neuer, einheitlicher Begriff entsteht, werden die Teile zusammengeschrieben, behalten die Teile ihre eigene Bedeutung, werden sie getrennt geschrieben:

komplexes Verb	Verbfügung
Der Betrag wird gutgeschrieben. Man will die Stelle für ihn freihalten. Wir sind aus einem bestimmten Anlass zusammengekommen.	Der Artikel ist (sehr) gut geschrieben. Er will seine Rede (ganz) frei halten. (Bist du allein gekommen?) Ich bin mit den Meiers zusammen gekommen.

195 Die Präpositionen *durch, über, um, unter* spielen bei der Verbbildung eine besondere Rolle: Sie bilden nicht nur trennbare Verben (mit der Betonung auf der Partikel), sondern auch untrennbare Verben (mit unbetontem Präfix); vgl. z. B.:

'durchsetzen: Er setzt immer seinen Willen durch.
durch'suchen: Sie durchsuchten das ganze Haus.

Manchmal verbinden sich *durch-*, *über-*, *um-*, *unter-* in ihrem unterschiedlichen Gebrauch mit demselben Verb; die feste Verbindung hat dann in der Regel eine andere – übertragene – Bedeutung:

trennbares Partikelverb (Partikel betont)	untrennbares Präfixverb (Präfix unbetont)
'durchbrechen: Er brach die Schokolade durch.	durch'brechen: Die Menge durchbrach die Absperrung.
'übersetzen: Sie setzten ans andere Ufer über.	über'setzen: Sie übersetzt aus dem Tschechischen.
'übertreten: Er ist zum Katholizismus übergetreten.	über'treten: Er hat das Gesetz übertreten.
'umstellen: Wir stellen die Möbel um.	um'stellen: Die Polizei umstellte das Gebäude.

trennbares Partikelverb (Partikel betont)	untrennbares Präfixverb (Präfix unbetont)
'untergraben: Der Dünger wird untergegraben.	unter'graben: Das hat seine Gesundheit untergraben.

Verbbildung mit Suffixen 196

Es gibt nur wenige Suffixe, mit denen Verben gebildet werden. Deutsche Suffixe sind *-el-* und *-ig-*. Vor allem *-ig-* kommt oft mit einem Präfix zusammen vor; der Vokal des Stammes wird häufig umgelautet:

-el-n	spötteln, tänzeln, radeln, fremdeln, kriseln
-ig-en	ängstigen, festigen, beerdigen, vereidigen

Am häufigsten ist das fremdsprachige Suffix *-ier-* mit seinen Erweiterungen *-isier-* und *-ifizier-*. *-ier-* kommt auch bei einigen deutschen Wörtern vor, die anderen treten nur an fremdsprachige Stämme:

-ier-en	halbieren, buchstabieren, lackieren, telefonieren, trainieren, interessieren
-isier-en	motorisieren, rationalisieren, sozialisieren
-ifizier-en	identifizieren, personifizieren

Verbbildung durch Konversion 197

Eine Reihe von Verben ist direkt, ohne Prä- oder Suffix, aus Wörtern anderer Wortarten abgeleitet; diese Bildungsweise nennt man Konversion (↑86).

Aus Adjektiven entstehen so Verben wie

gleichen, wachen, reifen, bessern; (mit Umlaut:) bräunen, schärfen

Aus Nomen gebildete Verben sind z. B.:

filmen, schlafen, trauern, donnern, zweifeln, zelten, simsen (von SMS); (mit Umlaut:) kämpfen, träumen

Auch komplexe Nomen kommen als Basis vor:

schauspielern, frühstücken, ohrfeigen, maßregeln

1.9 Verbtabellen

Konjugationsmuster für das Aktiv

198 **Regelmäßiges Verb (mit *haben*-Perfekt)**

		Indikativ	Konjunktiv
Präsens	ich du er/sie/es wir ihr sie	frage fragst fragt fragen fragt fragen	frage fragest frage fragen fraget fragen
Präteritum	ich du er/sie/es wir ihr sie	fragte fragtest fragte fragten fragtet fragten	fragte fragtest fragte fragten fragtet fragten
Perfekt	ich du er/sie/es wir ihr sie	habe gefragt hast gefragt hat gefragt haben gefragt habt gefragt haben gefragt	habe gefragt habest gefragt habe gefragt haben gefragt habet gefragt haben gefragt

		Indikativ	Konjunktiv
Plusquam-perfekt	ich	hatte gefragt	hätte gefragt
	du	hattest gefragt	hättest gefragt
	er/sie/es	hatte gefragt	hätte gefragt
	wir	hatten gefragt	hätten gefragt
	ihr	hattet gefragt	hättet gefragt
	sie	hatten gefragt	hätten gefragt
Futur I	ich	werde fragen	werde fragen
	du	wirst fragen	werdest fragen
	er/sie/es	wird fragen	werde fragen
	wir	werden fragen	werden fragen
	ihr	werdet fragen	werdet fragen
	sie	werden fragen	werden fragen
Futur II	ich	werde gefragt haben	werde gefragt haben
	du	wirst gefragt haben	werdest gefragt haben
	er/sie/es	wird gefragt haben	werde gefragt haben
	wir	werden gefragt haben	werden gefragt haben
	ihr	werdet gefragt haben	werdet gefragt haben
	sie	werden gefragt haben	werden gefragt haben

Unregelmäßiges Verb (mit *sein*-Perfekt) 199

		Indikativ	Konjunktiv
Präsens	ich	komme	komme
	du	kommst	kommest
	er/sie/es	kommt	komme
	wir	kommen	kommen
	ihr	kommt	kommet
	sie	kommen	kommen

		Indikativ	Konjunktiv
Präteritum	ich	kam	käme
	du	kamst	käm(e)st
	er/sie/es	kam	käme
	wir	kamen	kämen
	ihr	kamt	käm(e)t
	sie	kamen	kämen
Perfekt	ich	bin gekommen	sei gekommen
	du	bist gekommen	sei(e)st gekommen
	er/sie/es	ist gekommen	sei gekommen
	wir	sind gekommen	seien gekommen
	ihr	seid gekommen	seiet gekommen
	sie	sind gekommen	seien gekommen
Plusquamperfekt	ich	war gekommen	wäre gekommen
	du	warst gekommen	wär(e)st gekommen
	er/sie/es	war gekommen	wäre gekommen
	wir	waren gekommen	wären gekommen
	ihr	wart gekommen	wär(e)t gekommen
	sie	waren gekommen	wären gekommen
Futur I	ich	werde kommen	werde kommen
	du	wirst kommen	werdest kommen
	er/sie/es	wird kommen	werde kommen
	wir	werden kommen	werden kommen
	ihr	werdet kommen	werdet kommen
	sie	werden kommen	werden kommen
Futur II	ich	werde gekommen sein	werde gekommen sein
	du	wirst gekommen sein	werdest gekommen sein
	er/sie/es	wird gekommen sein	werde gekommen sein
	wir	werden gekommen sein	werden gekommen sein
	ihr	werdet gekommen sein	werdet gekommen sein
	sie	werden gekommen sein	werden gekommen sein

Konjugationsmuster für das Passiv

Die Konjugation im Passiv unterscheidet sich nur in den finiten Formen des Hilfsverbs *werden* bzw. *sein.* In den folgenden Mustern wird deshalb nur eine Form – die 3. Person Singular *(er/sie/es)* – exemplarisch aufgeführt; die übrigen Formen können aus den Tabellen für *werden* (↑204) und *sein* (↑203) erschlossen werden.

werden-Passiv 200

	Indikativ	Konjunktiv
Präsens	wird gefragt	werde gefragt
Präteritum	wurde gefragt	würde gefragt
Perfekt	ist gefragt worden	sei gefragt worden
Plusquamperfekt	war gefragt worden	wäre gefragt worden
Futur I	wird gefragt werden	werde gefragt werden
Futur II	wird gefragt worden sein	werde gefragt worden sein

sein-Passiv 201

	Indikativ	Konjunktiv
Präsens	ist gefragt	sei gefragt
Präteritum	war gefragt	wäre gefragt
Perfekt	ist gefragt gewesen	sei gefragt gewesen
Plusquamperfekt	war gefragt gewesen	wäre gefragt gewesen
Futur I	wird gefragt sein	werde gefragt sein
Futur II	wird gefragt gewesen sein	werde gefragt gewesen sein

haben, sein, werden

Die mehrteiligen Verbformen werden nur beispielhaft (in der 3. Person Singular) aufgeführt.

202 *haben*

		Indikativ	Konjunktiv
Präsens	ich du er/sie/es wir ihr sie	habe hast hat haben habt haben	habe habest habe haben habet haben
Präteritum	ich du er/sie/es wir ihr sie	hatte hattest hatte hatten hattet hatten	hätte hättest hätte hätten hättet hätten
Perfekt	er/sie/es	hat gehabt	habe gehabt
Plusquamperfekt	er/sie/es	hatte gehabt	hätte gehabt
Futur I	er/sie/es	wird haben	werde haben
Futur II	er/sie/es	wird gehabt haben	werde gehabt haben

203 *sein*

		Indikativ	Konjunktiv
Präsens	ich du er/sie/es wir ihr sie	bin bist ist sind seid sind	sei sei(e)st sei seien seiet seien

		Indikativ	**Konjunktiv**
Präteritum	ich du er/sie/es wir ihr sie	war warst war waren wart waren	wäre wär(e)st wäre wären wäret wären
Perfekt	er/sie/es	ist gewesen	sei gewesen
Plusquamperfekt	er/sie/es	war gewesen	wäre gewesen
Futur I	er/sie/es	wird sein	werde sein
Futur II	er/sie/es	wird gewesen sein	werde gewesen sein

werden 204

		Indikativ	**Konjunktiv**
Präsens	ich du er/sie/es wir ihr sie	werde wirst wird werden werdet werden	werde werdest werde werden werdet werden
Präteritum	ich du er/sie/es wir ihr sie	wurde wurdest wurde wurden wurdet wurden	würde würdest würde würden würdet würden
Perfekt	er/sie/es	ist geworden	sei geworden
Plusquamperfekt	er/sie/es	war geworden	wäre geworden
Futur I	er/sie/es	wird werden	werde werden
Futur II	er/sie/es	wird geworden sein	werde geworden sein

205 Modalverben, *wissen*

Die Tabelle enthält nur die einfachen Verbformen (Präsens, Präteritum); die mehrteiligen Formen werden mit *haben* (Perfektformen) bzw. *werden* (Futurformen) gebildet.

		dürfen	**können**	**mögen**	**müssen**
Indikativ Präsens	ich	darf	kann	mag	muss
	du	darfst	kannst	magst	musst
	er/sie/es	darf	kann	mag	muss
	wir	dürfen	können	mögen	müssen
	ihr	dürft	könnt	mögt	müsst
	sie	dürfen	können	mögen	müssen
Konjunktiv Präsens	ich	dürfe	könne	möge	müsse
	du	dürfest	könnest	mögest	müssest
	er/sie/es	dürfe	könne	möge	müsse
	wir	dürfen	können	mögen	müssen
	ihr	dürfet	könnet	möget	müsset
	sie	dürfen	können	mögen	müssen
Indikativ Präteritum	ich	durfte	konnte	mochte	musste
	du	durftest	konntest	mochtest	musstest
	er/sie/es	durfte	konnte	mochte	musste
	wir	durften	konnten	mochten	mussten
	ihr	durftet	konntet	mochtet	musstet
	sie	durften	konnten	mochten	mussten
Konjunktiv Präteritum	ich	dürfte	könnte	möchte	müsste
	du	dürftest	könntest	möchtest	müsstest
	er/sie/es	dürfte	könnte	möchte	müsste
	wir	dürften	könnten	möchten	müssten
	ihr	dürftet	könntet	möchtet	müsstet
	sie	dürften	könnten	möchten	müssten

		sollen	wollen	wissen
Indikativ Präsens	ich du er/sie/es wir ihr sie	soll sollst soll sollen sollt sollen	will willst will wollen wollt wollen	weiß weißt weiß wissen wisst wissen
Konjunktiv Präsens	ich du er/sie/es wir ihr sie	solle sollest solle sollen sollet sollen	wolle wollest wolle wollen wollet wollen	wisse wissest wisse wissen wisset wissen
Indikativ Präteritum	ich du er/sie/es wir ihr sie	sollte solltest sollte sollten solltet sollten	wollte wolltest wollte wollten wolltet wollten	wusste wusstest wusste wussten wusstet wussten
Konjunktiv Präteritum	ich du er/sie/es wir ihr sie	sollte solltest sollte sollten solltet sollten	wollte wolltest wollte wollten wolltet wollten	wüsste wüsstest wüsste wüssten wüsstet wüssten

206 Liste unregelmäßiger Verben

Die Liste enthält die Stammformen (↑105) der wichtigsten einfachen Verben, die in irgendeiner Weise unregelmäßig konjugiert werden. Bei komplexen Verben wie z.B. *an-kommen, weg-nehmen, zer-brechen* ist unter dem einfachen Verb nachzusehen.

Zum Aufbau der Liste:
- Beim Infinitiv (1. Stammform) ist die 3. Person Singular hinzugesetzt, wenn in der Präsenskonjugation des Verbs Umlaut (↑124) oder *e/i*-Wechsel (↑125) auftritt.
- Neben dem Indikativ Präteritum (2. Stammform) ist der Konjunktiv angegeben, der gegebenenfalls Umlaut aufweist (↑152).
- Beim Partizip II (3. Stammform) wird die Perfektbildung des Verbs mit gekennzeichnet: Wenn nichts vermerkt ist, wird das Perfekt mit *haben* gebildet; der Zusatz »(ist)« bedeutet, dass das Perfekt mit *sein* gebildet wird; »(hat/ist)« zeigt an, dass bei dem Verb beide Perfektbildungen vorkommen.

Infinitiv	**Präteritum**		**Partizip II**
	Indikativ	**Konjunktiv**	
backen (↑124) backt/bäckt	backte/buk	backte/büke	gebacken
befehlen befiehlt	befahl	befähle/beföhle (↑153)	befohlen
beginnen	begann	begänne/begönne (↑153)	begonnen
beißen	biss	bisse	gebissen
bergen birgt	barg	bärge	geborgen
bewegen (↑110)	bewog	bewöge	bewogen
biegen	bog	böge	(hat/ist) gebogen
bieten	bot	böte	geboten

Infinitiv	Präteritum		Partizip II
	Indikativ	Konjunktiv	
binden	band	bände	gebunden
bitten	bat	bäte	gebeten
blasen bläst	blies	bliese	geblasen
bleiben	blieb	bliebe	(ist) geblieben
braten brät	briet	briete	gebraten
brechen bricht	brach	bräche	(hat/ist) gebrochen
brennen	brannte	brennte	gebrannt
bringen	brachte	brächte	gebracht
denken	dachte	dächte	gedacht
dringen	drang	dränge	(ist) gedrungen
dürfen (↑205)	durfte	dürfte	gedurft
empfangen empfängt	empfing	empfinge	empfangen
empfehlen empfiehlt	empfahl	empfähle/empföhle (↑153)	empfohlen
empfinden	empfand	empfände	empfunden
erschrecken (↑110) erschrickt	erschrak	erschräke	(ist) erschrocken
essen isst	aß	äße	gegessen
fahren fährt	fuhr	führe	(hat/ist) gefahren

Infinitiv	Präteritum		Partizip II
	Indikativ	Konjunktiv	
fallen fällt	fiel	fiele	(ist) gefallen
fangen fängt	fing	finge	gefangen
finden	fand	fände	gefunden
flechten flicht	flocht	flöchte	geflochten
fliegen	flog	flöge	(ist) geflogen
fliehen	floh	flöhe	(ist) geflohen
fließen	floss	flösse	(ist) geflossen
fressen frisst	fraß	fräße	gefressen
frieren	fror	fröre	(hat/ist) gefroren
gären	gor/gärte	göre/gärte	(hat/ist) gegoren/gegärt
gebären gebiert	gebar	gebäre	geboren
geben gibt	gab	gäbe	gegeben
gedeihen	gedieh	gediehe	(ist) gediehen
gehen	ging	ginge	(ist) gegangen
gelingen	gelang	gelänge	(ist) gelungen
gelten gilt	galt	gälte/gölte (↑153)	gegolten
genießen	genoss	genösse	genossen

Infinitiv	Präteritum		Partizip II
	Indikativ	Konjunktiv	
geschehen geschieht	geschah	geschähe	(ist) geschehen
gewinnen	gewann	gewänne/gewönne (↑153)	gewonnen
gießen	goss	gösse	gegossen
gleichen	glich	gliche	geglichen
gleiten	glitt	glitte	(ist) geglitten
glimmen (↑110)	glomm	glömme	geglommen
graben gräbt	grub	grübe	gegraben
greifen	griff	griffe	gegriffen
haben (↑202)	hatte	hätte	gehabt
halten hält	hielt	hielte	gehalten
hängen (↑110)	hing	hinge	gehangen
hauen	hieb/haute	hiebe/haute	gehauen
heben	hob	höbe	gehoben
heißen	hieß	hieße	geheißen
helfen hilft	half	hälfe/hülfe (↑153)	geholfen
kennen	kannte	kennte	gekannt
klingen	klang	klänge	geklungen
kneifen	kniff	kniffe	gekniffen
kommen	kam	käme	(ist) gekommen

Infinitiv	Präteritum		Partizip II
	Indikativ	Konjunktiv	
können (↑205)	konnte	könnte	gekonnt
kriechen	kroch	kröche	(ist) gekrochen
laden lädt	lud	lüde	geladen
lassen lässt	ließ	ließe	gelassen
laufen läuft	lief	liefe	(ist) gelaufen
leiden	litt	litte	gelitten
leihen	lieh	liehe	geliehen
lesen liest	las	läse	gelesen
liegen	lag	läge	gelegen (↑143)
lügen	log	löge	gelogen
mahlen	mahlte	mahlte	gemahlen
meiden	mied	miede	gemieden
messen misst	maß	mäße	gemessen
misslingen	misslang	misslänge	(ist) misslungen
mögen (↑205)	mochte	möchte	gemocht
müssen (↑205)	musste	müsste	gemusst
nehmen nimmt	nahm	nähme	genommen
nennen	nannte	nennte	genannt
pfeifen	pfiff	pfiffe	gepfiffen

Infinitiv	Präteritum		Partizip II
	Indikativ	Konjunktiv	
preisen	pries	priese	gepriesen
raten rät	riet	riete	geraten
reiben	rieb	riebe	gerieben
reißen	riss	risse	(hat/ist) gerissen
reiten	ritt	ritte	(hat/ist) geritten
rennen	rannte	rennte	(ist) gerannt
riechen	roch	röche	gerochen
ringen	rang	ränge	gerungen
rinnen	rann	ränne/rönne	(ist) geronnen
rufen	rief	riefe	gerufen
saufen säuft	soff	söffe	gesoffen
schaffen (↑110)	schuf	schüfe	geschaffen
scheiden	schied	schiede	(hat/ist) geschieden
scheinen	schien	schiene	geschienen
scheißen	schiss	schisse	geschissen
schelten schilt	schalt	schölte	gescholten
schieben	schob	schöbe	geschoben
schießen	schoss	schösse	(hat/ist) geschossen

Infinitiv	Präteritum		Partizip II
	Indikativ	Konjunktiv	
schlafen schläft	schlief	schliefe	geschlafen
schlagen schlägt	schlug	schlüge	geschlagen
schleichen	schlich	schliche	(ist) geschlichen
schleifen (↑110)	schliff	schliffe	geschliffen
schließen	schloss	schlösse	geschlossen
schlingen	schlang	schlänge	geschlungen
schmeißen	schmiss	schmisse	geschmissen
schmelzen schmilzt	schmolz	schmölze	(ist) geschmolzen
schneiden	schnitt	schnitte	geschnitten
schreiben	schrieb	schriebe	geschrieben
schreien	schrie	schrie	geschrien
schreiten	schritt	schritte	(ist) geschritten
schweigen	schwieg	schwiege	geschwiegen
schwellen schwillt	schwoll	schwölle	(ist) geschwollen
schwimmen	schwamm	schwämme/ schwömme (↑153)	(hat/ist) ge- schwommen
schwinden	schwand	schwände	(ist) geschwunden
schwingen	schwang	schwänge	geschwungen
schwören	schwor	schwüre/schwöre	geschworen

Infinitiv	Präteritum		Partizip II
	Indikativ	Konjunktiv	
sehen sieht	sah	sähe	gesehen
sein (↑203)	war	wäre	(ist) gewesen
senden (↑110)	sandte	sendete	gesandt
singen	sang	sänge	gesungen
sinken	sank	sänke	(ist) gesunken
sinnen	sann	sänne/sönne	gesonnen
sitzen	saß	säße	gesessen (↑143)
sollen (↑205)	sollte	sollte	gesollt
spalten	spaltete	spaltete	gespalten/ gespaltet
spinnen	spann	spänne/spönne	gesponnen
sprechen	sprach	spräche	gesprochen
springen	sprang	spränge	(ist) gesprungen
stechen sticht	stach	stäche	gestochen
stehen	stand	stände/stünde (↑153)	gestanden (↑143)
stehlen stiehlt	stahl	stähle/stöhle (↑153)	gestohlen
steigen	stieg	stiege	(ist) gestiegen
sterben stirbt	starb	stürbe	(ist) gestorben
stinken	stank	stänke	gestunken

Infinitiv	Präteritum		Partizip II
	Indikativ	Konjunktiv	
stoßen stößt	stieß	stieße	(hat/ist) gestoßen
streichen	strich	striche	gestrichen
streiten	stritt	stritte	gestritten
tragen trägt	trug	trüge	getragen
treffen trifft	traf	träfe	getroffen
treiben	trieb	triebe	getrieben
treten tritt	trat	träte	(hat/ist) getreten
triefen (↑110)	troff	tröffe	getroffen
trinken	trank	tränke	getrunken
trügen	trog	tröge	getrogen
tun	tat	täte	getan
verderben verdirbt	verdarb	verdürbe	verdorben
vergessen vergisst	vergaß	vergäße	vergessen
verlieren	verlor	verlöre	verloren
(v)erlöschen (v)erlischt	(v)erlosch	(v)erlösche	(ist) (v)erloschen
verzeihen	verzieh	verziehe	verziehen
wachsen wächst	wuchs	wüchse	(ist) gewachsen

Infinitiv	**Präteritum**		**Partizip II**
	Indikativ	**Konjunktiv**	
waschen wäscht	wusch	wüsche	gewaschen
weben	wob/webte	wöbe/webte	gewoben/ gewebt
weichen	wich	wiche	(ist) gewichen
weisen	wies	wiese	gewiesen
wenden (↑110)	wandte	wendete	gewandt
werben wirbt	warb	würbe	geworben
werden (↑204)	wurde	würde	(ist) geworden
werfen wirft	warf	würfe	geworfen
wiegen	wog	wöge	gewogen
winden	wand	wände	gewunden
wissen (↑205)	wusste	wüsste	gewusst
wollen (↑205)	wollte	wollte	gewollt
ziehen	zog	zöge	gezogen
zwingen	zwang	zwänge	gezwungen

2 Das Nomen

207 Zur Wortart **Nomen** (Plural: Nomen oder Nomina) gehören Wörter wie

Freund, Katze, Tisch, Holz, Liebe, Erinnerung, Holztisch

Ein anderer weitverbreiteter Fachausdruck ist »Substantiv«; ältere deutsche Bezeichnungen sind »Hauptwort«, »Namenwort«, »Dingwort«.

Das Nomen ist im Deutschen dadurch vor allen anderen Wortarten ausgezeichnet, dass es mit großem Anfangsbuchstaben geschrieben wird. Das bedeutet jedoch nicht, dass Großschreibung ein Wesensmerkmal des Nomens ist; schließlich erkennen wir auch im gesprochenen Deutsch, welche Wörter als Nomen gebraucht werden, und alle übrigen Sprachen kommen ohne generelle Großschreibung aus. Es sind vielmehr andere Eigenschaften, die das Nomen kennzeichnen: Es verändert seine Form nach Numerus und Kasus, hat aber ein festes Genus (grammatisches Geschlecht).

Neben einfachen Nomen (wie *Freund, Tisch, Holz*) gibt es eine Vielzahl von komplexen – durch Ableitung und Zusammensetzung gebildeten – Nomen *(Freundlichkeit, Buchenholztisch).*

Bei der Verwendung im Satz, z.B. als Subjekt, tritt das Nomen meist zusammen mit anderen Wörtern auf; es bildet den Kern einer Nominalgruppe.

2.1 Bedeutungsgruppen

208 Der lateinische Terminus »Nomen« (›Name‹) besagt, dass Wörter dieser Wortart etwas benennen, dass sie Namen für – konkrete und abstrakte – Gegenstände (im weitesten Sinne) sind. Man unterscheidet hauptsächlich drei Arten von Gegenständen und entsprechend drei Bedeutungsgruppen von Nomen:

Eigennamen	Anna, Schmidt, Polen, London, Rhein
Gattungsnamen	Kind, Katze, Baum, Tisch, Planung
Stoffnamen	Holz, Wolle, Stahl, Wasser, Glück

Die Einteilung ist nicht nur inhaltlich begründet; die Wörter der einzelnen Gruppen verhalten sich auch grammatisch unterschiedlich.

Eigennamen 209

Eigennamen bezeichnen genau einen Einzelgegenstand, z. B.:

Personen: Anna, Thomas, Meyer, Einstein
Länder: Deutschland, Japan, Libyen, Chile
Städte: Hamburg, Neustadt, Dresden, Prag
Flüsse, Berge/Gebirge: Nil, Matterhorn, Hindukusch

Zwar heißen viele Menschen mit Vornamen *Anna* oder *Thomas* oder mit Nachnamen *Meyer,* und es gibt mehrere Orte mit dem Namen *Neustadt,* aber man bezieht sich, wenn man einen solchen Namen nennt, immer auf eine ganz bestimmte Person, Stadt usw.

Grammatisch sind Eigennamen dadurch gekennzeichnet, dass sie meist ohne Artikel gebraucht werden (↑300), in der Regel keinen Plural bilden und nur im Genitiv Singular eine Endung erhalten (*Annas Freund,* ↑255).

Gattungsnamen 210

Mit Nomen wie

Freund, Kind, Maus, Baum, Auto, Haus, Computer

kann man sich, anders als mit Eigennamen, auf eine ganze Klasse von Gegenständen bzw. Lebewesen beziehen. So ist z. B. das *Jahr des Kindes* nicht einem einzelnen, bestimmten Kind gewidmet, sondern der Gattung Kind, d. h. allen nicht erwachsenen Menschen.

Gattungsnamen haben folgende grammatische Merkmale:
- Sie brauchen – im Singular – ein Artikelwort, um ein Satzglied bilden zu können:

  Morgen kommt ein/unser Freund zu Besuch. – Morgen kommt *Freund zu Besuch.
- Sie sind zählbar, haben also Pluralformen:

  Kind – Kinder, Baum – Bäume

Nach diesen Merkmalen gehören auch bestimmte Bezeichnungen für nicht konkrete Gegenstände (**Abstrakta,** Begriffswörter) zu den Gattungsnamen:

Die Erinnerung daran tut weh. An diese Zeit habe ich viele schöne Erinnerungen.

Manche Gattungsnamen, insbesondere Warenbezeichnungen, gehen auf Eigennamen zurück, z. B.

Diesel, Duden, Honda, Kalaschnikow, Levis, Opel, Porsche

Als Markennamen bezeichnen sie nicht den Urheber (etwa Adam Opel), sondern sein Produkt; dementsprechend verhalten sie sich wie »normale« Gattungsnamen:

Sie fährt einen alten Opel. In dem Waffenlager wurden 20 Kalaschnikows gefunden.

211 Stoffnamen

Stoffnamen bezeichnen Substanzen verschiedener Art:

Kohle, Silber, Stahl, Gas, Holz, Leder, Glas, Salz, Fett, Öl, Fleisch, Käse, Milch, Tee, Wasser, Wein, Schnee

Im typischen Fall haben sie keine Pluralform *(*Fleische, *Milche)* und werden ohne Artikel gebraucht (↑ jedoch 299):

Das Kästchen ist aus Holz. Die Staaten exportieren vor allem Erdöl. Mit Pfeffer und Salz würzen. Es gab Bier und Wein.

Den Stoffnamen zuzurechnen sind auch **Kollektiva** (Sammelnamen) wie

Gemüse, Obst, Ungeziefer, Vieh, Wild, Lehrerschaft

Sie fassen eine Vielzahl von Gegenständen zu einer Einheit zusammen und haben dementsprechend nur eine Singularform.

Auch bestimmte Abstrakta, z. B.

Ärger, Hitze, Ruhe, Glück, Liebe, Frieden, Gerechtigkeit

verhalten sich grammatisch wie Stoffnamen: Sie können ohne Artikel stehen und kommen nicht im Plural vor:

Glück und Glas – wie leicht bricht das. Liebe geht durch den Magen. Bescheidenheit ist eine Zier.

2.2 Genus

Allgemeines

Jedes Nomen hat ein bestimmtes **Genus** (Plural: Genera). Der lateinische Fachausdruck bedeutet ›Art, Sorte, Klasse‹; die deutsche Bezeichnung ist »grammatisches Geschlecht«. **212**

Im Deutschen gibt es drei Genera; ein Nomen ist ein Maskulinum (Plural: Maskulina), ein Femininum (Plural: Feminina) oder ein Neutrum (Plural: Neutra):

Maskulinum (Adjektiv: maskulin)	Vater, Apfel, Fluss, Löffel, Ordner
Femininum (Adjektiv: feminin)	Mutter, Birne, Stadt, Gabel, Datei
Neutrum (Adjektiv: neutral)	Kind, Obst, Land, Messer, Dokument

Diese Aufteilung der Nomen ist nicht selbstverständlich. In vielen Sprachen der Welt gibt es die Kategorie Genus überhaupt nicht (so z. B. im Chinesischen; in Europa z. B. nicht im Ungarischen und im Finnischen), oder sie ist (wie vor allem in afrikanischen Sprachen) viel weiter differenziert. Andere Sprachen wiederum, etwa die romanischen (z. B. Französisch, Italienisch, Spanisch) und bestimmte skandinavische wie Dänisch und Schwedisch, unterscheiden nur zwei Genera. Das Englische hat kein grammatisches Genus, sondern kennzeichnet nur beim Pronomen *(he/she/it)* das »natürliche Geschlecht« (↑216).

Welches Genus ein Nomen im Deutschen erhält, ist teils semantisch, teils formal bestimmt; in vielen Fällen gibt es aber keine Regel.

213 Genusrektion

Das Genus des Nomens bestimmt (»regiert«) das Genus anderer Wörter in seinem Umkreis. Das betrifft Artikelwörter und Adjektive (innerhalb der Nominalgruppe) und Pronomen wie z. B. das Personal- und Relativpronomen (außerhalb der Nominalgruppe). Elemente dieser Wortarten haben – allerdings nur im Singular – ein veränderliches Genus; es richtet sich nach dem des Bezugsnomens:

Maskulinum	Femininum	Neutrum
der Tag dieser Tag ein neuer Tag er	die Woche diese Woche eine neue Woche sie	das Jahr dieses Jahr ein neues Jahr es

Besonders deutlich unterscheiden sich die Genusformen beim definiten Artikel *(der/die/das);* er wird deshalb oft in Wörterbüchern und Lehrwerken (und teilweise auch in dieser Grammatik) beim Nomen mit aufgeführt, um das Genus anzuzeigen, denn am Nomen selbst ist das Genus meist nicht zu erkennen (↑ jedoch 222).

214 Doppeltes Genus

Einige Nomen werden mit zwei Genera gebraucht, wobei das Genus überwiegend zwischen Maskulinum und Neutrum schwankt. Beispiele:

der/das Barock	der/das Halfter	der/das Radar
der/das Bonbon	der/das Joghurt	der/das Sakko
der/das Cartoon	der/die Klunker	der/das Schnipsel
der/das Curry	der/das Knäuel	der/das Sims
der/das Dotter	der/das Liter	der/das Virus
der/das Filter	der/das Pflichtteil	der/das Zölibat

Solche Unsicherheiten gibt es besonders häufig bei Fremdwörtern; manchmal wird das Genus auch allgemeinsprachlich anders verwendet als in der Fachsprache (vgl. z. B. *der [Computer-]Virus – das [Aids-]Virus*), oder es unterscheidet sich landschaftlich.

Für den einzelnen Sprecher haben aber auch diese Nomen in der Regel ein festes Genus; er wechselt nicht ständig zwischen – beispielsweise – *der Joghurt* und *das Joghurt*, sondern gebraucht das Nomen immer entweder als Maskulinum oder als Neutrum.

Unterschiedliches Genus – unterschiedliche Bedeutung 215

Bei einigen Nomen ist verschiedenes Genus mit einem Bedeutungsunterschied verbunden. Es handelt sich hier nicht um doppeltes Genus bei ein und demselben Wort, sondern es liegen zwei Wörter vor, die nur die Lautung gemeinsam haben (Homonyme, ↑60). Meist unterscheiden sich bei diesen Nomen auch die Pluralformen (sie sind in der folgenden Liste in Klammern hinzugesetzt):

der Band (Bände) das Band (Bänder)	Der 3. Band des Lexikons ist erschienen. Sie trug ein schwarzes Band um den Hals.
der Gehalt (Gehalte) das Gehalt (Gehälter)	Wurst hat oft einen hohen Fettgehalt. Das Gehalt wird am Monatsende ausgezahlt.
der Kiefer (Kiefer) die Kiefer (Kiefern)	Er hat sich den Kiefer ausgerenkt. Die Kiefer ist ein Nadelbaum.
der Kunde (Kunden) die Kunde (ohne Plural)	Bei uns ist der Kunde König. Die Kunde davon verbreitete sich rasch.
der Leiter (Leiter) die Leiter (Leitern)	Die Abteilung hat einen neuen Leiter. Er stellte eine Leiter an den Baum.
der Moment (Momente) das Moment (Momente)	Ich bitte für einen Moment um Ruhe! Ein wichtiges Moment hierbei ist, dass ...
der Schild (Schilde) das Schild (Schilder)	Die Polizisten trugen einen Schild. Der Autofahrer übersah das Stoppschild.
der See (Seen) die See (ohne Plural)	Mitten im Wald lag ein kleiner See. Wir fahren im Urlaub immer an die See.
die Steuer (Steuern) das Steuer (Steuer)	Die Tabaksteuer wird erhöht. Der Bootsmann riss das Steuer herum.
der Tau (ohne Plural) das Tau (Taue)	Der Tau funkelte in der Sonne. Hoffentlich reißt das Tau nicht.
der Verdienst (Verdienste) das Verdienst (Verdienste)	Suchen Sie einen Nebenverdienst? Sie hat sich ein großes Verdienst erworben.

Nicht alle gleichlautenden Nomen werden aber durch unterschiedliches Genus in ihrer Bedeutung differenziert; vgl. z. B. das Wort *Bank*, das sowohl in der Bedeutung ›Sitzgelegenheit‹ wie ›Geldinstitut‹ feminin ist.

Genus und Bedeutung des Nomens

216 Die lateinischen Bezeichnungen für die Genera und ebenso die deutschen (»männlich«, »weiblich«, »sächlich«) gehen auf eine Einteilung zurück, die zwischen männlichen und weiblichen Lebewesen und allem Übrigen unterscheidet. Die Bedeutungsunterscheidung nach dem **natürlichen Geschlecht** deckt sich jedoch nur zu einem kleinen Teil mit der Einteilung nach dem **grammatischen Geschlecht,** dem Genus; die beiden Klassifizierungen dürfen also nicht miteinander verwechselt werden.

Es ist ja keineswegs so, dass Sachbezeichnungen automatisch »sächliches« grammatisches Geschlecht haben; sie verteilen sich vielmehr auf alle drei Genera (vgl. z. B. *der Löffel, die Gabel, das Messer*), und die Verteilung ist nicht naturgegeben, sie kann in den einzelnen Sprachen ganz unterschiedlich sein. So hat z. B. im Deutschen *Sonne* feminines und *Mond* maskulines Genus, in romanischen Sprachen ist es gerade umgekehrt: Die Bezeichnung für die Sonne ist maskulin (frz. *le soleil*, ital. *il sole*, span. *el sol*), die für den Mond feminin (frz. *la lune*, ital./span. *la luna*).

217 Die Unterscheidung männlich/weiblich, also nach dem biologischen Geschlecht (Sexus), gibt es nur bei höheren Lebewesen, und hier stimmen grammatisches und natürliches Geschlecht auch oft überein:

männlich → Maskulinum	Mann, Sohn, Onkel, Hengst, Hahn
weiblich → Femininum	Frau, Tochter, Tante, Stute, Henne

Bei vielen Personen- und vor allem Tierbezeichnungen ist das jedoch nicht der Fall. So bezeichnet z. B. das Neutrum *Mädchen* immer eine weibliche Person, und die maskuline Gattungsbezeichnung *Mensch* umfasst sowohl männliche wie weibliche Personen. Vgl. auch:

natürliches Geschlecht	grammatisches Geschlecht	
männlich/weiblich	Maskulinum	Gast, Flüchtling, Liebling, Wal
	Femininum	Person, Waise, Geisel, Maus
	Neutrum	Kind, Baby, Mitglied, Reh

In offizieller Sprache wird, vor allem bei Berufs- und Amtsbezeichnungen, darauf geachtet, dass weibliche Personen genauso wie männliche sprachlich repräsentiert werden, d.h. mit einer eigenen femininen Form benannt werden. Im Deutschen ist das leicht möglich: Fast jede maskuline Personenbezeichnung kann mit dem Ableitungssuffix *-in* »feminisiert« werden: **218**

Architektin, Bürgermeisterin, Designerin, Floristin, Kommissarin, Moderatorin, Psychologin, Soldatin, Studentin

In Zusammensetzungen mit *-mann* wird das Grundwort durch *-frau* ersetzt:

Amtfrau, Fachfrau, Kamerafrau, Kauffrau, Sportsfrau, Torfrau (umgekehrt: Hausmann zu: Hausfrau)

Es ist dann allerdings schwierig – oder zumindest umständlich –, Personen(gruppen) zu bezeichnen, die beide Geschlechter einschließen bzw. bei denen das Geschlecht nicht wichtig ist. Man wählt dann Doppelformen wie z.B.

liebe Mitbürgerinnen und Mitbürger; wir suchen eine/-n engagierte/-n Dipl.-Ingenieur/-in

Oder man weicht auf zusammenfassende Bezeichnungen aus wie

Hilfs-, Reinigungs-, Servicekräfte; Lehrpersonen, Studierende

In bestimmten Fällen wird, wie früher generell üblich, das Maskulinum geschlechtsneutral verwendet (»generisches Maskulinum«): **219**

Achtung, auf der A3 zwischen F. und C. kommt Ihnen ein Falschfahrer entgegen. Die Polizei bittet Zeugen des Unfalls, sich zu melden. Mädchen sind die besseren Schüler.

Auch in Zusammensetzungen hält sich noch die maskuline Form. So sagt man z.B. nicht *Verbraucher- und Verbraucherinnenschutz* oder Frau B. habe eine *Zahnärztinnenpraxis* eröffnet. Ähnlich:

Anwaltskosten, Kultusministerkonferenz, Maklerprovision, Seniorenheim

220 Beziehungen zwischen dem Genus und der Bedeutung des Nomens gibt es in begrenztem Maße auch im Sachbereich: Bei bestimmten Sachgruppen haben alle zugehörigen Nomen das gleiche Genus. Sie bezeichnen Sorten und übernehmen das Genus des Oberbegriffs der Gruppe. So sind z.B. Autonamen im Deutschen maskulin *(der Fiat/Audi/Mercedes/Lada)* wegen des Oberbegriffs *der (Kraft-)Wagen* (im Italienischen beispielsweise sind sie feminin, weil der Oberbegriff *la macchina* ein Femininum ist).

Beispiele für Sortenbezeichnungen, deren Genus von dem des Oberbegriffs bestimmt ist:

Sortenbezeichnungen	Oberbegriff
der Chianti/Pinot/Riesling/Valpolicella	der Wein
der Brie/Feta/Gorgonzola/Gouda	der Käse
der März/Mai/Juli/Oktober	der Monat
die Eins/Sieben/Dreizehn	die Zahl
das Alt/Export/Pils/Weizen	das Bier
die Lord/Camel/Marlboro/Havanna	die Zigarette/Zigarre

221 Das Genus geografischer Namen

Namen der Kontinente	**Neutrum**	das alte Europa, das ferne Australien
Ländernamen	**überwiegend Neutrum**	das riesige China, das benachbarte Dänemark; aber: die neutrale Schweiz
Ortsnamen	**Neutrum**	das antike Rom, das bekannte Heidelberg

Bergnamen	**überwiegend Maskulinum**	der Brocken/Ätna/Nanga Parbat; aber: die Zugspitze
Flussnamen	**Femininum, Maskulinum**	die Oder/Mosel/Donau; der Rhein/Nil/Amazonas

Ländernamen (Namen von Staaten) sind zu über 80 % Neutra. Die übrigen gehen auf Gebietsnamen zurück; sie stehen im Allgemeinen mit Artikel (↑301).

Feminin sind insbesondere Länder- und Gebietsnamen, die auf *-ei* und *-e* enden:

die Türkei/Mongolei; die Ukraine/Bretagne; außerdem: die Schweiz/Pfalz/Lausitz/Arktis

Maskulin sind z. B.

der Irak/Jemen/Sudan/Kongo/Balkan

Ortsnamen haben immer neutrales Genus, auch wenn es sich um Zusammensetzungen handelt, die eigentlich ein anderes Genus erwarten ließen, wie etwa *Straßburg, Frankfurt, Bamberg, Reichenbach.* Durch das Neutrum (und den artikellosen Gebrauch) wird klar, dass z. B. *Straßburg* nicht eine Burg und *Reichenbach* nicht einen Bach benennen.

Bei **Bergnamen** gilt dagegen die Genusregel für Komposita (↑222); es heißt z. B.

die Zugspitze, der Watzmann/Feldberg, das Matterhorn

Andere (nicht zusammengesetzte) Berg- und Gebirgsnamen, insbesondere ausländische, sind überwiegend maskulin (möglicherweise durch den Oberbegriff *Berg*).

Auch ausländische **Flussnamen** tendieren stark zu maskulinem Genus (in Anlehnung an *Fluss/Strom*). Bei deutschen Flussnamen ist die Verteilung Maskulinum/Femininum oft nur historisch erklärbar.

Genus und Form des Nomens

Zwischen der Form eines Nomens und seinem Genus bestehen gewisse Beziehungen. Für den Kernwortschatz, die einfachen Nomen, gilt das allerdings nur sehr eingeschränkt. Man kann (zumindest aus heu- 222 tiger Sicht) nicht erklären, warum es z. B. *der Sand,* aber *die Hand* und *das Land* heißt; Zählungen haben aber ergeben, dass einsilbige Nomen zu zwei Dritteln Maskulina sind und dass maskulines Genus umso wahrscheinlicher ist, je mehr Konsonanten das Wort im Auslaut enthält; vgl. z. B.:

der Matsch, Ramsch, Markt, Strumpf, Punkt, Ernst, Herbst

Bei komplexen Nomen lässt sich das Genus dagegen aus der Form erschließen: Es bestimmt sich immer nach dem letzten Wortbestandteil (dem Kopf, ↑88). Das heißt:

- Zusammengesetzte Nomen erhalten das Genus des Grundwortes: $\textit{Bild}_{\textit{Neut}}$ + $\textit{Schirm}_{\textit{Mask}}$ → $\textit{Bildschirm}_{\textit{Mask}}$.
- Bei abgeleiteten Nomen legt das Suffix das Genus fest. So sind z. B. Ableitungen mit *-ung* immer Feminina: *die Wohnung, Erziehung, Steuerung, Anmeldung.*

223 Häufige deutsche und fremdsprachige Ableitungssuffixe, nach Genus geordnet:

Maskulinum	
-and	Doktorand, Proband, Summand
-ant/-ent	Fabrikant, Lieferant; Agent, Interessent
-er, -ler, -ner	Drucker, Lehrer; Sportler; Rentner
-eur	Ingenieur, Monteur, Redakteur
-ismus	Idealismus, Nationalismus, Organismus
-ist	Journalist, Terrorist, Tourist
-ling	Flüchtling, Neuling, Zwilling
-or	Autor, Direktor, Monitor

Femininum	
-ade	Blockade, Marmelade, Promenade
-age	Garage, Massage, Reportage
-anz/-enz	Bilanz, Toleranz; Intelligenz, Tendenz
-e	Breite, Liege, Spüle, Suche, Tiefe
-ei	Bäckerei, Bücherei, Lauferei
-heit/-keit	Freiheit, Kindheit; Einsamkeit, Fähigkeit

-ie	Demokratie, Energie, Ökonomie
-ik	Fabrik, Informatik, Musik, Technik
-in	Ärztin, Chinesin, Freundin, Wölfin
-ion	Diskussion, Funktion, Region
-ität	Aktivität, Realität, Stabilität
-schaft	Freundschaft, Gesellschaft, Landschaft
-ung	Bewegung, Meinung, Werbung
-ur	Architektur, Tastatur, Zensur

Neutrum	
-chen/-lein	Häuschen, Süppchen; Büchlein, Zünglein
-ment	Argument, Dokument, Medikament
-tum	Eigentum (aber: der Irrtum/Reichtum)
-um	Datum, Publikum, Studium, Zentrum

Einige wenige Suffixe sind mit zwei Genera verbunden:

-ar:	Maskulinum	Kommentar, Kommissar, Notar
	Neutrum	Inventar, Mobiliar, Vokabular
-at:	Maskulinum	Apparat, Kandidat, Senat
	Neutrum	Diktat, Präparat, Sekretariat
-nis:	Neutrum	Erlebnis, Hindernis, Versäumnis
	Femininum	Erlaubnis, Finsternis, Wildnis

Auch wenn Nomen ohne Suffix aus anderen Wörtern abgeleitet werden (Konversion, ↑271), ist das Genus festgelegt. Das zeigt sich besonders deutlich bei der Nominalisierung von Verben: 224

- Verben in der Infinitivform sind bei nominalem Gebrauch Neutra:

  das Betreten/Essen/Laufen/Kommen und Gehen

- Wird nur der Verbstamm nominalisiert (wobei sich der Vokal ändern kann), erhält das Nomen maskulines Genus:

  der Bau/Lauf/Stoß/Fund/Sprung/Tritt/Wurf

225 Zum Genus von Fremdwörtern

Bei den alten Fremdwörtern aus dem Griechischen und Lateinischen, also aus Sprachen, die ebenfalls drei Genera haben, wird das Genus (und in der Regel auch die Pluralform) mit übernommen. So sind z. B., wie im Lateinischen, *Zirkus, Globus, Status, Kasus* Maskulina, *Opus, Tempus, Genus* dagegen Neutra.

Heute kommen Fremdwörter weit überwiegend aus dem Englischen, also einer genuslosen Sprache. Auch diese Anglizismen bzw. Amerikanismen müssen im Deutschen ein Genus erhalten, um im Satz richtig verwendet werden zu können. Meist überträgt man das Genus des entsprechenden deutschen Nomens auf das Fremdwort; Beispiele:

Maskulinum: der Button (›Knopf‹) / Shop (›Laden‹) / Star (›Stern‹)

Femininum: die City (›Stadt‹) / Power (›Kraft‹) / Story (›Geschichte‹)

Neutrum: das Camp (›Lager‹) / Girl (›Mädchen‹) / Shirt (›Hemd‹)

Abgeleitete Nomen erhalten ihr Genus nach dem entsprechenden deutschen bzw. internationalen Suffix, z. B.:

-er$_{\text{Mask}}$:	der Computer/Browser/Thriller
-ion$_{\text{Fem}}$:	die Action/Location/Connection
-ity (dt. -ität)$_{\text{Fem}}$:	die Community/Publicity/Security
-ness (dt. -heit)$_{\text{Fem}}$:	die Coolness/Fairness/Wellness

Viele einsilbige englische Nomen sind Nominalisierungen von Verben; sie werden wie entsprechende deutsche Bildungen (*der Lauf/Sprung;* ↑224) maskulin gebraucht:

der Call/Chat/Deal/Drink/Link/Look/Run/Sound/Touch

Verben in der *-ing*-Form sind dagegen als Nomen – wie deutsche Verben im Infinitiv (*das Laufen;* ↑224) – Neutra:

das Banking/Camping/Feeling/Ranking/Styling/Timing

Häufig bestehen, vor allem in der ersten Zeit der Übernahme, Unsicherheiten im Genus; man findet z. B.:

> Danke für deine E-Mail / dein E-Mail. Diese Veranstaltung war das Event / der Event des Jahres.

Meist setzt sich im Laufe der Zeit eine der Genusvarianten durch.

2.3 Numerus

Nomen werden im Allgemeinen nach **Numerus** (Zahl) flektiert, d. h., sie können im Singular (in der Einzahl) und im Plural (in der Mehrzahl) stehen: 226

Singular	Tag	Uhr	Vogel	Bild	Auto
Plural	Tage	Uhren	Vögel	Bilder	Autos

Mit den Numerusformen wird angezeigt, ob ein Gegenstand einmal oder mehrfach vorhanden ist.

Pluralbildung

Der Singular ist die »Normalform« des Nomens; er hat keine besonderen Kennzeichen. Der Plural wird mit bestimmten Endungen (Flexionssuffixen) und/oder Umlaut aus dem Singular gebildet; einige Nomen haben kein spezielles Pluralkennzeichen. Die verschiedenen **Pluraltypen:** 227

Pluralkennzeichen	Singular	Plural
-en **-n**	Frau, Mensch, Uhr Blume, Hase, Gabel	Frauen, Menschen, Uhren Blumen, Hasen, Gabeln
-e **-e + Umlaut**	Brot, Tag, Hund Sohn, Baum, Nacht	Brote, Tage, Hunde Söhne, Bäume, Nächte
(endungslos) **Umlaut**	Ufer, Zettel, Balken Bruder, Vogel, Garten	Ufer, Zettel, Balken Brüder, Vögel, Gärten

Pluralkennzeichen	Singular	Plural
-er -er + Umlaut	Feld, Bild, Brett Wald, Haus, Huhn	Felder, Bilder, Bretter Wälder, Häuser, Hühner
-s	Auto, Park, Oma	Autos, Parks, Omas

Welches Nomen welche Pluralform erhält, lässt sich nicht in allgemeingültige Regeln fassen; es gibt aber einen deutlichen Zusammenhang zwischen Genus und Pluralbildung. Grob zusammengefasst sind *-(e)n* und *-e* die zentralen, weitaus häufigsten Pluraltypen; dabei ist *-(e)n* charakteristisch für feminine Nomen, *-e* für Maskulina und Neutra.

228 *(e)n*-Plural

Die Pluralendung *-en* findet sich besonders häufig bei abgeleiteten Feminina, so z. B. bei Bildungen mit *-heit/-keit, -ung, -in* (mit Verdoppelung des *n*):

Krankheiten, Schwierigkeiten, Überlegungen, Freundinnen

Auch abgeleitete Maskulina mit Fremdsuffixen wie *-ant/-ent, -ist, -or* (↑223) und bestimmte deutsche Maskulina bilden den Plural mit *-en:*

Spekulanten, Studenten, Touristen, Direktoren, Bären

Die Pluralendung *-n* (statt *-en*) haben

- Nomen auf *-e*:

  Augen, Buchstaben, Blumen, Ehen, Hasen, Straßen

- feminine Nomen auf *-el, -er:*

  Gabeln, Inseln, Nadeln; Adern, Federn, Kiefern

⚠ Bei Wörtern auf *-el* besteht oft Unsicherheit in der Pluralbildung. Es gibt nämlich – neben den femininen – auch maskuline und neutrale Nomen auf *-el,* und diese sind im Plural endungslos. Man muss also auf das Genus achten, um den richtigen Plural zu bilden:

-el $_{\text{Fem}}$: Plural *-n*	*-el* $_{\text{Mask/Neut}}$: Plural endungslos
die Ampel – die Ampeln	der Apfel – die Äpfel
die Formel – die Formeln	der Deckel – die Deckel
die Kartoffel – die Kartoffeln	das Kabel – die Kabel
die Kugel – die Kugeln	der Löffel – die Löffel
die Nadel – die Nadeln	der Nagel – die Nägel
die Regel – die Regeln	das Rätsel – die Rätsel
die Schüssel – die Schüsseln	der Schlüssel – die Schlüssel
die Tafel – die Tafeln	das Schnitzel – die Schnitzel
die Wurzel – die Wurzeln	der Spargel – die Spargel
die Zwiebel – die Zwiebeln	der Zettel – die Zettel

Ausnahmen sind: *der Muskel – die Muskeln, der Stachel – die Stacheln, der Pantoffel – die Pantoffeln.*

e-Plural 229

Die Pluralendung *-e* haben hauptsächlich einfache Nomen, unter ihnen vor allem Maskulina und Neutra *(der Tag – die Tage, das Meer – die Meere).* Umlautfähige Vokale werden bei Maskulina häufig, bei Feminina immer umgelautet:

der Kuss – Küsse, die Stadt – Städte, die Maus – Mäuse

Von den abgeleiteten Nomen bilden vor allem die auf *-ling, -nis* (mit Verdoppelung des *s*) und *-sal* den Plural mit *-e:*

Flüchtlinge, Rohlinge, Ergebnisse, Hindernisse, Schicksale

endungsloser Plural 230

Dieser Pluraltyp kommt nur (mit Ausnahme von *Mutter, Tochter*) bei Maskulina und Neutra vor, und zwar bei denjenigen, die auf *-el, -er, -en* ausgehen; Maskulina haben dabei oft Umlaut:

der Mantel – Mäntel, der Sommer – Sommer, der Ofen – Öfen; das Mittel – Mittel, das Ufer – Ufer, das Kissen – Kissen

Typische Ableitungen mit endungslosem Plural sind Nomen mit den Suffixen *-er* und *-chen/-lein:*

der Leser – die Leser, das Plätzchen – die Plätzchen

231 *er*-Plural

Die Pluralendung *-er* erhalten nie feminine Nomen, sondern ausschließlich Maskulina und Neutra; wann immer möglich, wird der Vokal umgelautet:

Brett – Bretter, Kind – Kinder, Buch – Bücher, Haus – Häuser, Loch – Löcher, Mann – Männer

232 *s*-Plural

Den Plural mit *-s* bilden vor allem

- Nomen, die auf einen Vokal (außer *e*) enden; oft handelt es sich dabei um Kurzwörter (↑273):

  Autos, Azubis, Fotos, Lamas, Opas, Pullis, Radios, Uhus

- (ursprüngliche) Fremdwörter oder Wörter aus dem Niederdeutschen:

  Bonbons, Cafés, Hotels, Klubs, Parks, Standards, Steaks, Tests; Decks, Hecks, Wracks

⚠ Gelegentlich wird *-s* auch an schon pluralische Nomen angehängt, z. B.:

Bengels, Jungens, Kumpels, Mädels, Onkels

Diese Pluralformen (statt der regulären: *die Jungen, die Mädel* usw.) gelten als umgangssprachlich.

233 Pluralformen bei Fremdwörtern

Bestimmte Fremdwörter (insbesondere aus dem Griechischen und Lateinischen) haben eine besondere Pluralbildung.

Zum Teil wird die fremdsprachige Pluralendung im Deutschen beibehalten, so vor allem bei Fachausdrücken:

der Terminus – die Termini	das Praktikum – die Praktika
der Numerus – die Numeri	das Genus – die Genera
der Kasus – die Kasus	das Tempus – die Tempora

Zum Teil wird die fremde Endung durch die deutsche Pluralendung *-en* ersetzt:

der/das Virus – die Viren
das Gremium – die Gremien
die Firma – die Firmen
der Rhythmus – die Rhythmen
das Museum – die Museen
die Villa – die Villen

Auch *-e* und *-s* kommen als Pluralendung bei Fremdwörtern vor. Dabei gilt *-s* für vokalisch auslautende Wörter *(Komma – Kommas, Tsunami – Tsunamis)* und vor allem für Anglizismen *(Drinks, E-Mails, Events, Girls, Shows).*

Englische Bildungen auf *-er* werden aber – wie deutsche Ableitungen mit *-er* – im Plural endungslos gebraucht:

der Trainer – die Trainer, der Computer – die Computer (wie: der Rechner – die Rechner)

Oft hat ein Fremdwort mehrere mögliche Pluralformen. Beispiele:

	fremdsprachiger Plural	***en*-Plural**	***e*- oder *s*-Plural**
Atlas		Atlanten	Atlasse
Globus		Globen	Globusse
Komma	(Kommata)		Kommas
Konto	(Konti)	Konten	Kontos
Lexikon	Lexika	Lexiken	
Lift			Lifte/Lifts
Risiko		Risiken	Risikos
Schema	Schemata		Schemas
Thema	(Themata)	Themen	
Visum	Visa	Visen	

An fremdsprachige Pluralformen darf nicht noch ein zusätzliches *-s* angehängt werden. Es heißt also z. B.:

Ich habe in drei Lexika/Lexiken (*Lexikas) nachgeschlagen. Hast du alle Visa/Visen (*Visas) für die Reise beantragt? Sie musste in ihrer Ausbildung mehrere Praktika (*Praktikas) machen.

Numerus und Bedeutung des Nomens

234 Da Singular und Plural inhaltliche Bestimmungen sind, hängt es von der Bedeutung des Nomens ab, ob und unter welchen Bedingungen ein Plural möglich ist.

Gattungsnamen (*Tisch, Uhr, Maus;* ↑210) bezeichnen zählbare Gegenstände; sie haben uneingeschränkt Pluralformen.

Eigennamen (↑209) nehmen auf ein Individuum Bezug; sie kommen deshalb in der Regel nur im Singular vor. Wenn ein Plural gebildet wird, sind verschiedene Individuen des gleichen Namens gemeint:

In meiner Klasse gab es drei Stefans. Gestern waren wir bei den Brückners eingeladen. Es gibt in Deutschland zwei Frankfurts.

Stoffnamen (*Holz, Stahl, Wasser;* ↑211) bezeichnen eine nicht zählbare Substanz; sie stehen im Allgemeinen nur im Singular. Wenn jedoch verschiedene Arten oder Sorten des Stoffes unterschieden werden sollen, kommen auch Pluralformen vor:

Gase, Hölzer, Fette, Öle, Salze, Stähle, Weine, Wässer

Auch Kollektiv- und viele Abstraktnomen *(Obst, Vieh; Kälte, Glück)* können aufgrund ihrer Bedeutung nur im Singular gebraucht werden.

235 Einige Nomen kommen nur im Plural vor (Pluraliatantum); zu ihnen gehören z. B.:

Alimente	Kurzwaren	Spesen
Einkünfte	Leute	Spirituosen
Eltern	Masern	Trümmer
Ferien	Memoiren	Unkosten
Finanzen	Molesten	Utensilien
Gebrüder	Personalien	Wirren

236 **Maß- und Mengenbezeichnungen** im Maskulinum und Neutrum haben eine besondere Pluralbildung:

- Wird eine genau bestimmte Menge (mit einer Zahl größer als 1) angegeben, steht das Nomen in der Singularform:

  drei Pfund Mehl, zwei Dutzend Eier, fünf Paar Socken, zwei Bund Dill, vier Stück Gepäck, 50 Prozent, 30 Grad, 10 Euro, 99 Cent

- Bei unbestimmten Mengenangaben (oder wenn es nicht auf das Maß ankommt) kann oder muss die Pluralform verwendet werden:

  Sie hat mehrere Stück(e) Kuchen gegessen. Ich muss einige Pfund(e) abnehmen. Der Raum war mit Dutzenden von Blumen geschmückt. Er hatte wohl ein paar Gläser über den Durst getrunken. Der Automat nimmt keine Cent(s) an.

Maßausdrücke mit femininem Genus haben in der Mehrzahl immer die Pluralform (mit Ausnahme der Währungsbezeichnung *Mark*):

> vier Dosen Fisch, zwei Schachteln Pralinen, drei Tafeln Schokolade, zwei Tassen Tee, fünf tschechische Kronen, (aber:) fünf Mark

Zur Kongruenz von Maß- und Mengenbezeichnungen mit dem Verb *(10 Euro ist/sind zu viel)* ↑502.

Doppelte Pluralformen 237

Manche Nomen werden mit zwei Pluralformen verwendet, so vor allem Fremdwörter (z. B. *der Lift – die Lifte/Lifts;* ↑233). Wenn deutsche Wörter – mit demselben Genus – zwei Pluralformen haben, ist damit in der Regel ein Bedeutungsunterschied verbunden:

Wort	Wörter Worte	Dieser Satz besteht aus sechs Wörtern. Das sind starke Worte!
Mutter	Mütter Muttern	Die Zahl alleinerziehender Mütter wächst. Keine der Muttern passte auf die Schraube.
Bank	Bänke Banken	Auf den Parkbänken saßen lauter Pärchen. Er hat bei mehreren Banken ein Konto.

Die Pluralformen von *Block (Blöcke/Blocks)* werden nicht immer bedeutungsunterscheidend verwendet. Es heißt zwar meistens z. B. *Häuserblocks,* dagegen *Notizblöcke, Zeichenblöcke,* aber es kommt auch die jeweils andere Pluralform vor.

2.4 Kasus (und Deklinationstypen)

238 Nomen (und andere deklinierbare Wörter) treten im Satz in einer bestimmten Kasusform auf. Mit dem **Kasus** (Plural: Kasus; deutsche Bezeichnung: »Fall«) wird die syntaktische Funktion des Nomens (bzw. der Nominalgruppe) gekennzeichnet, ob es also z. B. als Subjekt oder als ein Objekt steht.

Im Deutschen gibt es vier Kasus:

Nominativ (1. Fall; wer/was?)	der Freund
Genitiv (2. Fall; wessen?)	des Freundes
Dativ (3. Fall; wem?)	dem Freund(e)
Akkusativ (4. Fall; wen/was?)	den Freund

Im Vergleich dazu haben andere europäische Sprachen teils weniger, teils mehr Kasus. In den romanischen Sprachen beispielsweise gibt es gar keine Kasuskennzeichen am Nomen, dagegen unterscheiden slawische Sprachen im Allgemeinen sechs und z. B. das Estnische (eine nicht indoeuropäische Sprache) sogar vierzehn Kasusformen.

239 Der Kasus wird zum Teil durch Endungen angezeigt (*Freund-es:* Genitiv); vielfach wird er aber am Nomen selbst nicht gekennzeichnet (*Freund:* Nominativ, Akkusativ und meist auch Dativ).

Unterschiedliche Kasusformen finden sich fast nur im Singular. Entscheidend ist die Genitivform; von ihr kann man auf die übrigen Kasusformen im Singular schließen. Es gibt drei Varianten des Genitivs Singular:

- endungslos *(die Frau – der Frau)*
- mit der Endung *-(e)s (der Mann – des Mannes)*
- mit der Endung *-(e)n (der Mensch – des Menschen)*

Die Kasusformen eines Nomens haben viel mit seinem Genus zu tun. Aus dem Zusammenspiel von Genus, Kasuskennzeichnung im Singular und Pluralbildung ergeben sich verschiedene Muster der Nomendeklination, die sogenannten Deklinationsklassen bzw. -typen; ↑250.

Kasusformen im Singular

Keine Endung

240

Feminine Nomen haben im Singular keine Kasusendungen:

die Nacht$_{Nom}$, im Laufe der Nacht$_{Gen}$, in der Nacht$_{Dat}$, die Nacht$_{Akk}$ durchfeiern

-(e)s im Genitiv

Den Genitiv mit *-es* bzw. *-s* bilden alle Neutra und die meisten Maskulina; Beispiele: 241

das Land – des Landes, das Mädchen – des Mädchens; der Tag – des Tages, der Lehrer – des Lehrers

Der Akkusativ dieser Nomen ist endungslos; zum Dativ ↑248.

Ob die Genitivendung *-es* oder *-s* gewählt wird, hängt von der Lautform des Nomens, insbesondere dem Wortausgang, ab. Oft sind beide Varianten möglich; in bestimmten Fällen kann aber nur *-es* oder nur *-s* stehen. Die wichtigsten Regeln:

-es	immer nach *s, ß, x, z*	des Hauses/Flusses/Fußes/Reflexes/Erzes/Gesetzes
	häufig bei einsilbigen Nomen	des Freundes/Jahres/Mannes/Meeres/Waldes/Zuges
-s	immer nach *el, em, en, er, chen/lein, ling*	des Vogels/Atems/Lebens/Spielers/Mädchens/Frühlings
	fast immer nach Vokal (*+h*)	des Sofas/Knies/Fotos/Neubaus/Sees/Efeus/Schuhs

Bei bestimmten Nomen, vor allem solchen fremden Ursprungs, wird häufig im Genitiv die Endung *-s* weggelassen; man findet z. B.: 242

die Anhänger des Islam, im Stil des Barock, der Gebrauch des Dativ, die Reparatur des Dynamo

Solche Formen gelten standardsprachlich als nicht korrekt.

Am ehesten ist der endungslose Genitiv zulässig, wenn es sich um Namen und namenähnliche Wörter handelt:

die Politik des Kreml(s), in den Tälern des Hindukusch(s), ein Redakteur des »Spiegel(s)«, das Rechtschreibwörterbuch des Duden(s), die letzten Tage des September(s), im Laufe des Montag(s)

Auch Buchstabenkurzwörter (↑274) können ohne Genitiv-*s* gebraucht werden:

die Ladung des Lkw(s), eine Sendung des ZDF(s), die Installation des PC(s)

-*(e)n* im Genitiv, Dativ und Akkusativ

243 Maskulina, die nicht den Genitiv mit *-(e)s* bilden, haben im Genitiv, Dativ und Akkusativ Singular die Kasusendung *-(e)n:*

der $\text{Mensch}_{\text{Nom}}$ – die Abstammung des $\text{Menschen}_{\text{Gen}}$ – einem $\text{Menschen}_{\text{Dat}}$ vertrauen – einen $\text{Menschen}_{\text{Akk}}$ verachten

Auch alle Pluralformen lauten auf *-(e)n;* deshalb nennt man diese Art der Deklination, bei der es nur eine Endung gibt, **schwache Deklination.** Ihr steht die **starke Deklination** mit *-s* im Genitiv Singular und unterschiedlichen Pluralformen gegenüber.

Für die Verteilung von *-en* und *-n* gilt:

-en	nach Konsonant	des/dem/den Bären/Helden/Patienten
-n	nach *-e* *Herr, Nachbar, Bauer*	des/dem/den Affen/Kollegen/Biologen des/dem/den Herrn/Nachbarn/Bauern

244 Zu den schwach deklinierten Maskulina zählen zum einen deutsche Wörter, die Lebewesen (Personen oder Tiere) bezeichnen. Sie sind einsilbig oder gehen auf *-e* aus:

Mensch, Christ, Fürst, Held, Bär; Bote, Erbe, Kunde, Laie, Pole, Schwede, Zeuge, Affe, Hase, Löwe

Zum anderen werden viele Fremdwörter (hauptsächlich Personen-, aber auch Sachbezeichnungen) nach diesem Muster dekliniert, z. B.

Architekt, Kosmonaut, Ökonom, Pädagoge, Pilot, Planet

Häufige fremdsprachige Wortausgänge (zum Teil Ableitungssuffixe), die fast immer schwache Deklination bewirken:

-*(e)n* im Genitiv/Dativ/Akkusativ Singular	
-ant	Fabrikant, Passant, Hydrant, Konsonant
-at	Adressat, Automat (aber: des Apparats)
-ent	Agent, Korrespondent (aber: des Kontinents)
-et	Athlet, Poet, Prophet, Komet, Magnet, Planet
-graf	Biograf, Fotograf, Geograf, Paragraf
-ist	Artist, Jurist, Polizist, Spezialist, Terrorist
-it	Bandit, Favorit, Satellit (aber: des Profits)
-loge	Biologe, Grafologe, Neurologe, Soziologe

Oft wird bei den schwachen Maskulina die Endung *-(e)n* im Dativ und im Akkusativ weggelassen *(am Automat* statt *am Automaten).* Das ist nur korrekt, wenn das Nomen allein, d.h. ohne Artikel oder sonstige kasusbestimmte Wörter, steht: **245**

> Das schadet Mensch und Tier. Dompteur von Löwe angegriffen. Kennen Sie Dr. Meier, Präsident des hiesigen Landgerichts? Bei Konsonant am Wortende steht die Endung *-en.*

Hat das Nomen dagegen ein kasusanzeigendes Wort (insbesondere einen Artikel) bei sich, muss es selbst auch die Kasusendung erhalten:

> Die Bevölkerung bereitete dem Präsidenten einen kühlen Empfang. Dazu muss man einen Juristen befragen. Der Arzt verschreibt dem Patienten ein neues Medikament. Das Passbild habe ich bei einem Fotografen machen lassen. Fahrkarten nur am Automaten.

Umgekehrt ist es falsch, Nomen auf *-or* im Singular schwach zu deklinieren (sie haben nur im Plural die Endung *-en;* ↑228). Es heißt also z. B.:

> Sie kennt alle Werke dieses Autors (dieses *Autoren).
> Dem Autor (dem *Autoren) wurde ein Preis verliehen.

246 Eine Reihe von Maskulina auf *-e* bildet den Genitiv mit *-ns*, den Dativ und Akkusativ mit *-n:*

der Name – des Namens, dem Namen, den Namen

Diese Nomen, die im Unterschied zu den sonstigen Maskulina auf *-e* unbelebte Gegenstände bezeichnen, haben auch eine Nominativform, die auf *-en* ausgeht *(Friede/Frieden).* Die Formen sind unterschiedlich gebräuchlich:

Maskulina auf *-e/-en*		
fast nur *-e*	vorwiegend *-en*	*-e* und *-en*
Buchstabe Gedanke Glaube Name Wille	Haufen Samen Schaden	Friede(n) Funke(n)

Ähnlich wie diese Maskulina flektiert das Neutrum *Herz: des Herzens, dem Herzen;* der Akkusativ lautet, wie bei allen Neutra, mit dem Nominativ gleich: *das Herz.*

247 Einige wenige Nomen können im Singular schwach (Kasusendungen *-[e]n*) und stark (Genitiv *-[e]s*) dekliniert werden; die schwachen Formen sind heute gebräuchlicher:

der Bauer	des Bauern / des Bauers
der Magnet	des Magneten / des Magnets
der Nachbar	des Nachbarn / des Nachbars
der Oberst	des Obersten / des Obersts
der Spatz	des Spatzen / des Spatzes

248 Das Dativ-e

Die Dativ-Singular-Endung *-e* ist grundsätzlich nur bei Maskulina und Neutra möglich, und zwar bei denen, die den Genitiv mit *-es* bilden (können); z. B.:

im Jahre, am Tage, auf dem Wege, im Lande

Nomen, die nur *-s* im Genitiv haben (↑241), erhalten also nie im Dativ die Endung *-e:*

dem Lehrer, auf dem Wagen, mit dem Löffel, unter dem Schuh

Selbst da, wo das Dativ-*e* möglich ist, wird es heute kaum mehr gesetzt; üblich ist es fast nur noch in festen Verbindungen wie z. B.

in diesem Sinne, zu Hause, im Laufe der Zeit, im Zuge der Ermittlungen, im Grunde genommen, zu Tode erschrocken, im Bilde sein, zu Rate ziehen, zu Werke gehen

Kasusformen im Plural 249

Im Plural gibt es nur für den Dativ eine eigene Endung, und zwar *-n;* sie wird immer dann an die allgemeine Pluralform angehängt, wenn es lautlich möglich ist; z. B.:

die Städte – in den Städten, die Kinder – mit den Kindern

An Pluralformen, die auf *-n* ausgehen *(Frauen, Inseln, Gärten)*, und an *s*-Plurale *(Autos)* kann kein *-n* angefügt werden; hier lautet also der Dativ wie die übrigen Kasusformen: *Frauen*$_{Dat}$ *wie Frauen*$_{Nom/Gen/Akk}$.

Deklinationstypen

Anhand der Kasus- und der Numerusbildung des Nomens lassen sich **Deklinationsklassen** zusammenstellen. Kombiniert man die drei Singulartypen (Genitiv: *–/-[e]s/-[e]n,* ↑239) mit den fünf Pluraltypen (*-[e]n/-e/–/-er/-s,* ↑227), so ergeben sich – da nicht jeder Singulartyp mit jedem Pluraltyp zusammen vorkommt – zehn Klassen. Diese lassen sich, ausgehend von der Genitiv-Singular-Form, zu vier **Deklinationstypen** zusammenfassen. 250

Deklinationstyp 1: Feminina (Genitiv Singular: –, Plural: *-[e]n/-e/-s*) 251				
Sg. Nom.	die Uhr	die Nadel	die Hand	die Oma
Gen.	der Uhr	der Nadel	der Hand	der Oma
Dat.	der Uhr	der Nadel	der Hand	der Oma
Akk.	die Uhr	die Nadel	die Hand	die Oma

Deklinationstyp 1: Feminina (Genitiv Singular: –, Plural: *-[e]n/-e/-s*)					
Pl.	Nom. Gen. Dat. Akk.	die Uhren der Uhren den Uhren die Uhren	die Nadeln der Nadeln den Nadeln die Nadeln	die Hände der Hände den Händen die Hände	die Omas der Omas den Omas die Omas

252

Deklinationstyp 2: Maskulina und Neutra, stark (Genitiv Singular: *-[e]s,* Plural: *-e/–/-er/-s*)					
Sg.	Nom. Gen. Dat. Akk.	der Tag des Tages dem Tag[e] den Tag	der Garten des Gartens dem Garten den Garten	das Buch des Buches dem Buch[e] das Buch	das Auto des Autos dem Auto das Auto
Pl.	Nom. Gen. Dat. Akk.	die Tage der Tage den Tagen die Tage	die Gärten der Gärten den Gärten die Gärten	die Bücher der Bücher den Büchern die Bücher	die Autos der Autos den Autos die Autos

253

Deklinationstyp 3: Maskulina, schwach (Genitiv Singular: *-[e]n,* Plural: *-[e]n*)				
Sg.	Nom. Gen. Dat. Akk.	der Mensch des Menschen dem Menschen den Menschen	der Tourist des Touristen dem Touristen den Touristen	der Kollege des Kollegen dem Kollegen den Kollegen
Pl.	Nom. Gen. Dat. Akk.	die Menschen der Menschen den Menschen die Menschen	die Touristen der Touristen den Touristen die Touristen	die Kollegen der Kollegen den Kollegen die Kollegen

Deklinationstyp 4: Maskulina und Neutra, gemischt (Genitiv Singular stark: *-[e]s,* Plural schwach: *-[e]n*)				254
Sg. Nom.	der Staat	der Autor	das Auge	
Gen.	des Staates	des Autors	des Auges	
Dat.	dem Staat[e]	dem Autor	dem Auge	
Akk.	den Staat	den Autor	das Auge	
Pl. Nom.	die Staaten	die Autoren	die Augen	
Gen.	der Staaten	der Autoren	der Augen	
Dat.	den Staaten	den Autoren	den Augen	
Akk.	die Staaten	die Autoren	die Augen	

Die Deklination von Eigennamen 255

Personennamen (Vor- und Familiennamen, auch Verwandtschaftsbezeichnungen), Orts- und Ländernamen erhalten nur im Genitiv Singular eine Kasusendung, und zwar immer *-s* (auch wenn es sich um Feminina handelt):

Michaels Freunde, Michaelas Geburtstag, Winnetous Tod, Beethovens Neunte, Mutters Brüder, die Geschichte Roms, das Wahrzeichen Berlins, Chinas Außenminister

Bei mehrteiligen Namen bekommt der letzte Bestandteil das Genitiv-*s:*

Eva Marias neues Kleid, Ulrich Beckers Sieg, das Geburtshaus Ludwig van Beethovens, die Einwohner Papua-Neuguineas

Lautet der Name auf *s, ß, x* oder *z* aus, wird im Genitiv anstelle des *-s* ein Apostroph (Auslassungszeichen) gesetzt, oder man ersetzt – besonders im mündlichen Sprachgebrauch – den Genitiv durch eine Fügung mit *von:*

Thomas' Fahrrad / das Fahrrad von Thomas, Grass' letzter Roman, Johann Strauß' Walzer, Asterix' und Obelix' Abenteuer, Moritz' Freundin

⚠ Das Auslassungszeichen in Geschäftsnamen wie

Otto's Bierbörse, Ute's Haarstudio, Rainer's Getränkeshop, Angela's Blumenstube

ist überflüssig, man schreibt also *Ottos Bierbörse* (nur im Englischen wird das Genitiv-*s* auf diese Weise vom Nomen abgetrennt: *William's friends*).

Eigennamen, die einen Artikel (und Adjektivattribute) bei sich haben, stehen ohne Genitiv-*s:*

das Tagebuch der Anne Frank, die Krankheit des kleinen Stefan, die Geschichte des antiken Rom, die Grenzen des damaligen Österreich

Zur Deklination von Personennamen in Verbindung mit Titeln u.Ä. *(Kommissar Beier)* ↑289.

2.5 Wortbildung

256 Das Nomen hat die meisten Wortbildungsmöglichkeiten von allen Wortarten. Neben den üblichen Verfahren der Zusammensetzung (Komposition) und Ableitung (Derivation) gibt es die Möglichkeit, Wörter anderer Wortarten ohne Formveränderung als Nomen zu gebrauchen (Konversion) und Kurzformen zu bilden:

Wortbildungsverfahren beim Nomen	
Zusammensetzung	Klimaschutz, Ratespiel, Neuwagen, Vorsaison
Ableitung	Unrecht, Freundin, Lehrer, Biegung, Krankheit
Konversion	das Essen/Rot/Du/Heute/Aus/Ja
Kurzwortbildung	Tacho, Kilo, Mofa, Schiri, Pkw, EKG, WM, PC

Zusammengesetzte Nomen

257 In seiner einfachsten Form besteht ein zusammengesetztes Nomen aus zwei Teilen: einem Nomen als **Grundwort** und einem vorangehenden **Bestimmungswort** (↑83), das aus verschiedenen Wortarten kommen kann:

Nomen + Nomen	Auto|bahn, Tat|ort, Datei|name, Zahn|arzt
Verb + Nomen	Fahr|bahn, Sprech|stunde, Wohn|haus
Adjektiv + Nomen	Blau|licht, Hoch|haus, Tief|druck, Schief|lage
Partikel + Nomen	Ab|wasser, Um|welt, Vor|stadt, Abseits|falle

Mehrteilige Zusammensetzungen sind ebenfalls nach diesem zwei- 258
gliedrigen Muster aufgebaut. Das Grund- oder das Bestimmungswort des Gesamtnomens ist dann selbst (z. T. in Stufen) zusammengesetzt:

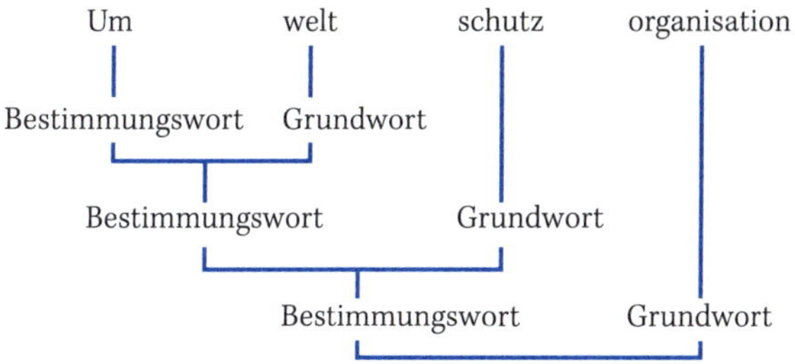

Wo bei komplexen Zusammensetzungen die Grenze zwischen Grund- und Bestimmungswort liegt, zeigt sich, wenn man die Zusammensetzung mit einer Wortgruppe umschreibt:

Umweltschutz|organisation ›Organisation für den Umweltschutz‹, Fußball|weltmeister ›Weltmeister im Fußball(spiel)‹

Andere Zerlegungen, z. B. *Fußballwelt|meister* (›Meister der Fußballwelt‹) würden keinen oder deutlich weniger Sinn ergeben.

Zusammensetzungen mit vier, fünf und mehr Teilen sind keine Selten- 259
heit:

Kranken|haus|tage|geld, Druck|luft|brems|zylinder, Auto|scheiben|-frost|schutz|folie, Bundes|tags|kinder|tages|stätte, Kraft|fahr|zeug|-steuer|änderungs|gesetz, Landes|bau|spar|kassen|zweig|stelle

Solche mehrteiligen Zusammensetzungen sind – wie überhaupt das Verfahren der Komposition – eine Besonderheit des Deutschen. In anderen Sprachen werden statt Komposita eher Wortgruppen gebraucht; vgl. z. B. engl. *way of life* ›Lebensart‹, frz. *café au lait* ›Milchkaffee‹, *train à grande vitesse (TGV)* ›Hochgeschwindigkeitszug‹.

Zu lange und damit unübersichtliche Zusammensetzungen sollten vermieden werden. Oft ist eine entsprechende Wortgruppe leichter verständlich; schriftlich kann auch ein Bindestrich die Zusammensetzung überschaubarer machen:

☹	☺
Treibstoffzufuhrregulierung	Regulierung der Treibstoffzufuhr
Atomkraftwerkstandort-sicherungsprogramm	Programm zur Sicherung der Standorte von Atomkraft-werken
Gemeindegrundsteuerveranlagung	Gemeindegrundsteuer-Veranlagung
Kraftstoffeinfüllstutzen	Kraftstoff-Einfüllstutzen
Autobahnraststättenpachtvertrag	Autobahnraststätten-Pachtvertrag

260 Fugenzeichen

Das Bestimmungswort (bzw. sein Stamm) und das Grundwort werden entweder unmittelbar miteinander verbunden *(Schaf|wolle, Denk|pause)*, oder es wird an der Nahtstelle, der Fuge, ein **Fugenzeichen** (oder **Fugenelement**) eingefügt *(Schaf|s|käse, Send|e|pause)*.

In zusammengesetzten Nomen kommen folgende Fugenzeichen vor:

-e	Hundefutter, Ärztekammer, Warteschleife
-(e)s	Tageszeit, Monatslohn, Arbeitsplatz
-(e)n	Strahlenschutz, Tastenblock, Nummernschild
-er	Kindergarten, Hühnerei, Wörterbuch

Es gibt keine durchgängigen Regeln dafür, ob und welche Fugenzeichen zu setzen sind. Selbst ein und dasselbe Bestimmungswort erscheint teils ohne, teils mit (unterschiedlichem) Fugenzeichen; vgl. z. B.:

> Schaden(s)ersatz, Buchmesse – Bücherregal, Landkarte – Landeshauptstadt – Ländername

Bei nominalen Bestimmungswörtern entsprechen die Fugenzeichen meist Flexionsendungen; zum Beispiel kennzeichnet *-es* in *Tageszeit* den Genitiv Singular, *-en* in *Strahlenschutz* den Plural. Aber nicht immer lassen sich Fugenzeichen so erklären; das zeigen Zusammensetzungen wie *Wohnungsmiete, Krankheitsfall: -s* kommt in der Flexion eines Femininums gar nicht vor.

Determinativkompositum 261

Das semantische Verhältnis zwischen den Teilen einer Zusammensetzung ist im typischen Fall determinativ, das heißt, der zweite Teil wird durch den ersten inhaltlich näher bestimmt. Das kann nach verschiedenen Gesichtspunkten geschehen, z. B. nach

Zweck	Wohnhaus, Schlaftablette, Aktentasche
Ort	Eckhaus, Internetauftritt, Hosentasche
Stoff, Substanz	Holzhaus, Nudelsalat, Ledertasche
Eigenschaft	Hochhaus, Neuwagen, Sprossenfenster
Zugehörigkeit	Elternhaus, Arztpraxis, Stuhlbein

Kopulativkompositum 262

Bei einigen Zusammensetzungen aus Nomen + Nomen stehen die Teile in einer nebengeordneten Beziehung, die ein ›Zugleich‹ oder ›Sowohl-als-auch‹ ausdrückt, z. B.:

> Dichterpräsident, Maler-Schriftsteller, Strichpunkt, Radiowecker, Grilltoaster, Strumpfhose, Blusenjacke

Solche Komposita können aber meist auch determinativ verstanden werden, also so, dass der erste Teil den zweiten näher bestimmt (z. B.: *Maler-Schriftsteller* ›Schriftsteller, der auch malt‹, *Blusenjacke* ›blusenartige Jacke‹).

263 Possessivkompositum

Eine Adjektiv+Nomen-Zusammensetzung bezeichnet manchmal nicht den genannten Gegenstand (wie etwa *Neuwagen* ›neuer Wagen‹), sondern jemanden, der diesen Gegenstand »besitzt« (deshalb heißen solche Zusammensetzungen Possessivkomposita). So ist z. B. eine *Langnase* nicht eine lange Nase, sondern eine Person, die eine lange Nase hat. Entsprechend:

Bleichgesicht, Rotschopf, Dickkopf, Großmaul, Rotkehlchen

264 In vielen zusammengesetzten Nomen stehen die Teile nicht mehr als selbstständige Wörter. Zum Beispiel lässt sich die Bedeutung von Komposita wie

Bundestag, Bahnhof, Handschuh, Großvater, Junggeselle

nicht (mehr) aus den Einzelwörtern ableiten; die Zusammensetzungen haben sich verselbstständigt.

Spezielle Bestimmungswörter werden reihenweise nicht mit ihrer ursprünglichen Bedeutung, sondern wie verstärkende Präfixe gebraucht:

Affentempo, Bullenhitze, Bombengeschäft, Heidenangst, Höllenlärm, Hundekälte, Mordshunger, Riesenerfolg, Sauglück

Umgekehrt gibt es »suffixartige« Grundwörter mit einer sehr weiten, allgemeinen Bedeutung wie etwa

-zeug, -wesen, -stoff, -mittel, -apparat, -gerät, -maschine

Bei Bezeichnungen für ein Mittel oder Instrument existiert auch neben der Zusammensetzung oft eine Ableitung mit *-er;* vgl. z. B.:

Klebstoff – Kleber, Reinigungsmittel – Reiniger, Rasierapparat – Rasierer, Fernsehgerät – Fernseher, Geschirrspülmaschine – Geschirrspüler

265 ⚠ Attributbezug bei Zusammensetzungen

Bei Attributen zu einem zusammengesetzten Nomen ist auf den richtigen Bezug zu achten. Ein adjektivisches, genitivisches oder präpositionales Attribut bezieht sich auf die gesamte Zusammensetzung und damit in erster Linie auf das Grundwort; z. B.

ist ein *frischer Erdbeerkuchen* ein frischer, d.h. frisch gebackener Kuchen mit Erdbeeren. Eine Fügung, in der sich das Attribut nur auf das Bestimmungswort bezieht – z.B. *erntefrischer Erdbeerkuchen* – ist demnach im Prinzip falsch:

☹	☺
baldige Genesungswünsche	Wünsche für baldige Genesung
atomares Müllproblem	Problem mit atomarem Müll
Meldepflicht der Krankheit	Pflicht zur Meldung der Krankheit
Rechnungskopie des Gerätes	Kopie der Rechnung für das Gerät
Rückzugspläne aus den besetzten Gebieten	Pläne zum Rückzug aus den besetzten Gebieten
Mordmotiv an den beiden Kindern	Motiv des Mordes an den beiden Kindern
Vertrauensverlust in seine Entscheidungen	Verlust des Vertrauens in seine Entscheidungen
Konferenz nachwachsender Rohstoff-Experten	Konferenz von Experten für nachwachsende Rohstoffe

Viele – vor allem adjektivische – Fügungen mit einem eigentlich »falschen« Attributbezug sind jedoch allgemein üblich und gelten als korrekt, weil das Attribut zu beiden Teilen der Zusammensetzung passt bzw. das zusammengesetzte Nomen als eine geschlossene Einheit empfunden wird. Beispiele:

> atlantischer Tiefausläufer, rechter Außenfeldspieler, geheimes Wahlrecht, Bürgerliches Gesetzbuch, evangelisches Pfarramt, katholische Bischofskonferenz, deutsche Sprachgeschichte, grammatische Zweifelsfälle, mündlicher Prüfungstermin, sozialer Wohnungsbau, Insolvenzverwalter der Firma, Lebensbeschreibung Napoleons

Abgeleitete Nomen

266 Präfixbildung

Mit Präfixen können neue Nomen in der Regel nur aus Nomen gebildet werden. Das Präfix modifiziert die Bedeutung des Basisnomens in bestimmter Weise:

Un-	›nicht‹	Undank, Unglück, Unruhe, Unsinn
Ex-	›ehemalig‹	Exfrau, Exkanzler, Exfreund
Miss-	›nicht‹/›falsch‹	Misserfolg, Missgriff, Missverständnis
Ge-	kollektiv	Gestein, Gebüsch, Gemäuer, Gestühl

Im Allgemeinen bleibt bei Präfixbildungen das Genus erhalten *(der Erfolg – der Misserfolg);* Bildungen mit *Ge-* sind jedoch immer Neutra *(der Stein – das Gestein).*

Es gibt auch Nomen mit dem Präfix *Ge-*, die von Verben abgeleitet sind; sie haben meist zusätzlich das Suffix *-e:*

Gehopse, Geächze, Gerede, Gekreisch(e), Gejammer, Getrampel

Zu weiteren – insbesondere fremdsprachigen – Präfixen ↑374.

Suffixbildung

267 Die große Mehrheit der abgeleiteten Nomen ist mithilfe von Suffixen gebildet, z. B.:

Drucker, Nachbarin, Faulheit, Regierung, Erlebnis

Nach dem Suffix bestimmt sich das Genus des abgeleiteten Nomens. So sind beispielsweise Bildungen auf *-er* immer maskulin, solche auf *-heit* feminin (↑223, wo die häufigsten Suffixe mit dem zugehörigen Genus aufgelistet sind).

Die Basis der Ableitung kann aus verschiedenen Wortarten stammen; für jede Wortart gibt es spezifische Suffixe, mit denen Nomen gebildet werden. Die wichtigsten Muster:

Von Nomen abgeleitete Nomen 268

-in	Freundin, Ärztin, Kundin, Spanierin, Biologin
-chen/-lein	Häuschen, Teechen, Schwesterlein, Büchlein

Durch *-in* entstehen Bezeichnungen für weibliche Personen aus den entsprechenden Maskulina; *-chen* und *-lein* bilden Verkleinerungsformen **(Diminutiva),** oder sie geben der Bezeichnung eine emotionale Färbung.

Auch das umgangssprachliche Suffix *-i* bei Personenbezeichnungen drückt eine – positive oder negative – emotionale Einstellung aus:

Mutti, Hansi, Schatzi, Profi, Ossi, Wessi, Promi, Touri, Tussi

Von Verben abgeleitete Nomen 269

-ung	Rettung, Vorbereitung, Bewegung, Leitung
-er	Retter, Spieler, Besucher, Wecker, Drucker

Ableitungen mit *-ung* bezeichnen den Prozess oder das Resultat der Handlung, die das zugrunde liegende Verb ausdrückt; vgl.:

(Prozess:) Wir sind jetzt auf Sendung. (Resultat:) Sie hörten eine Sendung des Hessischen Rundfunks.

Bei vielen *ung*-Bildungen ist der Handlungscharakter stark in den Hintergrund getreten; sie sind zu Sachbezeichnungen geworden:

Wohnung, Kleidung, Kupplung, Niederlassung

Bei Ableitungen mit *-er* kann man zwei Bedeutungsgruppen unterscheiden:

- Personenbezeichnungen, die den Träger der Handlung angeben: *Spieler* ›jemand, der spielt‹
- Sachbezeichnungen, mit denen das Instrument/Mittel der Tätigkeit angegeben wird: *Bohrer* ›Instrument, mit dem man bohrt‹

270 Von Adjektiven abgeleitete Nomen

-e	Breite, Tiefe, Nähe, Röte, Kürze, Stärke
-heit	Klugheit, Schönheit, Gesundheit, Beliebtheit
-keit	Sauberkeit, Haltbarkeit, Freundlichkeit
-igkeit	Müdigkeit, Lebhaftigkeit, Schlaflosigkeit

Solche Ableitungen mit adjektivischer Basis sind Eigenschaftsbezeichnungen.

Bei *-heit, -keit, -igkeit* handelt es sich um verschiedene Formen ein und desselben Suffixes. Welche Variante gewählt wird, hängt vom Adjektiv ab; es gilt beispielsweise:
- *-heit* steht u. a., wenn das Basisadjektiv einsilbig ist (schön → *Schönheit)* oder wenn es die Form des Partizips II hat *(betroffen → Betroffenheit).*
- Mit *-keit* werden u. a. Adjektive auf *-bar, -ig, -isch, -lich* abgeleitet *(haltbar → Haltbarkeit).*
- *-igkeit* wird vor allem bei Adjektiven auf *-haft* und *-los* verwendet *(lebhaft → Lebhaftigkeit).*

Nomenbildung durch Konversion

271 **Konversion** heißt das Wortbildungsverfahren, bei dem Wörter ohne weitere Mittel (wie vor allem Suffixe) in eine andere Wortart überführt werden. In beschränktem Maße gibt es diese Art der Wortbildung auch für Verben (↑197); hauptsächlich findet sie sich aber beim Nomen.

Elemente nahezu aller Wortarten können als Nomen gebraucht werden; sie erhalten das Genus Neutrum:

Basiswortart	Gebrauch als Nomen
Verb (im Infinitiv)	das Laufen/Reisen/Sein/Kommen und Gehen
Adjektiv	das Grün/Blau/Schwarz/Dunkel
Pronomen	das Ich/Du/Es/Mein und Dein
Adverb	das Abseits/Hier und Jetzt/Wie/Warum
Präposition	das Aus/Für und Wider
Konjunktion	das Ob, ohne Wenn und Aber
Partikel	das Hin und Her/Nein/Ah/Hallo

Auch Verben mit angebundenen Einheiten können nominalisiert werden:

das Elfmeterschießen, das Inkrafttreten, dieses In-den-Tag-hinein-Leben, es ist zum Aus-der-Haut-Fahren

Für das Verb gibt es eine zweite Möglichkeit der Konversion: Außer der Infinitivform kann auch oft der reine Stamm nominalisiert werden; diese Bildungen haben fast ausschließlich maskulines Genus: 272

bau- → der Bau, kauf- → der Kauf, treff- → der Treff

Bei unregelmäßigen Verben ändert sich dabei oft der Vokal (Ablaut, ↑78), gelegentlich auch der auslautende Konsonant:

find- → Fund, reiß- → Riss, werf- → Wurf, tret- → Tritt, setz- → Satz, zwing- → Zwang, zieh- → Zug

In der Regel bezeichnet die Nominalisierung des Stammes *(der Lauf)* eher das Resultat, die des Infinitivs *(das Laufen)* mehr den Prozess der Handlung.

Kurzformen von Nomen

Wenn Nomen (im Allgemeinen zusammengesetzte Nomen oder Nominalgruppen) in ihrer Laut- und Schriftform verkürzt werden, wie z. B. 273

Kraftfahrzeug → Kfz, Kriminalpolizei → Kripo,

entstehen zwar keine »neuen« Wörter, denn die Kurzformen haben keine andere Bedeutung als die vollen Formen, aber es handelt sich trotzdem um – mehr oder weniger – eigenständige Wörter. Sie haben z. B. eine eigene Betonung (Buchstabenwörter wie *Kfz, ABS* sind im Allgemeinen endbetont, Silbenwörter wie *Kripo, Akku* dagegen anfangsbetont), und sie bilden meist den Plural – anders als die Vollformen – mit *-s: die Akkus, die Lkws.*

Das Genus eines verkürzten Nomens entspricht – mit sehr wenigen Ausnahmen – dem der Vollform:

der WDR (der Westdeutsche Rundfunk), das ZDF (das Zweite Deutsche Fernsehen), die Uni (die Universität); aber z. B.: das Foto (die Fotografie)

Viele – vor allem fremdsprachige – Abkürzungen verstehen und gebrauchen wir, auch wenn wir sie nicht auflösen können, z. B.:

Aids (acquired immune deficiency syndrome), Bafög (Bundesausbildungsförderungsgesetz), ISDN (integrated services digital network), SMS (Short Message Service), DVD (digital versatile disc), DNA (deoxyribonucleic acid)

Solche Kurzformen, die im Deutschen keine geläufige Vollform haben, werden als »ganze«, eigenständige Wörter empfunden; sie zeigen, dass auch Kurzwortbildungen durchaus »neue« Wörter sein können.

Nach der Art, wie die Vollform verkürzt wird, unterscheidet man hauptsächlich Buchstabenkurzwörter und Silbenkurzwörter.

274 **Buchstabenkurzwörter** bestehen aus einzelnen Buchstaben, meist den Anfangsbuchstaben der Wort(gruppen)teile. Manche werden zusammenhängend, wie ein Wort, gesprochen, z. B.:

PIN (persönliche Identifikationsnummer), UFO (unbekanntes Flugobjekt), TÜV (Technischer Überwachungsverein), DAX (Deutscher Aktienindex)

Die meisten werden jedoch buchstabenweise gesprochen:

WM (We-Em; Weltmeisterschaft), PC (Personal Computer), EU (Europäische Union), IT (Informationstechnologie), TV (Television), EKG (Elektrokardiogramm), BLZ (Bankleitzahl)

275 In **Silbenkurzwörtern** sind Silben oder silbenähnliche Teile aus der Vollform zusammengefügt:

Mofa (Motorfahrrad), Kita (Kindertagesstätte), Soko (Sonderkommission), Schiri (Schiedsrichter)

Häufig werden, vor allem in der gesprochenen Umgangssprache, Nomen auf ihren Anfangsteil gekürzt:

Limo (Limonade), Disko (Diskothek), Doku (Dokumentation), Navi (Navigationssystem), Info (Information), Demo (Demonstration), Abo (Abonnement), Krimi (Kriminalroman/-film)

(in Zusammensetzungen:) Alufolie (Aluminiumfolie), Schokocreme (Schokoladencreme), Dekostoff (Dekorationsstoff)

2.6 Die Nominalgruppe

Ein Nomen tritt im Satz in der Regel nicht als Einzelwort auf, sondern es verbindet sich mit anderen Wörtern zu einer **Nominalgruppe:** 276

Der Tag war sehr heiß. Ich habe heute einen besonders anstrengenden Tag hinter mir. Der Tag der Abreise war gekommen. Der erste Tag im neuen Jahr heißt Neujahr.

Wenn das Nomen ein Gattungsname im Singular ist, muss es immer ein Artikelwort bei sich haben:

Das war ein schöner Tag. – *Das war schöner Tag.

Die übrigen Teile sind – grammatisch nicht notwendige – **Attribute** (Beifügungen).

Die folgende Übersicht zeigt mit Beispielen die Hauptbestandteile der Nominalgruppe und ihre Abfolge:

Artikelwort	**Adjektivattribut**	**Nomen**	**Genitivattribut**	**präpositionale/ adverbiale Attribute**
der	erste	Tag		im neuen Jahr
diese	extreme	Kälte		heute
die		Angst	des Tormanns	beim Elfmeter
eine	genaue	Beschreibung	des Täters	durch den Zeugen
unsere	geplante	Reise		nach Italien im Juni
die		Hoffnung	der Menschen	auf ein besseres Leben
Lisas	letztes	Treffen		mit Jan auf Rügen

Zu weiteren Attributarten ↑286 (Apposition), ↑291 (*als/wie*-Anschluss), ↑599 (Attributsatz).

Adjektivattribut 277

Ein Adjektiv (oder Partizip) wird bei attributivem Gebrauch nach Genus, Numerus und Kasus flektiert und steht vor dem Nomen:

ein neuer $_{\text{Mask, Sg, Nom}}$ Tag

Gelegentlich treten Adjektivattribute auch unflektiert und teilweise nachgestellt auf; Beispiele für diesen Gebrauch in älterer Sprache:

> Jung Siegfried, Kölnisch Wasser, ruhig Blut, Röslein rot, Hänschen klein; gut Ding will Weile haben

Im modernen Deutsch begegnet man nachgestellten unflektierten Adjektiven vor allem bei gastronomischen Bezeichnungen und in der Mediensprache:

> Forelle blau, Lammtopf indisch, Fisch süß-sauer; Natur/Genuss pur, Spargel/Sonne satt, Sport/Fußball total

Das Adjektiv ist in solchen Fügungen eher adverbial zu verstehen (z. B. *indisch:* ›auf indische Art‹).

Adjektivische Attribute können gereiht auftreten (↑354), und sie können zu einer Adjektivgruppe erweitert sein (↑378), sodass schon der vordere Bereich der Nominalgruppe sehr komplex strukturiert sein kann:

> ein altes, ziemlich verwahrlostes, aber sehr schön gelegenes Haus

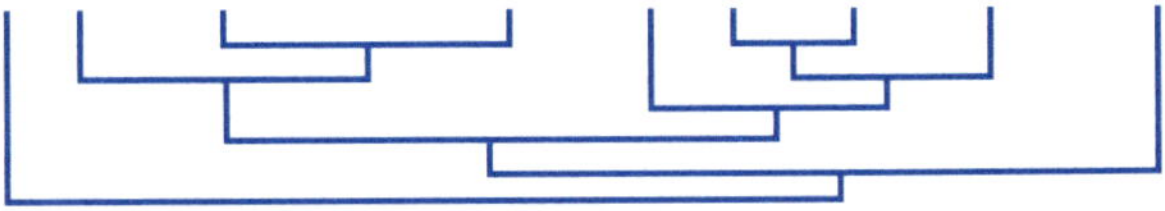

Genitivattribut

278 Wird ein Nomen durch eine Nominalgruppe im Genitiv näher bestimmt, spricht man kurz von **Genitivattribut.** Genitivattribute stehen in aller Regel hinter dem Nomen:

> das Auto meines Freundes, die Abfahrt des Zuges, die Bevölkerung Boliviens

Eigennamen als Genitivattribut können auch vor das Nomen gestellt werden; sie übernehmen dann die Stelle (und die Funktion) des definiten Artikels:

> Schillers Dramen (= die Dramen Schillers), Stefans Auto, Boliviens Bevölkerung, Kölns Kneipen

Die Voranstellung anderer Genitivattribute wirkt stilistisch gehoben oder altertümlich *(des Tages Mühen, eines Freundes Freund).*

Nach der inhaltlichen Beziehung des Attributs zum Kopfnomen unterscheidet man vor allem folgende Arten von Genitivattributen.

Possessiver Genitiv 279

Zwischen dem Genitivattribut und dem Bezugsnomen besteht ein Besitz- oder allgemeiner ein Zugehörigkeitsverhältnis:

die Inhaberin des Ladens, der Name des Kindes, die Bank Ihres Vertrauens

Die Genitivgruppe wird häufig durch eine Fügung mit *von* ersetzt *(der Name von dem Kind)*; ↑283.

Die umgangssprachliche Umschreibung des Genitivattributs mit dem Dativ und einem Possessivpronomen *(dem Vater sein Hut)* gilt in der Standardsprache als nicht korrekt:

☹	☺
meinem Freund sein Auto	das Auto meines Freundes
der Greta ihr Bruder	Gretas Bruder
dem Hund seine Pfoten	die Pfoten des Hundes

Subjekts- und Objektsgenitiv 280

Bei Nomen, die auf ein Verb zurückgehen, bezeichnet das Genitivattribut entweder den Urheber (Agens) oder das Ziel (Objekt) der Handlung:

die Abfahrt des Zuges – die Erhöhung der Preise

Im ersten Fall repräsentiert das Genitivattribut das Subjekt, im zweiten die Akkusativergänzung (das Objekt) eines entsprechenden Satzes:

die Abfahrt des Zuges ← Der Zug fährt ab.

die Erhöhung der Preise ← Man erhöht die Preise.

Weitere Beispiele:

Subjektsgenitiv	**Objektsgenitiv**
der Sieg unserer Mannschaft	der Abbruch der Verhandlungen
die Beschlüsse der Partei	der Bau eines Einkaufszentrums
die Antwort des Schülers	die Versetzung des Schülers
die Diskussion der Experten	die Diskussion dieses Problems
die Beobachtung des Zeugen	die Beobachtung der Tat
die Erklärung des Ministers	die Erklärung der Menschenrechte
die Beschreibung des Autors	die Beschreibung der Landschaft

Wie die letzten Beispiele zeigen, sind bei bestimmten Nomen beide Genitivarten möglich. Sie können aber nicht in dieser Form zusammen in einer Nominalgruppe auftreten *(*die Beschreibung des Autors der Landschaft).* Der Subjektsgenitiv muss hier durch eine präpositionale Fügung mit *durch* ersetzt und hinter den Objektsgenitiv gestellt werden: *die Beschreibung der Landschaft durch den Autor.*

⚠ Wenn beide Lesarten möglich sind, wie z. B. bei

der Besuch unserer Freunde, die Beschreibung des Mannes,

sollte man, um Missverständnissen vorzubeugen, statt der Genitivfügung eindeutige Formulierungen wählen, z. B. – je nach dem Gemeinten –

der Besuch bei unseren Freunden, die Beschreibung durch den Mann.

281 Partitiver Genitiv

Zwischen dem Nomen und dem Genitivattribut besteht ein Teil-Ganzes-Verhältnis: Im Kopfnomen wird ein Anteil, eine bestimmte Menge von dem angegeben, was im Attribut bezeichnet ist:

die Hälfte der Kosten, 10 % ihrer Einnahmen, eine Schar Neugieriger, eine Reihe schwerwiegender Fehler, eine Gruppe junger Leute

Früher wurden auch Maßbezeichnungen wie *Liter, Glas, Tasse, Zentner, Pfund, Dutzend* mit dem Genitiv verbunden:

ein Liter heißen Wassers, drei Glas bayerischen Biers

Heute werden solche Verbindungen wie ein Appositionsverhältnis *(ein Liter heißes Wasser)* behandelt; ↑290.

Häufung von Genitivattributen 282

Eine Nominalgruppe kann mehrere Genitivattribute enthalten:

> der Kollege des Schwagers meiner Schwester, die Beschreibung der Charaktere der Personen dieses Romans, das Protokoll der Sitzung des Ausschusses des Bundestages

Dabei hängen die Attribute nicht in gleicher Weise vom Kopfnomen ab, sondern sie beziehen sich stufenweise (vom rechten Rand aus) aufeinander und zuletzt auf das oberste Bezugswort:

> das Protokoll der Sitzung des Ausschusses des Bundestages

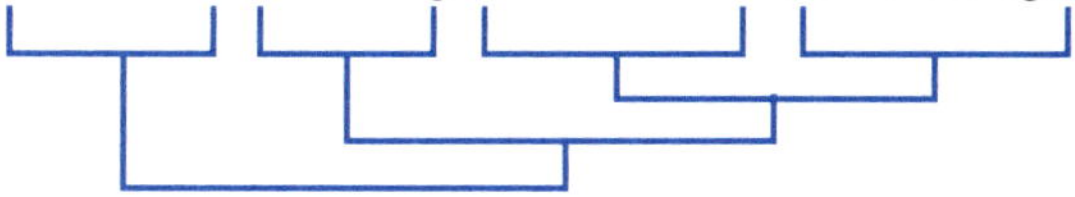

⚠ Im Prinzip kann man Nominalgruppen mit beliebig vielen voneinander abhängigen Genitivattributen bilden. Zu viele gleichartige Attribute werden aber vom Klang her als störend empfunden, zudem erschweren sie das Verständnis. Oft kann man sich, zumindest teilweise, mit anderen Formulierungen helfen, z. B.:

> die Beschreibung der Charaktere der Personen in diesem Roman, das Protokoll der Sitzung des Bundestagsausschusses

Ersatz durch *von*-Fügung 283

Häufig wird anstelle der Genitivgruppe eine Präpositionalgruppe mit *von* gebraucht:

> der Name von dem Kind, der Verkauf von dem Haus, der Geschmack von Olivenöl, die Bevölkerung von Bolivien

Die Umschreibung ist stilistisch und grammatisch unterschiedlich zu bewerten:

Sie gilt als umgangssprachlich, wenn das Attributsnomen eine Gattungsbezeichnung (wie z. B. *Kind*) mit Artikel ist:

(umgangssprachlich:) der Name von dem Kind

(standardsprachlich:) der Name des Kindes

Bei Eigennamen dagegen ist der Ersatz durch die *von*-Fügung (neben der Voranstellung des Genitivs) auch in der Standardsprache üblich und akzeptiert:

das Auto von Stefan Becker, die Neunte von Beethoven, die Präsidentin von Litauen, die Kneipen von Köln

Notwendig ist die *von*-Umschreibung bei Stoff- und Gattungsnamen ohne Artikel:

der Geruch von Leder (der Geruch *Leders), der Anbau von Wein, der Kauf von Aktien, das Mitbringen von Haustieren

Präpositionale und adverbiale Attribute

284 Präpositionalgruppen und Adverbien als Nomenattribute sind z. B.:

(1) der Tag vor der Prüfung, der Tag davor

(2) der Gedanke an die Prüfung, der Gedanke daran

Im ersten Fall sind die Attribute freie Angaben zum Nomen; sie modifizieren seine Bedeutung z. B. im Hinblick auf Zeit, Ort, Zweck:

der Tag vor der Prüfung, das Spiel gestern, die Geschäfte in der City, ein Kurs zur beruflichen Weiterbildung

Im zweiten Fall sind sie valenzbestimmte Ergänzungen des Nomens; die Präposition wird von dem zugrunde liegenden Verb oder Adjektiv übernommen:

der Gedanke an ← denken an, die Hoffnung auf ← hoffen auf, die Diskussion über ← diskutieren über, die Teilnahme an ← teilnehmen an, die Abhängigkeit von ← abhängig von

285 ⚠ Oft lässt sich die Präposition bei einem Nomen nicht unmittelbar erschließen, weil das zugrunde liegende Verb oder Adjektiv keine präpositionale Ergänzung hat; z. B.:

die Musik lieben → die Liebe zur Musik, dem Bruder ähnlich sein → die Ähnlichkeit mit dem Bruder

Vor allem in solchen Fällen besteht große Unsicherheit, mit welcher Präposition das Attribut an das Nomen anzuschließen ist. Es heißt z. B.:

Abneigung gegen	Einsicht in	Misstrauen gegen
Ähnlichkeit mit	Forderung nach	Mitteilung an/über
Anklage gegen	Gefallen an	Neid auf
Anlass zu/für	Gewissheit über	Rat an
Anspruch auf	Hass auf/gegen	Treue zu
Bedarf an	Hilfe für	Verachtung für
Bedürfnis nach	Interesse an/für	Vermutung über
Bewunderung für	Kenntnis von	Vertrauen in/auf
Dank an	Liebe zu	Verzeihung für
Einfluss auf	Lob für	Wunsch nach

Apposition

Eine **Apposition** ist eine attributive Nominalgruppe, die mit dem Bezugsausdruck im Kasus übereinstimmt (kongruiert): 286

Ihr Freund $_{\text{Nom}}$, ein dänischer Student $_{\text{Nom}}$, ist sehr nett. Sie lebt mit ihrem Freund $_{\text{Dat}}$, einem dänischen Studenten $_{\text{Dat}}$, zusammen. Sie hat ihren Freund $_{\text{Akk}}$, einen dänischen Studenten $_{\text{Akk}}$, vor einem Jahr kennengelernt.

Während andere Attribute das Nomen inhaltlich einschränken (*dänische* Studenten beispielsweise sind eine bestimmte Untermenge von Studenten), liefert die Apposition eine zusätzliche Charakterisierung; sie lässt sich mit einem eingeschobenen Satz umschreiben (daher kommt die deutsche Bezeichnung »Beisatz« für Apposition):

Sie will sich von ihrem Freund – er ist (übrigens) ein dänischer Student – trennen.

Man unterscheidet zwischen »lockeren« Appositionen und solchen, die enger mit dem Bezugsnomen verbunden sind.

Lockere Apposition

287 Die sogenannte lockere Apposition ist die typische Form der Apposition; sie steht hinter dem Bezugsnomen und wird intonatorisch (durch Pausen) bzw. grafisch (durch Kommas) abgesetzt:

Der Termin mit Frau Lemberg, der Vorsitzenden der Kommission, ist verschoben worden. Auf die Zugspitze, den höchsten Berg Deutschlands, fährt eine Zahnradbahn.

⚠ Oft wird die Kasuskongruenz nicht eingehalten; es besteht die Tendenz, die Apposition generell in den Nominativ (den »Nullkasus«) oder in den Dativ zu setzen.

Der Nominativ ist üblich und korrekt, wenn die Apposition ohne Artikel steht:

Der Termin mit Frau Lemberg, Vorsitzende der Kommission, ... Die Verdienste Jakob Schmidts, Gründer unserer Firma, ... Kennen Sie Dr. Schulz, Technischer Direktor der Brinkmann-Werke?

Falsch ist es, die Apposition in den Dativ zu setzen, wenn die Bezugsnominalgruppe nicht auch im Dativ steht. Dieser Fehler wird vor allem dann häufig gemacht, wenn die Nominalgruppe insgesamt im Dativ steht, die Apposition aber nur zu einem Teil von ihr gehört, z. B.:

im Tal der Altmühl, *einem Nebenfluss der Donau, ...

Die Apposition *(ein Nebenfluss der Donau)* bezieht sich nicht auf die dativische Gruppe *im Tal,* sondern auf deren Genitivattribut *der Altmühl;* sie muss also ebenfalls im Genitiv stehen:

im Tal der Altmühl, eines Nebenflusses der Donau, ...

☹	☺
auf dem Gipfel der Zugspitze, dem höchsten Berg Deutschlands die Lektüre dieses Buches, seinem besten Werk	auf dem Gipfel der Zugspitze, des höchsten Berges Deutschlands die Lektüre dieses Buches, seines besten Werkes

☹	☺
ein Schreiben an Schmidt und Graf, den Zulieferbetrieben der Firma	ein Schreiben an Schmidt und Graf, die Zulieferbetriebe der Firma

Datumsangabe 288

Oft besteht Unsicherheit, wie eine Datumsangabe als Apposition anzuschließen ist: Heißt es z. B. nur *am Freitag, dem 13. April,* oder kann man auch sagen *am Freitag, den 13. April?*

Korrekt sind in jedem Fall diejenigen Verbindungen, in denen beide Teile im gleichen Kasus stehen:

Die Veranstaltung findet am Freitag, dem 13. April[,] statt. – Die Veranstaltung findet Freitag, den 13. April[,] statt.

Gängig ist aber auch eine Mischform:

Die Veranstaltung findet am Freitag, den 13. April[,] statt.

Die Verbindung wird hier eher als Reihung gesehen.

Enge Apposition

Die enge Apposition unterscheidet sich von der lockeren in mehrfacher Hinsicht: Sie wird nicht durch Kommas bzw. Pausen abgetrennt (da sie nicht die gesamte Nominalgruppe, sondern nur das Nomen selbst erweitert); sie bleibt in der Regel unflektiert und tritt nicht nur hinter, sondern auch vor dem Bezugsnomen auf. 289

Nachgestellte enge Appositionen sind vor allem Eigennamen wie etwa in folgenden Verbindungen:

der Innenminister Singer (›der Innenminister – er heißt Singer‹), die Hauptkommissarin Bode, das Land Brandenburg, die Stadt Kassel, der Monat Juli

Das Kopfnomen ist hier ein Gattungsname mit Artikel, oft ein Titel oder eine Berufsbezeichnung, ein geografischer Begriff oder Ähnliches.

Stehen solche Wörter ohne Artikel, bilden sie die – vorangestellte – enge Apposition; die Teile haben also ihre Funktion getauscht:

Innenminister Singer (›Singer – er ist Innenminister‹), Hauptkommissarin Bode, Bürgermeister Hamel

Eine vorangestellte Apposition ist auch der Vorname in Verbindung mit dem Nachnamen oder eine Verwandtschaftsbezeichnung:

Jochen Singer, Charlotte Niehaus, Tante Elsa

Flektiert wird jeweils nur das Kopfnomen; das bedeutet für den Namensbestandteil in einer Genitivgruppe:

Name als Apposition: ohne Genitiv-*s*	Name als Kopfnomen: Genitiv mit *-s*
die Affäre des Ministers Singer die Fälle der Kommissarin Bode das Testament meiner Tante Elsa	die Affäre Minister Singers die Fälle Kommissarin Bodes das Testament Tante Elsas

290 Maßangaben

Eine Art von engem Appositionsverhältnis liegt auch in Fällen wie folgenden vor:

ein Liter heißes Wasser, eine Flasche italienischer Rotwein

Die Maßangabe *(ein Liter)* und das Gemessene *(heißes Wasser)* stehen heute gewöhnlich im gleichen Kasus (nur in gehobener Sprache wird noch vereinzelt das Gemessene als Genitivattribut angeschlossen, ↑281):

Mit einem Liter $_{\text{Dat}}$ heißem Wasser $_{\text{Dat}}$ übergießen. Wir wetten um eine Flasche $_{\text{Akk}}$ italienischen Rotwein $_{\text{Akk}}$. Er kam mit einem Strauß $_{\text{Dat}}$ roten Rosen $_{\text{Dat}}$.

Abweichungen von der Kasusübereinstimmung gibt es vor allem im Dativ: Wenn das Gemessene im Plural steht, wird der Dativ häufig durch den Genitiv oder den Nominativ ersetzt:

Er kam mit einem Strauß roter/rote Rosen. Aus einem Korb reifer/reife Äpfel nahm sie sich drei heraus.

als/wie-Gruppe 291

Als Attribut zum Nomen können auch Wortgruppen mit *als* oder *wie* (Konjunktionalgruppen, ↑441) auftreten:

Herr Meier als der zuständige Abteilungsleiter, Leute wie wir

Im Prinzip steht das Attribut im gleichen Kasus wie der Bezugsausdruck:

Dazu sollten wir die Meinung Herrn Meiers $_{\text{Gen}}$ als des zuständigen Abteilungsleiters $_{\text{Gen}}$ hören. Besprechen Sie das mit Herrn Meier als dem zuständigen Abteilungsleiter. Man muss Herrn Meier als den zuständigen Abteilungsleiter davon informieren.

Bei *als*-Gruppen wird dann von der Kasuskongruenz abgewichen, wenn sie sich auf ein Genitivattribut beziehen und keinen Artikel bei sich haben; in solchen Fällen steht heute gewöhnlich der Nominativ:

die Meinung Herrn Meiers als zuständiger Abteilungsleiter, ein Foto meiner Großmutter als junges Mädchen, die Stellung der Schweiz als neutrales Land, die Aufgaben des Abgeordneten als gewählter Volksvertreter

wie-Gruppen stehen auch sonst oft im Nominativ statt in dem jeweils gleichen Kasus; sie sind dann als verkürzte Vergleichssätze aufgefasst (*Leute wie wir* ›Leute, wie wir es sind‹). Standardsprachlich wird aber der Anschluss im gleichen Kasus bevorzugt:

Das ist nichts für Leute wie uns. Es geschah an einem Tag wie jedem anderen. In Zeiten wie den heutigen ist nichts mehr sicher. Einem Profi wie ihm wäre das nicht passiert.

Nominalstil 292

Jedes Attribut einer Nominalgruppe kann selbst erweitert sein. Vor allem genitivische und präpositionale Attribute haben oft weitere voneinander abhängige Wortgruppen, sodass Nominalgruppen entstehen, in denen mehrere Sachverhaltsdarstellungen komprimiert sind:

der Protest der Umweltschützer gegen die Ablehnung ihres Antrags auf Einstellung der Bauarbeiten an der neuen Autobahn

(Die Nominalgruppe drückt diese Einzelsachverhalte aus: Eine neue Autobahn wird gebaut. Die Bauarbeiten sollen eingestellt werden. Das haben die Umweltschützer beantragt. Ihr Antrag wurde abgelehnt. Dagegen protestieren sie.)

Eine solche Ausdrucksweise, in der viele Nomen und umfangreiche Nominalgruppen in einem Satz verwendet werden, nennt man **Nominalstil.** Er findet sich besonders häufig in Textarten, in denen es darauf ankommt, möglichst viele, aber auch präzise Informationen möglichst knapp zu übermitteln.

Als ein Beispiel kann die Sprache der Nachrichtenmeldungen angeführt werden: Das bereits Bekannte wird in einer Nominalgruppe zusammengefasst, an die dann die neue Information unmittelbar, im gleichen Satz, angeschlossen werden kann:

> Dem am gestrigen späten Abend nach fünf Tagen aus 60 m Tiefe geretteten 24-jährigen Bergmann geht es nach Angaben der Ärzte ausgezeichnet. Bei den Verhandlungen der EU-Kommission mit einigen westafrikanischen Staaten über ein Handelsabkommen gibt es noch grundlegende Differenzen.

Ein anderes Beispiel ist die Verwaltungs- und Rechtssprache. Da gerade hier Genauigkeit und Vollständigkeit erforderlich sind, ist es oft nicht zu vermeiden, dass recht umständliche und schwerfällige Bildungen entstehen:

> Bekanntmachung über die Auslegung des Wählerverzeichnisses und die Erteilung von Wahlscheinen für die Wahl zum Deutschen Bundestag am ... Der Antrag der Kläger auf Zulassung der Berufung gegen das Urteil des Verwaltungsgerichts Neustadt an der Weinstraße vom 17. April 2007 wird abgelehnt. 3. Verordnung zur Aufhebung der Verordnung über die Aussetzung der vorübergehenden Aufhebung der Schonzeiten für Ringeltauben vom 2. März 2006.

Zu den Kennzeichen des Nominalstils gehören auch Funktionsverbgefüge wie *zur Anwendung kommen;* ↑188.

⚠ Soweit es geht, sollte man eine zu stark nominale Ausdrucksweise vermeiden; meist sind Fügungen mit einem Verb leichter verständlich. Vgl. z. B.:

☹	☺
Es besteht noch die Möglichkeit der Anmeldung zu unserer Fahrt vom 5. bis 10. Mai nach Belgien.	Interessenten können sich noch zu unserer Fahrt … anmelden.
Er gab einen gezielten Schuss ab, um die Fluchtunfähigkeit des Täters herbeizuführen.	…, um den Täter fluchtunfähig zu machen.
Aufgrund des Preisanstiegs im Rohstoffbereich …	Da die Rohstoffpreise gestiegen sind, …
Im Falle der Nichtbefolgung der Bestimmungen über die Schneeräum- und Streupflicht …	Wenn die Bestimmungen über die Schneeräum- und Streupflicht nicht befolgt werden, …

3 Der Artikel

293 **Artikel** sind dadurch definiert, dass sie nie allein im Satz stehen, sondern immer zusammen mit einem Nomen, das sie bestimmen (determinieren):

Eine Brücke über den Fluss verbindet die Teile der Stadt.

Der Artikel kommt in zwei Arten vor:

definiter (bestimmter) Artikel	der/die/das
indefiniter (unbestimmter) Artikel	ein/eine/ein

Anstelle des Artikels können auch Wörter wie *dieser, jeder, mein, kein* vor dem Nomen stehen; sie bilden bei diesem Gebrauch mit dem Artikel die größere Klasse der **Artikelwörter.**

3.1 Definiter und indefiniter Artikel

294 Der Artikel wird – entsprechend dem Nomen, bei dem er steht – nach Genus, Numerus und Kasus flektiert. Obwohl dabei eine Reihe von Formen zusammenfallen (↑295–296), hat das Deutsche noch relativ viele verschiedene Artikelformen (etwa im Vergleich zum Englischen, wo es nur die eine Form *the* bzw. *a[n]* gibt). Insbesondere beim definiten Artikel ist an der Nominativ-Singular-Form *(der/die/das)* das Genus des Nomens deutlich ablesbar (die früher übliche deutsche Bezeichnung für den Artikel war deshalb »Geschlechtswort«). Auch Kasus und Numerus sind oft nur am Artikel, nicht am Nomen selbst erkennbar; vgl.:

Der Richter belehrt den $\text{Angeklagten}_{\text{Akk}}$ über seine Rechte.

Der Richter erklärt dem $\text{Angeklagten}_{\text{Dat}}$ seine Rechte.

Der Richter befragt den $\text{Angeklagten}_{\text{Sg}}$ / die $\text{Angeklagten}_{\text{Pl}}$.

In vielen Sprachen, z. B. im Türkischen und in fast allen slawischen Sprachen, gibt es keinen Artikel; Bestimmtheit bzw. Unbestimmtheit wird hier mit anderen Mitteln ausgedrückt. Sprecher solcher Sprachen haben daher besondere Schwierigkeiten mit dem Gebrauch des deutschen Artikels.

Die Formen des Artikels

Der definite Artikel 295

	Singular Mask.	Fem.	Neut.	Plural
Nom.	der Tisch	die Lampe	das Bett	die Tische/Lampen/Betten
Gen.	des Tisches	der Lampe	des Bettes	der Tische/Lampen/Betten
Dat.	dem Tisch	der Lampe	dem Bett	den Tischen/Lampen/Betten
Akk.	den Tisch	die Lampe	das Bett	die Tische/Lampen/Betten

Der definite Artikel kann in bestimmten Fällen mit einer vorangehenden Präposition verschmelzen, z. B. *in dem → im, zu der → zur,* ↑427.

Zu *der/die/das* als Pronomen ↑324–327.

Der indefinite Artikel 296

	Mask.	Fem.	Neut.
Nom.	ein Tisch	eine Lampe	ein Bett
Gen.	eines Tisches	einer Lampe	eines Bettes
Dat.	einem Tisch	einer Lampe	einem Bett
Akk.	einen Tisch	eine Lampe	ein Bett

Der indefinite Artikel hat keine Pluralformen; bei einer unbestimmten Menge von Gegenständen steht allein das Nomen:

Wir führen Tische/Lampen/Betten in großer Auswahl.

Zu *ein* als Pronomen ↑336.

Bedeutung und Gebrauch des Artikels

297 Ob ein Nomen mit oder ohne Artikel gebraucht wird und welcher Artikel stehen kann, hängt vor allem von der Art des Nomens ab.

Gattungsnamen *(Kind, Auto)* haben in der Regel einen Artikel bei sich. Er kennzeichnet den Gegenstand als ›unbestimmt‹ oder ›bestimmt‹; das heißt genauer:

Der indefinite Artikel steht,	Der definite Artikel steht,
wenn ein Gegenstand neu eingeführt wird, etwas bisher Unbekanntes dem Hörer bekannt gemacht wird:	wenn der Gegenstand bereits erwähnt wurde, wenn er aus dem Zusammenhang klar ist oder nur in einem Exemplar vorkommt:
Eva bekommt ein Baby.	Das Baby soll im Juni kommen.
Ich lese gerade einen Krimi.	Der Krimi, den ich gerade lese, ist nicht sehr spannend.
Wir haben im Wald Pilze gefunden.	Die Pfifferlinge waren besonders gut.
	Das Wetter von morgen: …
	Der Himmel ist bewölkt.

Der Artikel wird nicht nur verwendet, wenn es um Individuen, um einzelne Exemplare einer Gattung geht. Vor allem der definite Artikel kann auch anzeigen, dass die ganze Gattung gemeint ist (»generalisierender« oder »generischer« Gebrauch des Artikels):

> Die Lärche ist ein Nadelbaum (›alle Lärchen‹). Der Bundeskanzler bestimmt die Richtlinien der Politik (›jeder, der das Amt des Bundeskanzlers innehat‹). Das versteht ein Mann / eine Frau nicht (›ein typischer Mann / eine typische Frau‹).

298 In bestimmten Fällen werden Gattungsbezeichnungen artikellos gebraucht. Das ist häufig bei festen Wendungen (z. B. Funktionsverbgefügen, ↑188) und Reihungen der Fall:

> Fuß fassen, Klavier spielen, Wort halten, zu Ende bringen, in Rechnung stellen, außer Kraft setzen; Haus und Hof, Weib und Kind, auf Schritt und Tritt, von Fall zu Fall, die Doppelbelastung der Frau in Familie und Beruf, optimal in Leistung, Ausstattung und Preis

In Textsorten wie Anzeigen und Schlagzeilen wird der Artikel oft weggelassen, um Platz zu sparen:

> Schrankwand, Sofa, Tisch billig abzugeben. Mittvierzigerin sucht verständnisvollen Lebenspartner. Gewerkschaft ruft zu Streik auf. Bankräuber nimmt Kind als Geisel. EM-Pokal geht an niederländisches Team.

Stoffnamen (↑211) und viele Abstrakta stehen ohne Artikel, wenn sie allgemein eine Substanz bzw. einen abstrakten Gegenstand bezeichnen. Ist jedoch eine bestimmte Portion oder Art gemeint, wird das Nomen mit Artikel gebraucht; vgl. z. B.: **299**

Stoffname, Abstraktum	Portions-, Artbezeichnung
Die Tasche ist aus Leder.	Das Leder ist ziemlich abgeschabt.
Sie trinkt lieber Kaffee als Tee.	Der Kaffee ist noch zu heiß.
Gemüse ist gesund.	Das Gemüse war ganz zerkocht.
Kälte schadet diesen Pflanzen.	Die extreme Kälte im Frühjahr hat die Obsternte vernichtet.
Ich bitte um Ruhe.	Die Ruhe hielt nicht lange an.
Jeder Mensch braucht Liebe und Anerkennung.	Die Anerkennung seiner Verdienste blieb ihm versagt.

Eigennamen (↑209) sind von sich aus definit, da sie ein bestimmtes einzelnes Individuum bezeichnen. Sie werden deshalb im Allgemeinen ohne Artikel gebraucht. **300**

Das gilt insbesondere für Personennamen (und Verwandtschaftsbezeichnungen):

> Auf Mario kann man sich verlassen. In der Stadt habe ich Kristina getroffen. Frank Weber ist bei seinen Kollegen sehr beliebt. Viele Grüße auch an Papa.

In der Umgangssprache, insbesondere in bestimmten Regionen, wird häufig auch der Artikel gesetzt:

> Auf den Mario kann man sich verlassen. In der Stadt habe ich die Kristina getroffen. Der Frank Weber ist bei seinen Kollegen sehr beliebt. Viele Grüße auch an den Papa.

301 Der Artikel bei geografischen Namen

Fluss- und Bergnamen werden mit Artikel gebraucht:

die Havel, ein rechter Nebenfluss der Elbe; das Mündungsgebiet des Mississippi; die Wasserkuppe in der Rhön; auf dem Montblanc, dem höchsten Berg der Alpen

Ortsnamen stehen ohne Artikel:

Meinst du Frankfurt am Main oder Frankfurt an der Oder? Von New York ist sie ganz begeistert.

Ländernamen haben im Allgemeinen keinen Artikel:

Portugal, Schweden, Marokko, Lettland, Frankreich, Japan

Besonderheiten:

- feminine und pluralische Länder- und Gebietsnamen stehen immer mit Artikel:

  die Schweiz, die Türkei, die Ukraine, die Pfalz, die Normandie, die Toskana; die Niederlande, die USA

- Gebietsnamen werden generell meist mit Artikel gebraucht:

  das Allgäu, das Engadin, das Elsass, das Baltikum, der Balkan

- Bei bestimmten Staatennamen (die auf Gebietsnamen zurückgehen) schwankt der Artikelgebrauch:

  (der) Iran/Irak/Jemen/Kongo/Libanon/Sudan

Bei allen Eigennamen – Personennamen und geografischen Namen – wird der Artikel gesetzt, wenn sie ein Attribut bei sich haben:

das doppelte Lottchen, der kleine Klaus, das Frankfurt der Goethezeit, das ferne Japan

3.2 Weitere Artikelwörter

302 Außer dem Artikel können auch andere Wörter determinierend vor einem Nomen stehen; die Determination erhält dann eine zusätzliche Bedeutung, z. B. eine possessive (besitzanzeigende) oder demonstrative (hinweisende):

mein PC (›der PC, der mir gehört‹), dieser PC (›der PC hier‹)

Die einzelnen Arten solcher **Artikelwörter** mit ihren Hauptvertretern:

Subklassen der Artikelwörter		
possessiv	**mein, dein, sein**	seine E-Mail-Adresse
demonstrativ	**dieser** **jener** **derselbe** **derjenige**	Ende dieses Monats in jenen Zeiten in derselben Stadt diejenigen Spieler, die
interrogativ	**welcher** **was für ein**	mit welchem Recht was für einen Zweck
indefinit	**irgendein** **kein** **jeder** **alle** **einige, manche**	aus irgendeinem Grund kein Mensch jeden Tag trotz aller Mühe einige Leute

Im Prinzip kann ein Nomen nicht mehr als ein Artikelwort bei sich haben; nur in sehr beschränktem Maße sind auch Kombinationen möglich:

alle meine Entchen, in diesem unserem Lande

Alle Wörter, die als – unselbstständige – Artikelwörter gebraucht werden können, kommen auch als selbstständige Pronomen vor (umgekehrt gilt das nicht); sie haben dann zum Teil andere Formen: **303**

Artikelwort	Pronomen
Das ist sein Laptop. Sie hat kein Auto. Den Leuten traue ich nicht.	Das ist seiner. Ich habe auch keins. Denen traue ich nicht.

Artikelwörter werden traditionell den Pronomen zugerechnet oder mit den Pronomen als »Begleiter und Stellvertreter« des Nomens zu einer Wortart zusammengefasst. In dieser Grammatik werden zwei Wortarten angesetzt, weil sich die Wörter syntaktisch unterschiedlich verhalten (selbstständiger/unselbstständiger Gebrauch). Wegen ihrer gemeinsamen Bedeutung werden sie aber zusammen an einer Stelle – bei den Pronomen – behandelt.

4 Das Pronomen

304 Wie der lateinische Fachausdruck **Pronomen** (Plural: Pronomen oder Pronomina) und die deutsche Bezeichnung »Fürwort« besagen, stehen Wörter dieser Wortart ›für ein Nomen‹. Genauer heißt das: Sie treten – anstelle eines Nomens bzw. einer Nominalgruppe – selbstständig im Satz auf; vgl.:

Julia hat den Film schon dreimal gesehen.

↓ ↓

Sie hat ihn schon dreimal gesehen.

Pronomen werden im Prinzip nach Genus, Numerus und Kasus flektiert; es gibt jedoch im Einzelnen zahlreiche Einschränkungen.

Inhaltlich sind in der Wortart Pronomen sehr verschiedenartige Wortklassen zusammengefasst.

305

Pronominale Subklassen		
personal	**ich, du** **er/sie/es** **man** **sich**	Ich liebe dich. Er liebt sie. Man tut, was man kann. Sie lieben sich.
possessiv	**meiner, deiner, seiner**	Das ist mein Platz, deiner ist da drüben.
demonstrativ	**dieser, jener** **derselbe** **der**	Meinst du diesen? Das ist doch dasselbe. Den kenne ich nicht.
interrogativ	**wer, was** **welcher**	Was tun? Welchen sollen wir nehmen?

Pronominale Subklassen		
indefinit	**jemand** **etwas, nichts** **einer, keiner** **jeder, alle** **einige, manche**	Erwarten Sie jemand(en)? Ich kann nichts verstehen. Keiner sagte ein Wort. Alle schwiegen. Manche mögen's heiß.
relativ	**der**	Hunde, die bellen, beißen nicht.

Eine Reihe der pronominal gebrauchten Wörter können auch – z.T. mit anderen Formen – bei einem Nomen stehen; sie zählen dann zu den Artikelwörtern (↑302).

Die unselbstständige Verwendung als Artikelwort wird bei den infrage kommenden Pronomen mit behandelt.

4.1 Das Personal- und Reflexivpronomen

Personalpronomen

Das **Personalpronomen** (das persönliche Fürwort) ist dreifach gegliedert: Es verweist in der 1. Person auf den Sprecher, in der 2. Person auf die angesprochene Person und nimmt in der 3. Person auf eine besprochene Person oder Sache Bezug: 306

> Ich will mir den neuen Film von N. anschauen. Kommst du mit, oder kennst du ihn schon?

Nach der Person wird auch beim Verb unterschieden (↑102); das Personalpronomen stimmt, wenn es als Subjekt steht, mit dem finiten Verb überein:

> ich komme, du kommst, er kommt

Da schon die Verbform allein die Person anzeigen kann, wird in vielen Sprachen das Personalpronomen normalerweise weggelassen, so z.B. in slawischen Sprachen und im Spanischen und Italienischen (vgl. ital. *ti amo*, wörtlich: ›dich liebe‹).

Die Pronomen der 1. und 2. Person flektieren nach Numerus und Kasus; in der 3. Person wird außerdem – im Singular – nach Genus unterschieden.

307 Die Formen des Personalpronomens

		1. Person	2. Person	3. Person Mask.	 Fem.	 Neut.
Sg.	**Nom.**	ich	du	er	sie	es
	Gen.	meiner	deiner	seiner	ihrer	seiner
	Dat.	mir	dir	ihm	ihr	ihm
	Akk.	mich	dich	ihn	sie	es
Pl.	**Nom.**	wir	ihr		sie	
	Gen.	unser	euer		ihrer	
	Dat.	uns	euch		ihnen	
	Akk.	uns	euch		sie	

⚠ Die Genitivformen *unser, euer* dürfen nicht mit den Formen *uns(e)rer, eu(e)rer* des Possessivpronomens verwechselt werden. Es heißt z. B.:

> Wir waren unser (*unserer) vier. Das war euer (*eurer) nicht würdig.

308 Das Anredepronomen: *du, ihr/Sie*

Neben dem Personalpronomen der 2. Person *(du, ihr)* gibt es eine weitere Anredeform, die sogenannte **Distanzform** (auch: Höflichkeitsform) mit *Sie;* vgl.:

> ich frage dich/euch – ich frage Sie

Die Distanzform ist formal die 3. Person Plural des Personalpronomens und erfordert damit auch beim Verb die 3. Person Plural. Sie wird sowohl für eine einzelne Person als auch für eine Personengruppe verwendet und in allen Formen großgeschrieben:

(Guten Tag, Frau Huber!) Was kann ich für Sie tun? (Sehr geehrte Damen und Herren!) Ich wäre Ihnen dankbar, wenn Sie mir weiteres Informationsmaterial zusenden würden.

Man muss im Deutschen immer zwischen den beiden Anredemöglichkeiten wählen (während man etwa im Englischen jeden Gesprächspartner mit *you* anredet).

In dem Anredepronomen kommt zum Ausdruck, in welcher Beziehung Sprecher und Hörer zueinander stehen:

- *du/ihr* wird im privaten Bereich (in der Familie, zwischen Freunden) und von Erwachsenen gegenüber Kindern gebraucht, außerdem dann, wenn man sich einer bestimmten Gruppe zugehörig fühlt (Schüler, Studenten, Jugendliche generell, Arbeitskollegen, Vereins- und Parteimitglieder)
- *Sie* ist die formelle Anrede im öffentlich-institutionellen Bereich und für unbekannte, dem Sprecher fernerstehende Personen.

Dies ist keine feststehende Verteilung; die Grenzen zwischen Duzen und Siezen können sich relativ schnell verschieben.

⚠ Regional (vor allem in Süddeutschland) wird für Personen, die der Sprecher einzeln siezt, im Plural nicht auch *Sie*, sondern *ihr* gebraucht.

Problematisch ist die Wahl des Anredepronomens im Plural *(ihr – Sie)*, wenn man einzelne Personen der Gruppe duzt, andere dagegen siezt. Hier wird in der Regel eher *Sie* verwendet.

Das Personalpronomen der 3. Person: *er/sie/es* 309

Mit *er/sie/es* nimmt man rückverweisend Bezug auf etwas, was bereits vorher erwähnt wurde oder sonst bekannt ist. Das Pronomen der 3. Person steht also, anders als das der 1. und 2. Person, tatsächlich stellvertretend für ein Nomen bzw. eine Nominalgruppe. Es hat im Singular drei verschiedene Wortstämme, mit denen das Genus des Bezugsnomens aufgenommen wird. Die Übereinstimmung im Genus kann helfen, den Bezug klarzustellen:

Sandra und Markus fahren nach Rom. Er/Sie war noch nie dort.

310 Verwendungsweisen von *es*

- Stellvertreter-*es*
  Mit diesem es bezieht man sich auf einen einzelnen Gegenstand (bezeichnet durch ein Nomen im Neutrum) oder auf einen ganzen Sachverhalt (ausgedrückt in einem Satz):

  Packen Sie mir das Buch bitte ein; ich möchte es verschenken. (Sei nett zu ihm!) Ich will es versuchen.

- festes *es*
  Ein festes, d.h. nicht weglassbares und austauschbares *es* steht bei den sogenannten Witterungsverben und anderen »unpersönlichen« Verben (↑187):

  es regnet/donnert/hagelt/schneit; es gibt / handelt sich um ...; es ist Mittag/12 Uhr

  Das Pronomen ist hier semantisch leer; es verweist nicht auf etwas anderes, sondern dient nur als formales Subjekt des Satzes.

- Platzhalter-*es*
  es kann als »Platzhalter« **(Korrelat)** für ein weiter hinten im Satz stehendes Subjekt oder einen nachfolgenden Nebensatz stehen:

  Es wurden zu der Veranstaltung etwa fünfzig Leute erwartet. Es kamen aber tatsächlich über hundert. Es freut mich sehr, dass sie die Stelle bekommen hat.

  Dieses *es* fällt weg, wenn an seine Stelle das Subjekt selbst (oder ein anderes Satzglied) bzw. der Nebensatz tritt:

  Etwa fünfzig Leute wurden zu der Veranstaltung erwartet. Tatsächlich kamen aber über hundert. Dass sie die Stelle bekommen hat, freut mich sehr.

311 Verallgemeinerndes Personalpronomen: *man*

Das Pronomen *man* (das auch oft den Indefinitpronomen zugerechnet wird) existiert nur in dieser einzigen Form (Nominativ Singular). Es hat generell keinen Plural; der Dativ und der Akkusativ werden durch die Formen des Indefinitpronomens *einer* (↑336) ersetzt:

Man kann nicht immer nur das tun, was einem gerade Spaß macht. Wenn man ihn mal braucht, lässt er einen im Stich.

man ist immer personenbezogen und hat einen weiten und einen engeren Gebrauch. Es wird einerseits im Sinne von ›jeder, alle‹ in allgemeinen Aussagen verwendet:

Man lebt nur einmal. In dieser Gegend trinkt man mehr Wein als Bier.

Andererseits verweist es auf einzelne – bestimmte oder unbestimmte – Personen (Sprecher, Hörer, ›irgendjemand‹):

Man wird ja wohl noch fragen dürfen! Man sieht sich. Wozu hat man Freunde? Man hat uns gleich benachrichtigt.

Entsprechend können auch »normale« Personalpronomen, insbesondere *du* und *sie* (Plural), verallgemeinernd (wie *man*) gebraucht werden:

Für solche Hobbys brauchst du viel Geld. Da schuftest du nun den ganzen Tag und keiner dankt es dir. Sie haben uns gleich benachrichtigt. Zu Beginn der Reisezeit erhöhen sie immer die Benzinpreise.

Reflexivpronomen

Das Reflexivpronomen (das rückbezügliche Fürwort) ist eine besondere Art des Personalpronomens. Es hat nur in der 3. Person eine eigene Form; sie lautet im Singular (für alle drei Genera) und im Plural sowohl für den Dativ wie für den Akkusativ *sich:* **312**

Damit schadet er $\text{sich}_{\text{Dat Sg}}$ nur. Die Sache hat $\text{sich}_{\text{Akk Sg}}$ erledigt.

Sie hatten $\text{sich}_{\text{Dat Pl}}$ alles gut überlegt. Die Gäste verabschiedeten $\text{sich}_{\text{Akk Pl}}$.

Für die 1. und 2. Person werden die entsprechenden Formen des Personalpronomens (↑307) verwendet:

Ich stelle mir Folgendes vor. Langweilst du dich? Wir haben uns viel vorgenommen. Ihr werdet euch wundern.

Dagegen muss man beispielsweise im Englischen auch in der 1. und 2. Person zwischen Personal- und Reflexivpronomen unterscheiden:

(Personalpronomen:) I love you. ›Ich liebe dich.‹

(Reflexivpronomen:) Enjoy yourself. ›Amüsier dich gut.‹

313 »Reflexiv« bzw. »rückbezüglich« heißt das Pronomen, weil es sich auf ein Satzglied im gleichen Satz, in der Regel auf das Subjekt, zurückbezieht:

Ich wasche mich. Du putzt dir die Zähne. Er rasiert sich.

Das reflexive Pronomen bezeichnet dieselbe Person oder Sache wie die Bezugseinheit; es stimmt deshalb mit ihr in Person und Numerus überein; der Kasus hängt von dem Verb bzw. der Präposition ab, bei der das Reflexivpronomen steht:

Hast du kein Gepäck bei dir$_{\text{Dat}}$? Ich habe mich$_{\text{Akk}}$ geirrt.

Bestimmte Verben haben obligatorisch ein Reflexivpronomen bei sich (z. B. *sich schämen, sich beeilen*), andere können reflexiv und nicht reflexiv verwendet werden; ↑186.

314 Das Reflexivpronomen kann (bei einem pluralischen Subjekt) auch **reziprok,** d. h. für eine wechselseitige Beziehung gebraucht werden (›einer dem/den anderen‹):

Alle umarmten und küssten sich. Sie hatten sich lange nicht gesehen. Seid ihr euch schon einmal begegnet?

Es steht dann anstelle des eigentlichen Reziprokpronomens *einander:*

Seid ihr einander schon einmal begegnet? Wir saßen einander gegenüber.

einander klingt jedoch gehoben und wird in der Umgangssprache kaum verwendet.

Das Reflexivpronomen drückt allerdings nicht immer Wechselseitigkeit aus; z. B.:

Die Mädchen kämmten sich die Haare. (Jedes die eigenen oder die der anderen?)

Um ein reziprokes Verhältnis deutlich zu machen, kann man – wenn man *einander* vermeiden will – das Reflexivpronomen durch *gegenseitig* ergänzen:

Die Mädchen kämmten sich gegenseitig die Haare.

⚠ Falsch ist eine Mischung der Formen *sich (gegenseitig)* und *einander:*

*Sie trösteten sich einander. (Richtig: Sie trösteten einander. Oder: Sie trösteten sich gegenseitig.) *Wir helfen einander gegenseitig. (Richtig: Wir helfen uns gegenseitig. Oder: Wir helfen einander.)

Die Pronominalgruppe 315

Ein Personalpronomen der 1. und 2. Person (wenig gebräuchlich auch eins der 3. Person) kann sich mit anderen Wörtern zu einer **Pronominalgruppe** zusammenschließen:

(Sprecherin:) ich Arme / (Sprecher:) ich Armer; ich altes Kamel, du mit deinen tollen Ideen, wir Europäer, uns allen, ihr beide, Sie da hinten

⚠ Wenn in Verbindung mit dem Pronomen ein Adjektiv (attributiv oder als Nomen gebraucht) auftritt, herrscht oft Unsicherheit über seine Form: Heißt es z. B. *wir Deutsche* oder *wir Deutschen?*

Im Prinzip wird ein Adjektiv in diesen Fällen stark dekliniert, da ja kein Artikelwort vorangeht (↑349). Das heißt:

- Der Dativ Singular hat die Endung *-em*$_{\text{Mask/Neut}}$ bzw. *-er*$_{\text{Fem}}$:

  Mir altem, erfahrenem Mann brauchst du nichts zu erzählen. Wie kann ich dir Armer/Armem nur helfen?

- Der Nominativ und Akkusativ Plural haben (im Unterschied zur schwachen Deklination) kein *-n*:

  wir moderne Menschen, wir Deutsche, ihr Grüne, für euch arme Teufel

Es besteht aber eine starke Tendenz zu den schwachen Formen mit *-n*. Man findet also z. B. auch:

> mir alten, erfahrenen Mann, dir Armen$_{\text{Mask/Fem}}$

Im Plural hat sich die Form mit *-n* weitgehend durchgesetzt (bei *ihr* offensichtlich noch mehr als bei *wir*) und gilt allgemein als korrekt:

> wir modernen Menschen, wir Deutschen, wir Liberalen, ihr treulosen Tomaten, für euch armen Teufel, ihr Ahnungslosen, ihr Glücklichen, ihr Lieben

4.2 Das Possessivpronomen

316 Für das Possessivpronomen (das besitzanzeigende Fürwort) bzw. das possessive Artikelwort gibt es – wie für das Personalpronomen – verschiedene Wörter:

> Das ist nicht dein Stift, sondern meiner. Andreas verreist mit seiner Freundin, Anja mit ihrer Schwester. Wir kümmern uns um unsere Angelegenheiten, kümmert ihr euch um eure.

Mit diesen Possessivwörtern wird nicht nur ein Besitzverhältnis im engeren Sinne ausgedrückt, sondern meist eine sehr viel allgemeinere Beziehung der Zugehörigkeit oder Zuordnung:

> Unsere Stadt (›die Stadt, in der wir leben‹) feiert demnächst ihr tausendjähriges Bestehen. Mein Zug (›der Zug, mit dem ich gefahren bin‹) hatte Verspätung. Fragen Sie Ihren Arzt oder Apotheker (›den Arzt, der Sie behandelt‹ / ›den Apotheker, bei dem Sie Ihre Medikamente kaufen‹)

Beide Seiten der Zugehörigkeitsrelation, der »Besitzer« und das »Besitztum«, bestimmen die Form des Possessivwortes:

Besitzer

Ich habe meinen Schlüssel verloren.

Besitztum

Der Bezug auf den Besitzer wird durch den Wortstamm markiert, und zwar parallel zum Personalpronomen: Je nachdem, ob der Sprecher, der Angesprochene oder die besprochene Person bzw. Sache der »Besitzer« ist, steht das Possessivwort in der 1., 2. oder 3. Person (Singular oder Plural). In der 3. Person Singular wird außerdem nach dem Genus des Besitzerausdrucks unterschieden. So ergibt sich: 317

	1. Person	2. Person	3. Person Mask.	Fem.	Neut.
Singular	mein	dein	sein	ihr	sein
Plural	unser	euer		ihr/Ihr	

Wie beim Personalpronomen wird die 3. Person Plural – großgeschrieben – als Distanzform (Höflichkeitsform) verwendet:

> Bitte grüßen Sie Ihre Frau. Hinweis an alle Passagiere: Lassen Sie Ihr Gepäck nicht unbeaufsichtigt!

! Die Genusunterscheidung in der 3. Person Singular wird oft nicht beachtet; es besteht eine Tendenz, nur noch Formen von *sein* zu verwenden. In korrektem Deutsch heißt es jedoch immer noch:

> Das hat seine Richtigkeit. – Aber: Die Sache hat ihre Richtigkeit. Unser Vorgehen hat seinen Grund in Folgendem. – Aber: Unsere Vorgehensweise hat ihren Grund in Folgendem. Alles hat seinen Preis. – Aber: Qualität hat ihren Preis.

Der Bezug auf das »Besitztum« zeigt sich an den Endungen des Possessivwortes: Es wird nach Genus, Numerus und Kasus entsprechend dem Nomen dekliniert, bei dem es (als Artikelwort) steht bzw. das es (als Pronomen) vertritt. 318

Die Formen des possessiven Artikelworts am Beispiel von *mein-*:

	Singular		
	Maskulinum	**Femininum**	**Neutrum**
Nom.	mein Sohn	meine Tochter	mein Kind
Gen.	meines Sohnes	meiner Tochter	meines Kindes
Dat.	meinem Sohn	meiner Tochter	meinem Kind
Akk.	meinen Sohn	meine Tochter	mein Kind

	Plural
Nom.	meine Söhne/Töchter/Kinder
Gen.	meiner Söhne/Töchter/Kinder
Dat.	meinen Söhnen/Töchtern/Kindern
Akk.	meine Söhne/Töchter/Kinder

Als Pronomen hat das Possessivwort im Singular eigene Formen, wenn es sich auf ein Maskulinum (im Nominativ) oder ein Neutrum (im Nominativ/Akkusativ) bezieht; vgl.:

Artikelwort	Pronomen
Sein Sohn studiert BWL. Mein Handy ist leer.	Ihrer geht noch zur Schule. Kann ich mal deins benutzen?

Bei der Deklination von *unser* und *euer* kann ein *e* ausfallen:

- Wenn die Endung *-e*, *-es* oder *-er* lautet, kann das *e* des Stammes ausfallen:

  unsere/unsre Nachbarn, der Besuch unseres/unsres Freundes, das Haus euerer/eurer Eltern

- Wenn die Endung *-em* oder *-en* ist, kann des *e* des Stammes oder das der Endung getilgt werden:

  in unserem/unsrem/unserm Haus, bei eueren/euren/euern Eltern

4.3 Das Demonstrativpronomen

Demonstrativpronomen (hinweisende Fürwörter) sind – jeweils in der 319
maskulinen Form –:

dieser, jener; derselbe; derjenige; 'der; solcher

Mit ihnen »zeigt« der Sprecher auf etwas, was entweder bereits bekannt ist oder im Folgenden näher bestimmt wird.

Demonstrativpronomen werden nach Genus, Numerus und Kasus dekliniert und kommen mit den gleichen Formen (abgesehen von *der*, ↑325) auch als Artikelwörter vor:

Sie beschäftigt sich mit diesem und jenem. Er fährt dasselbe Auto wie ich. Diejenigen, die mitmachen wollen, sollen sich melden. Dem haben wir aber die Meinung gesagt! Solche Leute sind gefährlich.

dieser, jener 320

Die Formen von *dieser* (und entsprechend von *jener*) lauten:

	Singular			**Plural**
	Maskulinum	**Femininum**	**Neutrum**	
Nom.	dieser	diese	dies(es)	diese
Gen.	dieses	dieser	dieses	dieser
Dat.	diesem	dieser	diesem	diesen
Akk.	diesen	diese	dies(es)	diese

Die Neutrumkurzform *dies* wird vor allem gebraucht, wenn das Demonstrativwort selbstständig steht:

Er arbeitet mal dies, mal das. Dies habe ich nie behauptet.

⚠ Im Genitiv Singular Maskulinum und Neutrum findet man häufig statt *-es* die schwache Endung *-en (am Ende diesen Monats).* Als korrekt gilt nur die Form mit *-es:*

am Ende dieses Monats, im Herbst dieses (*diesen) Jahres, ein Gerät dieses (*diesen) Typs *dieser* weist auf etwas zeitlich oder räumlich Näheres, *jener* auf etwas Fernerliegendes hin:

> In diesem Jahr fahren wir nicht in Urlaub. In jener Zeit, als die Römer nach Germanien kamen, ... Dieses Haus ist größer als jenes.

jener gehört der gehobenen Schriftsprache an; in gesprochener Sprache gebraucht man statt *dieser – jener* meist *der* (betont, mit dem Zusatz *hier* bzw. *da*):

> Das Haus (hier) ist größer als das da.

derselbe

321 Das Pronomen und Artikelwort *derselbe* ist aus zwei Teilen zusammengesetzt: *der* + *selb-*. Beide Bestandteile werden dekliniert, der erste wie der definite Artikel (↑295), der zweite wie ein schwaches Adjektiv (es kommen also nur die Endungen *-e* und *-en* vor, ↑350):

	Singular			**Plural**
	Maskulinum	**Femininum**	**Neutrum**	
Nom.	derselbe	dieselbe	dasselbe	dieselben
Gen.	desselben	derselben	desselben	derselben
Dat.	demselben	derselben	demselben	denselben
Akk.	denselben	dieselbe	dasselbe	dieselben

Die Formen von *derselbe* werden immer zusammengeschrieben; nur wenn der erste Teil, der Artikel, mit einer Präposition verschmolzen ist (↑427), wird die Verbindung getrennt:

> Wir arbeiten in demselben Betrieb.
>
> Wir arbeiten im selben Betrieb.

⚠ Es ist unnötig und stilistisch unschön, *derselbe* anstelle eines Personal- oder Possessivpronomens zu gebrauchen:

☹	☺
Als er das Auto gewaschen hatte, fuhr er dasselbe in die Garage.	…, fuhr er es in die Garage.
Das Wahrzeichen von Paris ist der Eiffelturm. Die Höhe desselben beträgt 321 m.	… Seine Höhe beträgt 321 m.

derselbe bezeichnet die Gleichheit von Gegenständen: 322

> Anna wohnt in demselben Haus wie wir. Sie haben dieselben Interessen. Er sagt doch immer dasselbe.

Dieselbe Bedeutung hat die adjektivische Verbindung *der gleiche* (*gleich-* wird immer getrennt und bei selbstständigem Gebrauch großgeschrieben):

> Anna wohnt in dem gleichen Haus wie wir. Sie haben die gleichen Interessen. Er sagt doch immer das Gleiche.

Mit *derselbe* kann hervorgehoben werden, dass es sich um ›ein und denselben‹ (identischen) Gegenstand handelt, während *der gleiche* mehr die ähnliche Art betont.

⚠ Eine strenge Unterscheidung zwischen *derselbe* und *der gleiche* ist nicht nötig, da im Allgemeinen aus dem Zusammenhang klar ist, ob strikte Identität oder Gleichheit der Art vorliegt. So kann z. B. der Satz *Bei uns gibt es sonntags immer dasselbe* nur bedeuten, dass es jeden Sonntag ein Essen der gleichen Art gibt (da man ein und dasselbe Gericht ja nicht mehrmals essen kann).

derjenige 323

Das demonstrative Pronomen und Artikelwort *derjenige (der + jenig-)* wird in der gleichen Weise wie *derselbe* in beiden Bestandteilen dekliniert (↑321). Es verweist auf etwas voraus, was im Folgenden (meist in einem Relativsatz) näher dargelegt wird:

> Gewinner ist derjenige Spieler, der die wenigsten Punkte hat. Diejenigen, die dafür sind, heben bitte die Hand.

Solche Konstruktionen wirken meist schwerfällig; sie können durch Sätze mit *der* oder *wer* ersetzt werden:

Gewinner ist der Spieler, der die wenigsten Punkte hat. Wer dafür ist, hebe bitte die Hand.

derjenige ist aber gelegentlich notwendig, wenn man deutlich machen will, dass der Relativsatz einschränkend (restriktiv) gemeint ist (↑601):

Sie verschenkte diejenigen Kleider, die ihr zu eng geworden waren.

Ein Satz mit einfachem *die* vor dem Nomen – *Sie verschenkte die Kleider, die ihr zu eng geworden waren.* – wäre nicht eindeutig; er könnte auch bedeuten, dass sie alle Kleider verschenkte, weil sie ihr zu eng geworden waren.

324 *der*

Außer als Artikel (↑295) kommt *der/die/das* auch mit hinweisender Funktion vor, und zwar vor einem Nomen (als Artikelwort) und selbstständig (als Pronomen); vgl. die drei Verwendungsweisen:

definiter Artikel	demonstratives Artikelwort	Demonstrativpronomen
Spiel doch mit den Kindern!	Mit 'den Kindern spiele ich nicht.	Mit denen spiele ich nicht.

Das demonstrative Artikelwort *der* unterscheidet sich vom Artikel dadurch, dass es betont ist; das Pronomen *der* hat z. T. andere Formen als der Artikel:

Die Formen des Demonstrativpronomens *der:* **325**

	Singular			**Plural**
	Maskulinum	**Femininum**	**Neutrum**	
Nom.	der	die	das	die
Gen.	dessen	deren/derer	dessen	deren/derer
Dat.	dem	der	dem	denen
Akk.	den	die	das	die

Die beiden Genitivformen *deren* und *derer* verteilen sich folgendermaßen:

- Vor einem Nomen (also als vorangestelltes Genitivattribut) wird immer *deren* gebraucht:

  Julia unterhielt sich mit Charlotte und deren Freund. Deren Sorgen möchte ich haben!

- Bei selbstständigem Gebrauch und attributiv nachgestellt lautet der Genitiv *derer:*

  Sie nimmt sich derer an, die in Not sind. Die Zahl derer, die mit dem Existenzminimum auskommen müssen, ist erschreckend groß.

der kann voraus- und zurückverweisend gebraucht werden; es hat den weitesten Anwendungsbereich von allen Demonstrativwörtern und steht oft als Ersatz für andere Pronomen. **326**

In der gesprochenen Umgangssprache wird es mit adverbialen Zusätzen *(hier, da)* und entsprechenden Gesten gebraucht und ersetzt dann *dieser* und vor allem *jener* (↑320):

Nun sieh dir doch das hier an! Wer ist denn der da hinten?

⚠ Umgangssprachlich findet sich *der* auch häufig anstelle des Personalpronomens, ohne dass auf die Person besonders hingewiesen werden soll:

> Erinnerst du dich noch an Rita? Die (statt: sie) war mal in unserer Klasse. Das ist ein Neuer. Der (statt: er) kommt aus Frankreich.

Dieser Gebrauch von *der* wird gelegentlich als unhöflich oder gar missachtend empfunden.

327 Die Genitivformen *dessen* und *deren* verwendet man anstelle der possessiven Artikelwörter *sein/ihr,* um Missverständnisse zu vermeiden:

Er hat Michael und dessen Freundin eingeladen. (*seine Freundin* könnte auch die eigene Freundin meinen.) Sie unterhielt sich mit Tina und deren Schwester.

⚠ Der Ersatz durch *dessen/deren* ist unnötig, wenn der Bezug klar ist:

Ich habe Michael und seine (unnötig: dessen) Freundin eingeladen.

Vor allem aber ist zu beachten, dass *dessen* und *deren* bereits deklinierte Formen sind. Es ist also falsch, von ihnen nochmals einen »Dativ« zu bilden, um sie dem Kasus des Nomens, vor dem sie stehen, anzupassen:

Er hat Christian und dessen (*dessem) Bruder viel geholfen. Sie fährt mit ihrer Kollegin in deren (*derem) Auto.

Das Gleiche gilt für *der* als Relativpronomen:

die Kollegin, in deren (*derem) Auto sie mitfährt, ...

328 *solcher*

solcher/solche/solches kommt als Artikelwort und – seltener – als Pronomen vor:

Solche Leute können wir nicht gebrauchen. Es gibt solche und solche.

solch- hat eine ähnliche Bedeutung wie das Adjektiv *derartig* und verhält sich auch teilweise wie ein Adjektiv; z. B. kann es andere Artikelwörter vor sich haben:

Red keinen solchen Unsinn! Es steht noch einiges solches Zeug auf dem Boden.

Es verbindet sich auch mit dem indefiniten Artikel *ein;* vorangestellt erscheint dann die endungslose Form *solch:*

> Einen solchen schönen Sommer / Solch einen schönen Sommer haben wir lange nicht gehabt.

Andererseits verhält sich *solcher* aber auch wie ein Artikelwort: Es bewirkt in der Regel schwache Deklination bei einem nachfolgenden Adjektiv (↑356):

> solches herrliche Wetter (wie: dieses herrliche Wetter), bei solchem herrlichen Wetter, solche warmen Nächte

Umgangssprachlich wird für *solcher / solch ein* oft *so (ein)* gebraucht:

> So einen schönen Sommer haben wir lange nicht gehabt. So Leute können wir nicht gebrauchen.

4.4 Das Interrogativpronomen

wer/was 329

Mit dem Interrogativpronomen (Fragefürwort) *wer* fragt man nach Personen, mit *was* nach Sachen bzw. einem Sachverhalt:

> Wer war das? Was schenken wir ihr zum Geburtstag? Was ist passiert?

Es gibt hier also nicht die sonst im Deutschen übliche Unterscheidung nach Genus, sondern es wird (wie in fast allen anderen Sprachen auch, vgl. z. B. engl. *who/what*) nach dem semantischen Merkmal ›belebt/unbelebt‹ unterschieden.

wer und *was* kommen nur als Pronomen und nur im Singular vor; sie können sich aber nicht nur auf eine einzelne Person oder Sache beziehen, sondern auch auf Personengruppen bzw. mehrere Gegenstände:

> Wer hat gewonnen? (Oliver / Die Griechen.) Was hast du vom Bäcker mitgebracht? (Ein Baguette / Ein Roggenbrot und Brötchen.)

Die Formen von *wer* und *was:*

Nom.	wer	was
Gen.	wessen	wessen
Dat.	wem	–
Akk.	wen	was

was hat keine Dativform. Bei Präpositionen, die den Dativ regieren, wird sie durch *was* ersetzt: *mit was, von was.* Zu solchen Präpositionalgruppen gibt es entsprechende Präpositionaladverbien: *womit, wovon;* ↑401–403.

330 *welcher*

welcher wird wie *dieser* dekliniert (↑320). Es kann – mit den gleichen Formen – als (unselbstständiges) Artikelwort und als (selbstständiges) Pronomen gebraucht werden:

> Welches Bild gefällt dir besser? Welches gefällt dir besser?

In bestimmten Fällen kann das Neutrum *welches* – allein stehend – auf Nomen aller Genera (im Singular und im Plural) bezogen werden:

> Welches ist der höchste Berg Europas? Welches war die schnellste Läuferin? Welches sind deine Lieblingsfilme?

Mit *welcher* fragt man nach einer bestimmten Person oder Sache; das heißt, man erwartet von dem Adressaten eine Auswahl aus der jeweiligen Art oder Gattung:

> Welchen von diesen Pullovern soll ich nehmen (den hellen oder den dunklen)? Welche Partei wählt er eigentlich? Mit welcher Linie fliegst du? Welches Gerät würden Sie mir empfehlen?

331 *was für ein(er)*

Mit *was für ein-* fragt man nach der Art eines Gegenstandes:

> Was für einen Wein möchten Sie (einen weißen/roten/trockenen/italienischen/...)? In was für einer Gesellschaft wollen wir leben?

Die Fügung kommt vor einem Nomen und als selbstständiges Pronomen vor. *was* bleibt immer unverändert; der Bestandteil *ein-* wird wie der indefinite Artikel *ein* (↑296) bzw. wie das Indefinitpronomen *einer* (↑336) dekliniert. Es gibt also unterschiedliche Formen im Maskulinum und Neutrum Singular:

Artikelwort	Pronomen
Was für ein Mensch ist das wohl? Was für ein Auto fährt sie?	Was für einer ist das wohl? Was für ein(e)s fährt sie?

ein- hat keine Pluralformen; deshalb steht bei Bezug auf mehrere Gegenstände nur *was für* bzw. – bei pronominalem Gebrauch – *was für welch-* (das gilt auch für artikellos gebrauchte Nomen im Singular):

> Was für Papiere sind das hier? (Bring vom Markt auch Kräuter/ Obst mit.) Was für welche? / Was für welches?

In der Umgangssprache erscheinen *was* und der Rest der Fügung oft getrennt im Satz:

> Was machst du denn für ein Gesicht? Was erzählt er da wieder für Geschichten?

⚠ Der Bedeutungsunterschied zwischen *was für ein* (Frage nach der Art) und *welcher* (auswählend) wird nicht immer beachtet. Dem Fragewort *welcher* entspricht in der Antwort der definite Artikel, *was für ein* korrespondiert mit dem indefiniten Artikel:

> Welcher (*was für ein) Hund gehört zu euch? – Der Foxterrier dort. Was für einen (*welchen) Hund habt ihr? – Einen Foxterrier.

Andere Verwendungsweisen der Interrogativpronomen 332

Die für Fragen verwendeten Pronomen bzw. Artikelwörter haben weitere Funktionen; man spricht deshalb auch genereller von **w-Wörtern** (so genannt nach dem Anfangsbuchstaben der einschlägigen Wörter):

- Sie können Nebensätze einleiten (↑576):

> Wer wagt, gewinnt. Ich weiß nicht, was ich dazu sagen soll.

– Sie treten in Ausrufen auf (↑487):

  Was du nicht sagst! Mit was für Strapazen das verbunden war!

  welch- kommt in diesem Gebrauch auch undekliniert vor:

  Welch herrlicher Blick! Und doch, welch Glück, geliebt zu werden! (Goethe)

– *wer* und *welcher* fungieren als Indefinitpronomen (↑341):

  Ist da wer? (Wir haben kein Brot mehr.) Dann hol welches.

– *welcher* wird – neben *der* – als Relativpronomen verwendet (↑345):

  das Gesetz, welches das Parlament verabschiedet hat, ...

4.5 Das Indefinitpronomen

333 Indefinitpronomen (unbestimmte Fürwörter) sind Wörter wie

etwas, (irgend)einer, jemand, (irgend)welcher

Sie verweisen auf Personen oder Gegenstände, deren Art man nicht näher bestimmen kann. Zu den Indefinitpronomen zählen auch Mengenbezeichnungen wie

alle, einige, jeder, mehrere, keiner, nichts

(Andere unbestimmte Mengenangaben, wie z. B. *viele, wenige,* sind Adjektive; ↑397)

Zwischen den einzelnen Indefinitpronomen bestehen ziemlich große Unterschiede: Manche beziehen sich nur auf Personen *(jemand)* oder nur auf Sachen *(nichts),* die meisten auf beides *(alle);* viele kommen auch unselbstständig, als Artikelwörter, vor *(jeder),* einige dagegen nur als Pronomen *(niemand);* manche werden nach allen Kategorien dekliniert *(keiner),* andere eingeschränkt *(mehrere)* oder überhaupt nicht *(etwas).*

jemand, niemand 334

Die Pronomen *jemand* (verstärkt: *irgendjemand*) und *niemand* sind auf eine Person bezogen und haben nur Singularformen:

Nom.	jemand	niemand
Gen.	jemandes	niemandes
Dat.	jemand(em)	niemand(em)
Akk.	jemand(en)	niemand(en)

War da nicht jemand? Ich habe niemand(en) gesehen. Sie spricht mit niemand(em) über ihre Sorgen.

Die endungslose Dativ- und Akkusativform wird vor allem verwendet, wenn sich *jemand* bzw. *niemand* mit einem Adjektiv verbindet. Das Adjektiv markiert dann den jeweiligen Kasus; es kann aber auch unveränderlich mit der Endung *-(e)s* auftreten:

Wir haben mit niemand anderem / niemand anders darüber gesprochen. Konnten Sie nicht jemand Besseren /jemand Besseres für diese Arbeit finden?

etwas, nichts 335

Mit *etwas* (verstärkt: *irgendetwas*) und dem negativen Pendant *nichts* kann man sich nur auf Sachen beziehen; die Formen sind unveränderlich:

Da hat sich doch eben $\text{etwas}_{\text{Nom}}$ bewegt. Ich habe $\text{nichts}_{\text{Akk}}$ gesehen. Von $\text{nichts}_{\text{Dat}}$ kommt nichts.

Ein nachfolgendes Adjektiv steht im Neutrum Singular:

Haben Sie nicht etwas Billigeres? Er wusste nichts Neues zu berichten. Nun zu etwas anderem.

Umgangssprachlich wird *(irgend)etwas* oft zu *(irgend)was* verkürzt:

Da hat sich doch eben was bewegt. Hat er mal irgendwas von sich hören lassen?

336 *einer, keiner*

Die Indefinitpronomen *(irgend)einer* und *keiner* werden sowohl mit Bezug auf Personen wie auf Sachen gebraucht. Sie werden nach Genus und Kasus dekliniert; *einer* kommt naturgemäß nur im Singular vor, *keiner* hat auch Pluralformen:

> Man kann keinem/keiner trauen. (Hast du mal einen Stift für mich?) Hier ist einer. Wir wollten einen von den PCs im Angebot kaufen, aber es gab keine mehr.

ein- und *kein-* erscheinen hauptsächlich als Artikelwörter. Sie werden sowohl bei diesem als auch bei pronominalem Gebrauch wie *mein-* flektiert (↑318). Im Maskulinum und Neutrum Singular gibt es unterschiedliche Formen:

Artikelwort	Pronomen
Das konnte kein Mensch ahnen. Mir hat kein Bild gefallen. Ich suche dort ein billiges Hotel.	Das konnte keiner ahnen. Mir hat keins gefallen. Kennst du eins?

⚠ Beim Pronomen *einer* macht der Gebrauch des Genitivs häufig Schwierigkeiten. Es heißt z. B.:

> Wir erwarten den Besuch eines$_{\text{Mask}}$ Ihrer Mitarbeiter / einer$_{\text{Fem}}$ Ihrer Mitarbeiterinnen am kommenden Montag. Wegen der Krankheit des Abteilungsleiters sowie eines (*einem) der Sachbearbeiter konnte der Vorgang nicht fristgerecht bearbeitet werden.

jeder, alle

Die Pronomen *jeder* und *alle* kommen – mit den gleichen Formen – auch als Artikelwörter vor: 337

Artikelwort	Pronomen
Jeder Spieler erhält zehn Karten. Wir haben allen Nachbarn Bescheid gesagt.	Jeder erhält zehn Karten. Wir haben allen Bescheid gesagt.

Mit *jeder* und *alle* bezieht man sich auf eine Gesamtmenge (von Personen oder Sachen). Dabei hebt *jeder* auf die einzelnen Elemente der Menge ab, *alle* (ebenso: *sämtliche*) betont zusammenfassend die Gesamtheit der Menge; vgl. z. B.:

> Jeder Mensch ist anders. – Alle Menschen sind verschieden. Zu unserer Veranstaltung kann jeder, der will, kommen. – Alle sind herzlich eingeladen.

Entsprechend tritt *jeder* nur im Singular auf, *alle* kommt hauptsächlich im Plural vor, kann aber bei konkreten und abstrakten Stoffnamen auch im Singular gebraucht werden; es hat dann die Bedeutung ›gesamt, ganz‹:

> Er hat alles Geld verspielt. Alle Luft war raus. Sie hatten allen Mut verloren.

Im Prinzip werden *jeder* und *alle(r)* wie *dieser* dekliniert (↑320). 338

Im Genitiv Maskulinum/Neutrum gibt es jedoch neben *-es* auch die schwache Endung *-en.* Sie kann stehen, wenn das nachfolgende Nomen stark flektiert, also im Genitiv Singular *-(e)s* hat.

Bei *jeder* sind unter dieser Bedingung beide Formen möglich:

> am Ende jedes/jeden Monats, Name und Adresse jedes/jeden Mitglieds, der Traum jedes/jeden Mannes (aber nur: der Traum jedes Menschen)

Bei *alle* wird in diesen Fällen nur die Form auf *-en* verwendet:

> Willst du allen Ernstes behaupten, ...; trotz allen Fleißes; die Wurzel allen Übels (aber: die Wurzel alles Bösen)

In der Verbindung *ein jeder* wird *jeder* immer schwach dekliniert:

am Ende eines jeden Tages, der Traum eines jeden Mannes / eines jeden Menschen

339 Besonderheiten von *all-*

1. Das Neutrum *alles* wird gelegentlich auch auf Personen bezogen:

Alles mal herhören! Alles lachte und schrie durcheinander. Alles rennet, rettet, flüchtet. (Schiller)

2. In bestimmten Fällen ist eine endungslose Form *all* gebräuchlich, und zwar

– in Verbindung mit Artikelwörtern wie *der, dies, mein* vor einem Nomen:

Vergiss all den Ärger! All (auch: alle) die Mühe war umsonst. Wer soll all (auch: alle) diese Bücher lesen? All mein Bitten half nichts.

– in Verbindung mit Demonstrativpronomen:

Was hat all dies zu bedeuten? Er steht all dem (auch: allem dem) skeptisch gegenüber.

3. Dekliniertes *all-* ist ziemlich stellungsvariabel. In Verbindungen mit einem Demonstrativpronomen wird es häufig nachgestellt:

Was hat dies alles zu bedeuten? Er steht dem allem/allen skeptisch gegenüber.

Dies entspricht der Stellung, die *all-* als Erweiterung von Personalpronomen hat: *wir/ihr/sie alle* (↑315). In allen solchen Fällen kann *all-* auch getrennt von dem Bezugsausdruck im Satz stehen; vgl. z. B.:

Mir ist das alles zu hoch. – Das ist mir alles zu hoch. Wir alle hatten uns so darauf gefreut. – Wir hatten uns alle so darauf gefreut. Alle seine Aufzeichnungen sollen vernichtet werden. – Seine Aufzeichnungen sollen alle vernichtet werden.

einige, manche, mehrere 340

Diese Indefinitpronomen (ähnlich auch: *etliche*) bezeichnen eine unbestimmte, nicht sehr große Menge von Personen oder Gegenständen. Sie kommen auch als Artikelwörter vor:

Artikelwort	Pronomen
Einige Songs kannte ich. Manchen Leuten macht man es nie recht. Mehrere Äpfel waren faul.	Einige (der Songs) kannte ich. Manchen macht man es nie recht. Mehrere (von den Äpfeln) waren faul.

mehrere hat nur Pluralformen; die übrigen Mengenbezeichnungen kommen auch im Singular vor, *einig-* und *etlich-* allerdings (wie *all-*) nur bei Stoffnamen:

> Es ist etlicher Wein getrunken worden. Bei einigem Nachdenken wärst du selber darauf gekommen. Das wird uns einiges kosten.

In der Deklination haben sich *einig-* und *etlich-* weitgehend den Adjektiven angeschlossen. Das heißt: Sie haben im Genitiv Singular Maskulinum/Neutrum die Endung *-en* (nicht *-es* wie *dieser*) und bewirken bei einem nachfolgenden Adjektiv nicht schwache Deklination (↑356):

> trotz einigen Ärgers; einige neue Programme; etliches altes Gerümpel

Zu *manch-* gibt es eine endungslose Form *manch (manch schöne Stunden),* die jedoch nur noch selten gebraucht wird.

wer, welcher 341

Das Indefinitpronomen *(irgend)wer* wird im Sinne von ›(irgend)jemand‹ gebraucht, wobei *wer* eher umgangssprachlich ist:

> Irgendwer wird sich schon für diesen Job finden. Kannst du nicht mal wen aus deinem Betrieb fragen?

Bezugsausdruck für *welcher* ist ein Nomen im Plural oder eine Stoffbezeichnung:

> Die Pralinen sind wunderbar; nimm doch auch welche. Ich mache mir gerade Tee; möchtest du auch welchen?

irgendwelcher wird hauptsächlich als Artikelwort verwendet:

> Sie hat irgendwelches wirre Zeug geredet.

4.6 Das Relativpronomen

342 Das **Relativpronomen** (das bezügliche Fürwort) hat keine eigenen Formen; es werden Formen anderer Pronomen, insbesondere des demonstrativen *der*, verwendet. Das Relativpronomen ist also allein über seine Funktion definiert: Es leitet eine bestimmte Art von Nebensätzen ein, den sogenannten **Relativsatz** (↑600). Mit einem Relativsatz bezieht man sich auf einen im übergeordneten Satz genannten Gegenstand, um ihn näher zu bestimmen:

> Wir waren gestern in dem Restaurant, das ihr uns empfohlen habt. Der Kollege, der Ihren Antrag bearbeitet, ist im Urlaub. Alle, denen ich die Geschichte erzählt habe, waren genauso empört wie ich. Endlich kam die Nachricht, auf die sie so lange gewartet hatte.

Das Relativpronomen stimmt in Genus und Numerus mit dem Bezugswort im Obersatz überein. Sein Kasus hängt dagegen von der syntaktischen Funktion im Relativsatz ab (er ist also verb- oder präpositionsregiert):

Mask. Sg.

> Das ist ein Film, den man unbedingt sehen muss.

Akk.

der

343 Das typische und häufigste Relativpronomen *der* wird wie das Demonstrativpronomen *der* dekliniert (↑325). Im Femininum Singular und im Plural gibt es zwei Genitivformen: *deren* und *derer;* welche Form gewählt wird, hängt – zumindest teilweise – davon ab, ob das Relativpronomen selbstständig oder unselbstständig steht:

- In unselbstständiger Verwendung (vor einem Nomen) ist nur *deren* möglich:

die Familie, deren Wohnung zwangsversteigert wird; Viren, deren Wirkung noch gar nicht abzuschätzen ist

- Bei selbstständigem Gebrauch (als Genitivergänzung oder in Verbindung mit einer Präposition) sind beide Formen üblich:

  die Flüchtlinge, deren/derer sich die Organisation annimmt; die Zeit, innerhalb deren/derer das erledigt sein muss; die Beweise, aufgrund deren/derer er verurteilt wurde

⚠ *das/was* 344

In bestimmten Fällen heißt das Relativpronomen nach einem Bezugswort im Neutrum nicht *das*, sondern *was*. Es gilt:

das steht nach Nomen und – im Prinzip – nach nominalisierten Adjektiven:

> das Programm, das man installieren muss; das Geld, das er mir noch schuldet; das Geheimnisvolle, das sie umgibt

was steht nach folgenden Bezugswörtern:

- Demonstrativpronomen *das, dasselbe:*

  Sie macht immer das, was ihr gerade einfällt. Das ist doch dasselbe, was Markus eben gesagt hat.

- Indefinitpronomen *(alles, nichts ...):*

  Ich habe alles dazu gesagt, was ich weiß. Es gibt nichts, was es nicht gibt. Da ist einiges, was du noch ändern solltest. Wir haben dort manches gesehen, was uns erschreckt hat. Ich sehe was (= etwas), was du nicht siehst. Gibt es noch etwas, was (auch: das) wir besprechen müssten?

- nominalisiertes Adjektiv im Superlativ, nominalisiertes Ordnungszahlwort, *das Einzige:*

  Das war das Beste, was dir passieren konnte. 100 Euro sind das Äußerste, was wir dafür ausgeben wollen. Das Erste, was jetzt zu tun ist ... Das Einzige, was ihn interessiert, ist Fußball.

345 *welcher*

welch- als Relativpronomen klingt für die meisten Sprecher schwerfällig; es kommt deshalb in der gesprochenen Alltagssprache so gut wie nicht vor und wird auch in der geschriebenen Standardsprache in der Regel nur als Ersatz von *der/die /das* verwendet, um eine Häufung von gleichlautenden Formen zu vermeiden; vgl. z. B.:

der Verlust, welcher der Firma entstanden ist (statt: der Verlust, der der Firma entstanden ist); die, welche die Wahl anfechten wollen (statt: die, die die Wahl anfechten wollen)

5 Das Adjektiv

Adjektive sind Wörter wie 346

blau, groß, nett, viereckig, indisch, sieben, bedeutend

Die deutsche Bezeichnung für diese Wortart lautet »Eigenschaftswort«; damit wird die wichtigste semantische Leistung von Adjektiven betont.

Der lateinische Fachausdruck **Adjektiv** (›das Hinzugefügte/Beigefügte‹) hebt die typische Verwendungsweise dieser Wörter hervor: Sie können immer als Attribut vor einem Nomen stehen:

die blaue Blume, nette Leute, ein viereckiger Tisch,
indische Gewürze, diese bedeutende Schriftstellerin

In diesem Gebrauch wird das Adjektiv entsprechend dem Nomen nach Genus, Numerus und Kasus dekliniert.

Außerdem gibt es eine besondere Art der Flexion, die Steigerung:

ein großes Haus – ein größeres Haus – das größte Haus

Das Adjektiv kommt auch in anderen Verwendungen im Satz vor; hier bleibt es undekliniert:

Die Leute sind nett. Wir haben uns nett unterhalten.

5.1 Bedeutung

Viele – vor allem einfache – Adjektive bezeichnen Eigenschaften; sie charakterisieren Gegenstände in verschiedener Hinsicht, z. B.: 347

Farbe	rot, weiß, grün, rosa, hellblau
Form	rund, quadratisch, gerade, spitz
Dimension	groß, lang, breit, hoch, tief, alt
Qualität	gut, schön, intelligent, zart

Solche **charakterisierenden Adjektive** kommen häufig in Gegensatzpaaren (als Antonyme, ↑64) vor:

groß – klein, breit – schmal, alt – neu/jung, gut – schlecht

In Verbindung mit einer genauen Maßangabe steht immer dasjenige Adjektiv aus dem Paar, das den höheren Wert anzeigt:

3 cm lang (*kurz), ein halbes Jahr alt (*jung)

Insbesondere bei den dimensionalen Adjektiven liegt die Bedeutung nicht ein für alle Male fest; sie ist vielmehr abhängig von den Gegenständen. Ein *kleiner Elefant* beispielsweise ist ›für einen Elefanten klein‹, d. h. im Vergleich zu einem »normalen«, durchschnittlich großen Elefanten. Absolut gesehen ist aber ein *kleiner Elefant* immer noch viel größer als etwa eine *große Maus,* für die ein ganz anderer Durchschnittswert auf der Größenskala gilt.

348 Eine zweite große Bedeutungsgruppe bilden die sogenannten **relationalen Adjektive** wie z. B.

ärztlich, beruflich, polizeilich, staatlich, wirtschaftlich, grammatisch, holländisch, politisch, technisch

Es handelt sich um Adjektive, die von Nomen abgeleitet sind (↑375); sie drücken – im weitesten Sinne – eine Beziehung zwischen den im Basis- und im Bezugsnomen genannten Gegenständen aus:

polizeiliche Ermittlungen (›Ermittlungen der Polizei‹), holländische Tomaten (›Tomaten aus Holland‹), berufliche Weiterbildung (›Weiterbildung im Beruf‹), grammatische Fragen (›Fragen, die Grammatik betreffend‹)

Eine dritte semantische Untergruppe sind Adjektive, die eine – bestimmte oder unbestimmte – Menge bezeichnen *(zwei, hundert, viele);* diese **Zahladjektive** werden in einem eigenen Abschnitt behandelt; ↑384–397.

5.2 Deklination

349 Adjektive sind grundsätzlich deklinierbar; tatsächlich werden sie aber im Deutschen nur bei attributiver Verwendung, also vor einem Nomen, dekliniert. Sie übernehmen Genus, Numerus und Kasus von dem Nomen und orientieren sich dabei an ihrer sonstigen Umgebung; z. B. heißt es:

das schnelle Auto, dagegen: ein schnelles Auto

So ergeben sich zwei Deklinationsmuster nach folgendem Grundprinzip:

- Wenn dem Adjektiv ein Wort vorausgeht, das selbst Deklinationsendungen hat (an denen insbesondere Genus und Kasus der Nominalgruppe erkennbar sind), gibt es beim Adjektiv nur zwei verschiedenen Formen (auf *-e* und *-en*); man spricht in diesem Fall von **schwacher Deklination** des Adjektivs.
- Wenn dem Adjektiv kein anderes Wort oder eines ohne Deklinationsendungen vorangeht, übernimmt das Adjektiv (mit den Endungen *-e, -en, -er, -es, -em*) die Aufgabe, Genus und Kasus der Nominalgruppe zu kennzeichnen; dies nennt man **starke Deklination** des Adjektivs.

Zusammengefasst: Ein Adjektiv wird schwach dekliniert, wenn es nach einem Artikelwort mit Endung steht, sonst stark:

schwache Adjektivdeklination	nach Artikelwort mit Endung (z. B. Formen von *der/die/das, dies-, ein-, kein-*)	das kühle Bier mit diesem kühlen Bier mit einem kühlen Bier
starke Adjektivdeklination	wenn kein Artikel vorhanden; nach Artikelwort ohne Endung (z. B. *ein, etwas*)	kühles Bier mit kühlem Bier ein kühles Bier mit etwas kühlem Bier

Die zweifache Orientierung des attributiven Adjektivs (am Nomen und an der gesamten Nominalgruppe) ist eine Besonderheit des Deutschen. Andere Sprachen differenzieren dagegen mehr bei den übrigen syntaktischen Verwendungen des Adjektivs (↑382, ↑383).

350 Schwache Deklination

Das schwach deklinierte Adjektiv hat nur die Endungen *-e* (in bestimmten Singularformen) und hauptsächlich *-en:*

	Singular		
	Maskulinum	**Femininum**	**Neutrum**
Nom.	der helle Tag	die helle Nacht	das helle Licht
Gen.	des hellen Tages	der hellen Nacht	des hellen Lichtes
Dat.	dem hellen Tag	der hellen Nacht	dem hellen Licht
Akk.	den hellen Tag	die helle Nacht	das helle Licht

	Plural
Nom.	die hellen Tage/Nächte/Lichter
Gen.	der hellen Tage/Nächte/Lichter
Dat.	den hellen Tagen/Nächten/Lichtern
Akk.	die hellen Tage/Nächte/Lichter

Wie nach dem definiten Artikel wird das Adjektiv z. B. auch nach den Artikelwörtern *dieser, derselbe, jeder, welcher* dekliniert:

> Bei diesem hellen Licht kann ich nicht schlafen. Er fährt dasselbe verbeulte Auto wie immer. Am Anfang jedes neuen Jahres nimmt sie sich viel vor. Welcher starke Mann fasst mit an?

351 Starke Deklination

Die Endungen des stark deklinierten Adjektivs sind weitgehend dieselben wie z. B. bei *dieser:*

	Singular		
	Maskulinum	**Femininum**	**Neutrum**
Nom.	heller Tag	helle Nacht	helles Licht
Gen.	hellen Tages	heller Nacht	hellen Lichts
Dat.	hellem Tag	heller Nacht	hellem Licht
Akk.	hellen Tag	helle Nacht	helles Licht

	Plural
Nom.	helle Tage/Nächte/Lichter
Gen.	heller Tage/Nächte/Lichter
Dat.	hellen Tagen/Nächten/Lichtern
Akk.	helle Tage/Nächte/Lichter

Ebenso wird das Adjektiv nach allen Wörtern dekliniert, die selbst keine Endung aufweisen; z. B.:

Ich sah plötzlich zwei helle Lichter vor mir. Mit solch breiter Zustimmung konnte niemand rechnen. Sie hatte viel schweres Gepäck bei sich. Mit etwas gutem Willen werdet ihr es schaffen.

Auch nach *deren* und *dessen* steht das Adjektiv in der starken Form:

Sie ist mit Nina in deren neuem (*neuen) Auto in den Urlaub gefahren. Der Stürmer, von dessen großartigem (*großartigen) Spiel alle begeistert waren, ...

deren und *dessen*, die Genitivformen des Demonstrativ- und Relativpronomens *der* (↑325, ↑343), sind innerhalb der Nominalgruppe feste, unveränderliche Formen; sie bewirken nicht schwache Deklination des nachfolgenden Adjektivs.

Gemischte Deklination 352

Bei bestimmten Artikelwörtern wird das nachfolgende Adjektiv teils schwach, teils stark dekliniert, weil sie sowohl mit wie ohne Endung auftreten. Das ist der Fall bei *ein, kein* und dem possessiven Artikelwort (*mein, dein* usw.).

An den meisten Stellen ihres Paradigmas haben diese Wörter Endungen, sodass das Adjektiv gemäß der Grundregel schwach dekliniert wird:

an einem hellen Tag (wie: an diesem hellen Tag)

Nur im Nominativ Maskulinum und im Nominativ/Akkusativ Neutrum des Singulars hat die Artikelform keine Endung und bewirkt damit starke Deklination des Adjektivs:

Es war ein heller Tag. (Wie: Es war heller Tag.)

353 Lautliche Besonderheiten

Bei Adjektiven, die auf *-el, -er, -en* auslauten *(dunkel, sauer, trocken),* wird in deklinierten Formen das *e* oft ausgelassen. Im Einzelnen gilt:

- Adjektive auf *-el* verlieren das *e*:

  dunkel – ein dunkler (*dunkeler) Wald, übel – in übler Verfassung, plausibel – eine plausible Erklärung, inakzeptabel – ein inakzeptables Verhalten

- Bei deutschen Adjektiven auf *-er* bleibt das *e* – außer nach Vokal – in der Regel erhalten:

  bitter – bittere Schokolade, sauber – eine saubere Lösung, sicher – ein sicheres Auto; aber: teuer – ein teurer Spaß, sauer – saure Gurken

  Bei fremden Adjektiven auf *-er* entfällt das *e* immer:

  integer – ein integrer Politiker, makaber – eine makabre Geschichte

- Adjektive auf *-en* behalten das *e* im Allgemeinen bei:

  trocken – in trockenen Tüchern, eben – ein ebenes Gelände, eigen – mit eigenen Augen

  Gelegentlich kommen auch Formen ohne *e* vor, z. B.:

  ein trocknes Plätzchen, der zerbrochne Krug, gefrornes Wasser

354 Reihung von Adjektiven

Vor einem Nomen können mehrere Adjektive auftreten. Dabei beziehen sich charakterisierende Adjektive in gleicher Weise auf das Nomen (sie lassen sich mit *und* verbinden; bei unverbundener Reihung steht ein Komma):

nach langem, schwerem Leiden (nach langem und schwerem Leiden); ein trüber, regnerischer, kalter Tag

Relationale Adjektive beziehen sich in der Regel enger auf das Nomen und stehen deshalb bei der Kombination mit charakterisierenden Adjektiven näher beim Nomen (es wird kein Komma gesetzt, eine Verbindung mit *und* ist nicht möglich):

gute wirtschaftliche Beziehungen (*gute und wirtschaftliche Beziehungen), ein trockener französischer Rotwein

In beiden Fällen werden die gereihten Adjektive parallel, d.h. jeweils stark oder schwach, dekliniert:

ein trüber, regnerischer, kalter Tag – dieser trübe, regnerische, kalte Tag; mit trockenem französischem Rotwein – mit einem trockenen französischen Rotwein

Früher hieß es bei artikellosem Gebrauch z.B. *mit trockenem französischen Rotwein,* d.h., das zweite Adjektiv wurde im Dativ Singular Maskulinum und Neutrum schwach dekliniert. Diese Praxis gilt heute nicht mehr; beide Adjektive haben die starke Endung *-em:*

mit dunklem bayerischem Bier, nach gültigem deutschem Recht

Das Adjektiv nach indefiniten Ausdrücken

Bei indefiniten Wörtern *(einige, viele, irgendwelche)* besteht oft Unsicherheit, wie ein nachfolgendes Adjektiv zu deklinieren ist. Man findet z.B.: 355

(stark:) irgendwelche dumme Sprüche – (schwach:) irgendwelche dummen Sprüche

Die Deklination hängt davon ab, ob das vorangehende Wort zu den Artikelwörtern oder zu den Adjektiven zu rechnen ist. Manchmal lässt sich das nicht eindeutig entscheiden, sodass es zu Schwankungen in der Deklination des Adjektivs kommt.

Im Prinzip gilt: Handelt es sich um ein Artikelwort, wird das nachfolgende Adjektiv schwach (wie nach *der*) dekliniert:

alle guten Menschen (wie: die guten Menschen)

Hat das vorangehende Wort eher adjektivische Eigenschaften, wird das Adjektiv – wie bei gereihten Adjektiven – parallel dekliniert (also stark, wenn kein Artikelwort mit Endung vorangeht):

viele gute Menschen (wie: liebe, gute Menschen)
(aber parallel schwach: die vielen guten Menschen)

Die folgende Übersicht zeigt, wie das Adjektiv nach solchen Wörtern heute vorwiegend dekliniert wird.

356

	Adjektivdeklination		
	schwach	**parallel**	
all-	■		alles alte Gerümpel, bei allem guten Willen. Aller guten Dinge sind drei.
ander-		■	anderes belastendes Material, andere fähige Leute
beide	■		die Vorsitzenden beider großen Parteien, beide kleinen Mädchen
einig-	▪ (teilweise im Sg.)	■	einiges überflüssiges /überflüssige Zeug, einige wichtige Punkte
etlich-		■	etlicher wertvoller Schmuck, etliche neue Programme
folgend-	■ (im Sg.)	■ (im Pl.)	folgendes weitere Vorgehen, nach folgendem einfachen Prinzip, folgende interessante Fragen
irgendwelch-	■	■	irgendwelches dummes/dumme Gerede, die Meinung irgendwelcher fremder/fremden Leute

	Adjektivdeklination		
	schwach	parallel	
manch-	■	■ (teilweise im Pl.)	mancher schöne Schein, manche deutschen/deutsche Politiker
mehrere		■	mehrere schwere Mängel, wegen mehrerer kleiner Vergehen
sämtlich-	■		sämtliches gestohlene Geld, mithilfe sämtlicher erreichbaren Freunde
solch-	■		bei solchem herrlichen Wetter, solche merkwürdigen Dinge
viel-		■	in vieler mühsamer Kleinarbeit, die Ergebnisse vieler neuer Untersuchungen
weiter-		■	nach weiterem langem Warten, weitere günstige Angebote
wenig-		■	weniges verwertbares Material, wenige wirkliche Freunde

Nach den endungslosen Formen *manch, solch, welch, viel, wenig* wird ein Adjektiv immer stark dekliniert:

manch schwieriger Fall, bei solch schönem Wetter, welch herrliche Rosen, viel neues Spielzeug, wenig gute Freunde

Zur Deklination des Adjektivs nach Personalpronomen *(ich armes Würstchen, wir Deutsche[n])* ↑315.

Das nominalisierte Adjektiv 357

Ein dekliniertes Adjektiv (oder Partizip), das als Nomen gebraucht wird *(das Wahre, Gute, Schöne),* behält seine adjektivische Deklinationsweise bei. Das heißt: Es kann in drei Genera auftreten und hat je nachdem, was ihm vorangeht, starke oder schwache Deklinationsendungen:

starke Deklination	schwache Deklination
Hier gibt es nichts Neues.	Weißt du schon das Neueste?
Ein Gefangener konnte fliehen.	Der Gefangene konnte fliehen.
Ein Angestellter wurde entlassen.	Der Angestellte wurde entlassen.
Viele Freiwillige meldeten sich.	Wo sind die vielen Freiwilligen?
Ich wünsche dir nur Gutes.	Alles Gute zum Geburtstag!
Erster Vorsitzender ist Gerd Meier.	Der erste Vorsitzende heißt Meier.
die Würde Alter und Kranker	die Würde dieser Alten und Kranken

358 Undeklinierbare Adjektive

Bestimmte Adjektive verändern ihre Form nicht, auch wenn sie attributiv vor einem Nomen stehen. Dazu gehören:

- Kardinalzahladjektive (Grundzahlen) ab *zwei* (↑385):

  vier Kinder, die vier Kinder, mit vier Kindern

- Ableitungen von Orts- und Ländernamen auf *-er:*

  die Dresdner Frauenkirche, zwei Wiener Würstchen, im Dortmunder Westfalenstadion, auf den Schweizer Bergen

- bestimmte Farbbezeichnungen wie *rosa, lila, beige, orange, oliv, türkis, pink:*

  eine rosa Bluse mit lila Streifen

  Solche Adjektive werden vermehrt – vor allem in der Umgangssprache – dekliniert:

  lilane Streifen, ein beiges Hemd, ein pinker Schal

  Oft muss man sich mit zusammengesetzten Formen helfen:

  ein cremefarbenes Sofa, dieser olivgrüne Pullover

- umgangssprachliche Adjektive wie *prima, klasse, super:*

  ein prima Kerl, eine klasse Frau, eine super Idee

Andere undeklinierbare Adjektive, wie z. B. *pleite, egal, schuld,* können nicht attributiv gebraucht werden; ↑382.

5.3 Steigerung

Viele Adjektive können gesteigert werden, d. h., sie bilden besondere Formen, mit denen ein höherer und höchster Grad der Eigenschaft ausgedrückt wird: *schnell – schneller – am schnellsten.* 359

Mit den Steigerungsformen kann ein Vergleich aufgebaut werden; auf diese Funktion zielt der lateinische Fachausdruck **Komparation.**

Es gibt drei Steigerungs- bzw. Vergleichsformen:

Positiv	schnell, klein, alt, hoch
Komparativ	schneller, kleiner, älter, höher
Superlativ	schnellst-, kleinst-, ältest-, höchst-

Die Bildung der Steigerungsformen

Die Steigerung (als spezielle Form der Flexion) erfolgt durch Suffixe, die an die Grundform des Adjektivs angefügt werden: 360

Komparativ: Positiv + *-er*	enger, schöner, beliebter
Superlativ: Positiv + *-(e)st*	engst-, schönst-, beliebtest-

Bei attributivem Gebrauch treten an diese Formen die gleichen – starken oder schwachen – Deklinationsendungen wie im Positiv:

in engem/engerem/engstem Kontakt, im engen/engeren/engsten Kreis

Der Superlativ tritt nur dekliniert auf; in prädikativer und adverbialer Verwendung hat er eine eigene Form *(am engsten),* ↑367.

Lautliche Besonderheiten 361

1. Umlaut: Bei manchen Adjektiven mit dem Stammvokal *a, o, u* wird der Vokal im Komparativ und Superlativ umgelautet:

Und ihr Hals wird lang und länger. Es ist höchste Zeit. Der Klügere gibt nach.

Das betrifft folgende Adjektive:

(a → ä:) alt, arg, arm, hart, kalt, krank, lang, nah, scharf, schwach, schwarz, stark, warm

(o → ö:) grob, groß, hoch

(u → ü:) dumm, gesund, jung, klug, kurz

Einige Adjektive schwanken; im Allgemeinen wird heute die nicht umgelautete Form vorgezogen:

schmal – schmaler – schmalst- (seltener: schmäler – schmälst-);

ebenso: bang, blass, doof, fromm, glatt, karg, krumm, nass;

aber: rot – röter – rötest- (seltener: roter – rotest-)

Alle anderen Adjektive mit dem Stammvokal *a, o, u* und die mit *au* haben keinen Umlaut (z. B. *satt, roh, bunt, blau*).

2. *e*-Einschub im Superlativ: Vor *-st* wird ein *e* eingeschoben, wenn das Adjektiv auf *d, t, s, ss, ß, z, sk* oder *sch* endet:

die gesündeste Lebensweise, die nettesten Leute, das Mieseste, krasseste Gegensätze, die süßesten Früchte, der kürzeste Weg, groteskeste Behauptungen, die hübschesten Kinder

Ausnahmen:
- Der Superlativ von *groß* wird mit *-st* gebildet, das mit *ß* zu *-ßt* verschmilzt: *mit größter Freude*
- *e* wird in der Regel nicht eingeschoben, wenn *d* und *t* Partizipausgänge sind und *sch* zu dem Ableitungssuffix *-isch* gehört:

der spannendste Krimi, die begeistertsten Anhänger (aber: die begehrtesten Plätze, die beliebtesten Vornamen), die praktischste Lösung

Adjektive, die auf einen vollen Vokal, insbesondere einen Diphthong, enden, können *-est* oder *-st* haben:

neu – das Neueste/Neuste, genau – die genaueste/genauste Untersuchung

3. Konsonantenwechsel: Die Adjektive *hoch* und *nah* wechseln in den Steigerungsformen zwischen *h* und *ch:*

hoch – höher – höchst-, nah – näher – nächst-

4. Anderer Wortstamm: *gut* und *viel* bilden den Komparativ und den Superlativ mit einem anderen Wortstamm:

gut – besser – best-, viel – mehr (undeklinierbar) – meist-

Die Steigerung von Adjektivverbindungen 362

In Verbindungen aus Adjektiv + Adjektiv (bzw. Partizip) wird nur einer der Teile gesteigert (vgl. z. B. *schwerwiegender/schwerer wiegend*). Welcher das ist, hängt von der Art der Verbindung ab.

In bestimmten Fällen haben die Teile eine einheitliche, übertragene Bedeutung; sie bilden ein zusammengesetztes Adjektiv (↑370), das auch in der Regel zusammengeschrieben wird. Dann erhält der zweite Bestandteil (das Grundwort) die Komparativ- oder Superlativendung:

vielversprechend – ein vielversprechenderes Projekt, hochfliegend – die hochfliegendsten Pläne

In anderen Fällen bewahren die Teile ihre eigene Bedeutung und bilden – in der Regel getrennt geschrieben – eine Adjektivgruppe (↑378). Hier wird der erste Teil (das modifizierende Adjektiv) gesteigert:

hoch gelegen – die höher gelegene / höchstgelegene Ortschaft, gut sortiert – das besser / am besten sortierte Geschäft, viel gekauft – der meistgekaufte Artikel

Manchmal sind beide Sehweisen möglich:

schwerwiegendere / schwerer wiegende Bedenken, die weitverbreitetsten / am weitesten verbreiteten Pflanzen

! Auf keinen Fall dürfen beide Bestandteile der Adjektivverbindung gesteigert werden. Es heißt z. B.:

das meistgelesene (*meistgelesenste) und bestverkaufte (*bestverkaufteste) Buch, in größtmöglicher (*größtmöglichster) Eile, die näherliegende / naheliegendere (*näherliegendere) Frage

363 Nicht steigerbare Adjektive

Bestimmte Adjektive sind von ihrer Bedeutung her nicht steigerbar. Dazu gehören vor allem folgende Gruppen:

- Zahladjektive:

  drei, halb, siebenfach, einzig

- relationale Adjektive:

  ärztlich, wirtschaftlich, technisch, britisch, hiesig, dortig

- Adjektive mit »absoluter« oder superlativischer Bedeutung:

  tot, schwanger, kinderlos, viereckig, minimal, optimal, total

⚠ Es heißt also z. B.:

> die einzige (*einzigste) Möglichkeit, optimale (*optimalere/optimalste) Bedingungen, totale (*totalste) Verwirrung

Manchmal werden relationale Adjektive charakterisierend gebraucht; dann sind auch Steigerungsformen möglich:

> Er ist päpstlicher als der Papst. Der Betrieb arbeitet jetzt wirtschaftlicher. Sie ist die mütterlichste Frau, die ich kenne. Britischer geht's nicht.

Bedeutung und Gebrauch der Steigerungsformen

364 Mit den Steigerungsformen des Adjektivs werden Gegenstände oder Umstände in einer bestimmten Hinsicht miteinander verglichen, z. B. hinsichtlich der Länge:

> Ninas Haare sind lang; Stefanies sind länger (als Ninas); am längsten (im Vergleich mit Ninas und Stefanies) sind Anjas Haare.

Die Vergleichsgröße wird entweder explizit genannt oder kann aus dem Kontext erschlossen werden.

Der Positiv 365

Auch der Positiv (die Grundstufe) hat eine relative Bedeutung, die letztlich auf einem Vergleich beruht (↑347). In einem expliziten Vergleich drückt er den gleichen Grad der Eigenschaft aus.

Vergleichskonstruktion zum Ausdruck des gleichen Grades	
so* + Positiv + *wie *so lang wie*	Die Strecke b ist so lang wie a. Max hat nicht so gut gespielt wie sonst. Wir hatten kein so schönes Wetter, wie es angekündigt war.

Der Komparativ 366

Der Komparativ (die Höherstufe) drückt einen ungleichen – in der Regel höheren – Grad der Eigenschaft aus.

Vergleichskonstruktion zum Ausdruck eines höheren Grades	
Komparativ + *als* *länger als*	Der Amazonas ist länger als der Mississippi. Es ging schneller, als wir gedacht hatten. Dort gibt es heißere Sommer und kältere Winter als hier.

⚠ In vielen Regionen wird der Komparativ mit *wie* oder mit der Doppelform *als wie* angeschlossen; standardsprachlich ist aber nur *als* korrekt:

Sie ist größer als (*wie / *als wie) ihr Freund.

Oft wird die Vergleichsgröße nicht genannt; sie ist dann aus dem Zusammenhang zu ergänzen:

Das ist nur etwas für reichere Leute (›Leute, die reicher sind als wir‹). Es geht ihm besser (›besser als vorher‹).

Dabei wird die relative Bedeutung des Komparativs besonders deutlich; er kann auch einen niedrigeren Grad als der Positiv bezeichnen: Wenn es z. B. einem Kranken *besser* geht, muss es ihm bei Weitem noch nicht *gut* gehen; eine *längere* Zeit kann kürzer als eine *lange* Zeit sein, und dass etwas *häufiger* passiert, heißt meistens, dass es ›gelegentlich‹ – also weniger oft als *häufig* – vorkommt.

Der Superlativ

367 Der Superlativ (die Höchststufe) kommt – auch außerhalb des attributiven Gebrauchs – nur flektiert vor. Steht das Adjektiv im Satz adverbial oder prädikativ, wird eine Fügung mit *am* (+ Dativ) verwendet:

> Er erzählt immer am spannendsten. Diese Methode ist am effektivsten.

Bei prädikativem Gebrauch erscheint die Superlativform auch mit dem definiten Artikel (und entsprechend dekliniert):

> Diese Methode ist die effektivste. Das war das Wenigste, was wir tun konnten.

368 In einem (expliziten oder impliziten) Vergleich drückt der Superlativ den höchsten Grad der Eigenschaft aus:

> Der längste Fluss (der Erde) ist der Nil. Wen (von diesen Leuten) findest du am interessantesten? Wir sind drei Schwestern; ich bin die jüngste.

Häufig wird der Superlativ auch verwendet, um allgemein einen sehr hohen Grad zu bezeichnen; bei diesem »absoluten« Gebrauch spricht man von **Elativ:**

> mit dem größten Vergnügen, in tiefster Trauer, bei bester Gesundheit, herzlichste Grüße

5.4 Wortbildung

369 Es gibt nur eine relativ kleine Anzahl von einfachen Adjektiven (wie z. B. *neu, groß, schön, rot*); trotzdem bilden die Adjektive die zweitgrößte Wortart (↑75). Das bedeutet: Die Mehrzahl der Adjektive sind Zusammensetzungen und vor allem Ableitungen:

zusammengesetzte Adjektive	hell|rot, stein|hart, schreib|faul
abgeleitete Adjektive	ungut, indirekt, steinig, rötlich

Ein Spezialfall abgeleiteter Adjektive sind solche, die aus einer syntaktischen Fügung gebildet sind (sogenannte Zusammenbildungen):

viertürig (›mit vier Türen‹), zweistöckig, langbeinig, kurzärmelig, schwarzhaarig, hellhäutig

Zusammengesetzte Adjektive

Ein zusammengesetztes Adjektiv besteht aus einem Adjektiv (oder Partizip) als Zweitglied und einem Erstglied, das aus verschiedenen Wortarten kommen kann: **370**

Adjektiv + Adjektiv	hell|rot, lau|warm, weit|gehend
Nomen + Adjektiv	stein|hart, wetter|fest, betriebs|bedingt
Verb + Adjektiv	schreib|faul, koch|fertig, treff|sicher

In manchen Zusammensetzungen (mit nominalem Erstglied) tritt zwischen die Teile ein Fugenzeichen (↑260):

hilfsbereit, lebensmüde, arbeitsfrei, sonnenklar

Auch wenn der erste Teil ein Nomen ist, wird das zusammengesetzte Adjektiv klein- und zusammengeschrieben (sofern eine präpositionale Fügung zugrunde liegt: *holzverkleidet* ›mit Holz verkleidet‹):

computererfahren (*Computer erfahren), wetterfest, europaweit, steuerfrei, schadstoffarm, hitzebeständig, schneebedeckt, lärmgeplagt

Nur nominale Abkürzungen behalten ihre Großschreibung bei; sie werden mit Bindestrich an das Adjektiv angebunden:

TÜV-geprüft, EU-intern, HIV-positiv

Bei der großen Mehrheit der Zusammensetzungen wird das adjektivische Grundwort durch das vorangehende Wort inhaltlich näher bestimmt (determiniert); es liegen also Determinativkomposita (↑83) vor: **371** hellblau (›blau in einer hellen Abtönung‹), glasklar (›klar wie Glas‹), denkfaul (›faul im Denken‹)

Häufige Bedeutungsbeziehungen in zusammengesetzten Adjektiven sind:

Graduierung	dunkelblau, tieftraurig, hochmodern
Vergleich	steinhart, butterweich, grasgrün, aprilfrisch
Ursache	altersschwach, regenglatt, schreckensbleich
Hinsicht	schreibfaul, treffsicher, computererfahren

In einigen wenigen Zusammensetzungen aus Adjektiv + Adjektiv stehen die Teile nebengeordnet (Kopulativkomposita, ↑262):

taubstumm (›taub und stumm‹), nasskalt, dummdreist, süßsauer; (z. T. mit Bindestrich geschrieben:) blau-weiß, schwarz-rot-golden, wissenschaftlich-technisch

372 Mit bestimmten Adjektiven als Zweitgliedern werden reihenweise Zusammensetzungen gebildet, z. B.:

-arm	blutarm, fettarm, kalorienarm, wortarm
-fähig	ausbaufähig, beschlussfähig, transportfähig
-fest	feuerfest, reißfest, spülmaschinenfest
-frei	bleifrei, bügelfrei, rauchfrei, risikofrei
-freundlich	hautfreundlich, umweltfreundlich
-gemäß	kindgemäß, naturgemäß, sinngemäß
-gerecht	artgerecht, behindertengerecht, fristgerecht
-leer	inhaltsleer, luftleer, menschenleer
-reich	ereignisreich, fettreich, wortreich
-schwach	verkehrsschwach, willensschwach
-sicher	krisensicher, kugelsicher, schneesicher
-stark	geburtenstark, glaubensstark
-voll	anspruchsvoll, gefahrvoll, liebevoll

Solche Adjektive sind kaum mehr als Grundwort einer Zusammensetzung anzusehen; sie wirken fast schon wie Ableitungssuffixe.

Abgeleitete Adjektive

Adjektive können mit Präfixen (Vorsilben) und Suffixen (Nachsilben) aus anderen Wörtern abgeleitet werden. Die Basis der Ableitung sind vor allem Nomen *(staat-lich),* Verben *(dehn-bar)* und Adjektive *(ur-alt),* aber auch Wörter anderer Wortarten *(dort-ig, vor-ig)* und syntaktische Fügungen (*rothaar-ig* ›mit roten Haaren‹). 373

Präfixe und Suffixe kommen häufig zusammen vor *(un-ver-ständ-lich);* manchmal sind beide notwendig (so gibt es z.B. kein Adjektiv *glaub-lich* oder *weg-sam,* sondern nur die Formen mit dem Präfix *un-*: *un-glaub-lich, un-weg-sam*).

Präfixbildungen 374

Mithilfe von Präfixen werden Adjektive aus Adjektiven abgeleitet. Es gibt nur einige wenige deutsche Adjektivpräfixe, jedoch viele fremdsprachige. Die meisten von ihnen kommen auch bei der Bildung von Nomen vor (vgl. z.B. *Antithese, Erzfeind*).

Häufige Präfixe und ihre Bedeutung:

a(n)-	›nicht‹	asozial, anormal, anorganisch
anti-	›gegen‹	antiautoritär, antidemokratisch
erz-	›sehr‹	erzreaktionär, erzkatholisch
in- (il-, im-, ir-)	›nicht‹	indiskret, illegal, immobil, irreal
inter-	›zwischen‹	international, interkulturell
post-	›nach‹	postmodern, postindustriell
prä-	›vor‹	pränatal, prähistorisch
pro-	›für‹	prowestlich, proarabisch
trans-	›jenseits‹	transatlantisch, transsibirisch
un-	›nicht‹	ungenau, undicht, unzufrieden
ur-	›sehr‹	uralt, urkomisch, urgemütlich

Besonders viele Präfixe und präfixähnliche Einheiten drücken (wie *erz-* und *ur-*) eine Verstärkung, einen hohen Grad aus:

> hypermodern, hypernervös; superklug, superschnell; extramild, extragroß; ultraleicht, ultraradikal; überglücklich, überdeutlich; (umgangssprachlich:) mega-in/-out; todschick, todsicher; saudumm, sauteuer; scheißegal, scheißkalt

Suffixbildungen

375 Mithilfe von Suffixen werden Adjektive vor allem aus Verben und Nomen abgeleitet, daneben auch aus Adjektiven und Adverbien.

Häufige deutsche und fremdsprachige Adjektivsuffixe:

-abel	akzeptabel, transportabel, (in)diskutabel
-al/-ell	formal, katastrophal; formell, konfessionell
-bar	ausziehbar, lieferbar, (un)berechenbar
-e(r)n	golden, seiden, gläsern, hölzern, ledern
-haft	fehlerhaft, rätselhaft, jungenhaft, zwanghaft
-ig	windig, geizig, affig, heutig, gutgläubig
-isch	atlantisch, rumänisch, misstrauisch
-iv	aktiv, impulsiv, informativ, sportiv, plakativ
-lich	rechtlich, freundlich, käuflich, grünlich
-los	schlaflos, farblos, sinnlos, geschmacklos
-mäßig	planmäßig, gewohnheitsmäßig, zweckmäßig
-sam	erholsam, sparsam, sorgsam, (un)wirksam

Die Bedeutung der Suffixe hat viel damit zu tun, aus welcher Wortart das Basiswort stammt.

Zum Beispiel verbinden sich *-bar* und die fremdsprachige Entsprechung *-abel* nur mit Verben; sie geben in der Regel an, was mit dem Bezugsgegenstand gemacht werden kann: ein *ausziehbarer* Tisch ist ein Tisch, den man ausziehen kann.

Adjektive, die aus Nomen abgeleitet sind, bezeichnen verschiedenartige Beziehungen. Hauptsächlich treten bei diesen relationalen Adjektiven (↑348) die Suffixe *-ig, -isch, -lich* auf; die mit ihnen gebildeten Adjektive nennen z. B. den Urheber/Träger *(ärztliche Diagnose),* einen Bezugsbereich *(technischer Fortschritt)* oder eine Vergleichsgröße *(samtige Haut).*

376 ⚠ *-mäßig*

-mäßig wird nicht nur in seiner eigentlichen Bedeutung ›gemäß, entsprechend‹ (wie z. B. bei *planmäßig*) gebraucht, sondern vermehrt auch in dem allgemeineren Sinne von ›bezüglich, betreffend‹:

Wohnungsmäßig sind die Aussichten zurzeit schlecht.
Essensmäßig war das Hotel gut.

Solche Bildungen mit *-mäßig* sollten vermieden werden:

☹	☺
Arbeitsmäßig kann ich mich nicht beklagen.	Über die Arbeit kann ich mich nicht beklagen.
Gehaltsmäßig könnte es besser sein.	Das Gehalt könnte besser sein.
Wettermäßig hatten wir Glück.	Mit dem Wetter hatten wir Glück.
Er ist ihm intelligenzmäßig überlegen.	Er ist ihm an Intelligenz überlegen.

Verwechselbare Adjektive 377

Oft können Adjektive mit unterschiedlichen Suffixen aus demselben Wort gebildet werden; vgl. z. B. *Zeit* → *zeit-ig, zeit-lich.* Solche Adjektive dürfen nicht verwechselt werden; sie haben in aller Regel unterschiedliche Bedeutungen.

Leicht verwechselbare Adjektive sind u. a.:

formal formell	Der Beschluss ist formal in Ordnung. Er ist immer so formell.
geistig geistlich	Seine geistigen Fähigkeiten sind ziemlich begrenzt. Zum Abschluss wurde ein geistliches Lied gesungen.
kindlich kindisch	Sie hat ein kindliches Gemüt. Du benimmst dich kindisch.
original originell	Das ist eine original Schweizer Uhr. Er ist ein origineller Kopf.
rational rationell	Rational sehe ich das ein. Der Betrieb arbeitet nicht mehr rationell.
real reell	Das gibt es doch real gar nicht. Das ist ein reelles Angebot.

unaussprechbar unaussprechlich	Dieses Fremdwort ist für mich unaussprechbar. Sie hat unaussprechliches Leid erfahren.
verständig verständlich	Das Kind ist schon sehr verständig. Er kann schwierige Sachverhalte verständlich darstellen.
zeitig zeitlich	Wir wollen zeitig losfahren. Das kann ich mir zeitlich nicht leisten.
-minütig, -stündig, -tägig usw.	in fünfminütigem Takt, eine ganztägige (›den ganzen Tag dauernde‹) Veranstaltung, auf einer zweiwöchigen Reise, dreimonatige Kündigungsfrist
-minütlich, -stündlich, -täglich usw.	etwas findet halbstündlich (›alle halbe Stunde‹)/vormittäglich/zweiwöchentlich/allmonatlich/vierteljährlich statt

5.5 Die Adjektivgruppe

378 Charakterisierende Adjektive können durch ein weiteres Adjektiv oder eine Partikel modifiziert und so zu einer **Adjektivgruppe** erweitert werden:

leicht grau, gut sichtbar, wesentlich schneller, sehr alt, ganz modern

Meist wird mit solchen Wörtern die bezeichnete Eigenschaft graduiert; sie leisten also dasselbe wie bestimmte Präfixe (*uralt, supermodern,* ↑374) und Erstglieder in Zusammensetzungen (*hellgrau,* ↑371); vor allem stehen sie in engem Zusammenhang mit der Steigerung des Adjektivs:

Hauptfunktionen graduierender Adjektiverweiterungen	
Einschränkung/ Verstärkung des gleichen Grades	ein fast/beinahe so gutes Ergebnis, in etwa/ungefähr gleicher Größe, genauso schlau wie vorher
Verstärkung des höheren Grades	noch schnellere Autos, viel besser als erwartet, weit größere Probleme, erheblich/wesentlich teurer

Ausdruck eines hohen/höchsten Grades	ein sehr/besonders harter Winter, mit ganz/völlig neuem Programm, außerordentlich/überaus geschickt, äußerst/höchst erregt

In der Umgangs- und Jugendsprache gibt es zahlreiche weitere verstärkende Adjektive, die allerdings in diesem Gebrauch gewissen Moden unterworfen sind:

schrecklich/furchtbar nett, unheimlich/wahnsinnig interessant, irre heiß, echt cool, total genial, voll blöd

⚠ Adjektive, die ein anderes Adjektiv näher bestimmen, bleiben immer undekliniert. Solche Adjektivgruppen dürfen nicht mit Reihungen von Adjektiven (↑354) verwechselt werden, in denen alle Glieder dekliniert werden. *Verschieden große Häuser* etwa sind Häuser unterschiedlicher Größe, *verschiedene große Häuser* dagegen mehrere große Häuser. Gebräuchlich ist aber z. B. *schöne warme Hände* (obwohl *schön* eine nähere Bestimmung zu *warm* ist).

Eine andere Art von Adjektivgruppen entsteht dadurch, dass bestimmte Adjektive Valenz haben, d. h. eine Ergänzung zu sich nehmen müssen oder können. **379**

Ergänzungen zum Adjektiv	
Genitivergänzung	Er ist sich keiner Schuld bewusst. Bist du dir dessen sicher?
Dativergänzung	Der Sohn ist dem Vater ähnlich. Sie waren uns oft behilflich. Die dem Gegner überlegene Mannschaft ...
Akkusativergänzung	Ich bin diese Sache leid. Das ist die Mühe nicht wert.
Präpositionalergänzung	Wir sind auf eure Hilfe angewiesen. Du solltest damit zufrieden sein. Das an Bodenschätzen reiche Land ...
Adverbialergänzung	Sie ist in der Modebranche tätig. Seine in F. wohnhaften/ansässigen Eltern ...

5.6 Verwendung im Satz

380 Adjektive (bzw. Adjektivgruppen) werden in drei syntaktischen Funktionen gebraucht:

als Nomenattribut (attributiver Gebrauch)	Robert ist ein zuverlässiger Partner. Sie hat eine laute Stimme.
als Prädikatsteil (prädikativer Gebrauch)	Robert ist absolut zuverlässig. Ihre Stimme ist laut.
als adverbiale Angabe (adverbialer Gebrauch)	Robert arbeitet absolut zuverlässig. Sprich laut und deutlich.

Nicht alle Adjektive kommen in allen Gebrauchsweisen vor.

381 Attributiver Gebrauch

Ein attributives Adjektiv ist Teil einer Nominalgruppe, also ein unselbstständiger Satzteil. In aller Regel steht es vor dem Nomen und wird dekliniert:

ein kleiner Vogel, die kleine Katze, ein kleines Haus

Eine Reihe von Adjektiven kann nicht attributiv stehen (↑382). Andere sind nur als Attribut verwendbar, so vor allem Orts- und Zeitadjektive, die von Adverbien abgeleitet sind:

heutig (die heutige Zeitung – *Die Zeitung ist heutig), gestrig, hiesig, dortig, obig, einstweilig

382 Prädikativer Gebrauch

Von prädikativem Gebrauch spricht man, wenn das Adjektiv (bzw. die Adjektivgruppe) in Verbindung mit *sein* und ähnlichen Verben das Prädikat des Satzes bildet:

Alle waren glücklich. Er wurde blass. Trotz allem blieb sie ruhig. Das sieht nicht gut aus. Ich fand es langweilig.

Das Adjektiv ist hier ein selbstständiges Satzglied, eine Prädikativergänzung.

Prädikativ gebrauchte Adjektive bleiben im Deutschen undekliniert. In vielen anderen Sprachen (z.B. romanischen und slawischen) muss nicht nur beim attributiven, sondern auch beim prädikativen Adjektiv entsprechend dem Genus und Numerus der Bezugseinheit (in der Regel des Subjekts) unterschieden werden; vgl. z.B. im Französischen:

il est petit – elle est petite ›er/sie ist klein‹
ils sont petits – elles sont petites ›sie sind klein‹

Im Deutschen treten nur Adjektive im Superlativ und Ordnungszahl-Adjektive bei prädikativem Gebrauch flektiert (und mit Artikel) auf:

Das wäre das Beste. Wer ist der Nächste? Paul wurde Zweiter.

Einige Adjektive können nur prädikativ (also nicht attributiv oder adverbial) verwendet werden; dazu gehören unflektierbare Adjektive wie z.B.

pleite (Die Firma ist pleite – *die pleite Firma), egal, feind, gram, schade, schuld, quitt, (umgangssprachlich:) futsch, okay, plemplem, schnuppe

Adverbialer Gebrauch 383

In adverbialer Verwendung ist das Adjektiv ein selbstständiges Satzglied, und zwar eine freie (nicht vom Verb geforderte) Angabe. Angaben können sich auf den ganzen Satz beziehen oder auf das Verb (↑523).

Adjektive mit Satzbezug betreffen vor allem die Geltung:

Er kommt vermutlich/wahrscheinlich/sicher nicht mehr. Du hattest tatsächlich/wirklich recht.

Adjektive mit Verbbezug modifizieren das dargestellte Ereignis:

Julia arbeitet rege im Unterricht mit. Der Wagen bog langsam um die Ecke. Sie hatte sich intensiv vorbereitet.

Dabei kann sich das Adjektiv semantisch auch speziell auf ein Satzglied (das Subjekt oder die Akkusativergänzung) beziehen (↑525):

Er stolperte blind durch die Finsternis. Man brachte sie verletzt ins Krankenhaus.

Der adverbiale Gebrauch wird im Deutschen nicht durch eine besondere Form gekennzeichnet; es wird die undeklinierte Grundform verwendet. In anderen Sprachen dagegen erhält das adverbiale Adjektiv oft ein Suffix, z. B. im Englischen *-ly:*

I really don't know. ›Ich weiß es wirklich nicht.‹

Slowly but surely we will succeed. ›Langsam, aber sicher werden wir es schaffen.‹

5.7 Zahladjektive

384 **Zahladjektive** sind alle diejenigen Zahlausdrücke, die attributiv (vor einem Nomen) stehen können:

drei Schwestern, die fünfte Jahreszeit, die vierfache Menge

Sie bilden den größten Teil der sogenannten »Zahlwörter«; der übrige Teil dieser rein semantisch bestimmten Klasse gehört zu anderen Wortarten (*Million* und *Milliarde* beispielsweise sind Nomen, *erstens, zweimal* sind Adverbien).

Adjektivisch gebraucht werden die Wörter für folgende Arten von Zahlen:

Kardinalzahlen (Grundzahlen)	ein(s), zwei, dreizehn, sechsundfünfzig, hundert, zweitausendacht
Ordinalzahlen (Ordnungszahlen)	erst-, zweit-, dreizehnt-, sechsundfünfzigst-, hundertst-, millionst-
Vervielfältigungszahlen	zweifach, dreifach, zwölffach, hundertfach, tausendfach
Bruchzahlen	drittel, achtel, zehntel, hundertstel

Außerdem gibt es indefinite (unbestimmte) Zahladjektive wie z. B. *viele;* ↑397.

⚠ Schreibweise

Zahlen kann man grundsätzlich auch in Ziffern schreiben. Diese Schreibweise gilt besonders für den technisch-fachsprachlichen Gebrauch, und hier speziell vor abgekürzten Maßangaben:

16 %, 6,5 kg, 20 km, 99 €, 30° C, 256 Megabyte/MB

In allgemeinsprachlichen Texten werden Zahlen, insbesondere niedrige, ausgeschrieben:

Dabei sind zwei Dinge zu bedenken. Zehn Jahre waren vergangen. Er musste sich mit dem vierten Platz begnügen.

Kardinalzahlen

Kardinalzahlen (Grundzahlen) bezeichnen eine bestimmte Anzahl von Gegenständen: 385

Sechs Brötchen, bitte. Dieser Saal fasst zweihundert Personen. Sie ist dreißig (Jahre alt).

Ausgewählte Kardinalzahlen:

Einer	Zehner		Hunderter
0 null	10 zehn	20 zwanzig	100 hundert
1 eins	11 elf	21 einundzwanzig	104 hundertvier
2 zwei	12 zwölf	22 zweiundzwanzig	200 zweihundert
3 drei	13 dreizehn	30 dreißig	300 dreihundert
4 vier	14 vierzehn	40 vierzig	400 vierhundert
5 fünf	15 fünfzehn	50 fünfzig	500 fünfhundert
6 sechs	16 sechzehn	60 sechzig	600 sechshundert
7 sieben	17 siebzehn	70 siebzig	700 siebenhundert
8 acht	18 achtzehn	80 achtzig	800 achthundert
9 neun	19 neunzehn	90 neunzig	900 neunhundert

Die Liste zeigt: Für bestimmte Zahlen, insbesondere die Ziffern 0 – 9, gibt es einfache Wörter (z. B. *vier*). Mit ihnen werden die übrigen Zahlen durch Zusammensetzung *(vierzehn, vierhundert, hundertvier)* oder Ableitung *(vierzig)* gebildet; ihre Stelle in der Gesamtzahl spielt dabei eine entscheidende Rolle.

Diese Bildungsmuster finden sich in vielen Sprachen; sie sind dort jedoch z. T. anders verteilt (deshalb tut man sich beim Erlernen einer fremden Sprache mit dem Zahlensystem besonders schwer).

386 Im Einzelnen werden die Kardinalzahladjektive im Deutschen folgendermaßen gebildet:

0–12: Für die Zahlen bis 12 existieren (wie z. B. auch im Englischen) einfache Wörter.

(In romanischen und slawischen Sprachen steht bereits ab 11 eine komplexe Form; vgl. z. B. ital. *undici* ›eins und zehn‹.)

13–19: In diesem Bereich wird die Einerzahl beim Sprechen und in der ausgeschriebenen Form unverbunden vor die Zehn gesetzt, mit lautlichen Anpassungen bei *sechzehn* (statt *sechs-zehn*) und *siebzehn* (statt *sieben-zehn*).

20, 30, …, 90: Die Zehnerzahlen ab 20 werden mit *-zig* aus den entsprechenden Einerzahlen abgeleitet, wobei es mehr oder weniger starke Veränderungen geben kann (vgl. z. B. *zwanzig, dreißig*).

(Im Prinzip bilden auch andere Sprachen die Zehnerzahlen durch Ableitung; es gibt dabei aber z. T. spezielle Bildungen wie etwa die Bezeichnung für 90 im Französischen: *quatre-vingt-dix* ›vier mal zwanzig und zehn‹.)

21, 22, …, 99: Die Zahlen zwischen den runden Zehnern ab 20 werden mit *und* zusammengesetzt; dabei wird die Einer- vor der Zehnerzahl gesprochen: *fünfundzwanzig, zweiundvierzig.*

(Diese Bildungsweise ist für Sprecher anderer Sprachen schwer nachvollziehbar, weil sie die Teile hier – wie z. T. auch schon bei Zehnerzahlen – umgekehrt, also entsprechend ihrer Stelligkeit, lesen; vgl. z. B. engl. *twenty-five* ›zwanzig und fünf‹, span. *cuarenta y dos* ›vierzig und zwei‹.)

100, 1000: In Zusammensetzungen mit *hundert* und *tausend* kennzeichnet Voranstellung Multiplikation, Nachstellung markiert Addition:

vierzehn | tausend | drei | hundert | achtzig

$14 \times 1000 + 3 \times 100 + 80 = 14.380$

Zu *das Hundert/Tausend* ↑391.

Von allen Kardinalzahlen können Formen auf *-er* gebildet werden, die als Nomen oder in Nomenzusammensetzungen gebraucht werden: 387

> Können Sie mir diesen Hunderter wechseln? Der alte Herr ist hoch in den Neunzigern. Die Goldenen Zwanziger, die Viererbande, die Sechzigerjahre

Ohne Formveränderung haben nominalisierte Kardinalzahlen feminines Genus; es ist dann die Zahl, nicht die Menge gemeint (↑220):

> Er steht wie eine Eins. Die Sieben ist meine Glückszahl.

ein(s) 388

Das Zahlwort *ein(s)* hat, je nach Umgebung, teilweise unterschiedliche Deklinationsformen:

Vor einem Nomen wird *ein* im Allgemeinen wie der indefinite Artikel (↑296) dekliniert; im Unterschied zu diesem ist es betont:

> mit 'einer Ausnahme, im Laufe 'eines Jahres. Auf dem ganzen Weg sind wir nicht 'einem Menschen begegnet.

Steht jedoch vor *ein* noch ein Artikelwort, wird es wie ein Adjektiv (stark oder schwach) dekliniert:

> mit der einen Ausnahme (wie: mit der einzigen Ausnahme), im Laufe dieses einen Jahres, ihr einer Bruder (wie: ihr großer Bruder), sein eines Bein

Allein stehend ist *ein* ein Pronomen; es erhält also im Nominativ Maskulinum die Endung *-er,* im Nominativ und Akkusativ Neutrum die Endung *-es,* die häufig zu *-s* verkürzt wird:

> Einer wird gewinnen. Ein(e)s sollte klar sein: ...

Die Form *eins* verwendet man auch beim Zählen und Rechnen:

> Eins, zwei, drei. Sechs minus fünf ist eins.

zwei, ..., zwölf

Die Zahladjektive *zwei* bis *zwölf* (außer *sieben*) haben eine Genitivform, wenn sie ohne vorangehendes Artikelwort stehen: 389

die Aussage zweier Zeugen (aber: die Aussage der zwei Zeugen), der Vater dreier Kinder

Meist wird hier aber, vor allem bei höheren Zahlen, eine Fügung mit *von* und undekliniertem Zahladjektiv verwendet:

der Vater von drei Kindern, der Besitzer von fünf Lokalen

Bei selbstständigem Gebrauch gibt es eine Dativform:

Mit sechsen ist das Auto voll. Die Kinder stellten sich zu zweien auf. Warum kriechst du hier auf allen vieren herum?

390 Neben *zwei* gibt es zur Bezeichnung einer Zweiergruppe ein eigenes Wort: *beide.*

Es kommt einerseits als Artikelwort (mit schwacher Deklination eines nachfolgenden Adjektivs, ↑356) bzw. als Pronomen vor:

(Artikelwort:) beide kleinen Mädchen, (Pronomen:) Beide lachten.

Andererseits kann es selbst ein Artikelwort vor sich haben, also adjektivisch gebraucht werden:

die beiden kleinen Mädchen, ihre beiden Hunde

391 *hundert, tausend*

Die Wörter für 100 und 1000 werden adjektivisch und nominal gebraucht.

Als Adjektive bleiben sie undekliniert:

mit hundert Sachen, die letzten hundert Jahre, tausend Grüße und Küsse

Als nominalisierte Mengenangabe sind sie Neutra:

Das Hundert ist bald voll. Das erste bis vierte Tausend der Auflage war schnell verkauft.

Der Plural von *das Hundert/Tausend* hat im Nominativ und Akkusativ die Endung *-e* (nach einem Artikelwort auch *-en*), der Genitiv lautet in der Regel auf *-er,* der Dativ auf *-en:*

Hunderte säumten die Straßen. Die Kosten gehen in die Tausende. Die Tausende(n), die dem Schiff einen begeisterten Empfang bereiteten ... Das Schicksal Hunderter der Erdbebenopfer ist noch ungewiss. Die Leute kamen zu Tausenden.

Jahreszahl 392

Jahreszahlen werden im Deutschen in Kardinalzahlen angegeben (während beispielsweise im Russischen und Polnischen dafür Ordinalzahlen verwendet werden).

Die Jahreszahlen zwischen 1100 und 2000 spricht man nach Jahrhunderten, die zwischen 1000 und 1100 und die ab 2000 als Tausenderzahl:

1492: vierzehnhundertzweiundneunzig, 1056: tausendsechsundfünfzig, 2011: zweitausendelf

⚠ Als Temporalangabe im Satz steht die Jahreszahl allein oder in Verbindung mit *im Jahr(e)*:

2008 (oder: im Jahr 2008) hat unser Betrieb einen guten Gewinn gemacht.

Die Fügung *in 2008* ist wahrscheinlich dem Englischen nachgebildet.

Uhrzeit 393

Für die Angabe der Uhrzeit gibt es eine amtliche Form, bei der die 24 Stunden des Tages und die Minuten durchgezählt werden (z. B. 20.15 Uhr, gesprochen: *zwanzig Uhr fünfzehn*), und eine alltagssprachliche Ausdrucksweise. Hier wird der Tag in zweimal zwölf Stunden und die Stunden in halbe und viertel unterteilt. Die Einteilung der Stunde ist regional unterschiedlich gewichtet, sodass es teilweise zwei Ausdrucksweisen gibt:

8.15 Uhr:	viertel nach acht / viertel neun
8.20 Uhr:	zwanzig nach acht / zehn vor halb neun
8.30 Uhr:	halb neun
8.35 Uhr:	fünf nach halb neun
8.45 Uhr:	viertel vor neun / drei viertel neun
8.50 Uhr:	zehn vor neun

394 Ordinalzahlen

Ordinalzahlen (Ordnungszahlen) geben eine bestimmte Stelle, einen Platz oder Rang, in einer Reihe an:

> Paul kommt jetzt in die fünfte Klasse. Zu ihrem dreißigsten Geburtstag gibt sie eine Party.

Sie werden mit *-t* bzw. (ab 20) mit *-st* aus den Kardinalzahlen gebildet:

> zweit-, neunt-, dreizehnt-, vierzigst-, hundertst-

Im Einerzahlen-Bereich gibt es unregelmäßige Bildungen wie *erst-*, *dritt-*.

Ordinalzahlen haben eine vollständige Adjektivdeklination und treten nur dekliniert auf (also auch bei prädikativem Gebrauch):

> Die Feier findet am zwölften April / am Zwölften statt. Markus war Erster / der Erste.

395 Vervielfältigungszahlen

Mit *-fach* können aus Kardinalzahlen Adjektive gebildet werden, die angeben, wie oft etwas vorhanden ist oder geschieht:

> Der Akrobat sprang einen dreifachen Salto. Ich brauche das Fünffache davon. Man hat den Zugang vierfach gesichert.

Statt *zweifach* heißt es häufiger *doppelt:*

> Doppelt genäht hält besser. Der Koffer hatte einen doppelten Boden.

396 Bruchzahlen

Bruchzahlen wie z. B.

> drittel, viertel, achtel, zwanzigstel, hundertstel

bezeichnen den Teil eines Ganzen; das ist auch an ihrer Bildung erkennbar: *drittel* (entstanden aus *dritt-teil*) ist ›der dritte Teil‹.

Statt *zweitel,* das nur in der Fachsprache der Mathematik gebräuchlich ist, sagt man *halb.*

Bruchzahlen werden als Adjektiv und – entsprechend ihrer Entstehung – besonders häufig als Nomen verwendet.

In adjektivischem Gebrauch wird nur *halb* dekliniert:

Geteiltes Leid ist halbes Leid. Ich komme dir auf halbem Wege entgegen. Die Panne hat uns einen halben Tag gekostet.

Alle übrigen Bruchzahlen (auch Zusammensetzungen mit *halb*) bleiben vor einem Nomen unflektiert:

Ein viertel Pfund sind 125 g. Wir haben seit eineinhalb/anderthalb Jahren nichts von ihnen gehört.

Als Nomen haben Bruchzahlen neutrales Genus; für *halb* gibt es ein eigenes – feminines – Nomen *(Hälfte):*

Das erste Drittel / Die erste Hälfte des Weges war am beschwerlichsten. Dieses (Stadt-)Viertel hat keinen guten Ruf.

Mit gängigen Maßeinheiten (wie z. B. *Stunde, Jahr, Liter*) können Bruchzahlen ein zusammengesetztes Nomen bilden:

Ich warte noch eine Viertelstunde. Er wohnt seit etwa einem Dreivierteljahr nicht mehr hier.

Indefinite Zahladjektive 397

Indefinite (unbestimmte) Zahladjektive bezeichnen nicht eine genaue Anzahl, sondern z. B. die Gesamtheit einer Menge *(ganz, gesamt, sämtlich)*, eine relativ große oder kleine Menge *(viel, zahlreich; wenig, gering)* oder eine zusätzliche bzw. restliche Menge *(weiter-, ander-, übrig, sonstig)*.

Sie werden – mit starken und schwachen Formen – wie andere Adjektive dekliniert:

ihr ganzer/gesamter/sämtlicher Schmuck – der ganze/gesamte/sämtliche Schmuck, trotz vieler Mühen – trotz der vielen Mühen, weitere/andere/sonstige Fragen – die weiteren/anderen/sonstigen Fragen

viel und *wenig* bleiben häufig, vor allem im Singular, unflektiert, wenn sie ohne Artikel vor einem Nomen stehen:

Viel Lärm um nichts. Es besteht nur noch wenig Hoffnung. Viel Glück/Spaß/Vergnügen! (Aber: Vielen Dank!)

Eine unbestimmte Menge bezeichnen auch Wörter wie *manche, einige, mehrere.* Sie können aber keinen Artikel vor sich haben *(*die manchen Bücher);* deshalb zählen sie nicht zu den Adjektiven, sondern sind selbst Artikelwörter (bzw. Pronomen); ↑340.

6 Das Adverb

Zur Wortart Adverb (Plural: Adverbien) gehören Wörter wie 398

da, hier, gestern, oft, so, gern, rückwärts, dabei, hieran, trotzdem, vielleicht, glücklicherweise

Adverbien sind unveränderlich; einige können allerdings gesteigert werden *(oft – öfter)*.

Der lateinische Terminus **Adverb** (›zum/beim Verb‹) besagt, dass Adverbien in einer besonders engen Beziehung zum Verb stehen; meist beziehen sie sich jedoch nicht auf das Verb allein, sondern auf den ganzen Satz.

Die deutsche Bezeichnung »Umstandswort« verweist auf die Bedeutung: Adverbien bezeichnen »Umstände«, d.h., sie »situieren« ein Geschehen *(hier, heute)* oder geben einen Kommentar dazu wieder *(vielleicht, leider)*.

Die Bildung komplexer Adverbien ist relativ eingeschränkt; eine besondere Gruppe stellen die mit Präpositionen gebildeten dar *(dabei, hiermit)*.

6.1 Form und Bildung

Steigerung 399

Einige wenige Adverbien bilden Steigerungsformen (wobei z.T. der Wortstamm wechselt):

Positiv	Komparativ	Superlativ	
bald	eher	am ehesten	Mal sehen, wer am ehesten da ist.
gern	lieber	am liebsten	Isst du lieber Reis oder Nudeln?
oft	öfter	am öftesten	Wir sollten uns öfter sehen.
sehr	mehr	am meisten	Das hat mich am meisten geärgert.
wohl	wohler	am wohlsten	Hier fühlen wir uns viel wohler.

400 Abgeleitete Adverbien

Neben einfachen Adverbien wie *so, oft, gern* gibt es solche, die aus Wörtern anderer Wortarten (insbesondere aus Nomen) gebildet sind. Die wichtigsten Ableitungssuffixe:

-s	morgens, sonntags, anfangs, erstens, eilends
-wärts	aufwärts, ostwärts, seitwärts, rückwärts
-weise	schrittweise, massenweise, glücklicherweise
-maßen	folgendermaßen, dermaßen, gewissermaßen
-halber	anstandshalber, ehrenhalber, spaßeshalber

Bei Adverbien auf *-weise* sind zwei Bildungsmuster zu unterscheiden:

– Nomen + *weise:*

  andeutungsweise, schrittweise, probeweise

  Diese Adverbien bezeichnen die Art und Weise des Geschehens.

– Adjektiv + *er* + *weise:*

  glücklicherweise, seltsamerweise, bedauerlicherweise

  Mit diesen Adverbien drückt der Sprecher eine Bewertung aus.

Präpositionaladverbien

401 Eine besondere Formklasse bilden Adverbien wie *dabei, hiermit, wozu.* Sie bestehen aus dem Adverb *da, hier* oder *wo* als Erstglied und einer Präposition als zweitem Bestandteil.

Für solche Verbindungen kommen nur bestimmte einfache (meist lokale) Präpositionen infrage, und zwar:

> an, auf, aus, bei, durch, für, gegen, hinter, in, mit, nach, neben, über, um, unter, von, vor, zu, zwischen

Beginnt die Präposition mit einem Vokal (wie z. B. *auf, unter*), wird nach *da* und *wo* ein *r* eingefügt:

da(r)- + Präposition	dabei, dafür, dahinter, danach, dazwischen; daran, darin, darüber, darum, darunter
hier- + Präposition	hieraus, hierbei, hierdurch, hierfür, hierin, hiermit, hierunter, hiervon, hierzu
wo(r)- + Präposition	wodurch, wogegen, wovon, wovor, wozu; woran, worauf, worin, worüber

Präpositionaladverbien werden wie Fügungen aus einer Präposition und einem Pronomen gebraucht (deshalb heißen sie auch manchmal **Pronominaladverbien**). 402

Es gilt folgende Verteilung: Präpositionaladverbien werden verwendet, wenn man sich auf eine Sache oder einen Sachverhalt bezieht; beim Bezug auf Personen steht die entsprechende Präpositionalgruppe aus Präposition und Pronomen:

Bezug auf Sache/Sachverhalt: Präpositionaladverb	**Bezug auf Person: Präposition + Pronomen**
(Wir sprechen gerade über das neue Programm.) Wissen Sie Genaueres darüber? Hiermit will ich nichts zu tun haben. Woran denkst du?	(Wir sprechen gerade über den neuen Kollegen.) Wissen Sie Genaueres über ihn? Mit ihr/denen will ich nichts zu tun haben. An wen denkst du?

In der gesprochenen Umgangssprache gibt es bei den Präpositionaladverbien einige Besonderheiten: 403

- Beim Bezug auf Sachen steht nicht immer das Adverb; vor allem anstelle von *wo(r)-* + Präposition *(woran)* wird häufig eine Fügung aus Präposition + *was* verwendet *(an was)*:

  (standardsprachlich:) Worüber lacht ihr? (umgangssprachlich:) Über was lacht ihr? Du weißt nicht, worauf / auf was du dich da einlässt! Wozu / Zu was soll das gut sein?

- Präpositionaladverbien mit *dar-* erscheinen oft verkürzt:

Mach dir nichts draus! Ich kann mich nicht dran erinnern. Gleich komme ich wieder drauf. Hier geht es drunter und drüber.

- Präpositionaladverbien mit *da-* werden häufig (vor allem im Norddeutschen) aufgespalten:

  (standardsprachlich:) Davon weiß ich nichts. (umgangssprachlich:) Da weiß ich nichts von. Dazu hast du kein Recht. – Da hast du kein Recht zu. Dagegen kann man nichts machen. – Da kann man nichts gegen machen.

  Diese Trennung der Teile ist auch sehr gängig bei Verbindungen mit *hin* und *her:*

  Dahin gehe ich nie wieder. – Da gehe ich nie wieder hin. Woher kommt er eigentlich? – Wo kommt er eigentlich her?

6.2 Bedeutung

Situativadverbien

Als »situativ« oder »situierend« kann man all die Adverbien zusammenfassen, die die verschiedenen Umstände des dargestellten Geschehens benennen. Es lassen sich hauptsächlich folgende Bedeutungsklassen unterscheiden: 404

lokal	
Ort	hier, da, oben, außen, nirgends, wo
Richtung	hin, dorthin, her, herauf, westwärts
temporal	
Zeitpunkt	dann, morgen, sofort, danach, sonntags
Dauer	lange, stets, weiterhin
Häufigkeit	zweimal, oft, immer, nie
kausal	darum, deshalb, seinetwegen

hin/her 405

Die Richtungsadverbien *hin* und *her* (und Zusammensetzungen mit ihnen) verbinden sich meist mit Verben *(hinbringen, herholen, herunterkommen),* sie verhalten sich dann wie eine abtrennbare Verbpartikel (↑190).

Die Bewegung, die solche Verben ausdrücken, wird vom Standpunkt des Sprechers aus gesehen: *hin* bezeichnet die Richtung vom Sprecher weg:

Geh zu ihr hin und entschuldige dich.

her drückt die Richtung auf den Sprecher zu aus:

Komm doch bitte mal zu mir her.

hin	*her*
Du musst genau hinschauen. Ich fahre dich hin. Gehet hin in alle Welt ... Wir ziehen bald dorthin.	Alle mal herhören! Holen Sie bitte Herrn N. her. Kommet her zu mir alle, ... Wir sind kürzlich hierher gezogen.

Die mit Präpositionen gebildeten Adverbien *(hin-auf, her-unter)* bringen weitere räumliche Perspektiven ins Spiel; z. B. steigt man von oben eine Treppe *hinunter* (jemand, der am Fuß der Treppe steht, sieht einen *herunter*steigen), von unten steigt man die Treppe *hinauf* (für die Personen oben steigt man sie *herauf*).

In der Umgangssprache wird hier die Richtungsunterscheidung nicht streng eingehalten. Man benutzt – besonders im Norddeutschen – *her* auch für *hin*, vor allem in den verkürzten Formen mit *r* (ohne Apostroph geschrieben):

> Geh schon mal rein (›hinein‹). Sie schob ihm das Geld rüber. Bring die Sachen auf den Boden rauf. Das Kind ist die Treppe runtergefallen.

Im Süddeutschen gibt es allerdings – auch bei den verkürzten Formen – noch die Unterscheidung zwischen *hin* und *her* (die Kurzformen mit *n* werden mit Apostroph geschrieben); so geht man z. B. in den Keller *'nunter* und kommt mit einer Flasche Wein wieder *rauf.*

406 Modaladverbien

Eine zweite inhaltliche Gruppe bilden Modaladverbien (auch: Modalwörter, Modalpartikeln) wie

> möglicherweise, vielleicht, sicherlich, erfreulicherweise, leider, hoffentlich, bezeichnenderweise, bekanntermaßen

Sie modifizieren nicht das dargestellte Ereignis selbst, sondern betreffen den Modus, die Art, wie der Sprecher das Ereignis einschätzt oder bewertet:

> Vielleicht/Möglicherweise/Zweifellos steckt er im Stau.
> Hoffentlich meldet er sich bald.

Genauer dazu ↑532–534.

6.3 Verwendung im Satz

Adverbien werden im Satz als **Adverbiale** (adverbiale Bestimmungen) gebraucht. Die beiden Begriffe müssen auseinandergehalten werden: Adverb ist eine Wortartbezeichnung, Adverbial bezeichnet eine syntaktische Funktion, die auch andere Wörter und Wortgruppen ausüben können: **407**

Adverbial (adverbiale Bestimmung)	
Adverb Präpositionalgruppe	Hier haben wir gewohnt. In diesem Haus haben wir gewohnt.
Adverb Nominalgruppe im Akkusativ	Sie arbeitet lange. Sie arbeitet den ganzen Tag.
Adverb Adjektiv	Er fühlt sich nicht wohl. Es geht ihm nicht gut.

Typischerweise kommen Adverbien – wie Adverbiale in anderer Form – selbstständig im Satz als freie Angabe vor; sie beziehen sich dann auf den ganzen Satz oder enger auf das Verb (↑523): **408**

Satzbezug	**Verbbezug**
Dort ist es jetzt 11 Uhr. Gestern ist unser Auto kaputtgegangen. Deswegen konnten wir nicht kommen.	Wir werden schrittweise vorgehen. Das hat mich sehr geärgert. Du musst rückwärts einparken.

In Verbindung mit bestimmten Verben hat das Adverb den Status einer Ergänzung:

> Das Spiel ist erst morgen. Wie fährt man dorthin? Wir hatten so darauf gehofft.

Adverbien werden auch unselbstständig, als Attribut zu einem Nomen, verwendet:

> die Party gestern, der Tag danach, die Gegend hier, die nächste Straße links

409 ⚠ Gelegentlich wird versucht, Adverbien – und andere unveränderliche Wörter – zu flektieren und wie ein attributives Adjektiv vor ein Nomen zu stellen:

> die sogleiche Erledigung, ein beinaher Zusammenstoß, eine groß genuge Wohnung, die zune Tür, ein abener Knopf

Dies ist nicht korrekt. Nur bei Adverbien auf *-weise,* die von einem Nomen abgeleitet sind (↑400), wird der adjektivische Gebrauch akzeptiert:

> ein schrittweises Vorgehen, die probeweise Einstellung, eine teilweise Änderung

410 6.4 Adverbgruppe und Adverbialkomplex

In sehr beschränktem Maße kann das Adverb mit einem graduierenden Ausdruck zu einer **Adverbgruppe** erweitert werden:

> sehr gern, ziemlich oft, ganz anders, zu viel, ungemein wohl

Häufiger verbindet es sich mit einem oder mehreren gleichartigen Adverbien bzw. Adverbialen zu einem **Adverbialkomplex:**

> dort hinten, oben links, hier in Deutschland, jetzt im Herbst, heute Morgen um 10 Uhr, auf Seite 3 unten, hier oben rechts in der Ecke

In solchen Verbindungen ist in aller Regel der erste Teil als Kopf anzusehen. Die übrigen Teile sind Attribute; sie können unterschiedlich interpretiert werden:

- Das attributive Adverbial liefert eine zusätzliche Erläuterung (wie die Apposition zu einer Nominalgruppe, ↑286):

  Jetzt im Herbst (›jetzt, d. h. im Herbst‹) wird es schon empfindlich kühler. Hier in Deutschland (›hier, d. h. in Deutschland‹) sind diese Dinge sehr kompliziert geregelt.

- Das attributive Adverbial ist eine nähere Bestimmung, die den genannten Bereich einschränkt:

  Siehe die Abbildung auf Seite 3 unten (›auf Seite 3, und da unten‹)

Wenn das Kopf-Adverbial ein Nomen enthält *(in der Stadt, auf dem Bild),* kann sich ein attributives Adverbial sowohl auf das Nomen allein wie auf das gesamte Adverbial beziehen; vgl. z. B.:

auf dem Bild rechts: ›auf dem Bild, das sich rechts befindet‹

auf dem Bild rechts: ›auf dem Bild, und da rechts‹

In solchen Fällen hängt es vom Kontext ab, wie der Komplex zu verstehen ist.

7 Die Präposition

411 Präpositionen sind unflektierbare Wörter wie z. B.

auf, bei, hinsichtlich, in, nach, trotz, unter, vor, zuliebe

Sie treten nie allein auf, sondern immer in Verbindung mit anderen Wörtern oder Wortgruppen, mit denen sie eine Präpositionalgruppe bilden:

nach dem Essen, nach Ihnen, nach vorn

Soweit es sich dabei um Nomen oder Pronomen handelt, regiert (bestimmt) die Präposition deren Kasus:

mit dem Freund$_{\text{Dat}}$, ohne ihn$_{\text{Akk}}$

Zu den alten Präpositionen wie *aus, in, über, vor* sind im Laufe der Zeit viele neu gebildete hinzugekommen, z. B. *angesichts, aufgrund, innerhalb, während.*

Der lateinische Fachausdruck **Präposition** (›Voranstellung‹) betont die Stellung dieser Wörter innerhalb der Präpositionalgruppe; dagegen verweist die deutsche Bezeichnung »Verhältniswort« auf ihre Bedeutung.

7.1 Herkunft und Bedeutung

412 Es gibt im heutigen Deutsch etwa hundert Präpositionen. Den Kernbestand bildet eine relativ kleine Gruppe von einfachen, sehr häufigen Präpositionen wie z. B. *an, auf, durch, mit, in, unter, vor, zu.*

Diese alten Präpositionen werden mit dem Dativ oder Akkusativ verbunden. Sie gehen zum größten Teil auf lokale Adverbien zurück; die Verwandtschaft ist teilweise noch heute erkennbar, vgl. z. B. *in – innen, unter – unten, vor – vorn.*

413 Neuere Präpositionen regieren überwiegend den Genitiv.

Zum einen sind sie ursprüngliche Adverbien, (abgeleitete) Adjektive oder Partizipien:

rechts und links des Flusses, außerhalb der Stadt, südlich des Äquators, bezüglich/hinsichtlich des Preises, ungeachtet der Warnungen

Zum anderen liegen ihnen Nomen zugrunde:

> trotz des Regens, dank ihrer Hilfe, zeit seines Lebens, mittels eines Hebekrans, mangels eindeutiger Beweise

Die neueste Schicht bilden Präpositionen, die auf eine Fügung aus Präposition + Nomen, also eine Präpositionalgruppe, zurückgehen. So ist z.B. aus der Wortgruppe *in der Folge* das Wort *infolge* entstanden:

> infolge dichten Nebels, anhand dieser Dokumente, anstatt ihres Freundes

Dass hier die Entwicklung noch nicht abgeschlossen ist, zeigt die Schreibweise: Man kann solche präpositionalen Fügungen in vielen Fällen sowohl zusammen- wie auch getrennt schreiben:

> anstelle / an Stelle ihres Freundes, aufgrund / auf Grund der guten Auftragslage, mithilfe / mit Hilfe des neuen Programms, zugunsten / zu Gunsten bedürftiger Kinder

⚠ Bildungen wie *behufs, betreffs, seitens, zwecks* klingen typisch amtssprachlich; sie lassen sich meist durch einfache Präpositionen ersetzen:

☹	☺
betreffs eines Zuschusses seitens des Vorstands zwecks Feststellung der Personalien	wegen eines Zuschusses vom Vorstand zur Feststellung der Personalien

Präpositionen stellen bestimmte inhaltliche Beziehungen zwischen Gegenständen her. Es lassen sich hauptsächlich vier Bedeutungsgruppen unterscheiden: 414

lokal	an der Grenze, auf der Autobahn, im Internet, nach Ungarn, vor dem Haus, über den Wolken
temporal	an diesem Tag, vor dem Essen, um 12 Uhr, seit gestern, während des Krieges

kausal	wegen Bauarbeiten, aus Mitleid, vor Angst, durch Unachtsamkeit, zum Geburtstag
modal	ohne mein Wissen, mit euch, gegen seinen Rat, gemäß Artikel 1, aus Silber, in Weiß

415 Viele der alten Präpositionen sind nicht nur einer Gruppe zuzuordnen; ihre ursprünglich räumliche Bedeutung hat sich auf andere – insbesondere zeitliche – Verhältnisse übertragen. Vgl. z. B.:

in (lokal:) Der Urlaub in Österreich war schön.
(temporal:) In dieser Woche habe ich keine Zeit.
(modal:) In Liebe und Dankbarkeit, deine M.

aus (lokal:) Er nahm das Geld aus dem Safe.
(kausal:) Sie ist aus Überzeugung dagegen.
(modal:) Kerzen aus Bienenwachs riechen gut.

Präpositionen, die von einem Verb, Adjektiv oder Nomen abhängen *(denken an, stolz auf, Streit um),* haben in der Regel gar keine eigene konkrete Bedeutung mehr; sie dienen, ähnlich wie Kasus, dem syntaktischen Anschluss (↑431).

Aufgrund all dessen macht der richtige Gebrauch von Präpositionen beim Sprachenlernen besondere Schwierigkeiten. Nicht einmal bei so eng verwandten Sprachen wie dem Deutschen und dem Englischen kann mit einer Eins-zu-eins-Entsprechung gerechnet werden; vgl. z. B. dt. *leiden unter* – engl. *to suffer from (*under),* engl. *to wait for* – dt. *warten auf (*für)* oder die verschiedenen Entsprechungen von engl. *at:*

at the airport – am Flughafen, at school – in der Schule, at home – zu Hause, at ten o'clock – um zehn Uhr

Man muss also Präpositionen immer im Zusammenhang der ganzen Fügung lernen.

7.2 Rektion

Präpositionen üben Rektion aus, d. h., sie fordern einen bestimmten Kasus für die Nominal- bzw. Pronominalgruppe, mit der sie sich verbinden. So regiert z. B. *für* den Akkusativ *(für den Freund), bei* den Dativ *(bei ihm), zugunsten* den Genitiv *(zugunsten des Freundes).* 416

Eine Reihe von Präpositionen kann mit zwei, *entlang* sogar mit drei Kasus stehen.

Die wichtigsten Präpositionen und ihre Rektion:

ab	Dat./Akk. (↑418)	halber	Gen. (↑425)
abseits	Gen.	hinsichtlich	Gen.
abzüglich	Gen./Dat.	hinter	Dat./Akk.
an	Dat./Akk.	in	Dat./Akk.
angesichts	Gen.	infolge	Gen.
anhand	Gen.	inklusive	Gen./Dat.
anlässlich	Gen.	innerhalb	Gen.
anstatt	Gen./Dat.	jenseits	Gen.
anstelle	Gen.	kraft	Gen.
auf	Dat./Akk.	längs	Gen.
aufgrund	Gen.	laut	Gen./Dat.
aus	Dat.	mangels	Gen./Dat.
ausschließlich	Gen./Dat.	mit	Dat.
außer	Dat. (↑418)	mithilfe	Gen.
außerhalb	Gen.	mittels	Gen./Dat.
bei	Dat.	nach	Dat.
bezüglich	Gen.	neben	Dat./Akk.
binnen	Gen./Dat.	oberhalb	Gen.
bis	Akk. (↑423)	ohne	Akk.
dank	Gen./Dat.	seit	Dat.
diesseits	Gen.	statt	Gen./Dat.
durch	Akk.	trotz	Gen./Dat. (↑422)
einschließlich	Gen./Dat.	über	Dat./Akk.
entgegen	Dat. (↑426)	um	Akk.
entlang	Gen./Dat./Akk.	um … willen	Gen. (↑425)
	(↑426)	ungeachtet	Gen.
entsprechend	Dat. (↑426)	unter	Dat./Akk.
exklusive	Gen./Dat.	unterhalb	Gen.
für	Akk.	von	Dat.
gegen	Akk.	vor	Dat./Akk.
gegenüber	Dat. (↑426)	während	Gen./Dat. (↑422)
gemäß	Dat. (↑426)	wegen	Gen./Dat. (↑422)

wider	Akk.	zuliebe	Dat. (↑425)
zu	Dat.	zuungunsten	Gen.
zufolge	Dat. (↑425)	zuzüglich	Gen./Dat.
zugunsten	Gen.	zwischen	Dat./Akk.

Der Wechsel zwischen Dativ und Akkusativ *(in dem Haus / in das Haus)* ist semantisch bedingt (↑417). Bei den Präpositionen mit Genitiv und Dativ hat die Wahl des Kasus in der Regel formale Gründe (↑421).

Präpositionen mit Dativ und Akkusativ

417 Die meisten der dativ- und akkusativregierenden Präpositionen dienen der Orientierung im Raum. Sie bezeichnen die Lage (ein statisches Verhältnis; Frage: wo?) oder die Richtung (ein direktionales Verhältnis; Frage: wohin?). Zum Teil geschieht das mit unterschiedlichen Präpositionen, z. B.:

(Lage:)	Er wohnt bei seiner Freundin.
(Richtung:)	Er fährt zu seiner Freundin.

Bestimmte Präpositionen können aber für beide Dimensionen verwendet werden, und zwar:

an, auf, hinter, in, neben, über, unter, vor, zwischen

Der Unterschied wird dann durch den Kasus angezeigt: Zur Kennzeichnung der Lage regiert die Präposition den Dativ, zur Kennzeichnung der Richtung den Akkusativ:

Lage (wo?): Dativ	Richtung (wohin?): Akkusativ
Das Bild hängt an der Wand. Die Kinder spielten auf der Straße. Das Auto steht in der Garage. Unter dem Schrank liegt ein Ball.	Sie hängt das Bild an die Wand. Die Kinder liefen auf die Straße. Fahr das Auto in die Garage. Der Ball ist unter den Schrank gerollt.

Bei manchen Verben sind beide Sehweisen (und damit sowohl Dativ wie Akkusativ) möglich:

Elsa hat sich in ihrem Zimmer / in ihr Zimmer eingeschlossen. Er ließ sich erschöpft auf dem Sofa / auf das Sofa nieder. Tragen Sie die Ergebnisse in der Tabelle / in die Tabelle ein.

Auch *ab* kann mit dem Dativ und dem Akkusativ gebraucht werden; der Kasus unterscheidet hier aber nicht Lage und Richtung. Vielmehr stehen Raumangaben mit *ab* immer im Dativ: **418**

ab der nächsten Station, ab allen inländischen Flughäfen

Bei Zeit- und Mengenangaben ist auch der Akkusativ möglich, sofern sie ohne Artikel stehen:

ab erstem Juni / ab ersten Juni (aber nur: ab dem ersten Juni), Kinder ab 3 Jahren / ab 3 Jahre, ab 10 Losen / ab 10 Lose ein Gratislos

Die dativregierende Präposition *außer* kann auch als nebenordnende Satzteilkonjunktion verwendet werden, also mit dem gleichen Kasus wie die Bezugseinheit stehen:

Die Einbrecher haben allen Schmuck außer diesem / diesen Ring mitgenommen.

Geografische Namen (Länder- und Städtenamen) haben als statische Präposition im Prinzip *in:* **419**

in Somalia, in den Niederlanden, in Lissabon, in St. Petersburg

Nur bei Inseln heißt es *auf:*

auf Usedom, auf Mallorca, auf den Bahamas

Bei Richtungsangaben wird danach unterschieden, ob der Name mit oder ohne Artikel steht (↑dazu 301). Artikellose Namen – auch solche von Inseln – werden mit *nach* angeschlossen:

nach Somalia/Mallorca/St. Petersburg fliegen

Namen, die mit Artikel gebraucht werden, haben als direktionale Präposition *in* bzw. – bei Inseln – *auf:*

in die Niederlande / in den Sudan / auf die Bahamas fliegen

⚠ Bei Bezeichnungen von Institutionen (wie *Rathaus, Ausländeramt, Polizeistation*) gibt es Unsicherheiten und regionale Unterschiede im Gebrauch der Präposition. Die Lage-Präposition ist *in* oder *auf:* **420** im/auf dem Arbeitsamt tätig sein, sich im/auf dem Polizeipräsidium melden

Ist das konkrete Gebäude (und nicht so sehr die Institution) gemeint, wird fast nur *in* gebraucht:

Der Neujahrsempfang der Stadt findet im Rathaus statt. Im Finanzamt werden neue Computer installiert.

Die Richtungspräposition lautet *zu* oder *auf:*

Erst gehe ich zur/auf die Post, dann muss ich noch zum/auf das Einwohnermeldeamt.

Präpositionen mit Genitiv und Dativ

421 Präpositionen wie

abzüglich, inklusive, laut, mangels, mittels, (an)statt, trotz, während, wegen

stehen im Allgemeinen mit dem Genitiv:

abzüglich des bereits gezahlten Betrages, inklusive aller Nebenkosten, statt ihres Bruders, trotz klarer Beweise

Unter bestimmten Bedingungen wird aber statt des Genitivs der Dativ verwendet, und zwar

- wenn an dem nachfolgenden Nomen im Plural nicht erkennbar wäre, dass es sich um einen Genitiv handelt (weil er mit dem Nominativ und Akkusativ gleich lautet und andere Hinweise auf den Kasus – durch Artikel oder Adjektive – fehlen):

  abzüglich Steuerfreibeträgen, statt Brüdern, trotz Beweisen

- wenn die Präpositionalgruppe bereits einen Genitiv (als Attribut) enthält:

  wegen Olivers schlechtem Gesundheitszustand, während Herrn Meiers langatmigen Ausführungen

Außerdem wird der Genitiv meist bei allein stehenden Nomen im Singular unterdrückt:

wegen Nebel(s), trotz Eis und Schnee, mangels Geld

⚠ *trotz, wegen* 422

Bei *trotz* ist grundsätzlich neben dem Genitiv auch der Dativ korrekt. Er ist sogar der ältere Kasus bei dieser Präposition (vgl. *trotz allem, trotzdem*) und wird heute noch im südlichen deutschen Sprachraum bevorzugt.) Man kann also sagen:

> trotz des hohen Preises oder trotz dem hohen Preis, trotz seiner Einwände oder trotz seinen Einwänden

Ähnliches gilt für *laut:*

> laut des Berichts oder laut dem Bericht

wegen (und *während*) steht standardsprachlich mit dem Genitiv; der Dativ gilt hier als umgangssprachlich:

☹	☺
wegen dem dichten Nebel wegen den Kindern während dem Essen	wegen des dichten Nebels wegen der Kinder während des Essens

Zu *wegen* ↑ auch 426.

Rektion bei gehäuften Präpositionen 423

Probleme können entstehen, wenn eine Präpositionalgruppe zwei (selten drei) Präpositionen enthält *(für oder gegen Atomkraft, bis zum bitteren Ende).* Grundsätzlich wählt man in solchen Fällen den Kasus, den die zuletzt stehende Präposition fordert.

- Gereihte Präpositionen mit unterschiedlicher Rektion:

  Kommt ihr mit$_{+Dat}$ oder ohne$_{+Akk}$ die Kinder $_{Akk}$? Wir kommen teils ohne, teils mit den Kindern. Sie macht Übersetzungen aus und in romanische Sprachen.

- Präposition + Präpositionalgruppe:
  Vor allem *bis* kommt häufig vor einer anderen Präposition vor; dadurch entsteht eine komplexe Präpositionalgruppe:

  bis zu den Knien

Während *bis* allein immer den Akkusativ regiert *(bis nächsten Freitag),* gilt hier die Rektion der letzten – der »inneren« – Präposition (also gegebenenfalls auch der Dativ):

Er brachte sie bis zur Bushaltestelle $_{\text{Dat}}$ / bis vor die Haustür $_{\text{Akk}}$. Das vergesse ich bis an mein Lebensende nicht. Für Jugendliche bis zu 16 Jahren $_{\text{Dat}}$ nicht geeignet. (Aber ohne *zu:*) Für Jugendliche bis 16 Jahre $_{\text{Akk}}$ nicht geeignet.

7.3 Die Präpositionalgruppe

424 Präpositionen kommen nie allein im Satz vor. Sie fordern weitere Wörter, mit denen sie sich zu einer Wortgruppe verbinden. Die Präposition ist in einer solchen Verbindung der Kopf (das bestimmende Element); deshalb heißt die Wortgruppe **Präpositionalgruppe.**

Meist besteht eine Präpositionalgruppe aus der Präposition und einer Nominalgruppe oder einem Pronomen; dann regiert die Präposition den Kasus dieser Wörter (↑416):

mit allen Freunden $_{\text{Dat}}$, für dich$_{\text{Akk}}$, kraft seines Amtes $_{\text{Gen}}$

Bestimmte Präpositionen verbinden sich aber auch mit Adverbien:

nach oben, von dort, ab heute, bis morgen

Hier liegt natürlich keine Kasusrektion vor, da Adverbien unflektierbar sind.

Stellung der Präposition

425 Die weitaus meisten Präpositionen stehen – wie der Name sagt – vor dem Ausdruck, auf den sie sich beziehen; manche können auch nachgestellt werden (↑426).

Bestimmte Präpositionen, und zwar *halber, zuliebe, zuwider* und in der Regel auch *zufolge,* stehen immer hinter ihrem Bezugsausdruck:

der Ordnung halber, den Umfragen zufolge, dir zuliebe, dem Verbot zuwider

Nachgestellte Präpositionen werden auch als »Postpositionen« bezeichnet.

Außerdem gibt es Präpositionen, die den regierten Ausdruck umschließen:

um des lieben Friedens willen, von Anfang an, von hier aus

Eine Reihe von Präpositionen kommt sowohl voran- wie nachgestellt vor (wobei Voranstellung meist üblicher ist). Die wichtigsten Präpositionen mit Voran- und Nachstellung: 426

vorangestellt	**nachgestellt**
entgegen den Vorschriften	den Vorschriften entgegen
entlang dem Fluss $_{\text{Dat}}$ /des Flusses $_{\text{Gen}}$	den Fluss $_{\text{Akk}}$ entlang
entsprechend ihrem Vorschlag	ihrem Vorschlag entsprechend
gegenüber dem Bahnhof	dem Bahnhof gegenüber
gemäß seinem Wunsch	seinem Wunsch gemäß
nach meiner Meinung	meiner Meinung nach
wegen der Kinder	der Kinder wegen

Verbindet sich *wegen* mit einem Personalpronomen, lauten die korrekten Formen *meinetwegen, deinetwegen* usw. (ebenso auch: *um meinetwillen*); die Fügungen *wegen mir, wegen dir* usw. gelten als umgangssprachlich.

gegenüber in Verbindung mit einem Personalpronomen wird immer nachgestellt: *mir gegenüber, dir gegenüber* usw.

Verschmelzung von Präposition und Artikel

Viele der alten, einfachen Präpositionen können mit Formen des definiten Artikels zu einer einzigen Wortform zusammengezogen werden: 427

an + dem → am, zu + der → zur, in + das → ins

Besonders häufig ist die Verschmelzung bei den Präpositionen *an, in, von, zu, bei;* sie kommt aber – eingeschränkt – auch bei *auf, hinter, vor, über, unter* vor.

Die Artikelformen, die »eingeschmolzen« werden können, sind

- der Dativ Singular *(dem)*, vgl. *am, beim, zum;* die feminine Form *(der)* nur bei *zu: zur*
- der Akkusativ Singular Neutrum *(das)*, vgl. *ins, durchs, fürs*
- der Akkusativ Singular Maskulinum *(den)* bei bestimmten Präpositionen, vgl. *übern, untern, hintern*

Die Verschmelzungen sind ursprünglich in der gesprochenen Sprache entstanden, gehören aber bei den häufig vorkommenden Präpositionen auch der Schriftsprache an und haben dort meist einen weit höheren Anteil als die unverschmolzenen Formen.

428 In manchen Fällen kann nur die verschmolzene oder nur die volle Form stehen; in anderen Fällen sind beide möglich. Annäherungsweise gilt:

Die unverschmolzene Form (mit dem vollen Artikel) wird bei Nomen verwendet, die einen spezifischen Gegenstand bezeichnen. Spezifisch gebraucht sind Nomen vor allem immer dann, wenn sie durch ein Attribut näher bestimmt sind; hier ist die volle Form obligatorisch:

> Sie hatten sich gleich in das (*ins) alte Haus verliebt. Er hat dreimal von dem (*vom) Eis mit Schokoladensoße genommen. Sie geht zu dem (*zum) Friseur, den ihr eine Kollegin empfohlen hat.

Die verschmolzene Form steht bei nicht spezifischem Gebrauch des Nomens; darunter fallen u. a.:

- Nomen als Gattungs- oder Klassenbezeichnung:

  zum Arzt / zur Schule gehen, am Computer sitzen, im Baugewerbe tätig sein, vom Kind zum Mann heranwachsen

  Die Gattung kann auch nur aus einem Exemplar bestehen:

  der Mann im Mond, zur Sonne, beim Papst, am Rhein

- nominalisierte Wortformen:

  Fisch zum Braten und Dünsten, vom Feinsten, im Abseits

- Nomen in festen Verbindungen (Funktionsverbgefügen, ↑188, und Redewendungen):

zum Ausdruck bringen, zur Diskussion stehen, ums Leben kommen, am Herzen liegen, ins rechte Licht rücken, übers Knie brechen, vom Hölzchen aufs Stöckchen kommen

In allen diesen Fällen kann die Verschmelzung nicht in die volle Form aufgelöst werden (**zu dem Ausdruck bringen, *um das Leben kommen* usw.).

Die meisten Nomen können spezifisch und nicht spezifisch gebraucht werden. Einige Beispiele: 429

nicht spezifisch: Verschmelzung von Präposition und Artikel	**spezifisch: Vollform aus Präposition und Artikel**
Kommst du mit ins Kino?	Wir gehen in das Kino am Markt.
Im Winter, da schneit es, ...	Das war in dem Winter, in dem es so viel Schnee gab.
Brötchen kaufe ich nur beim Bäcker.	Ich kaufe die Brötchen immer bei dem Bäcker in der Hügelstraße.
Sie arbeitet gern im Garten.	Wo soll man bloß in dem verwilderten Garten anfangen?
Wir waren gestern Abend zum Essen eingeladen.	Zu dem Essen gestern Abend waren zwanzig Leute eingeladen.

! Eine Verschmelzung kann man nur dann auf mehrere Nomen beziehen, wenn die gleichen Artikelformen zugrunde liegen:

die Sage vom Leben und Tod Siegfrieds (= von dem Leben und dem Tod)

Wenn die ursprünglichen Artikelformen unterschiedlich sind, muss die Präposition (mit der jeweiligen Artikelform) wiederholt werden:

☹	☺
vom Leben und den Taten	vom Leben und von den Taten
zum Markt und der Marienkirche	zum Markt und zur Marienkirche
im Garten oder der Garage	im Garten oder in der Garage

Verwendung im Satz

430 Die Präpositionalgruppe als Adverbial

Präpositionalgruppen treten hauptsächlich als selbstständige Satzglieder mit der Funktion einer adverbialen Bestimmung (des Ortes, der Zeit, des Grundes usw.) auf:

> Im Urlaub fahren wir ans Meer. Klicken Sie mit der linken Maustaste auf die Schaltfläche. Bei schlechtem Wetter findet das Konzert in der Halle statt. Wegen Bauarbeiten ist die Burgstraße vom 20. Mai bis zum 3. Juni gesperrt.

Genauer wäre hier zu unterscheiden zwischen freien und notwendigen Adverbialen; ↑515.

431 Die Präpositionalgruppe als Ergänzung

Eine Präpositionalgruppe hat den Status einer Ergänzung, wenn die Präposition durch das Verb (oder das prädikative Adjektiv) des Satzes festgelegt ist:

> Das hängt vom Wetter ab / ist vom Wetter abhängig. Sie wartet auf einen Anruf. Nehmen Sie an der Veranstaltung teil? Wir würden uns über eine Zusage freuen. Ich bin mit allem einverstanden.

Verben wie *abhängen, warten, teilnehmen* und Adjektive wie *abhängig* verlangen eine Ergänzung mit einer bestimmten Präposition, so wie andere eine Ergänzung in einem bestimmten Kasus fordern; vgl. z. B. *auf einen Anruf warten – einen Anruf erwarten.* Zur Präpositionalergänzung ↑513.

432 Die Präpositionalgruppe als Attribut

Die Präpositionalgruppe steht als Attribut, also als unselbstständiger Satzgliedteil, wenn sie an ein Nomen angeschlossen ist.

Sie ist dann entweder eine freie adverbiale Angabe (mit unterschiedlichen Präpositionen):

> das Haus an der Ecke / in Montevideo / auf dem Hügel, die Feier am Freitag / bei den Freunden / zum Examen

Oder sie ist Ergänzung zu einem Nomen, dem ein Verb oder Adjektiv zugrunde liegt; die Präposition ist fest:

> die Hoffnung auf bessere Zeiten, die Suche nach Überlebenden, die Verdienste um die Firma, die Teilnahme an den Olympischen Spielen, der Stolz auf die Leistungen, die Abhängigkeit vom Öl

Oft gibt es jedoch Probleme bei der Wahl der Präposition, weil das entsprechende Verb oder Adjektiv nicht mit einer Präposition konstruiert wird (z. B. *helfen* + Dat → *Hilfe für*); eine Liste solcher Nomen ↑285.

8 Die Konjunktion

433 **Konjunktionen** sind unflektierbare Wörter wie

und, oder, aber, dass, ob, weil, wenn, als, obwohl

Wie der lateinische Terminus und die deutsche Bezeichnung »Bindewort« besagen, dienen Konjunktionen dazu, Ausdrücke miteinander zu verbinden. Sie stellen dabei eine bestimmte inhaltliche Beziehung zwischen den verbundenen Teilen her.

Neben einfachen Konjunktionen wie *oder, aber, ob* gibt es mehrteilige wie z. B.

als ob, anstatt dass, sowohl ... als auch, entweder ... oder

Man unterscheidet zwei Arten von Konjunktionen:

nebenordnende Konjunktion	und, sowie, oder, aber, denn
unterordnende Konjunktion	dass, ob, weil, nachdem, wenn

Die Einteilung beruht darauf, dass sich die Konjunktionen bei der Verknüpfung von Sätzen unterschiedlich verhalten.

8.1 Nebenordnende Konjunktionen

434 Nebenordnende Konjunktionen wie *und, oder* verbinden gleichartige Ausdrücke miteinander, und die Verbindung ergibt einen Ausdruck der gleichen Art, der dieselben Funktionen übernehmen kann wie jeder der Teile für sich; vgl. z. B.:

Gestern hat es geregnet. Heute hat es geregnet.

Gestern und heute hat es geregnet.

Nebenordnende Verbindungen sind auf allen Ebenen möglich:

Sätze	Es bleibt trocken, und die Temperaturen steigen.
Wortgruppen	sowohl im Norden wie im Süden, mit dem Auto oder mit dem Zug
Wörter	Max und Moritz; klein, aber fein; rechts oder links
Wortteile	be- und entladen, an- oder abstellen, Vor- und Nachteile, Mittag- sowie Abendessen

Allerdings gibt es hier Einschränkungen für einzelne Konjunktionen: Zum Beispiel können mit *aber* keine Wortteile und mit *sowie, sowohl ... als auch* keine Sätze verbunden werden; *denn* verbindet dagegen ausschließlich Sätze.

Mit *und* und *oder* können theoretisch beliebig viele Teile aneinandergereiht werden, wobei die Konjunktion oft nur vor dem letzten Teil steht:

mit Salz, Pfeffer, einer Prise Zucker und Kräutern würzen

aber und *denn* können nur zwei Einheiten verbinden.

Sätze haben bei Nebenordnung den gleichen Rang und die gleiche Satzform (d. h. die gleiche Verbstellung); Konjunktionen wie *und, oder* verbinden also einen Hauptsatz mit einem Hauptsatz: **435**

Es bleibt trocken, und die Temperaturen steigen. Kommst du oder kommst du nicht?

oder einen Nebensatz mit einem Nebensatz:

Wir hoffen, dass es dir bald wieder besser geht und dass du uns dann besuchen kommst.

Satzteile, die den verbundenen Sätzen gemeinsam sind, können unter bestimmten Bedingungen im angeschlossenen Satz weggelassen werden; ↑569.

Die Konjunktion wird zwar dem angeschlossenen Satz zugerechnet (z. B. bei der Kommasetzung), aber sie ist kein Satzglied und hat keinen Einfluss auf die Wortstellung. Das unterscheidet sie von bedeutungsähnlichen Wörtern, die Sätze miteinander verknüpfen. Vgl. z. B.: **436**

Das Auto ist zu teuer, und die Farbe gefällt mir nicht. – Das Auto ist zu teuer, außerdem gefällt mir die Farbe nicht.

Anders als *und* ist das Adverb *außerdem* ein selbstständiges Glied des angeschlossenen Satzes; es verändert die Stellung der übrigen Glieder, wenn es an den Anfang des Satzes tritt:

Die Farbe gefällt mir nicht.

Außerdem gefällt mir die Farbe nicht.

(*Außerdem die Farbe gefällt mir nicht.)

Entsprechend:

nebenordnende Konjunktion	satzverknüpfendes Adverb
Lars ist Fußballfan, aber Anna interessiert sich überhaupt nicht für Sport.	Lars ist Fußballfan; dagegen interessiert sich Anna überhaupt nicht für Sport.
Sie stellen jetzt sofort die Musik leiser, oder ich rufe die Polizei.	Sie stellen jetzt sofort die Musik leiser; anderenfalls/sonst rufe ich die Polizei.
Sie macht das Abitur nach, denn sie will studieren.	Sie will studieren; deshalb/deswegen/darum macht sie das Abitur nach.

(je)doch und *entweder* (in *entweder ... oder*) können sowohl als nebenordnende Konjunktion (vor dem Satz) wie auch als selbstständiges Adverb (mit verschiedenen Stellungsmöglichkeiten im Satz) gebraucht werden:

Konjunktion	Adverb
..., (je)doch alle Hilfe kam zu spät.	..., (je)doch kam alle Hilfe zu spät. Alle Hilfe kam jedoch zu spät.
Entweder wir machen das jetzt so, oder ...	Entweder machen wir das jetzt so, oder ... Wir machen das jetzt entweder so, oder ...

Inhaltlich werden vor allem diese Gruppen von nebenordnenden Konjunktionen unterschieden: 437

Reihung, Zusammenfassung	und, (so)wie, sowohl ... als (auch), sowohl ... wie (auch)
Alternative	oder, entweder ... oder, beziehungsweise
Gegensatz, Einschränkung	aber, (je)doch, sondern
Grund	denn

Die Bedeutungsgruppen *und, oder, aber*

und 438

und ist die neutrale, am häufigsten verwendete Konjunktion zur Aneinanderreihung von zwei oder mehr Ausdrücken:

Es klopfte, und gleich darauf ging die Tür auf. Am Tag und in der Nacht; gute und sehr gute und weniger gute Ergebnisse

Wenn *und* dieselben Wörter verbindet, wirkt es verstärkend, intensivierend:

Er läuft und läuft und läuft. Ich habe es ihm wieder und wieder gesagt, aber er wollte nicht hören. Der Ballon stieg höher und höher, bis er nicht mehr zu sehen war.

sowie wird im Sinne von ›und auch/und außerdem‹ gebraucht; der angeschlossene Teil hat meist ein geringeres Gewicht:

Ich brauche einen Laptop sowie ein neues Handy.

Die paarige Konjunktion *sowohl ... als auch* (mit ihren Varianten) hebt hervor, dass die Aussage für jeden einzelnen Teil der Verbindung gilt:

Ich brauche sowohl einen Laptop als auch ein neues Handy.

Das »negative« Gegenstück zu *sowohl ... als auch* ist *weder ... noch;* es besagt, dass die Aussage für keinen der Teile gilt:

Ich brauche weder einen Laptop noch ein neues Handy.

Bilden aneinandergereihte singularische Ausdrücke das Subjekt des Satzes, steht das Prädikat in der Regel im Plural (Einzelheiten ↑503):

Die Kartoffel und die Tomate gehören zu den Nachtschattengewächsen.

439 *oder*

oder drückt aus, dass es zwei (oder mehr) Möglichkeiten, Alternativen, gibt:

Das kann Thomas, Jakob oder Max gewesen sein. Die Sitzung wird vom Vorsitzenden oder seinem Stellvertreter geleitet. Ist jetzt alles klar, oder hat noch jemand Fragen?

Dabei kann gemeint sein, dass nur eine der Möglichkeiten in Betracht kommt; so z. B. in dieser Redewendung:

Wenn der Hahn kräht auf dem Mist, ändert sich das Wetter oder es bleibt, wie es ist.

Dieses »ausschließende« (exklusive) *oder* kann durch *entweder* verstärkt werden:

Die Sitzung wird entweder vom Vorsitzenden oder von seinem Stellvertreter [jedenfalls nicht von beiden] geleitet. Du musst dich jetzt entscheiden: (entweder) er oder ich.

oder wird aber auch »einschließend« (inklusiv) gebraucht; es bedeutet dann, dass alle angegebenen Möglichkeiten zutreffen können:

Er scheint überall Verwandte, Freunde oder Bekannte zu haben. Jeder Verkehrsteilnehmer hat sich so zu verhalten, dass kein anderer geschädigt, gefährdet oder mehr, als nach den Umständen unvermeidbar, behindert oder belästigt wird (StVO, § 1(2)).

Werden singularische Ausdrücke im Subjekt mit *oder* verbunden, steht das Prädikat meist ebenfalls im Singular (↑504):

Thomas oder Jakob hat das getan.

aber 440

Eine Verbindung mit *aber* drückt einen Gegensatz aus:

> Es war eine schöne, aber anstrengende Reise. Ihn finde ich nett, aber sie mag ich nicht. Arm, aber glücklich.

Die bedeutungsähnlichen Konjunktionen *doch, jedoch* betonen den Gegensatz:

> Er lief so schnell er konnte, doch er kam nicht weit. Sie versuchte alles, jedoch ohne Erfolg.

Wenn der vordere Teil der Verbindung eine Verneinung enthält, heißt die Gegensatz-Konjunktion im Deutschen *sondern:*

> Ich meinte nicht Sie, sondern Ihren Nebenmann. Nicht für die Schule, sondern für das Leben lernen wir. Das war kein Unfall, sondern Mord.

(In anderen Sprachen wird hier das gleiche Wort wie für ›aber‹ verwendet, z. B. im Englischen *but,* im Französischen *mais.*)

Verbindungen mit *als, wie:* Konjunktionalgruppen

Eine besondere Art von nebenordnenden Konjunktionen sind *als* und 441
wie, wenn sie sich mit anderen Wörtern zu einer Wortgruppe verbinden:

> Im Norden war es wärmer als im Süden. Wir betrachten das als erledigt. Ich frage Sie als Juristen. Heute ist es nicht so kalt wie gestern. Sie blieb stumm wie ein Fisch. Leute wie wir können nichts dagegen tun.

Eine solche **Konjunktionalgruppe** bezieht sich auf einen anderen Ausdruck im Satz; sie muss (wenn sie ein Nomen oder Pronomen enthält) im gleichen Kasus wie dieser Bezugsausdruck stehen; vgl. z. B.:

> Er liebt sie wie ein Bruder. – Sie liebt ihn wie einen Bruder.
>
> Nominativ — Akkusativ

In Verbindung mit einem Adjektiv dienen *wie-* und *als-*Gruppen zum Aufbau eines Vergleichs: *(so) schnell wie, schneller als;* ↑365, ↑366.

442 Konjunktionalgruppen werden im Satz prädikativ, adverbial und attributiv verwendet.

Eine Prädikativergänzung (↑518) sind sie in Verbindung mit bestimmten Verben:

gelten als, betrachten als, bezeichnen als, sich benehmen wie

als und *wie* ähneln in dieser Verwendung Präpositionen (wie z.B. in *denken an, warten auf*). Im Unterschied zu Präpositionen regieren sie aber nicht den Kasus der Wortgruppe, sondern sie leiten nur den Kasus des Bezugsausdrucks weiter:

Er$_{\text{Nom}}$ gilt als ausgewiesener Fachmann$_{\text{Nom}}$. Alle betrachten ihn$_{\text{Akk}}$ als ausgewiesenen Fachmann$_{\text{Akk}}$.

In adverbialem Gebrauch steht die Konjunktionalgruppe als selbstständiges Satzglied getrennt von ihrem Bezugsausdruck:

Paul war als Kind (›als er ein Kind war‹) sehr schwierig. Als Ärztin (›da du Ärztin bist‹) müsstest du das wissen. Sie geht wie eine alte Frau. Er freut sich wie ein Schneekönig.

Als Attribut wird die Konjunktionalgruppe unmittelbar an die Bezugs-Nominalgruppe angeschlossen:

du als Ärztin (›du, die du ja Ärztin bist‹), Leute wie wir

Zur Kasusgleichheit bei attributiven *als-* und *wie-*Gruppen ↑291.

8.2 Unterordnende Konjunktionen

443 Mit Konjunktionen wie *dass, weil* werden immer Sätze angeschlossen. Dabei bewirkt die satzeinleitende Konjunktion, dass das finite Verb an die letzte Stelle tritt:

Wir hoffen, dass du bald wieder gesund bist. Er musste einen langen Umweg fahren, weil die Brücke gesperrt war.

Verbletztstellung ist das Hauptkennzeichen von Nebensätzen. Konjunktionen wie *dass, weil* verbinden also nicht gleichrangige Sätze, sondern schließen einen untergeordneten Satz an; deshalb heißen sie **unterordnende Konjunktionen** (oder **Subjunktionen**).

um, ohne, (an)statt in Verbindung mit dem *zu*-Infinitiv – z. B. *Sie gingen weg, ohne sich zu verabschieden.* – gehören nicht zu den Konjunktionen; sie leiten keinen Satz mit finitem Verb ein, sondern eine Infinitivgruppe (↑611).

⚠ *weil* wird in gesprochener Sprache oft wie *denn,* also mit dem Verb an zweiter Stelle, gebraucht. Dies ist allerdings nur möglich, wenn der *weil*-Satz nachgestellt ist: **444**

Sie kann nicht kommen, weil sie muss länger arbeiten.

Damit entwickelt sich die unterordnende Konjunktion *weil* (ähnlich auch *obwohl*) zu einer nebenordnenden Konjunktion. Bis jetzt gilt aber schriftsprachlich nur der unterordnende Gebrauch (mit Verbletztstellung) als korrekt:

Sie kann nicht kommen, weil sie länger arbeiten muss.

Zu einigen unterordnenden Konjunktionen gibt es gleichlautende Adverbien, z. B. *seitdem, insofern, wie.* Als Adverbien verändern sie die Verbstellung nicht; vgl.: **445**

(unterordnende Konjunktion:) Seitdem wir Streit mit ihr hatten, kommt sie nicht mehr. (Adverb:) Wir hatten Streit mit ihr; seitdem kommt sie nicht mehr.

⚠ Häufig wird – nicht nur umgangssprachlich, sondern auch in der Literatur – das Adverb *trotzdem* als unterordnende Konjunktion verwendet:

Er spielte weiter, trotzdem er sich verletzt hatte.

Der Gebrauch als Adverb ist vorzuziehen; als unterordnende Konjunktion steht *obwohl* zur Verfügung:

Er hatte sich verletzt; trotzdem spielte er weiter. Oder: Er spielte weiter, obwohl er sich verletzt hatte.

Bestimmte Wörter kommen sowohl als unterordnende Konjunktion wie als Präposition vor:

unterordnende Konjunktion	Präposition
Sie wanderten, bis es dunkel wurde.	Sie wanderten bis zum Einbruch der Dunkelheit.
Seit er umgezogen ist, habe ich nichts mehr von ihm gehört.	Seit seinem Umzug habe ich nichts mehr von ihm gehört.
Während wir miteinander sprachen, lief der Fernseher.	Während des ganzen Gesprächs lief der Fernseher.

446 Inhaltlich ist bei den unterordnenden Konjunktionen zu unterscheiden zwischen *dass, ob* und allen übrigen. *Dass* und *ob* sind bedeutungsneutral; sie dienen nur dazu, einen Satz unterzuordnen. Die anderen Konjunktionen (*weil, nachdem, obwohl* usw.) stellen dagegen eine spezifische inhaltliche Beziehung zwischen den verbundenen Sätzen her. Die wichtigsten sind:

temporal (Zeit)	als, nachdem, bis, ehe, seit(dem)
kausal (Grund)	weil, da, zumal
konditional (Bedingung)	wenn, falls, sofern
konzessiv (Gegensatz)	obwohl, wenngleich, wenn auch
konsekutiv (Folge)	sodass
final (Zweck)	damit
modal (Art und Weise)	indem, wobei, wie, als ob

447 Die mit unterordnenden Konjunktionen eingeleiteten Nebensätze haben unterschiedliche syntaktische Funktionen im Satzgefüge.

Nebensätze mit Konjunktionen wie *weil, nachdem, wenn* entsprechen einer adverbialen Angabe; sie heißen deshalb Adverbialsätze:

> Heute schien endlich wieder die Sonne, nachdem es drei Tage lang geregnet hatte (›nach drei Tagen Regen‹: Temporalangabe). Wenn

alle mithelfen (Konditionalangabe), sind wir in zwei Stunden fertig. Beeil dich, damit wir bald losfahren können (Finalangabe).

Zu den einzelnen Klassen von Adverbialsätzen ↑582–598.

Mit *dass* und *ob* eingeleitete Sätze vertreten dagegen eine Ergänzung (das Subjekt oder die Akkusativergänzung) des übergeordneten Satzes:

Dass er die Prüfung bestanden hat (Subjekt), wundert ihn selbst.
Ich weiß nicht, ob sie noch kommt (Akkusativergänzung).

Zu den Ergänzungssätzen im Einzelnen ↑578–581.

dass- und *ob*-Sätze können auch an ein Nomen angeschlossen werden; sie haben dann die Funktion eines Attributs:

Die Tatsache, dass er verschwunden ist, beweist noch gar nichts.
Die Frage, ob Simon oder Emma recht hat, ist nicht leicht zu entscheiden.

Zu Attributsätzen ↑599–605.

9 Partikeln

448 **Partikeln** (Singular: die Partikel; wörtlich: ›das Teilchen‹) sind unveränderliche Wörter wie die in folgenden Sätzen hervorgehobenen:

Ist das denn aber auch gut? Das ist sogar sehr gut. Das war ja schon ganz gut, aber eben noch nicht gut genug. War das vielleicht gut!

Die meisten dieser Wörter gehören – in anderer Verwendungsweise – auch anderen Wortarten an.

Partikeln sind kurze, oft einsilbige Wörter mit besonderen Betonungs- und Stellungseigenschaften; insbesondere können sie nicht (allein) im Vorfeld stehen. Sie erfüllen sehr unterschiedliche Funktionen im Satz; man unterscheidet hauptsächlich folgende Klassen:

Gradpartikeln	sehr, ganz, zu, sogar, nur, gerade, auch
Negationspartikel	nicht
Abtönungspartikeln	aber, denn, doch, eben, ja, mal, schon

Manchmal werden unter der Bezeichnung »Partikel« alle unflektierbaren Wörter zusammengefasst.

9.1 Partikelklassen

Gradpartikeln

449 Mit **Gradpartikeln** nimmt der Sprecher eine Einstufung vor; er bringt zum Ausdruck, in welchem Maße etwas der Norm oder Erwartung entspricht.

Bestimmte Gradpartikeln kommen vor allem in Verbindung mit Adjektiven vor, z. B.

etwa, fast, ganz, genug, sehr, überaus, ziemlich, zu

Sie geben – steigernd oder abschwächend – die Stärke, Intensität der Eigenschaft an:

Das ist ein ziemlich/sehr/überaus/zu schwieriges Problem. Das Wetter war ganz gut. Sie ist fast/etwa so groß wie er.

Die Partikel steht – mit Ausnahme von *genug (gut genug)* – unmittelbar vor dem Bezugsadjektiv.

In gleicher Funktion werden auch Adjektive – in unflektierter Form – verwendet (↑378):

außerordentlich/äußerst schwierig, echt nett, weit teurer, unheimlich interessant

Andere Gradpartikeln, wie z. B. **450**

nur, sogar, selbst, gerade, besonders, auch, erst, schon

verbinden sich auch oder hauptsächlich mit Nomen (bzw. Pronomen):

Das sollte doch nur ein Witz sein. Hier kann sogar/selbst ich einparken. Gerade von dir hätte ich das nicht erwartet. Dort ist es auch im Winter schön. Wir warten schon seit Stunden auf euch.

Mit diesen Gradpartikeln werden Ereignisse nach den Erwartungen und Einschätzungen des Sprechers oder Hörers eingestuft: Wenn man z. B. sagt *Hier kann sogar ich einparken,* gibt man zu verstehen, dass man seine Fahrkünste im Allgemeinen nicht sehr hoch einschätzt.

Um welchen Gegenstand oder Umstand es bei der Einstufung geht, wird durch Betonung angezeigt: Der Bezugsausdruck erhält den Hauptakzent. Er bildet den Informationsschwerpunkt (den Fokus, d. h. Brennpunkt) des Satzes:

Hier kann sogar 'ich einparken.

Negationspartikel **451**

Mit der **Negationspartikel** *nicht* (verstärkt: *gar nicht, überhaupt nicht*) wird verneint, dass der dargestellte Sachverhalt besteht:

Lisa kommt heute nicht. (›Es ist nicht der Fall / trifft nicht zu, dass Lisa heute kommt.‹)

Negiert werden kann immer nur ein gesamter Sachverhalt, nicht ein einzelner Gegenstand oder Umstand (es gibt also keine Wortnegation, sondern nur Satznegation). Allerdings können einzelne Teile für die Verneinung besonders »verantwortlich« sein; dies wird durch Stellung und Betonung deutlich gemacht:

> Nicht 'Lisa kommt heute (sondern Matthias). Lisa kommt nicht 'heute (sondern erst morgen).

Ist der gesamte Satz im »Fokus« der Negation, erhält das Verb den Akzent:

> Lisa 'kommt heute nicht.

Zur Stellung von *nicht* ↑auch 549.

Abtönungspartikeln

452 **Abtönungspartikeln** kommen hauptsächlich in der gesprochenen Sprache vor. Man versteht darunter Wörter wie

> aber, auch, bloß, denn, doch, eben, etwa, halt, ja, mal, nun, schon, vielleicht, wohl

wenn sie Einstellungen, Annahmen, Erwartungen des Sprechers betreffen:

> So läuft das nun mal. Das ist ja/doch allgemein bekannt. Habt ihr den Termin etwa vergessen? Bist du aber groß geworden!

Die Partikeln verändern die Äußerung nicht inhaltlich, sie geben ihr aber eine bestimmte Färbung, Abtönung; nach dieser Hauptfunktion hat die Partikelklasse ihren Namen erhalten.

In anderer Funktion gehören die Wörter anderen Wortarten (oder Partikelklassen) an; vgl. z. B.:

aber	Abtönungspartikel Konjunktion	Das ist aber nett von Ihnen! Aber das wusstet ihr doch vorher.
eben	Abtönungspartikel Temporaladverb Adjektiv	So ist das eben. Eben sind sie gekommen. Die Fläche ist ganz eben.

viel- leicht	Abtönungspartikel modales Satzadverb	Der war vielleicht groß! Vielleicht kommt er noch.
nur	Abtönungspartikel Gradpartikel	Wenn das nur gut geht! Nur zusammen sind wir stark.

Die meisten Abtönungspartikeln sind unbetont; manche kommen sowohl unbetont wie – in anderer Funktion – betont vor: **453**

Da bist du ja! – Mach das 'ja nie wieder! Was wollen die bloß von uns? – Mischt euch da 'bloß nicht ein!

In gewissen Grenzen können Abtönungspartikeln miteinander kombiniert werden; die Reihenfolge ist dabei weitgehend fest:

Was ist denn schon (*schon denn) dabei? Das ist ja eben der Punkt. Sollen sie es doch ruhig mal versuchen.

Eine Reihe von Abtönungspartikeln ist an bestimmte Satzarten gebunden. So kann z. B. *etwa* nur in Fragesätzen verwendet werden; *vielleicht* kommt – als Abtönungspartikel – nur in Ausrufesätzen vor:

Hast du ihr das etwa weitererzählt? Hat die vielleicht genervt!

Welche Abtönungspartikeln jeweils möglich bzw. charakteristisch sind, ist bei der Beschreibung der einzelnen Satzarten verzeichnet (↑475, ↑476, ↑482, ↑486, ↑487).

Die Funktion von Abtönungspartikeln in einigen Beispielen: **454**

Mit *doch, mal, nur, ruhig* kann der Sprecher eine Aufforderung abschwächen:

Rufen Sie doch morgen noch einmal an. Gib mir mal die Schere rüber. Lass das nur stehen. Geht ruhig schon mal vor.

Die Aufforderung, die ohne Partikel wie ein Befehl wirken würde, wird so zu einer Bitte oder Erlaubnis abgemildert.

Betontes *ja, bloß* verstärkt dagegen die Aufforderung:

Schließ 'ja alles gut ab! Seid 'bloß vorsichtig!

In Aussage- und Fragesätzen signalisieren Abtönungspartikeln Vermutungen und Erwartungen des Sprechers.

Mit *ja* z.B. gibt der Sprecher zu verstehen, dass er den Sachverhalt für bekannt hält:

> Wir haben ja bereits darüber gesprochen. Du hast es ja so gewollt.

etwa in einem Fragesatz besagt, dass der Sprecher eher das Gegenteil für wahrscheinlich hält und dementsprechend eine verneinende Antwort erwartet:

> Glaubst du das etwa? Ist das etwa meine Schuld?

Das »positive« Pendant dazu ist *nicht* in Fragesätzen:

> Können wir nicht Freunde sein? Ist das nicht schrecklich?

9.2 Partikelähnliche Wörter

455 Eine Reihe von unflektierbaren Wörtern unterscheidet sich von allen anderen dadurch, dass sie nicht satzintegriert vorkommen. Das heißt: Sie sind keine Satzglieder, sondern als eigene, selbstständige Äußerungen einem Satz nur zugeordnet.

456 Interjektionen

Als **Interjektionen** (Ausrufewörter) bezeichnet man Wörter wie

> ach, ah, au(a), hallo, ih, igitt, pfui, oh, uff, uh

Sie sind typisch für mündliche Kommunikation und haben oft mehrere Varianten mit einer spezifischen Lautung und Betonung (die sich schriftlich nur schwer wiedergeben lassen).

Mit Interjektionen drückt der Sprecher Empfindungen aus, z.B. Betroffenheit, Freude, Erstaunen, Abscheu, Schmerz. Manche Interjektionen (vor allem *ah* und *oh*) können zum Ausdruck verschiedener Emotionen verwendet werden; andere (wie z.B. *pfui*) sind auf eine bestimmte Funktion festgelegt. Beispiele:

> Oh/Ach, das tut mir aber leid. Oh, entschuldigen Sie, bitte. Ah, schmeckt das gut. Ach/Oh, ist es schon so weit? Ih/Igitt/Uh, wie schmutzig das hier ist. Pfui, fass das nicht an. Au, lass mich los.

Gesprächspartikeln 457

Unter **Gesprächspartikeln** versteht man Wörter wie

äh, aha, hm, ja, na, ne?, oder?, okay, tja

Sie betreffen den Gesprächsablauf und die Rolle des Sprechers und Hörers dabei.

Zum Beispiel reagiert der Hörer mit *hm, ja, aha, okay* auf Äußerungen des Gesprächspartners; er signalisiert, dass er zuhört, den Partner verstanden hat oder ihm zustimmt.

Umgekehrt bittet der Sprecher um eine Reaktion, eine Rückmeldung des Partners, wenn er etwa *ja?, ne?/nich(t)?/gell?, oder?* an seine Äußerung anhängt:

Ich ruf dich später noch mal an, ja?/okay? Der Film war toll, nich? Das passt doch gut, oder?

Mit einem vorangestellten oder eingeschobenen *äh, hm, ja, na, tja* werden oft Sprechpausen überbrückt. Der Sprecher will so deutlich machen, dass er anfangen oder fortfahren möchte zu sprechen, wenn er auch seine Äußerung noch nicht fertig geplant hat oder im Augenblick nicht die passende Formulierung findet.

Antwortpartikeln 458

Als **Antwortpartikeln** gelten in erster Linie *ja* und *nein*. Sie dienen als Antworten auf Entscheidungsfragen (↑475) und entsprechen Sätzen, mit denen der Frage-Sachverhalt bestätigt oder verneint wird:

Ist er schon weg? – Ja. (›Er ist schon weg.‹) Hast du mit ihm gesprochen? – Nein. (›Ich habe nicht mit ihm gesprochen.‹)

Auf Entscheidungsfragen, die eine Negation enthalten, antwortet man im Deutschen bejahend nicht mit *ja*, sondern mit *doch:*

Haben Sie das nicht gewusst? – Doch. (›Ich habe es gewusst.‹) Hat sie keine Nachricht hinterlassen? – Doch.

In passenden Fällen können auch modale Satzadverbiale (↑532–534) als Kurzantwort verwendet werden:

Kommt dein Freund auch mit? – Vielleicht/Wahrscheinlich.
Kriegst du den Job? – Hoffentlich.

DER SATZ

Grundbegriffe der Satzlehre

1 Bestimmung des Satzes

459 Allgemeinsprachlich versteht man unter einem Satz eine eigenständige, in sich geschlossene Redeeinheit, so etwa, wenn man sagt:

> Das lässt sich nicht mit einem Satz sagen. Er spricht immer in so langen Sätzen. Am Ende eines Satzes steht ein Punkt, ein Fragezeichen oder ein Ausrufezeichen. Sie brach mitten im Satz ab.

In der grammatischen Fachsprache wird hier differenziert. Man vergleiche dazu die Redeeinheiten in folgendem Beispiel:

> Der Fluggast Andreas Berger wird zum Informationsschalter 11 gebeten. Herr Andreas Berger bitte zum Informationsschalter 11.

Diese Durchsage am Flughafen besteht aus zwei Teilen, von denen jeder für sich allein als Aufforderung an den Fluggast stehen könnte: Beide Redeeinheiten bilden selbstständige, abgeschlossene »Äußerungen«. Eine **Äußerung** ist die kleinste Einheit, mit der sprachliche Handlungen (wie z. B. Aufforderungen) vollzogen werden können; sie ist also eine kommunikativ bestimmte Einheit.

Die beiden Einheiten in dem Beispiel unterscheiden sich aber darin, dass die erste eine Verbform enthält *(wird gebeten)*, die zweite dagegen nicht. Dieser Unterschied ist die Grundlage für die Bestimmung des Satzes: Ein **Satz** ist eine Redeeinheit, die ein finites Verb und alle notwendigen Satzglieder enthält. Der Satz ist somit im Unterschied zur Äußerung eine grammatisch bestimmte Einheit.

460 In vielen Fällen entsprechen sich Satz und Äußerung; der Satz ist die typische Realisierungsform von sprachlichen Handlungen.

Es gibt aber, wie gezeigt, auch Äußerungen, die nicht die Form von Sätzen haben; sie können sogar aus nur einem Wort bestehen:

Den Schrank hierhin! Gerät nicht unter Wasser halten. Einigungsversuch gescheitert. 10 % Rabatt auf alles. Wieso das denn? 200 g Gouda, bitte. Entschuldigung! Hilfe! Tor!

Ein voll ausgebauter Satz wäre hier oft nicht der Situation angemessen.

Umgekehrt sind nicht alle Sätze Äußerungen, z. B.:

weil sie einen Unfall hatte; die du mir empfohlen hast

Diese Redeeinheiten haben als Sätze zu gelten, da sie ein finites Verb und alle erforderlichen Ergänzungen enthalten. Sie können aber nicht für sich allein stehen, sondern brauchen einen weiteren Satz, um eine Äußerung zu bilden; etwa:

Sie konnte nicht kommen, weil sie einen Unfall hatte. Ich habe jetzt die Kamera gekauft, die du mir empfohlen hast.

Für die Satzlehre oder **Syntax** (›Zusammenstellung, Komposition‹) steht der Satz als grammatische Einheit im Vordergrund. Sie beschreibt zum einen, wie kleinere Einheiten (Wörter und Wortgruppen) so zusammengebaut werden, dass ein Satz entsteht, und sie beschreibt zum anderen, wie Sätze selbst miteinander verbunden werden, damit eine abgeschlossene Äußerung entsteht.

2 Einteilung der Sätze

Im Einzelnen kann man Sätze unter verschiedenen Gesichtspunkten betrachten und entsprechend einteilen. **461**

Geht es um das Verhältnis Satz – Äußerung, unterscheidet man zwischen selbstständig und unselbstständig vorkommenden Sätzen. Ein **selbstständiger Satz** ist zugleich eine Äußerung; ein **unselbstständiger Satz** ist nur ein untergeordneter Teilsatz (ein Nebensatz) in einer Äußerung.

Selbstständige Sätze werden danach unterteilt, welche Art von Äußerung mit ihnen gemacht wird, z. B. eine Aussage:

Sieben mal acht ist sechsundfünfzig.

oder eine Frage:

Wie viel ist sieben mal acht?

Zu den einzelnen **Satzarten** ↑471–487.

462 Eine andere Einteilung ist die nach dem Grad der Komplexität; man unterscheidet einfache und zusammengesetzte Sätze:

einfacher Satz	Die Ampel schaltete auf Rot. ... als sie über die Straße gehen wollte ... ... die stark befahren war ...
zusammengesetzter Satz	Die Ampel schaltete auf Rot, als sie über die Straße gehen wollte.

463 **Einfache** Sätze haben ein – und nur ein – finites Verb. Durch die Stellung des Verbs erhalten sie eine spezifische Form.

Es gibt im Deutschen drei Stellen, an denen die finite Verbform stehen kann: die erste, die zweite und die letzte. Entsprechend werden drei **Satzformen** unterschieden:

Verberstsatz	Fährt Thomas morgen nach Berlin? Fahr doch mit nach Berlin!
Verbzweitsatz	Thomas fährt morgen nach Berlin. Wann fährt Thomas nach Berlin?
Verbletztsatz	dass/weil/wenn Thomas nach Berlin fährt

Mit der Verbstellung ist weitgehend festgelegt, wie ein Satz verwendet werden kann: Verberst- und Verbzweitsätze sind in der Regel selbstständige Sätze; Verbletztstellung ist typisch für unselbstständige Nebensätze.

Zusammengesetzte Sätze bestehen aus mehr als einem einfachen Satz (man verwendet hier also den Begriff »Satz« in einem weiteren Sinne). Die Sätze können nebengeordnet oder untergeordnet verbunden sein: 464

Nebenordnung	Die Wohnung liegt ungünstig, und sie ist zu teuer.
Unterordnung	Wir können die Wohnung nicht nehmen, weil sie zu teuer ist.

Eine nebenordnende Verbindung von selbstständigen Sätzen nennt man **Satzreihe** (↑568). In einer unterordnenden Verbindung – einem **Satzgefüge** (↑570) – ist der übergeordnete Teilsatz der **Hauptsatz;** der untergeordnete Teilsatz ist ein **Nebensatz.**

Satzbegriffe im Überblick 465

einfacher Satz	zusammengesetzter Satz

Verberstsatz
Verbzweitsatz
Verbletztsatz
	Satzreihe
	Satzgefüge
	    Hauptsatz
	    Nebensatz

Satzarten: Aussagesatz, Fragesatz, Aufforderungssatz, Wunschsatz, Ausrufesatz	

3 Aufbau des Satzes

Syntaktische Einheiten

Der Satz baut sich vom Verb her auf. Das Verb bzw. der Verbalkomplex bildet das **Prädikat** des Satzes (↑489). Die übrigen Einheiten des Satzes nennt man zusammenfassend **Satzglieder.** 466

Welches die Satzglieder in einem konkreten Satz sind, lässt sich mit der **Verschiebe**- oder **Umstellprobe** ermitteln: Alles, was bei Umstellung der Wörter zusammenbleibt (oder für sich allein stehen kann), sodass wieder ein grammatischer Satz entsteht, gilt als Satzglied. Ein Beispiel:

Luise	fährt	ihren Freund	am Freitag	zum Flughafen.
Luise	fährt	am Freitag	ihren Freund	zum Flughafen.
Am Freitag	fährt	Luise	ihren Freund	zum Flughafen.
Zum Flughafen	fährt	Luise	ihren Freund	am Freitag.

467 Von welcher Art die Satzglieder sind, kann man mit der **Ersatzprobe** prüfen: Wenn man ein Satzglied durch ein anderes ersetzt, stellt man fest, dass der Satz nur dann grammatisch korrekt bleibt, wenn das neue Satzglied von der gleichen Kategorie wie das ersetzte ist (z. B. eine Einheit im Nominativ oder eine Richtungsbestimmung):

Luise		ihren Freund	am Freitag	zum Flughafen.
Ein Kollege	fährt	Philipp	morgen	nach Frankfurt.
Er		ihn	dann	dorthin.
Wer		wen	wann	wohin?

Satzglieder sind durch ihre Funktion im Satz (z. B. als Subjekt) bestimmt; ihr Umfang und ihre interne Struktur sind dabei zweitrangig. Sie können aus einem einzelnen Wort, z. B. einem Pronomen *(er)* oder einem Adverb *(morgen)*, bestehen, aber auch aus sehr umfangreichen Wortgruppen mit mehreren Satzgliedteilen.

468 Satzglieder haben einen unterschiedlichen Status. Bestimmte Satzglieder sind notwendig, damit überhaupt ein Satz zustande kommt, andere nicht. Welches in einem konkreten Satz die notwendigen Glieder sind, lässt sich mit der **Weglassprobe** feststellen. Man streicht dabei ein Satzglied nach dem anderen weg und prüft jedes Mal, ob der Rest noch ein möglicher, korrekter Satz ist. Das würde beispielsweise bei dem Satz

Ich habe heute in der Stadt Jonas getroffen.

zu folgendem Ergebnis führen:

Ich habe ~~heute~~ ~~in der Stadt~~ Jonas getroffen.

Das heißt: Die in diesem Satz notwendigen Satzglieder sind *ich* und *Jonas; heute* und *in der Stadt* sind weglassbar.

Die notwendigen Satzglieder, die das Prädikat zu einem Satz »ergänzen«, vervollständigen, heißen **Ergänzungen** (↑492).

Die weglassbaren, nicht vom Verb geforderten Satzglieder werden **Angaben** genannt (↑523). Sie geben die näheren Umstände des dargestellten Sachverhalts an (z. B. zeitliche und räumliche) und sind damit kommunikativ wichtige Satzteile; grammatisch notwendig sind sie aber nicht.

Ergänzungen und Angaben sind manchmal nicht leicht voneinander **469**
abzugrenzen, wenn man nur die Notwendigkeit bzw. Weglassbarkeit als Kriterium heranzieht. Auch Ergänzungen sind nicht immer notwendig; so kann man z. B. bei *fahren* in einem entsprechenden Kontext die Richtungsbestimmung weglassen:

Du brauchst nicht den Bus zu nehmen, ich fahre dich.

Oder man vergleiche diese beiden Satzpaare:

Er isst ein Brötchen. Sie liest die Zeitung.

Er isst. Sie liest.

In dem zweiten Satzpaar fehlt jeweils eine Akkusativergänzung, weil hier die Tätigkeit des Essens bzw. Lesens im Vordergrund steht. Trotzdem ist immer mitgedacht, dass die Personen *etwas* essen bzw. lesen oder *irgendwohin* fahren; das ist in der Bedeutung dieser Verben angelegt. Die weglassbaren Satzglieder haben deshalb hier als Ergänzungen zu gelten. Dagegen gehört es in der Regel nicht zur Bedeutung eines Tätigkeitsverbs, wann oder wo man etwas tut; entsprechende Satzglieder sind also als Angaben einzustufen.

Syntaktische Beziehungen **470**

Zwischen dem Prädikat und den Satzgliedern (und innerhalb von ihnen) bestehen Beziehungen, die gewährleisten, dass die Einheiten ihre jeweilige Funktion im Satz ausüben können. Diese Beziehungen sind Rektion, Kongruenz und Reihenfolge.

Rektion bedeutet, dass eine Einheit die Form einer anderen Einheit festlegt. Der typische Fall sind Verben, die einen bestimmten Kasus »regieren«; vgl. z. B.:

Wir helfen ihm. – Wir unterstützen ihn.

Kongruenz ist die Übereinstimmung, die formale Abstimmung in bestimmten Kategorien (wie etwa Person, Numerus). Für den Satzaufbau ist die Kongruenz zwischen Subjekt und Prädikat von besonderer Bedeutung; vgl. z. B.:

Er $_{\text{3. Pers. Sg}}$ arbeitet $_{\text{3. Pers. Sg}}$. – Wir $_{\text{1. Pers. Pl}}$ arbeiten $_{\text{1. Pers. Pl}}$.

Die Reihenfolge-Beziehung ist insofern elementar, als die Einheiten des Satzes (mit ihrem unterschiedlichen Status) nur linear, nacheinander angeordnet werden können. Die **Wortstellung** gibt Hinweise darauf, welche Ausdrücke eine Einheit bilden und welche Einheiten enger zusammengehören.

Die Satzarten

Mit einer Äußerung verfolgt der Sprecher einen bestimmten Zweck; er möchte z. B. etwas erklären, ankündigen, über etwas informieren, etwas in Erfahrung bringen, um etwas bitten bzw. etwas anordnen oder erlauben, einen Wunsch aussprechen oder sein Erstaunen ausdrücken. Alle diese – und viele weitere – Sprechabsichten lassen sich auf wenige Grundmuster zurückführen: auf die Hauptmuster **Aussage, Frage, Aufforderung** und die spezielleren Muster **Wunsch** und **Ausruf.** Entsprechend unterscheidet man diese **Satzarten** (auch: Satzmodi): 471

Aussagesatz	Ich komme morgen.
Fragesatz	Kommst du morgen? Wann kommst du?
Aufforderungssatz	Komm bald!
Wunschsatz	Wenn du doch schon da wärst!
Ausrufesatz	Kommst du aber spät!

Jede Satzart hat bestimmte charakteristische Formmerkmale hinsichtlich

- Verbstellung (Verberst-, Verbzweit-, Verbletztstellung)
- Verbmodus (Indikativ, Konjunktiv, Imperativ)
- Intonation (steigend, fallend, besondere Akzentstellen)
- Partikelgebrauch

Es gibt aber keine völlige Übereinstimmung zwischen der Form des Satzes und der Satzart.

1 Der Aussagesatz

Der Begriff der Aussage ist sehr weit zu verstehen; er umfasst Sprech- 472
handlungen, mit denen etwas festgestellt, erklärt, behauptet, voraus-

gesagt wird, aber auch solche, mit denen der Sprecher sich zu etwas verpflichtet, also z. B. Zusagen oder Versprechen:

> Die Uhr ist stehen geblieben. Ich habe Hunger. Du bist schuld. Das würde die Angelegenheit sehr beschleunigen. Morgen schneit es bis in die Niederungen. Ich gebe Ihnen mein Ehrenwort. Wir werden pünktlich da sein.

Der **Aussagesatz** (Deklarativsatz) hat folgende Merkmale:
- Verbzweitstellung, also Vorfeld vorhanden
- kein w-Wort (Fragewort) im Vorfeld
- Verb im Indikativ oder Konjunktiv, nicht im Imperativ
- fallende Intonation (schriftlich: Punkt)

473 In der gesprochenen Umgangssprache kommen zuweilen Aussagesätze mit dem Verb an erster Stelle, also ohne Vorfeld, vor:

> Weiß ich nicht. Sagt die doch zu mir ...

In dem einen Fall wird das Satzglied, das normalerweise die erste Stelle besetzen würde, weggelassen. Das geschieht häufig in Antworten auf Fragen:

> (Haben sie sich getrennt?) Weiß ich doch nicht. / Kann ich mir eigentlich nicht vorstellen. (Wo ist Paul?) Sitzt am Computer. / Ist zu Daniel gefahren.

In dem anderen Fall – beim Erzählen von Erlebnissen oder Witzen – ist der Satz zwar grammatisch vollständig, aber nicht nach dem typischen Muster des Aussagesatzes gebaut:

> Kommt da doch einer von links und nimmt mir die Vorfahrt! Treffen sich zwei Freunde auf der Straße. Sagt der eine: ...

2 Der Fragesatz

Eine Frage stellt man, wenn man etwas wissen will. Das kann einen ganzen Sachverhalt oder nur einen Teil davon betreffen. Entsprechend gibt es zwei Haupttypen von **Fragesätzen** (Interrogativsätzen): 474

Entscheidungsfragesatz	Findet das Spiel statt?
Ergänzungsfragesatz	Wann findet das Spiel statt?

Mit einer Entscheidungsfrage möchte der Sprecher in Erfahrung bringen, ob etwas zutrifft oder nicht; der Angesprochene soll ihm die Entscheidung *(ja* oder *nein)* liefern.

Mit einer Ergänzungsfrage gibt der Sprecher zu erkennen, dass ihm ein Aspekt des Sachverhalts (z. B. Zeit oder Ort des Geschehens) nicht bekannt ist; er möchte sein Wissen in dieser Hinsicht ergänzen.

Gemeinsam ist den beiden Fragetypen die steigende Intonation; in anderen Merkmalen unterscheiden sie sich.

Entscheidungsfragesatz 475

Haben Sie E-Mail? Ist denn hier niemand? Könnten wir uns am Mittwoch treffen? Glaubst du mir etwa nicht? Kommt ihr morgen zum Training? Sind Sie sicher, dass Sie die Objekte endgültig löschen möchten?

Formmerkmale:
- Verberststellung
- Verb nicht im Imperativ
- steigende Intonation (schriftlich: Fragezeichen)
- charakteristische Partikeln: *auch, denn, etwa, mal, wohl*

Zu den Antworten auf Entscheidungsfragen *(ja, nein, doch)* ↑458.

Ergänzungsfragesatz 476

Wer hat gewonnen? Warum seid ihr denn nicht zum Training gekommen? Was hast du dir bloß dabei gedacht? Mit welchen Nebenkosten müssen wir rechnen?

Formmerkmale:
- Verbzweitstellung
- w-Wort im Vorfeld
- Verb nicht im Imperativ
- steigende Intonation (schriftlich: Fragezeichen)
- charakteristische Partikeln: *bloß, denn, nur, wohl*

Wenn mehrere Dinge gleichzeitig erfragt werden, steht ein w-Wort im Vorfeld, die übrigen erscheinen im Mittelfeld:

> Wer hat denn hier wen betrogen? Wer hat mit wem wann worüber gesprochen?

Weitere Fragetypen

477 Bestätigungsfrage

Der Sprecher möchte sich etwas bestätigen lassen, was er im Grunde schon weiß oder stark vermutet; er formuliert deshalb einen Aussagesatz (mit Verbzweitstellung) und macht durch steigende Intonation einen Fragesatz daraus:

> Wir kennen uns doch? Ihr kommt also morgen nicht zum Training? (Richter:) Sie heißen Ronald Müller und sind am 15.3.1980 geboren?

478 Nachfrage

Als Reaktion auf eine Äußerung kommen Fragesätze vor, in denen das w-Wort stark hervorgehoben ist und zudem im Mittelfeld stehen kann:

> (Ich habe gestern Alexander getroffen.) 'Wen hast du getroffen? / Du hast 'wen getroffen? (Er will nach Neuseeland auswandern.) 'Was will er? / Er will 'was ?

Mit solchen Nachfragen drückt der Sprecher aus, dass er den Partner nicht ganz verstanden hat oder dass er erstaunt über dessen Äußerung ist.

Alternativfrage 479

> Möchtest du Tee oder Kaffee? Wollen Sie den Stuhl gleich mitnehmen, oder sollen wir ihn liefern? Zahlen Sie bar oder mit Karte?

Alternativfragen haben die Form von Entscheidungsfragen (Verberststellung), aber die Antwortmöglichkeiten von Ergänzungsfragen. Man kann nicht mit *Ja* oder *Nein* antworten, sondern nur mit einer der angebotenen Alternativen (oder einer weiteren):

> Möchtest du Tee oder Kaffee? – Tee, bitte. / Keins von beiden, nur Wasser.

Überlegungsfrage 480

> Ob sich das Wetter wohl hält? Ob das hier alles mit rechten Dingen zugeht? Wer da wohl hintersteckt? Was das wieder bedeuten soll?

Solche Entscheidungs- bzw. Ergänzungsfragen in Nebensatzform (mit Verbletztstellung) richtet der Sprecher mehr an sich selbst; er erwartet vom Hörer nicht unbedingt eine Antwort darauf.

Rhetorische Frage 481

> Was ist von dem schon zu erwarten? Ist das nicht schön hier? Kann ich vielleicht zaubern? Wer hat sich denn immer um alles gekümmert?

Unter einer rhetorischen Frage versteht man eine Äußerung, die der Form nach eine Frage, der Sprechabsicht nach aber eine Aussage ist, da sie auf eine bestimmte Antwort abzielt. Der Sprecher hat die Frage für sich schon beantwortet und erwartet vom Hörer höchstens eine Antwort in seinem Sinne:

> Was ist von dem schon zu erwarten? – Nichts. Ist das nicht schön hier? – Ja, und wie! Wer hat sich denn immer um alles gekümmert? – Ich natürlich.

3 Der Aufforderungssatz

482 Mit einem **Aufforderungssatz** (auch: Imperativsatz) wendet sich der Sprecher unmittelbar an einen Adressaten; er möchte, dass der Angesprochene etwas Bestimmtes tut.

Aufforderungen sind im Einzelnen sehr unterschiedliche sprachliche Handlungen, z. B. Befehl, Forderung, Auftrag, Verbot, Erlaubnis, Bitte, Ratschlag, Anleitung:

> Mach das ja nicht noch mal! Verhaften Sie die üblichen Verdächtigen! Stellt den Fernseher leiser! Ruf mich bitte zurück! Seid pünktlich! Nimm besser das etwas teurere Gerät! Geht ruhig schon vor!

Typische Formmerkmale des Aufforderungssatzes:
- Verberststellung
- Verb im Imperativ
- fallende Intonation (schriftlich: Ausrufezeichen)
- charakteristische Partikeln: '*bloß, doch,* '*ja, mal, ruhig*

In beschränktem Maße ist ein Vorfeld möglich:

> Jetzt beeilt euch ein bisschen! Nun sag schon!

483 Aufforderungen können auch in anderen Formen ausgesprochen werden:

- mit einem Fragesatz:

  > Kann ich mal das Salz haben? Würden Sie uns bitte sofort informieren?

  In der Frageform erscheint die Aufforderung abgemildert, höflicher; theoretisch könnte der Adressat die Frage verneinen und damit die Aufforderung zurückweisen. »Weichmacher« sind in diesem Zusammenhang Modalverben, die *würde*-Form und die Partikel *mal.*

- mit einem Aussagesatz:

  > Ihr geht jetzt ohne Widerrede ins Bett! Du hältst gefälligst den Mund!

  Mit der Satzform, die für Feststellungen typisch ist, wird eine sehr nachdrückliche Aufforderung ausgesprochen.

- mit einem *dass*-Satz:

  Dass du 'ja bis elf zu Hause bist! Dass ihr mir keine Dummheiten macht!

  Charakteristisch für solche nachdrücklichen Aufforderungen sind die betonten Partikeln *ja* und *bloß* und der ethische Dativ (↑509).

- mit einer Infinitivgruppe:

  Vor Gebrauch schütteln. Arzneimittel für Kinder unzugänglich aufbewahren. Alle Zutaten vermischen und zu einem glatten Teig kneten.

  Diese Form der Aufforderung kommt vor allem bei allgemeinen Anleitungen und Anweisungen vor, die sich nicht an einen bestimmten Adressaten richten.

4 Der Wunschsatz

Ein Wunsch zielt – wie eine Aufforderung – auf ein künftiges Geschehen; der Sprecher möchte, dass ein bestimmter Sachverhalt herbeigeführt wird. Im Unterschied zum Aufforderungssatz richtet sich der Wunschsatz in der Regel nicht an ein Gegenüber. 484

Der Wunschsatz hat fallende Intonation (schriftlich meist durch Ausrufezeichen wiedergegeben); sein Hauptkennzeichen ist der Konjunktiv. Nach der Art des Konjunktivs und der Verbstellung sind zwei Typen von Wunschsätzen zu unterscheiden.

Der sogenannte **Heischesatz** hat diese Formmerkmale: 485

- Verb im Konjunktiv I (Konjunktiv Präsens)
- Verbzweitstellung, seltener auch Verberststellung

Beispiele:

Er ruhe in Frieden. Der Himmel bewahre uns davor! Sie lebe hoch! Der Herr segne euch ... Mögest du immer glücklich sein! Gebe Gott, dass er heil zurückkommt!

Wunschsätze in dieser Form kommen heute fast nur noch in solchen formelhaften Wendungen vor.

486 Der Wunschsatz im engeren Sinne hat folgende Merkmale:

- Verb im Konjunktiv II (Konjunktiv Präteritum oder Plusquamperfekt)
- Verberststellung oder Verbletztstellung (Einleitewort *wenn*)
- charakteristische Partikeln: *bloß, doch, nur*

Beispiele:

> Wären wir doch schon da! Wenn wir doch schon da wären! Käme der Arzt doch endlich! Wenn ich das doch nur verstehen würde!

Steht das Verb im Konjunktiv Plusquamperfekt, handelt es sich um einen nicht erfüllbaren Wunsch; man spricht hier von einem **irrealen Wunschsatz:**

> Hätte ich bloß nichts gesagt! Wenn wir doch früher losgefahren wären!

487 5 Der Ausrufesatz

In einem Ausrufesatz (auch: Exklamativsatz) zeigt sich der Sprecher erstaunt über einen unerwarteten Sachverhalt. Die emotionale Beteiligung drückt sich vor allem in der Akzentsetzung aus.

Formmerkmale:

- besondere Betonung (und Dehnung) einer Silbe
- fallende Intonation (schriftlich: Ausrufezeichen)
- charakteristische Partikeln: *aber, auch, vielleicht*

Die Verbstellung ist kein bestimmendes Merkmal; Ausrufesätze kommen in allen drei Satzformen vor:

- mit Verberststellung:

  Bist 'd u aber groß geworden! Hat 'd e r vielleicht lange Haare! Ist das 'h e i ß hier!

- mit Verbzweitstellung:

  Du bist aber 'g r o ß geworden! 'P r e i se verlangen die hier! Ihr habt aber auch 'g a r nichts verstanden!

- mit Verbletztstellung (Einleitewort *dass* oder w-Wort):

  Dass ich nicht 'g l e i c h darauf gekommen bin! Dass du dich 'd a-ran noch erinnerst! Wen der nicht alles 'k e n n t ! Was die für 'P r e i se verlangen! Wie 's c h ö n du bist!

Der einfache Satz

488 Ein Satz ist die Darstellung eines Sachverhalts; mit ihm wird sprachlich gefasst, wie es sich mit »Sachen«, d. h. Gegenständen und Umständen, »verhält«.

Diesen Bestandteilen des Sachverhalts entsprechen grammatisch das Prädikat und die Satzglieder, unterteilt in (notwendige) Ergänzungen und (freie) Angaben:

Bestandteile des einfachen Satzes	
Prädikat	Das Büro bestätigt den Termin per E-Mail.
Satzglieder	
Ergänzungen	Das Büro bestätigt den Termin per E-Mail.
Angaben	Das Büro bestätigt den Termin per E-Mail.

1 Das Prädikat

489 Das **Prädikat** (die Satzaussage) ist das Zentrum, der Kern des Satzes; ohne Prädikat kann kein Satz entstehen. Mit dem Prädikat wird etwas über Gegenstände (Personen oder Sachen) ausgesagt, z. B.:

(Was ist mit Marie / mit der Wohnung / mit den Zinsen?) – Marie schläft / ist verliebt. Die Wohnung wird renoviert. Die Zinsen steigen/fallen.

Das Prädikat wird notwendig mit einem Verb gebildet, und zwar mit einem finiten Verb (also einer Verbform, die nach Person und Numerus bestimmt ist). Damit wird gekennzeichnet, über welchen Gegenstand hauptsächlich etwas ausgesagt wird: Die »Satzaussage« stimmt mit dem »Satzgegenstand« (dem Subjekt) in Person und Numerus überein (↑499).

Ein finites Verb kann allein das Prädikat bilden, wenn es ein Vollverb im Präsens oder Präteritum Aktiv ist, z. B.:

Seit Kurzem steigen die Zinsen wieder. Das Telefon klingelt. Der Bundestag verabschiedete das Gesetz.

Man spricht in diesen Fällen von einem **einteiligen Prädikat.**

Da alle übrigen Verbformen zusammengesetzt sind, also einen Verbalkomplex bilden (↑126), entsteht sehr oft ein **mehrteiliges Prädikat.** Das ist der Fall **490**

- bei den Perfekt- und Futurtempora:

  Das Telefon hat geklingelt. Die Zinsen werden wieder steigen.

- generell im Passiv:

  Die Wohnung wird renoviert. Das Gesetz ist vom Bundestag verabschiedet worden.

Auch Modalverben und andere erweiternde Verben im Verbalkomplex zählen zum Prädikat:

  Die Wohnung muss dringend renoviert werden. Marie scheint zu schlafen. Hast du das Telefon nicht klingeln hören/gehört?

Zur Stellung der verbalen Prädikatsteile ↑540.

Ein mehrteiliges Prädikat kann auch nicht verbale Teile enthalten; die wichtigsten Fälle: **491**

- Nomen oder Adjektiv (als Prädikativergänzung, ↑518) bei Verben wie *sein, werden, bleiben:*

  Marie ist Köchin. Hoffentlich wirst du bald wieder gesund. Das Geschäft bleibt heute geschlossen.

- Nomen, die mit dem Verb eine inhaltliche Einheit bilden:

  Gefahr laufen, Fuß fassen, Rad fahren, Klavier spielen

- Präpositionalgruppen in Funktionsverbgefügen (↑188):

  zum Ausdruck bringen, in Erwägung ziehen, zur Anwendung kommen

In allen diesen Fällen kann nur mit der gesamten Fügung eine Aussage über einen Gegenstand gemacht werden.

2 Die Satzglieder: Ergänzungen

492 **Ergänzungen** sind die vom Verb geforderten Satzglieder, die ein Prädikat zu einem Satz vervollständigen.

Wie viele und welche Ergänzungen notwendig sind, damit ein grammatisch vollständiger Satz entsteht, ist durch die Valenz des Verbs festgelegt. Zum Beispiel fordert *kaufen* eine Ergänzung im Nominativ (sie nennt den Käufer) und eine im Akkusativ (sie gibt das gekaufte Objekt an): *Er kauft einen neuen Fernseher.* Andere Verben verlangen eine andere Zahl und Art von Ergänzungen; so ergeben sich verschiedene Satzmuster oder Satzbaupläne (↑522).

Die Ergänzungen werden – hauptsächlich nach ihrer Form, zum Teil auch nach ihrer Bedeutung – in Klassen eingeteilt. Sie können in verschiedener Gestalt auftreten, z. B. als Pronomen oder Nominalgruppe, oft auch satzförmig.

2.1 Einteilung der Ergänzungen

493 Man unterscheidet folgende Ergänzungsklassen (sie lassen sich durch ein entsprechendes Fragewort ermitteln):

Subjekt (wer?/was?)	Der Hund bellt.
Akkusativergänzung (wen?/was?)	Oliver füttert den Hund.
Dativergänzung (wem?)	Sie hilft ihrem Freund.
Genitivergänzung (wessen?)	Wir gedenken der Verstorbenen.
Präpositionalergänzung (Präposition + Fragewort)	Wir fühlen mit euch. Die Spieler warten auf den Anpfiff.
Adverbialergänzung **Situativergänzung (wo?)** **Direktivergänzung (wohin?)**	 Seine Eltern wohnen in Bremen. Er fährt nach Bremen.
Prädikativergänzung (was?/wie?)	Sie ist Lehrerin/nett.

Ergänzungen der ersten fünf Klassen bezeichnen die Personen und Gegenstände, die in dem dargestellten Sachverhalt eine Rolle spielen (zu den »semantischen Rollen« ↑183). Sie stehen in einem bestimmten Kasus oder haben eine Präposition, die einen bestimmten Kasus verlangt. Diese Ergänzungen – außer dem Subjekt – werden auch oft **Objekte** genannt. 494

Situativ- und Direktivergänzung (zur Angabe des Ortes bzw. der Richtung) sind adverbiale Bestimmungen.

Die Prädikativergänzung (die bei Verben wie *sein, werden* steht) gehört, wie der Name sagt, zum Prädikat (↑491).

Die drei Typen von Ergänzungen sind unterschiedlich eng mit dem Verb verbunden. Am engsten ist die Verbbindung bei der Prädikativergänzung, eine mittlere Stelle nehmen die adverbialen Ergänzungen ein; die kasusbestimmten Ergänzungen stehen dem Verb ferner, das verbfernste unter ihnen ist das Subjekt.

Die unterschiedliche Bindung spiegelt sich in der Reihenfolge, in der die Ergänzungen vor dem Verb (in Endstellung) stehen, z. B.:

als Charlotte den Krug auf den Tisch stellte

2.2 Das Subjekt

Das **Subjekt** (der Satzgegenstand) steht im Nominativ; es lässt sich mit *wer* (für Personen) oder *was* (für Sachen) erfragen, z. B.: 495

Bei den Nachbarn war heute Abend der Notarzt. – Wer war heute Abend bei den Nachbarn?

Das Subjekt wird mehrheitlich nominal oder pronominal realisiert; es tritt aber auch in anderen Formen auf:

Nominalgruppe im Nominativ	Der Arzt gab ihm eine Spritze. Diese Farbe gefällt mir nicht.
Pronomen im Nominativ	Er kauft für die Party ein.

dass-/ob-Satz	Dass niemand verletzt wurde, grenzt an ein Wunder. Ob sie kommt, ist ungewiss.
w-Satz	Wer wagt, gewinnt.
Infinitivgruppe	Vater werden ist nicht schwer. Morgens früh aufzustehen macht ihr nichts aus.

496 Das Subjekt ist die bei Weitem häufigste Ergänzung; nahezu alle Verben verlangen ein Subjekt. Dementsprechend kann das Subjekt auch die meisten und verschiedenartigsten semantischen Rollen übernehmen. Vor allem belebte Rollen (wie die handelnde oder empfindende Person) werden hauptsächlich an das Subjekt vergeben:

> Der Arzt gab ihm eine Spritze. Sie brät das Fleisch an. Ich freue mich. Wer interessiert sich schon dafür?

Aber auch Sachen und Sachverhalte erscheinen als Subjekt:

> Das freut mich. Leise rieselt der Schnee, still und starr liegt der See. Das Fleisch wird angebraten. Ob sie kommt, ist ungewiss.

497 Formales Subjekt *es*

Die sogenannten unpersönlichen Verben (↑187) kommen nur in Verbindung mit *es* vor. Zu ihnen gehören Witterungsverben wie

> es regnet/schneit/donnert/blitzt

und Verben, die neben dem festen *es* noch eine Ergänzung haben wie z. B.

> es gibt (+ Akk.), es handelt sich um, es geht um

Dieses *es* ist verschiebbar, hat also als Satzglied zu gelten:

> Es regnet bei uns. – Bei uns regnet es. Es geht hier um Folgendes. – Hier geht es um Folgendes.

es ist aber nicht erfragbar, man kann es (in aller Regel) nicht durch eine andere Einheit ersetzen, und ihm ist keine semantische Rolle zuzuweisen. Es kann somit allenfalls als »formales« Subjekt gelten.

Nicht einmal dies gilt für das Platzhalter-*es*, das im Vorfeld des Satzes auf das später folgende Subjekt vorausweist und bei einer Verschiebeprobe entfällt (↑310):

> Es haben sich schon viele Interessenten auf die Anzeige gemeldet. – Auf die Anzeige haben sich schon viele Interessenten gemeldet.

Subjektlose Sätze 498

Einige wenige Verben der Empfindung können ganz ohne Subjekt einen Satz bilden; sie müssen dann aber eine andere Ergänzung (im Akkusativ oder Dativ) haben, die die empfindende Person nennt:

> Den kleinen Jungen fror zum Erbarmen. Ihr ekelt vor Spinnen. Wovor graut dir? Mir schaudert/schwindelt bei dem Gedanken daran.

Solche subjektlosen Sätze sind im Deutschen selten; man wählt eher eine »persönliche« Konstruktion *(ich friere* statt *mich friert)* oder eine Konstruktion mit dem formalen Subjekt *es (es graut/schaudert mir/mich).*

Subjektlos sind auch bestimmte Passivsätze, z. B.:

> Hier wird hart gearbeitet. Allen wird geholfen werden.

Ein Subjekt ist in diesen Fällen nicht möglich, weil der entsprechende Aktivsatz keine Akkusativergänzung enthält, die im Passiv zum Subjekt werden könnte (↑176).

Außerdem haben Sätze mit dem Verb im Imperativ (Aufforderungssätze, ↑482) in der Regel kein explizites Subjekt:

> Geh schon vor! Kommt mal her!

Nur wenn die angesprochene Person bzw. Personengruppe besonders hervorgehoben werden soll, wird das Subjekt *(du, ihr)* hinzugesetzt:

> Lea, geh du schon vor! Kommt ihr mal her!

2.3 Die Kongruenz zwischen Subjekt und Prädikat

499 Das Subjekt muss als einzige Ergänzung mit dem Prädikat, d. h. genauer: mit dem finiten Verb im Prädikat, in Person und Numerus kongruieren (übereinstimmen):

Ich $_{\text{1.Pers.Sg}}$ habe $_{\text{1.Pers.Sg}}$ gekocht. Ihr $_{\text{2.Pers.Pl}}$ habt $_{\text{2.Pers.Pl}}$ toll gekocht.

Bei einem einfachen Subjekt ist die Kongruenz kein Problem; Schwierigkeiten ergeben sich aber oft bei mehrteiligen Subjekten:

- Welche Verbform wählt man, wenn in einem Subjekt unterschiedliche Personen (z. B. *ich* und *du*) stehen?
- Erfordert ein Subjekt, das eine Mehrheit ausdrückt, immer den Plural der Verbform?

Kongruenz in der Person

500 Werden in einem Subjekt unterschiedliche grammatische Personen durch *und* (auch: *sowohl ... als auch, weder ... noch*) miteinander verbunden, wird das finite Verb im Prädikat grundsätzlich in den Plural gesetzt.

Für die Wahl der Person, die die Verbform bestimmt, gilt folgende Hierarchie: 1. Person > 2. Person > 3. Person. Das heißt: Ist eine der im Subjekt genannten Personen eine 1. Person *(ich, wir)*, steht das Verb in der 1. Person Plural (das Gesamtsubjekt ist durch *wir* ersetzbar; ein Reflexivpronomen erscheint entsprechend in der Form *uns*); sind in dem Subjekt eine 2. und eine 3. Person miteinander verbunden, »gewinnt« die 2. Person:

Subjekt	Verbform	
1. Person + 2./3. Person	1. Person Plural	Ich und du werden uns darum kümmern. Max und ich haben uns gestritten. Weder er noch ich sind schuld.
2. Person + 3. Person	2. Person Plural	Sowohl er wie du seid schuld. Ihr und Markus wart immer meine besten Freunde.

Häufig wird zur Verdeutlichung das zusammenfassende Pronomen *(wir* bzw. *ihr)* hinzugesetzt:

> Ich und du, wir werden uns darum kümmern. Wie habt ihr, du und die Krauses, euch eigentlich kennengelernt?

Wenn in einem Subjekt unterschiedliche grammatische Personen durch *(entweder ...) oder* verbunden sind, richtet sich das finite Verb im Prädikat nach dem Subjektteil, der ihm am nächsten steht: **501**

> Er oder ich werde gewinnen. – Entweder ich oder er wird gewinnen. Hast du oder Johanna das gemacht? – Hat Johanna oder du das gemacht?

⚠ Solche Sätze wirken meist »konstruiert«. Man vermeidet sie nach Möglichkeit und sagt z. B. eher:

> Er oder ich – einer wird gewinnen. / Einer von uns, er oder ich, wird gewinnen. Wer hat das gemacht, du oder Johanna?

Kongruenz im Numerus

Subjekt mit Mengen- oder Maßangabe **502**

Wenn das Subjekt eine unbestimmte Mengenbezeichnung wie

> Anzahl, Gruppe, Handvoll, Haufen, Masse, Menge, Reihe, Schar, Teil, Unmasse, Zahl

oder einen Maßausdruck wie

> Gramm, Pfund, Kilo, Liter, Meter, Cent, Euro

enthält, treten oft Zweifel auf, ob das Prädikat im Singular oder im Plural zu stehen hat. Heißt es z. B.

> Eine Menge leere Flaschen stand auf dem Tisch, oder: ... standen auf dem Tisch?

Dem Sinn nach sind häufig beide Numeri möglich: Wenn man mehr die Gesamtheit betonen will, wählt man die Singularform des finiten Verbs; sieht man mehr die einzelnen Gegenstände, aus denen die Menge besteht, setzt man das Verb in den Plural.

Grammatisch ist der Numerus der Mengenbezeichnung maßgeblich für den Numerus des Gesamtsubjekts, und für die Kongruenz gilt als Grundregel: Ein Satz ist immer korrekt, wenn das Prädikat mit dem grammatischen Subjekt übereinstimmt.

Das heißt: Tritt die Maß- bzw. Mengenbezeichnung im Singular auf *(eine Reihe, eine Gruppe, ein Kilo),* kann das Verb ebenfalls immer in der Singularform stehen; ist die Maß- oder Mengenangabe pluralisch *(500 Gramm, 30 Prozent, 10 Euro),* kann das Verb gleichfalls immer im Plural stehen. Oft sind auch nur die grammatisch kongruenten Verbformen möglich.

Subjekt im Singular:

> Eine Gruppe der Kinder stand abseits von den anderen. Zu diesem Punkt liegt eine Reihe von Anträgen vor. Über dem Wasser schwirrte eine Unmasse Mücken. Ein Haufen alte(r) Lumpen lag in der Ecke. Am Unfallort hatte sich eine Schar Neugieriger versammelt. Ein Pfund Zwiebeln wird in Ringe geschnitten. Ein Kilo Tomaten kostet zwei Euro.

Subjekt im Plural:

> 500 g Zwiebeln werden in Ringe geschnitten. Zwei Kilo Tomaten kosten vier Euro. Bei einem Wannenbad werden etwa 150 l Wasser verbraucht; zum Duschen werden nur rund 50 Liter benötigt. Selbst 99 Cent sind dafür noch zu viel. Drei Euro Trinkgeld reichen. 30 % des Materials waren unbrauchbar. Zwei Drittel der Bevölkerung haben die Wahl boykottiert.

503 Mit *und* verbundene Subjektteile

Wenn ein Subjekt aus zwei oder mehr singularischen Teilen besteht, die mit *und* (oder *sowohl ... als auch*) verbunden sind, wird das Prädikat in der Regel in den Plural gesetzt, da es sich um eine Mehrzahl von Personen oder Gegenständen handelt:

> Daniel und Olga wohnen in Dresden.

Manchmal werden die Teile aber als eng zusammengehörig empfunden, so vor allem bei formelhaften (meist artikellosen) Verbindungen *(Haus und Hof)* oder wenn gemeinsame Teile ausgespart sind *(die rech-*

te und die linke Seite). In diesen Fällen kann das Verb auch im Singular stehen; das mehrteilige Subjekt ist dann als Einheit aufgefasst:

Dafür fehlt mir Zeit und Geld. Da geht doch Hinz und Kunz hin. Viel Glück, Freude und Gesundheit möge Ihnen im neuen Jahr beschieden sein. Für diese Aufgabe ist berufliche und persönliche Qualifikation erforderlich. Das erste und zweite Kapitel war nicht leicht zu lesen.

Umgekehrt steht das Verb auch oft im Singular, wenn gerade die Einzelteile des Subjekts besonders hervorgehoben werden, z. B. durch Artikelwörter wie *kein, jeder* oder durch Konjunktionen wie *nicht nur ... sondern auch, weder ... noch:*

Jeder Junge und jedes Mädchen soll einen Beruf erlernen können. Keine Karte, keine Mail, kein Anruf kam von ihm. Nichts und niemand kann mich davon abbringen. Nicht nur der Vorsitzende, sondern auch sein Stellvertreter musste zurücktreten. Weder Müller noch ein anderer wusste von den Unterschlagungen.

Mit *oder* verbundene Subjektteile 504

oder-Verbindungen von singularischen Subjektteilen werden unterschiedlich behandelt, und zwar je nachdem, ob *oder* ausschließend oder einschließend verwendet wird (↑439).

Bei ausschließendem *oder* (nur eine der Alternativen trifft zu), verstärkendem *entweder ... oder* und *beziehungsweise* erscheint das Verb im Singular:

Ich weiß nicht, ob Goethe oder Schiller dieses Drama geschrieben hat. Entweder Herr Blum oder Herr Altmann wird Sie am Flughafen abholen. Der Vater bzw. die Mutter muss das Zeugnis unterschreiben.

Bei einschließendem *oder* (beide Möglichkeiten kommen in Betracht) wird das Verb im Allgemeinen in den Plural gesetzt:

Überhöhte Geschwindigkeit oder Unaufmerksamkeit waren die Unfallursache. Nina oder Felix können dir mehr dazu sagen.

Wenn einer der Subjektteile im Plural steht, richtet sich das Verb im Numerus nach dem nächststehenden Teil:

Entweder keiner oder alle bekommen einen Preis. – Entweder alle oder keiner bekommt einen Preis.

2.4 Die Akkusativergänzung

505 Die Akkusativergänzung lässt sich mit dem Fragewort *wen* (für Personen) oder *was* (für Gegenstände, Sachverhalte) erschließen:

Sie heiratet einen Polizisten. – Wen heiratet sie?

Realisierungsformen der Akkusativergänzung:

Nominalgruppe im Akkusativ	Schalten Sie den Computer nicht aus. Der Arzt gab ihm eine Spritze.
Pronomen im Akkusativ	Das freut mich. Verstehst du das?
*dass-/ob-*Satz	Ich weiß, dass du da bist. Frag sie, ob sie mitkommen will.
w-Satz	Ich kann mir denken, wen du meinst.
Verbzweitsatz	Er sagt, er müsse gleich wieder gehen.
Infinitivgruppe	Sie behauptet, ihn nicht zu kennen.

Satzförmig tritt die Akkusativergänzung vor allem bei den Verben des Sagens auf (*sagen, fragen, denken, glauben* usw., ↑580).

⚠ Nicht immer ist eine Nominalgruppe im Akkusativ eine Akkusativergänzung:

Sie hat den ganzen Tag gearbeitet. Er will unbedingt diesen Monat fertig werden.

Diese Akkusativgruppen sind nicht vom Verb gefordert; sie werden nicht mit *wen/was* erfragt, sondern mit *wie lange* bzw. *wann:* Es handelt sich um Temporalangaben (↑529).

506 Die Akkusativergänzung ist die am zweithäufigsten geforderte Ergänzung. Typischerweise repräsentiert sie den betroffenen Gegenstand, das »Objekt«. Das kann ein Gegenstand (auch eine Person) sein, auf den die Handlung gerichtet ist (»affiziertes Objekt«):

> Sie mäht den Rasen / repariert die Lampe / putzt die Schuhe / wickelt das Baby.

oder ein Gegenstand, der durch die Handlung hervorgebracht wird (»effiziertes Objekt«):

> Er backt einen Kuchen. Schulzes bauen ein Haus. Sie schreibt einen Brief.

Bei bestimmten Verben der Empfindung kann die Akkusativergänzung die Rolle der empfindenden Person übernehmen:

> Mich friert. Wen interessiert das denn? Sein Verhalten hat uns alle gewundert/geärgert/gefreut/erschreckt.

Dem entsprechen Sätze, in denen die Person als Subjekt erscheint:

> Wir alle haben uns über sein Verhalten gewundert/...

Es stehen sich also (mit gleicher semantischer, aber unterschiedlicher syntaktischer Struktur) gegenüber:

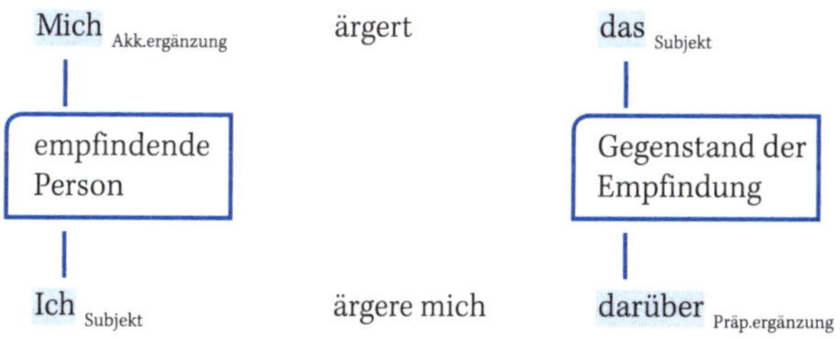

2.5 Die Dativergänzung

Die Dativergänzung lässt sich mit dem Fragewort *wem* ermitteln: **507**

> Er hat seinem Freund Geld geliehen. – Wem hat er Geld geliehen?

Die Dativergänzung kommt fast nur in diesen Formen vor:

Nominalgruppe im Dativ	Sie erklärt den Kindern die Spielregeln. Dieser Partei gebe ich nicht meine Stimme.
Pronomen im Dativ	Gehört das dir? Er vertraut niemandem.

Dativergänzungen in Form eines Satzes sind sehr selten:

Sie hilft, wem sie kann.

508 Häufig ist die Dativergänzung die mittlere Ergänzung bei den dreiwertigen Verben des Gebens/Nehmens und der Mitteilung; sie bezeichnet dann den Empfänger bzw. Adressaten:

Sie gab ihm einen Kuss. Wir senden Ihnen unsere neueste Angebotsliste zu. Schreib ihr doch einfach eine SMS. Thomas hat uns eine ganz merkwürdige Geschichte erzählt. Die Stadtführerin zeigt den Touristen die Sehenswürdigkeiten.

Eine andere Gruppe bilden zweiwertige Dativverben wie

gelingen, passieren, einfallen, auffallen, entfallen, unterlaufen, gefallen, helfen, nützen, schaden, gehören, fehlen:

Der Kuchen ist ihm gut gelungen. Hoffentlich ist den Kindern nichts Schlimmes passiert. Sein Name ist mir entfallen. Wem ist nicht schon mal ein Fehler unterlaufen? Das nützt doch niemandem. Dazu fehlt uns das Geld.

Die Dativergänzung repräsentiert hier die beteiligte Person, das Subjekt den betroffenen Gegenstand; es liegt also eine ähnliche Rollenverteilung vor wie bei bestimmten Akkusativverben (*ärgern, interessieren* usw.; ↑506).

509 »Freie« Dative

Manchmal sind Einheiten im Dativ nicht direkt vom Verb gefordert; es ist also die Frage, ob sie als Ergänzungen oder als Angaben zu gelten haben.

Diese sogenannten **freien Dative** sind immer Träger einer belebten Rolle; man unterscheidet vor allem folgende Fälle:

- Die Dativeinheit bezeichnet eine Person, zu deren Vorteil oder Nachteil etwas geschieht (Dativus commodi/incommodi):

  Er trägt der alten Dame die Einkäufe nach Hause. Mir ist beim Spülen ein Glas zerbrochen.

- Neben der im Dativ genannten Person ist ein ihr zugehöriger Körperteil o. Ä. beteiligt (possessiver Dativ, Pertinenzdativ):

  Schau mir in die Augen. Er tritt einem beim Tanzen immer auf die Füße. Ben schlug seinem Freund kräftig auf die Schulter.

- Die Dativeinheit signalisiert eine emotionale Beteiligung des Sprechers (ethischer Dativ):

  Bleibt mir ja von dem Feuer weg! Du bist mir vielleicht ein Früchtchen!

In den beiden ersten Fällen wird die Dativeinheit als Ergänzung gewertet. Der ethische Dativ dagegen ist völlig verbfern; er wird den Abtönungspartikeln (↑452) und damit den Angaben zugezählt.

2.6 Die Genitivergänzung

Das Fragewort zur Ermittlung der Genitivergänzung lautet *wessen:* **510**

Er wird des Diebstahls bezichtigt. – Wessen wird er bezichtigt?

Die Genitivergänzung erscheint hauptsächlich nominal und pronominal:

Nominalgruppe im Genitiv	Das bedarf keiner Erklärung. Sie nahm sich des Waisenkindes an.
Pronomen im Genitiv	Ich entsinne mich dessen gut.

Bei einzelnen genitivregierenden Verben sind auch Sätze oder eine Infinitivgruppe möglich:

Sie vergewisserte sich, dass/ob alle Fenster geschlossen waren. Man kann ihn wirklich nicht verdächtigen, er habe uns damit schaden wollen. Sie werden beschuldigt, einer terroristischen Vereinigung anzugehören.

511 Der Genitiv ist als Ergänzungskasus im heutigen Deutsch selten. Nur relativ wenige Verben – die meist der gehobenen Sprache angehören – verlangen eine Ergänzung im Genitiv, z. B.:

(zweiwertig:) bedürfen, entbehren, ermangeln, sich annehmen, sich bedienen, sich bemächtigen, sich entledigen, gedenken, sich entsinnen; (dreiwertig:) berauben, beschuldigen, bezichtigen, anklagen, überführen

Viele ursprüngliche Genitivverben werden heute anders konstruiert, vor allem mit einer Präpositionalergänzung:

Sie erinnert sich nicht gern an ihre Schulzeit (früher: ... ihrer Schulzeit). Ich schäme mich für sein Verhalten (früher: ... seines Verhaltens). Er besann sich auf seine Wurzeln (früher: ... seiner Wurzeln).

In bestimmten Wendungen hat sich die Genitivergänzung aber noch erhalten, z. B.:

seines Amtes walten, sich seiner Haut wehren, der Dinge harren, jeder Grundlage entbehren, sich der Stimme enthalten, jeder Beschreibung spotten, sich eines Besseren besinnen

512 Einheiten im Genitiv kommen vereinzelt auch als adverbiale Angaben vor:

Eines Tages wird dir das noch leidtun. Das kann ich guten Gewissens behaupten.

Vor allem aber wird der Genitiv attributiv verwendet, also als unselbstständiger Satzgliedteil (Genitivattribut, ↑278–282):

in allen Farben des Regenbogens, die Entdeckung Amerikas

In dieser Hauptverwendung ist der Genitiv heute eher häufiger als früher; man kann also nicht pauschal sagen, er nehme im Deutschen ab.

2.7 Die Präpositionalergänzung

So wie viele Verben eine Ergänzung in einem bestimmten Kasus verlangen, fordern andere eine Ergänzung mit einer Präposition (die ihrerseits einen bestimmten Kasus regiert): 513

Ich warte auf dich. Ich denke an dich. Ich rechne mit dir.

Da es sich um unterschiedliche Präpositionen handelt, gibt es keine einheitliche Frage, mit der sich diese Ergänzungen ermitteln lassen; man muss vielmehr immer von dem jeweiligen Verb mit seiner spezifischen Präposition ausgehen, z. B.:

Er verlässt sich auf seine Freunde / auf ihr Urteil. – Auf wen / worauf verlässt er sich?

Die Präpositionalergänzung ist eine präpositionale Wortgruppe oder ein Präpositionaladverb:

Präpositionalgruppe	Das hängt vom Wetter / von dir ab.
Präpositionaladverb	Davon hängt viel ab.

Zur Verteilung Präposition + Pronomen *(von dir)* – Präpositionaladverb *(davon)* ↑402.

Bestimmte Verben lassen auch Nebensätze oder eine Infinitivgruppe als präpositionale Ergänzung zu; meist enthält dann der Hauptsatz ein vorausweisendes Präpositionaladverb als Korrelat (Platzhalter):

Sie kümmert sich darum, dass die Gäste mit allem versorgt sind. Es kommt ganz darauf an, wie er sich entscheidet. Was hat euch (dazu) veranlasst, den Antrag zurückzuziehen?

Die feste, nicht austauschbare Präposition unterscheidet die Präpositionalergänzung von anderen präpositionalen Fügungen. Zum Beispiel kann das Verb *liegen* mit verschiedenen Präpositionen stehen: 514

Das Buch liegt auf dem Tisch / im Regal / neben der Lampe / unter den Zeitungen

Entsprechend fragt man auch nicht *worauf?/worin?* usw., sondern *wo?*. Die Präpositionalgruppe ist in diesem Fall eine adverbiale Ergänzung des Ortes, in anderen Fällen eine freie Ortsangabe.

Es sind allerdings auch bei einer Präpositionalergänzung manchmal zwei Präpositionen möglich: *schimpfen auf/über, erzählen von/über, sich freuen auf/über;* eine klare Grenze zu den Angaben ist hier nicht immer leicht zu ziehen.

2.8 Adverbialergänzungen

515 **Adverbialergänzungen** sind diejenigen adverbialen Bestimmungen, die notwendig für einen grammatisch korrekten Satz sind:

notwendige Adverbialbestimmung: Ergänzung	Er wohnt in Mannheim. *Er wohnt.
weglassbare Adverbialbestimmung: Angabe	Er studiert (in Mannheim) Betriebswirtschaft.

Eine adverbiale Ergänzung fordern vor allem raumbezogene Verben. Man unterscheidet die beiden Hauptklassen Situativergänzung und Direktivergänzung. Beide kommen in Form von Präpositionalgruppen und Adverbien vor.

516 Die Situativergänzung

Zu den Situativergänzungen gehören in erster Linie die adverbialen Bestimmungen des Ortes (Frage: *wo?*) bei Verben wie *wohnen, liegen, stehen, sich befinden, stattfinden:*

> Er wohnt am Stadtrand. Hier liegt Berlin und da der Spreewald. Die Sitzung findet in Raum 101 statt. Wo sind Sie geboren? Sie lebt die meiste Zeit im Ausland.

Manchmal gibt die Situativergänzung die Zeit(dauer) oder den Grund des Geschehens an:

> Es geschah am helllichten Tag. Die Sitzung beginnt um 9 Uhr und dauert sicher bis 11 Uhr / zwei Stunden / lange. Die meisten Unfälle passieren wegen überhöhter Geschwindigkeit. Das Verbrechen geschah aus Eifersucht.

Auch adverbiale Bestimmungen der Art und Weise können Ergänzungsstatus haben; sie erscheinen in der Regel als Adjektive:

Er lebt allein. Sitzt du bequem? Steh gerade!

Die Direktivergänzung 517

Eine Direktivergänzung (Richtungsergänzung, Frage: *wohin?/woher?*) verlangen Verben wie *legen, stellen, fahren, gehen, kommen:*

Sie fahren jedes Jahr nach Italien und legen sich dort nur an den Strand. Stell die Kartons bitte in die Ecke / hierher. Gehen Sie nach links und dann immer geradeaus. Er kommt aus Togo / von weit her.

2.9 Die Prädikativergänzung

Eine Prädikativergänzung ist notwendig bei Verben wie *sein, werden, bleiben, scheinen, heißen,* die nicht allein das Prädikat bilden können: 518

Tim und Nora sind Zwillinge. Nora will Mechatronikerin werden. Er bleibt Landesvorsitzender seiner Partei. Wie heißt du? Die Prüfung war schwer. Das Essen wird kalt. Es schien zwecklos. Bleibt gesund. Er wirkte nervös. Du siehst schlecht aus.

Die Prädikativergänzung charakterisiert den im Subjekt genannten Gegenstand, indem sie ihn in eine Klasse einordnet oder ihm eine Eigenschaft zuschreibt; sie wird deshalb auch Einordnungs- oder Gleichsetzungsergänzung bzw. Artergänzung genannt. Man kann sie mit den Fragen *was?/wie?* ermitteln:

Theresa ist Ärztin / sehr gewissenhaft. – Was/Wie ist Theresa?

Als Prädikativergänzung steht typischerweise ein Nomen oder ein Adjektiv (bzw. entsprechende Wortgruppen); man spricht deshalb auch von Prädikatsnomen bzw. Prädikatsadjektiv:

Nomen/Nominalgruppe im Nominativ	Max ist Polizist / ein netter Mensch / unser bester Spieler.
Adjektiv(gruppe)	Der Urlaub war schön / sehr teuer / völlig verregnet.

Seltener kommt die Prädikativergänzung auch in anderen Formen vor, z. B.

> (mit *als:*) Er gilt als Feigling / als feige. (adverbial:) Es war alles umsonst. Diese Angaben sind ohne Gewähr. (im Genitiv:) Sie war guten Mutes / schlechter Laune. (als Satz:) Bleib, wie du bist. Er ist, was er schon immer werden wollte.

519 Bestimmte adjektivische Prädikativergänzungen können oder müssen ihrerseits eine Ergänzung bei sich haben:

> Das sieht ihr ähnlich. Es ist den Aufwand nicht wert. In seiner Wut ist er zu allem fähig. Leider sind wir auf ihre Unterstützung angewiesen. Das Land ist reich/arm an Rohstoffen.

Diese Ergänzungen gelten nicht als unmittelbare Einheiten des Satzes. Sie werden zunächst an das Adjektiv angebunden, mit dem zusammen sie dann die prädikative Ergänzung des Verbs bilden:

auf den erreichten Abschluss stolz sein

Präp.erg. zum Adjektiv

Prädikativerg. zum Verb

Zu den Adjektivergänzungen im Einzelnen ↑379.

520 Einige Verben (z. B. *nennen, halten für, ansehen/bezeichnen als*) verlangen eine Prädikativergänzung, die sich nicht auf das Subjekt, sondern auf die Akkusativergänzung des Satzes bezieht (»Objektsprädikativ«):

> Er hat mich einen Lügner genannt. Findest du den Entwurf gut? Ich halte ihn für einen Schwätzer / für intelligent. Sie sehen das als großen Fortschritt an. Ich betrachte die Diskussion als beendet. Man bezeichnet solche Satzglieder als Ergänzungen.

Der Objektbezug ist bei nominalen Formen daran zu erkennen, dass die Prädikativergänzung ebenfalls im Akkusativ steht:

Er hat mich $_{Akk}$ einen Lügner $_{Akk}$ genannt.

3 Satzbaupläne

Wenn man Sätze wie die folgenden in ihrem Aufbau vergleicht, stellt 521
man fest, dass sie Ergänzungen der gleichen Art enthalten:

> Vor lauter Aufregung steckte Sonja den Schlüssel verkehrt herum in das Schloss. Der Mann zog mit einer blitzschnellen Bewegung eine Pistole aus der Tasche. Du bringst doch morgen bestimmt das Auto in die Werkstatt?

Zwar stehen hier im Prädikat und in den Ergänzungen andere Wörter, und die Sätze sind mit unterschiedlichen zusätzlichen Angaben aufgefüllt (sie haben also natürlich alle eine andere Bedeutung), aber die Art der Ergänzungen ist die gleiche, nämlich:

Subjekt	Prädikat	Akkusativ-ergänzung	Direktiv-ergänzung
Sonja	steckte	den Schlüssel	in das Schloss.
Der Mann	zog	eine Pistole	aus der Tasche.
Du	bringst	das Auto	in die Werkstatt.

Diese Sätze (und viele weitere) sind also nach demselben Muster gebaut. Man nennt ein solches Muster oder Modell, das die elementaren Bauteile für einen bestimmten Typ von Sätzen verzeichnet, den **Satzbauplan.**

Dadurch, dass Verben Ergänzungen unterschiedlicher Anzahl und Art verlangen, entstehen unterschiedliche Satzbaupläne. Die allermeisten Verben haben aber höchstens drei Ergänzungen, und es kommen nur bestimmte Kombinationen von drei Ergänzungen vor. So ergibt sich eine begrenzte Zahl von Satzbauplänen, die den unendlich vielen konkreten Sätzen zugrunde liegen.

522 Die wichtigsten Satzbaupläne, geordnet nach Anzahl und Art der Ergänzungen:

Subjekt

Das Kind schläft. Die Sonne geht auf. Die Blumen sind verwelkt. Eisen rostet. Ich friere. Das Telefon hat geklingelt. Du spinnst. Der Computer ist abgestürzt.

Nebenpläne:
- Akkusativergänzung als einzige Ergänzung: *Mich friert. Ihn schauderte.*
- Dativergänzung als einzige Ergänzung: *Mir graust. Ihr schwindelt.*

Subjekt + Akkusativergänzung

(personales Subjekt:) Alle lieben Stefan. Der Zeuge beschreibt den Unfallhergang. Sie strickt einen Schal. Die größeren Kinder beaufsichtigen die kleineren. Er beantragt einen Pass.

(personale Akkusativergänzung:) Das freut mich. Diese alten Geschichten langweilen ihn. Sie interessieren niemanden.

Subjekt + Dativergänzung

Ich danke dir. Dem Mutigen hilft Gott. Zu viel Sonne schadet der Haut. Sie traut dem Frieden nicht.

(personale Dativergänzung:) Mir ist etwas Schreckliches passiert. Gefällt dir die neue Frisur? Das leuchtet mir ein.

Subjekt + Präpositionalergänzung

Das hängt von den Umständen ab. Er achtet auf seine Figur. Ich richte mich nach Ihnen. Sie regt sich über jede Kleinigkeit auf. Christian bemüht sich um eine neue Stelle. Woran denkst du? Wasser besteht aus Wasserstoff und Sauerstoff.

Subjekt + Situativergänzung

Mein Bruder lebt in München. Die Stadt liegt im Tal. Auf dem Tisch standen zwei Kerzen. Das Unglück ereignete sich um Mitternacht. Der Brand entstand aus Unachtsamkeit.

Subjekt + Direktivergänzung

Das Kind rannte auf die Straße. Die Vögel ziehen nach Süden. Wir fahren an die Ostsee. Ich gehe in die Stadt.

Subjekt + Prädikativergänzung

Simon ist Handelsfachpacker. Das war ein hartes Stück Arbeit. Die Aufführung wurde ein Flop. Er bleibt ein Träumer. Das Spiel war langweilig. Seine Unschuld gilt als erwiesen. Wir sind damit einverstanden.

Subjekt + Dativergänzung + Akkusativergänzung

(personale Dativergänzung:) Er gab dem Taxifahrer ein Trinkgeld. Der Arzt verschreibt dem Patienten ein neues Medikament. Ich empfehle Ihnen dieses Modell. Er teilt uns seine Ankunft mit.

(nicht personale Dativergänzung:) Das Mittel entzieht dem Körper Flüssigkeit. Sie dürfen diese Pflanzen nicht der Kälte aussetzen. Man unterzog ihn einer eingehenden Überprüfung.

Als Variante dieses Satzbauplans kann der mit **doppeltem Akkusativ** gelten:

Das kostet mich ein Vermögen. Die Eltern haben die Kinder Pflichterfüllung gelehrt. Sie fragt ihn die Vokabeln ab.

Die Konstruktion mit Person und Sache im gleichen Kasus ist auf sehr wenige Verben beschränkt *(kosten, lehren, abfragen, abhören),* und es besteht zunehmend die Tendenz, den personalen Akkusativ durch den typischeren Dativ zu ersetzen (z. B.: *Das Unglück hat vielen Menschen das Leben gekostet. Sie hört ihm die Vokabeln ab*).

Subjekt + Akkusativergänzung + Präpositionalergänzung

Ich erinnere dich an dein Versprechen. Er hält die Kollegen von der Arbeit ab. Darf ich Sie um einen Gefallen bitten? Er wies uns auf die Gefahren hin. Wir informieren euch über den neuen Termin.

Subjekt + Akkusativergänzung + Direktivergänzung

Er legt die Füße auf den Tisch. Sie bringt die Kinder zur Schule. Die Einbrecher haben alle Bücher aus den Regalen gerissen. Meier schießt den Ball ins Aus.

Subjekt + Präpositionalergänzung +Präpositionalergänzung

Der Betriebsrat verhandelt mit der Geschäftsleitung über die Arbeitszeitregelung. Ich wette mit dir um eine Flasche Sekt. Sie einigte sich mit ihm über die Höhe des Schadensersatzes.

4 Die Satzglieder: Angaben

523 **Angaben** sind die nicht vom Verb geforderten, grammatisch weglassbaren Satzglieder, z. B. *vermutlich, gestern, heftig* in dem Satz

Vermutlich haben sie gestern heftig gestritten.

Andere Bezeichnungen sind »Umstandsbestimmung«, »adverbiale Bestimmung«, »Adverbial« (Plural: Adverbiale). Mit diesen Begriffen sind zwar meist freie Satzangaben gemeint; sie schließen aber auch adverbiale Ergänzungen (↑515) mit ein.

Angaben beziehen sich enger auf das Verb oder weiter auf den gesamten Satz. Satzbezogene Angaben kann man daran erkennen, dass folgende Umschreibung möglich ist:

Vermutlich haben sie gestern heftig gestritten. → Es war vermutlich/gestern der Fall, dass sie heftig gestritten haben.

Verbbezogene Angaben kann man nicht auf diese Weise dem Satz überordnen *(*es war heftig der Fall, dass sie gestritten haben).*

Bei den satzbezogenen Angaben unterscheidet man zwischen solchen, die das dargestellte Ereignis (z. B. zeitlich oder räumlich) »situieren«, und solchen, die es (nach der Sicht des Sprechers) »modalisieren«. Es ergeben sich so diese Klassen von Angaben:

verbbezogene Angaben	Sie haben heftig gestritten.
satzbezogene Angaben **situativ** **modal**	 Sie haben gestern gestritten. Sie haben vermutlich gestritten.

4.1 Verbbezogene Angaben

Angaben mit speziellem Bezug auf das Verb (bzw. die Verbgruppe) drücken die Art und Weise aus, in der etwas geschieht oder jemand etwas tut. Sie sind **Artangaben,** erfragbar mit *wie:* **524**

Er spielt gut Tennis. – Wie spielt er Tennis?

Als Artangaben im engeren Sinne kommen vor allem Adjektive (bzw. Adjektivgruppen) vor:

Julia arbeitet im Unterricht rege mit. Sie schreibt meist fehlerfrei, liest aber noch nicht flüssig. Ich begrüße euch sehr herzlich zu unserer Feier. Sind Sie sicher, dass Sie den Inhalt des Ordners dauerhaft löschen möchten?

Adjektive bleiben auch in adverbialer Verwendung von der Wortart her Adjektive; sie wechseln nicht etwa in die Wortart Adverb über. Das Kennzeichen für adverbialen Gebrauch ist im Deutschen die unflektierte Form (während Adjektive in vielen anderen Sprachen durch ein Suffix zum Adverb gemacht werden, z. B. im Englischen durch *-ly: wash separately* ›getrennt waschen‹).

Adjektivische Artangaben können einen speziellen Bezug auf das Subjekt oder die Akkusativergänzung haben: **525**

Der Spieler lag bewusstlos am Boden. Du musst das Hackfleisch frisch verarbeiten.

Es handelt sich aber auch hier um ein adverbiales (und nicht um ein attributives) Verhältnis, wie die unflektierte Form und die Stellung zeigen. Die von dem Adjektiv bezeichnete Eigenschaft (›bewusstlos‹, ›frisch‹) gilt nicht generell, sondern nur für die Zeit, in der das Ereignis (›am Boden liegen‹, ›das Hackfleisch verarbeiten‹) stattfindet.

Artangaben im weiteren Sinne (die auch in anderen Formen erscheinen) sind: **526**

- verbbezogene Ausdrücke, die einen Grad, ein Maß angeben:

  Das hat mir besonders gefallen. Ich verlasse mich ganz auf dich. Er hat sich völlig verausgabt. Da haben wir uns wohl alle total geirrt. Sie hat ziemlich abgenommen.

- Angaben, die ein Mittel, Verfahren oder einen Begleiter bezeichnen:

  Sie schlug den Nagel mit dem Schuhabsatz in die Wand. Ich fahre immer mit dem Bus zur Arbeit. Man muss das zunächst theoretisch lösen und dann praktisch angehen. Sie können brieflich, telefonisch oder per E-Mail bestellen. Wir machen mit Freunden eine Radtour.

- verbbezogene Wortgruppen mit *wie/als:*

  Er läuft wie ein Wiesel. Das Metall glänzte wie Gold. Der Alkohol brannte wie Feuer in der Kehle. Er arbeitet dort als Praktikant. Im Krieg war sie als Krankenschwester an die Front gegangen.

4.2 Situative Satzangaben

527 **Situativangaben** benennen Umstände des im Satz dargestellten Geschehens. Man unterscheidet grob diese Klassen:

Lokalangaben (Ort)	hier, drüben, auf der Straße, in Ungarn
Temporalangaben (Zeit)	heute, diese Woche, am 13.4., lange, oft
Kausalangaben im weiteren Sinne (Grund u. Ä.)	deshalb, wegen Bauarbeiten, bei diesem Wetter, trotzdem, dafür, zur Belohnung

(Angaben der Art und Weise sind verbbezogen, ↑524)

Situativangaben kommen im einfachen Satz hauptsächlich in Form von Adverbien und Präpositionalgruppen vor.

528 Lokalangaben

Angaben des Ortes antworten auf die Frage *wo?* (Richtungsbestimmungen – Frage *wohin?/woher?* – sind immer Ergänzungen, ↑517):

Rat mal, wen ich am Bahnhof getroffen habe. Auf der Insel war es schön. Wir hatten dort fast immer gutes Wetter. Er hat eine Arbeit in der Nähe seines Wohnortes gefunden. Wie gefällt es dir hier? Dahinter sieht man einen Wald.

Mit Adverbien wie *hier, dort, dahinter* wird auf einen Ort »gezeigt«; das geschieht vom Sprechort aus, oder es gibt einen im Kontext genannten Bezugsort.

Temporalangaben

Adverbiale Bestimmungen der Zeit (Frage: *wann?*) geben einen Zeitpunkt, ein Zeitintervall an; neben Adverbien und Präpositionalgruppen kommen auch Nominalgruppen im Akkusativ und (seltener) im Genitiv vor: **529**

Heute geht sie nicht zur Arbeit. Nach dem Essen sollst du ruh'n oder tausend Schritte tun. Wir ziehen im Mai um. Vorher gibt es noch viel zu erledigen. Nächste Woche habe ich keine Zeit. Du wirst eines Tages noch froh darüber sein.

Der Zeitpunkt kann »absolut« gesetzt sein (z. B. durch eine Datumsangabe), oder er ist relativ, d. h. von der Sprechzeit abhängig *(heute, vor einer Woche)* oder auf einen im Kontext genannten Zeitpunkt bezogen *(vorher, eine Woche danach).*

Zu den Temporalangaben zählen auch **530**

- Angaben der Zeitdauer (Durativangaben; Frage: *wie lange?*):

  Sie hat die ganze Nacht wach gelegen. Wir haben lange nichts mehr von ihm gehört. Er ist seit Monaten unauffindbar.

- Angaben der Häufigkeit (Frequenzangaben; Frage: *wie oft?*):

  Sie sind zum dritten Mal zu spät zur Arbeit gekommen. Johanna ist meistens sehr beherrscht, aber manchmal verliert auch sie die Geduld. Ich sage das nicht zweimal.

Kausalangaben **531**

Unter diesem Etikett werden Angaben verschiedener Art zusammengefasst. Gemeinsam ist ihnen, dass sie eine bestimmte inhaltliche – z. B. begründende – Beziehung zwischen Sachverhalten herstellen. Sie treten deshalb auch meist satzförmig auf (↑587–594).

Die verschiedenen »kausalen« Beziehungen:

kausal im engeren Sinne (Grund, Ursache)	Die Straße ist wegen eines Unfalls gesperrt. Aufgrund der schlechten Auftragslage wurde die Produktion eingeschränkt. Es kann deshalb zu Kündigungen kommen.
konditional (Bedingung)	Bei Frost müssen die Bauarbeiten unterbrochen werden. In diesem Fall verzögert sich die Fertigstellung. Das Haus ist dann erst im Juni bezugsfertig.
konzessiv (Gegensatz, Widerspruch)	Er lief trotz seiner Verletzung weiter. Aber bei aller Anstrengung wurde er doch nur Dritter. Dennoch war es eine großartige Leistung.
final (Zweck)	Sie nimmt zur Fortbildung an einem Lehrgang teil. Wofür brauchst du das Geld? Wir fahren zum Schwimmen an den Bruchsee.

Ein konsekutives Verhältnis (d. h. eine Folge-Beziehung) wird fast ausschließlich als Satz (Einleitewort *sodass,* ↑593) realisiert.

4.3 Modale Satzangaben

532 **Modalangaben,** die zweite große Gruppe der satzbezogenen Angaben, betreffen nicht Umstände des dargestellten Sachverhalts (deshalb sind sie auch nicht erfragbar), sondern sie geben eine Stellungnahme (Einschätzung, Einstellung) des Sprechers zu dem Sachverhalt wieder:

> Vermutlich/Hoffentlich kommt sie. (›Ich vermute/hoffe, dass sie kommt.‹)

Die Stellungnahme betrifft die Geltung der Aussage, oder der Sprecher kommentiert, bewertet den Sachverhalt.

Modalangaben kommen in Form von Adjektiven *(sicher),* Adverbien *(sicherlich)* und Präpositionalgruppen *(mit Sicherheit)* vor.

Geltungsbezogene Modalangaben 533

Die Geltung einer Aussage kann in verschiedenen Graden verstärkt und abgeschwächt werden.

Mit Ausdrücken wie *tatsächlich, wirklich, zweifellos, notwendig(erweise), selbstverständlich* wird sie ausdrücklich bestätigt und bekräftigt:

> Ich weiß es wirklich nicht. Sie war zweifellos / ohne Zweifel der Star des Abends. Das musste notwendigerweise zu einer Katastrophe führen.

Sehr zahlreich sind Angaben, mit denen die Geltung relativiert (insbesondere abgeschwächt) wird:

> Höchstwahrscheinlich / Mit an Sicherheit grenzender Wahrscheinlichkeit werden die Tarifpartner heute noch zu einem Abschluss kommen. Bis Freitag ist die Ware sicher(lich) eingetroffen. Er ist möglicherweise/vielleicht/eventuell dazu bereit. Vor Sonntag werde ich kaum zurück sein.

Die größtmögliche Abschwächung ist die Verneinung (Negation):

> Vor Sonntag werde ich nicht zurück sein. Die Farbe steht dir überhaupt nicht. Das können wir keinesfalls so hinnehmen.

Der semantische Bezugsbereich (Skopus) der Negation ist immer der gesamte Satz; es kann aber ein einzelner Teil besonders in den »Brennpunkt« (Fokus) gerückt werden (↑auch 451, ↑549):

> Er hat nicht gelogen. – Nicht er hat gelogen.

Bewertende Modalangaben 534

> Erfreulicherweise / Zum Glück/ Gott sei Dank ist nichts weiter passiert. Wir haben leider /bedauerlicherweise kein Zimmer mehr frei. Merkwürdigerweise/Seltsamerweise waren alle auf einmal verschwunden.

Der Sprecher bewertet mit diesen Angaben den Sachverhalt positiv, negativ oder in einer bestimmten Hinsicht. Typisch sind dafür Adverbien auf *-weise*, die von Adjektiven abgeleitet sind (↑400).

535 Abtönungspartikeln

Er hat aber auch immer Pech. Ihr wolltet es ja nicht wahrhaben. Ich bin doch kein Unmensch. Lass dir das bloß nicht einreden. Ist das vielleicht kalt hier.

Abtönungspartikeln (↑452) bilden eigentlich eine eigene Klasse von Satzangaben. Sie unterscheiden sich von den anderen dadurch, dass sie nicht die Bedeutung des Satzes (situierend oder modalisierend) verändern. Sie betreffen vielmehr die Art, wie eine Äußerung gemacht wird; meist lassen sie eine emotionale Beteiligung des Sprechers erkennen.

5 Wortstellung (Satzgliedstellung)

536 Mit **Wortstellung** ist im Allgemeinen nicht die Stellung einzelner Wörter gemeint; im Fall des Satzes geht es um **Satzgliedstellung** (und die Stellung der verbalen Teile).

Die Satzgliedstellung ist im Deutschen relativ frei, d.h., viele Satzglieder können an verschiedenen Stellen im Satz stehen (nur deshalb ist es auch möglich, sie mithilfe der Umstellprobe, ↑466, zu ermitteln).

Es gibt jedoch feste Stellen für das finite Verb und die übrigen Teile des Prädikats. Sie gliedern den Satz in Abschnitte, die man Vorfeld, Mittelfeld und Nachfeld nennt.

Die Besetzung der Felder, insbesondere die Abfolge der Satzglieder im Mittelfeld, ist teils grammatisch, teils kommunikativ bestimmt.

5.1 Allgemeine Wortstellungsprinzipien

537 Grammatisches Grundprinzip

Es ist »natürlich«, dass inhaltlich zusammengehörige Einheiten auch eng beieinanderstehen. Das bedeutet für die Satzgliedstellung: Da das Verb (genauer: das Vollverb) das Zentrum des Satzes bildet, ist auch die Abfolge der Satzglieder letztlich immer auf diesen Bezugspunkt ausgerichtet. Wenn man von Verbletztstellung (wie in Nebensätzen) ausgeht, kann man verkürzt als allgemeine Regel formulieren:

je enger grammatisch an das Verb gebunden,
desto näher beim Verb

oder:

grammatisch verbferneres Satzglied
>> grammatisch verbnäheres Satzglied

Es gibt auch die ungewöhnliche (markierte) Art, Einheiten durch Getrenntstellung als zusammengehörig zu kennzeichnen; ↑541.

Kommunikatives Grundprinzip

Wortstellung trägt auch – vor allem in geschriebener Sprache – dazu bei, den Satz kommunikativ zu gliedern, d. h. nach dem Wert der Information, die mit den einzelnen Satzgliedern übermittelt wird. Normalerweise wird die Information so verteilt, dass das Alte, Bekannte – die **Hintergrundinformation** – vor dem Neuen, Wichtigen – der **Vordergrundinformation** – steht: 538

Hintergrundinformation >> Vordergrundinformation

In der Regel liegt genau diese Abfolge vor, wenn die Satzglieder nach dem grammatischen Prinzip angeordnet sind; man spricht dann von »normaler« Wortstellung.

Die Wortstellung ist immer im Zusammenhang mit der Intonation (Betonung, Akzentsetzung) zu sehen. Betonung ist das stärkere Mittel der kommunikativen Gliederung; sie kann allein – ohne Wortstellungsänderung – eine Hervorhebung bewirken: 539

Ich habe 'ihm das Geld gegeben.

Dagegen ist Hervorhebung durch abweichende Stellung nur dann möglich, wenn das betreffende Satzglied auch den Akzent erhält:

Ich habe das Geld 'ihm gegeben. 'Ihm habe ich das Geld gegeben.

5.2 Verbstellung, Satzklammer und Stellungsfelder

540 Verbstellung

Eine erste Strukturierung des Satzes ergibt sich durch die Stellung des Verbs. Das finite Verb ist an bestimmte Positionen im Satz gebunden: Es steht an erster, zweiter oder letzter Stelle (↑auch 463):

Verberststellung	Kommt Elli heute auch zum Training?
Verbzweitstellung	Elli kommt heute auch zum Training.
Verbletztstellung	ob Elli heute auch zum Training kommt

Die Positionen für das finite Verb gelten auch dann, wenn es daneben noch weitere – infinite – Verbformen gibt (wenn also ein Verbalkomplex bzw. ein mehrteiliges Prädikat vorliegt). Die infiniten Verbformen treten in Verberst- und Verbzweitsätzen (Hauptsätzen) ans Ende des Satzes; der Verbalkomplex wird also aufgespalten:

Ist Elli heute auch zum Training gekommen?

Elli will heute auch zum Training kommen.

In Verbletztsätzen (Nebensätzen) steht der gesamte Verbalkomplex am Satzende (mit der finiten Verbform an letzter Stelle):

..., ob Elli heute auch zum Training gekommen ist.

Zur Stellung der Verbalkomplex-Teile ↑auch 130–132.

Satzklammer 541

Man gebraucht für die Aufspaltung des Verbalkomplexes das Bild der Klammer und spricht hier von **Verbklammer:** Die getrennt stehenden, aber inhaltlich zusammengehörigen Verbformen umschließen andere Satzteile wie eine Klammer:

[Ist] sie heute auch zum Training [gekommen]?

Das Bild lässt sich auch auf die Stellung im Nebensatz übertragen. Hier bilden das Einleitewort (z.B. eine unterordnende Konjunktion) und der Verbalkomplex am Satzende eine Klammer:

[ob] sie heute auch zum Training [gekommen ist]

Es handelt sich nicht um eine reine Verbklammer, aber von Klammerbildung kann man auch hier sprechen, weil Nebensatzeinleitung und Verbendstellung nur zusammen auftreten: Eine unterordnende Konjunktion bewirkt immer, dass das Verb ans Ende tritt, und umgekehrt steht das Verb nur dann am Ende, wenn eine unterordnende Konjunktion vorkommt.

Man nennt die beiden Arten der Klammer zusammenfassend **Satzklammer** und ihre beiden Teile **linke** und **rechte Satzklammer:**

	Ist	sie heute auch zum Training	gekommen?
Sie	will	heute auch zum Training	kommen.
	ob	sie heute auch zum Training	gekommen ist
	linke Satzklammer		rechte Satzklammer

Die Klammerbildung bedeutet, dass man einen Satz nicht stückweise verstehen kann, sondern ihn erst vom Ende her überschaut, wenn sich die Klammer mit dem letzten Prädikatsteil geschlossen hat.

542 Stellungsfelder

Durch die Satzklammer wird der Satz in Abschnitte gegliedert, die man **Stellungsfelder** nennt. Der Satzabschnitt zwischen den Klammerteilen bildet das **Mittelfeld,** die Abschnitte vor der linken und hinter der rechten Satzklammer heißen **Vorfeld** bzw. **Nachfeld:**

Vorfeld		Mittelfeld		Nachfeld
Sie	hat	heute nicht so gut	gespielt	wie sonst.

Nur in Verbzweitsätzen können alle drei Felder vorkommen; Verberst- und Verbletztsätze haben prinzipiell kein Vorfeld.

Generell ist das Felderschema – und ebenso auch die Satzklammer – als ein abstraktes, virtuelles Schema zu verstehen, das alle strukturell möglichen Stellungsbereiche verzeichnet; in konkreten Sätzen sind durchaus nicht immer alle besetzt.

Einige Beispiele für die Besetzung der Stellungsfelder und der Satzklammer:

Vorfeld	**linke Satzkl.**	**Mittelfeld**	**rechte Satzkl.**	**Nachfeld**
Morgen	soll	es noch heißer	werden	als heute.
Wir	holen	euch vom Bahnhof	ab.	
Was	ist		passiert?	
	Kennst	du ihn?		
	Bleib	noch ein bisschen!		
	weil	ich das nicht	weiß	
	wen	sie dort	treffen will	

543 Besonderheiten der deutschen Wortstellung

Die Stellung des Prädikats, insbesondere die Klammerbildung, ist ein Charakteristikum der deutschen Satzstruktur, das sie von der vieler anderer Sprachen unterscheidet. Zusammengefasst und vereinfacht formuliert, weist das Deutsche diese Besonderheiten der Wortstellung auf:

- Im Hauptsatz tritt ein mehrteiliges Prädikat auseinander:

  Wir können morgen ins Kino gehen.

  (z. B. engl.: We can go to the cinema tomorrow.)
- Im Nebensatz steht das Prädikat am Satzende:

  ..., dass wir morgen ins Kino gehen können

  (z. B. engl.: ... that we can go to the cinema tomorrow)
- Vor dem Prädikat im Aussagesatz kann nur ein Satzglied stehen:

  Morgen gehen wir ins Kino. / Wir gehen morgen ins Kino. *Morgen wir gehen ins Kino.

  (z. B. engl.: Tomorrow we go to the cinema.)

5.3 Das Mittelfeld

Das Mittelfeld, der Satzabschnitt zwischen den Klammerteilen, kann die meisten Satzglieder enthalten. In Verberst- und Verbletztsätzen, die ja kein Vorfeld haben, stehen hier in der Regel sogar alle Satzglieder. Das Mittelfeld ist also der Bereich, in dem es um Reihenfolge im eigentlichen Sinne geht. Es ist zweckmäßig, die Stellung der Ergänzungen und die der Angaben zunächst getrennt zu betrachten. 544

Die Abfolge der Ergänzungen

Als Grundregel gilt, dass Ergänzungen gemäß ihrer valenzbestimmten Bindung an das Verb angeordnet werden. 545

Am engsten mit dem Verb verbunden ist die Prädikativergänzung (die zusammen mit dem Verb das Prädikat bildet); sie steht deshalb unmittelbar vor dem Verb (in Endstellung):

..., weil Anja und Philipp doch trotz allem meine besten Freunde sind. ..., dass sie nach ihrer Operation nie wieder ganz gesund geworden ist.

Die gleiche Position am Mittelfeldende nehmen adverbiale Ergänzungen ein:

Wusstest du, dass Stefan schon seit drei Jahren in Irland lebt?
..., weil wir die Kinder erst noch zu den Großeltern bringen müssen.

Von den Ergänzungen, die durch einen Kasus (oder eine Präposition) ausgedrückt werden, ist das Subjekt (in der Regel) die verbfernste; es steht dementsprechend am Anfang des Mittelfeldes:

Gestern hat die Kommission der Regierung endlich ihren Bericht vorgelegt.

Für die Stellung der Dativ- und der Akkusativergänzung ist vor allem entscheidend, welche semantische Rolle sie vertreten. Der Träger einer belebten Rolle (typischerweise der Dativ) steht vor dem einer unbelebten Rolle:

..., wenn die Bank dem Kunden $_{\text{Dat}}$ das Geld $_{\text{Akk}}$ nicht aushändigt.
..., weil er die Kinder $_{\text{Akk}}$ nicht dieser Gefahr $_{\text{Dat}}$ aussetzen wollte.

Die Regel belebte Rolle >> unbelebte Rolle erklärt auch andere – im Allgemeinen unübliche – Abfolgen, z. B. die bevorzugte Nachstellung des Subjekts bei Verben wie *interessieren, freuen, ärgern, stören* (↑506); *gefallen, gelingen, passieren* (↑508):

..., weil die Nachbarn $_{\text{Akk}}$ der Lärm $_{\text{Nom}}$ stört. Ob den Zuschauern $_{\text{Dat}}$ die Aufführung $_{\text{Nom}}$ wohl gefallen hat?

Zusammengefasst ergibt sich als typische Abfolge der Ergänzungen im Mittelfeld:

Subjekt >> Dativergänzung >> Akkusativergänzung >> übrige Ergänzungen

546 Ergänzungen in Form eines »schwachen« Pronomens (Personalpronomen, *man, sich*) verhalten sich anders als nominale Ergänzungen. Sie stehen zusammen in fester Reihenfolge am linken Rand des Mittelfelds, und es gilt immer die Abfolge Akkusativ >> Dativ:

Heute habe ich es ihnen endlich gesagt. Kannst du ihn mir mal zeigen? ..., als er sich ihr vorstellte. Wenn man es sich richtig überlegt, ...

Die Abfolge der Angaben

Wenn mehrere Angaben zusammen im Mittelfeld auftreten, gehen die mit weiterem Bezug denjenigen mit engerem Bezug voraus: 547

satzbezogene Angaben >> verbbezogene Angaben

Genauer gilt: Am weitesten links stehen die Abtönungspartikeln (↑535), ihnen folgen die situativen und modalen Satzangaben(↑527,↑532); die Artangaben (↑524) stehen gemäß ihrem Verbbezug am Mittelfeldende, unmittelbar vor oder nahe bei der rechten Satzklammer:

Das hat er doch sicher nicht mit Absicht getan. Sie haben sich ja deswegen anscheinend heftig gestritten. Wir werden aber trotz allem immer fest daran glauben.

Innerhalb der Satzangaben ist die Abfolge weitgehend frei, solange sie den gleichen semantischen Bezug haben. Ob z. B. eine temporale Angabe vor einer lokalen steht oder umgekehrt, ändert nichts an der Satzbedeutung: 548

Das haben die Minister am Wochenende in Brüssel beschlossen. – Das haben die Minister in Brüssel am Wochenende beschlossen.

Auch in Kombinationen von situativen und modalen Angaben sind beide Abfolgen möglich (sie unterscheiden sich höchstens in der kommunikativen Verteilung, ↑551):

Sie haben sich deswegen anscheinend gestritten. – Sie haben sich anscheinend deswegen gestritten.

Zur Stellung der Negation 549

Die Negationspartikel *nicht* steht immer nach anderen Modalangaben:

Ich kann leider nicht kommen. – *Ich kann nicht leider kommen.

Ihre Stellung im Verhältnis zu Situativangaben und Ergänzungen ist so geregelt:

- Normalerweise steht *nicht* vor einer verbbezogenen Angabe und den verbnächsten Ergänzungen am Mittelfeldende:

Ich hatte ihm aber das Geld nicht fest versprochen. ..., dass wir wahrscheinlich dieses Jahr nicht in Urlaub fahren. Sie hat mich gestern nicht besucht.

Zur Kontrastierung kann die Negation vor ein anderes Satzglied gestellt werden, das dann den Hauptakzent erhält:

Sie hat nicht 'mich gestern besucht. Sie hat mich nicht 'gestern besucht.

Die Aussage wird in der Regel mit einer *sondern*-Fortführung korrigiert, z.B.:

Sie hat mich nicht gestern besucht, sondern schon vor drei Tagen.

- Enthält der Satz eine Mengenangabe (z.B. *viele, alle* oder Durativ- bzw. Frequenzangaben wie *lange, oft*), ist die semantische Reichweite (der Skopus) der Negation stellungsbestimmend: *nicht* muss vor den Mengenausdruck gestellt werden, wenn der gesamte Satz negiert werden soll:

  ..., dass nicht alle die Prüfung bestanden haben. Er war nicht lange hier. Sie hat nicht ein einziges Mal das Ziel getroffen.

  Bei umgekehrter Stellung hat der Mengenausdruck den weiteren Bezug; der Satz erhält damit eine andere Bedeutung:

  ..., dass alle die Prüfung nicht bestanden haben. Er war lange nicht hier. Sie hat ein einziges Mal das Ziel nicht getroffen.

Die Gesamtfolge der Satzglieder im Mittelfeld

550 Die Abfolge der Ergänzungen und der Angaben im Mittelfeld lässt sich vereinfacht so zusammenführen:

pro- nominale Erg.	nominale Ergänzungen satzbezogene Angaben	Neg.	verb- bezogene Angaben	Prädikativerg. Adverbialerg. Präpositionalerg.

Die Stellung der Satzglieder im linken und rechten Randbereich des Mittelfelds ist weitgehend fest, sodass sich eine Art »innerer« Klammer ergibt, die die (verbale) Satzklammer verstärkt.

Diese grammatisch bestimmte Anordnung entspricht der normalen kommunikativen Gliederung: Die formal schwachen Ergänzungen am linken Mittelfeldrand sind Träger von Hintergrundinformation, mit den verbnächsten Satzgliedern im rechten Randbereich wird die relevante Vordergrundinformation übermittelt. 551

Die Satzglieder im mittleren Bereich sind relativ stellungsvariabel und können dementsprechend für die kommunikative Gewichtung eingesetzt werden. Dabei bilden die Modalangaben eine Art von »Achse«, um die sich Hintergrund- und Vordergrundinformation verteilen; vgl. z. B.:

Hintergrund			**Vordergrund**
dass	viele	wahrscheinlich	morgen abreisen
dass	morgen	wahrscheinlich	viele abreisen
dass	viele morgen	wahrscheinlich	abreisen
dass		wahrscheinlich	morgen viele abreisen

5.4 Das Vorfeld

Grammatische Regeln der Vorfeldbesetzung

Das Vorfeld ist der Satzabschnitt vor der linken Satzklammer: 552

> Heute habe ich mir frei genommen. Der Antrag der Umweltschützer auf Einstellung der Bauarbeiten wurde abgelehnt. Was ist der langen Rede kurzer Sinn?

Es gibt dieses Feld nur bei Verbzweitstellung, d. h. in Sätzen, in denen das finite Verb an zweiter Stelle steht, also hauptsächlich in Aussage- und Ergänzungsfragesätzen. In Aussagesätzen wird in der gesprochenen Umgangssprache das Vorfeld manchmal ausgespart *(Weiß ich nicht)*; ↑473.

Wie »Verbzweit« besagt, steht im Vorfeld im Prinzip nur ein Satzglied (↑ aber 556, ↑557).

⚠ Man kann relativ häufig Sätze lesen, in denen nach dem Satzglied im Vorfeld ein Komma steht, z. B.:

> Vor der ersten Benutzung, müssen Sie den Internetzugang einmalig einrichten. Bei Temperaturen um 30 Grad, ist es sonnig und niederschlagsfrei. In ruhiger und bevorzugter Wohnlage in Waldstadt, erwartet Sie ein frei stehendes Einfamilienhaus ...

Nach den gültigen Zeichensetzungsregeln ist diese Kommasetzung falsch. Das Satzglied im Vorfeld ist ein integrativer Bestandteil des Satzes, es wird nicht durch ein Komma vom übrigen Satz abgetrennt.

Zum Vorfeld zählen nicht Konjunktionen und andere vorangestellte Ausdrücke, die nicht Bestandteile des Satzes sind, z. B.:

> [Und] wie stellst du dir das vor? [Ja,] das stimmt. [Also,] ich weiß nicht so recht.

553 Einige wenige Satzglieder bzw. Satzgliedformen können nicht im Vorfeld stehen:

- *es* als Akkusativergänzung:

  (Wo ist das Buch?) – *Es habe ich ins Regal gestellt.

- *sich* (und die entsprechenden Personalpronomen) bei echt reflexiven Verben:

  *Sich hat er bedankt. *Uns müssen wir beeilen.

- die Dativ- und Akkusativ-Ersatzformen für *man:*

  *Einen kannst du ganz schön nerven.

- *nicht* und Gradpartikeln als alleinige Vorfeldeinheit:

  *Nicht hat sie das gesagt. *Sogar ist der Chef gekommen.

- Abtönungspartikeln:

  *Ja habe ich es gewusst! *Nun mal lässt es sich nicht ändern.

Außer diesen schwachen Einheiten können alle Satzglieder das Vorfeld besetzen: 554

(Ergänzungen:) Zwei neue digitale Fernsehkanäle gehen jetzt an den Start. Die Botschaft hör ich wohl, allein mir fehlt der Glaube. Damit konnte niemand rechnen. In München steht ein Hofbräuhaus. Politiker wollte er eigentlich nie werden. Bunt sind schon die Wälder.

(Angaben:) Am Montag habe ich einen Termin beim Zahnarzt. Auf der Autobahn gab es ständig Staus. Deshalb kam es auch zu mehreren Unfällen. Hoffentlich sind wir bald da. Schön hast du das gesagt!

Das Satzglied kann erweitert sein, z.B. durch eine Apposition, einen Relativsatz oder adverbiale Attribute:

Robert und Susan, unsere Freunde aus New York, haben angerufen. Den Mann, der da neben Julia steht, kenne ich nicht. Die Veranstaltung am Sonntag fällt aus. Hinten am Zaun wachsen Brombeeren.

Solche Erweiterungen besetzen nicht etwa eine zweite Stelle, sondern sind Teil der Vorfeldeinheit.

Häufig steht das Subjekt des Satzes im Vorfeld. Daraus sollte aber nicht geschlossen werden, dass dies seine angestammte »Grundstellung« ist und eine »Inversion« (Umsetzung) vorliegt, wenn es hinter dem finiten Verb auftritt. Dass das Subjekt öfter als andere Satzglieder das Vorfeld besetzt, erklärt sich zum großen Teil einfach daraus, dass es das bei Weitem häufigste Satzglied ist. Tatsächlich kommt rund die Hälfte aller Subjekte (in Aussagesätzen) im Vorfeld vor, die andere Hälfte steht im Mittelfeld.

Besondere Vorfeldbesetzungen

Platzhalter-*es* 555

Die einzige Einheit, die nur im Vorfeld auftreten kann, ist *es*, wenn damit ein im Mittelfeld stehendes Subjekt vorweggenommen wird (↑auch 310):

Es werden auch viele Besucher aus dem Ausland erwartet. Es ist etwas Schreckliches passiert. Es führt kein anderer Weg dorthin.

es hat hier keine eigene Bedeutung; es besetzt nur stellvertretend die grammatisch notwendige Vorfeldstelle, damit das Subjekt, das die relevante Information liefert, am Satzende, der kommunikativen Schwerpunktstelle, stehen kann.

556 Verbale Einheiten

Außer Ergänzungen und Angaben können auch infinite Teile des Verbalkomplexes (Partizip II, Infinitiv), die sonst in der rechten Satzklammer stehen, ins Vorfeld gestellt werden:

Geholfen hat es allerdings nicht. Eingebrochen worden ist hier schon oft. Aussteigen können wir immer noch. Gewonnen haben die Endziffern 386.

Dabei können Satzglieder aus dem Mittelfeld »mitgenommen« werden:

Viel geholfen hat es allerdings nicht. Aus der Sache aussteigen können wir immer noch. Einen Nagel in die Wand schlagen kann doch jeder. Etwas Verdächtiges aufgefallen ist mir eigentlich nicht.

Man kann hier nicht mehr davon sprechen, dass das Vorfeld nur eine Stelle hat. Es können jedoch zusammen mit dem infiniten Verb nicht beliebige Satzglieder ins Vorfeld gestellt werden, sondern nur die jeweils verbnächsten. Die gemeinsame Stellung vor der linken Satzklammer konstituiert gewissermaßen eine grammatische Einheit höherer Stufe.

557 Verbindungen mit Partikeln

Die Negationspartikel *nicht* und Gradpartikeln *(sogar, nur, auch)* können nicht allein das Vorfeld besetzen (↑553), wohl aber zusammen mit dem Satzglied, auf das sie sich speziell beziehen:

Nicht sie hat das gesagt, sondern ... Nicht für die Schule, sondern für das Leben lernen wir. Sogar der Chef ist gekommen. Nur dir verdanken wir das. Auch im Winter ist es dort schön.

Außerdem können Wörter wie *aber, allerdings, also, dagegen, jedenfalls, jedoch,* die sonst als Konjunktionen oder satzintegriert als Adverbien auftreten, an das Satzglied im Vorfeld angeschlossen werden:

> Das also war damit gemeint. Im Februar dagegen ist die Arbeitslosenzahl wieder gestiegen. So jedenfalls stand es in der Zeitung.

Kommunikative Funktionen der Vorfeldstellung

Anschluss 558

Das Vorfeld im Aussagesatz hat vor allem die Aufgabe, den jeweiligen Satz inhaltlich an den vorangehenden anzuschließen, damit ein zusammenhängender Text entsteht. Normalerweise knüpft also der Sprecher mit dem ersten Satzglied an etwas an, was bekannt ist oder bereits erwähnt wurde, was also für den aktuellen Satz Hintergrundinformation bildet; deshalb finden sich hier besonders häufig stellvertretende oder hinweisende Ausdrücke. Ein einfaches Beispiel:

> Thomas hat ständig Ärger zu Hause. Er fühlt sich bevormundet. Deshalb will er ausziehen. Das erlauben aber seine Eltern nicht.

Hervorhebung 559

Wenn eine Einheit ins Vorfeld gestellt wird, die als Träger von Vordergrundinformation normalerweise am Satzende steht, bedeutet dies in der Regel, dass sie besonders hervorgehoben werden soll:

> Gut siehst du aus! Nach Afrika will er gehen. Fristlos entlassen haben sie ihn.

In bestimmten Fällen, und zwar in Sätzen mit Negation oder Mengenausdrücken, wird so der Vordergrund »aufgespalten«, d.h. auf zwei Stellen (mit zwei Akzenten) verteilt:

> Ver'letzt wurde 'niemand. 'Eingebrochen worden ist hier schon 'oft. Ge'holfen hat es allerdings 'nicht.

Eine Hervorhebungsstelle ist das Vorfeld systematisch in Ergänzungsfragesätzen; mit dem Frageausdruck wird das, was der Sprecher wissen möchte, in den Vordergrund gerückt:

Wo sind die Schlüssel? Wie teuer ist das? Was hat er gesagt? Mit wem gehst du heute Abend aus?

5.5 Das Nachfeld

Grammatische Regeln der Nachfeldbesetzung

560 Das Nachfeld ist der Satzabschnitt hinter dem rechten Satzklammerteil; man spricht bei Nachfeldstellung auch von **Ausklammerung:**

Heute soll es noch heißer werden als gestern.

Ein Nachfeld ist in keiner Satzform oder Satzart notwendig; es kann deshalb umso mehr zur kommunikativen Gliederung genutzt werden.

Wie beim Vorfeld zählen zum Nachfeld nur Einheiten, die Bestandteile des Satzes im grammatischen Sinne sind (so steht auch in der Regel kein Komma zwischen Satzklammer und Nachfeld). Nicht zum Nachfeld gehören demnach die letzten Ausdrücke in diesen Beispielen:

Ihr wollt doch nicht schon gehen[, oder]? Das musst du mir glauben[, Hanna]! Die Pause haben wir uns redlich verdient[, nicht]?

Man muss in bestimmten Fällen auch dann von einem Nachfeld ausgehen, wenn die rechte Satzklammer nicht realisiert ist. Das zeigt sich vor allem bei der Stellung von Nebensätzen wie z. B.:

Ich glaube nicht, dass er noch kommt.

Wenn es eine Satzklammer gibt, steht der *dass*-Satz außerhalb von ihr (nicht etwa im Mittelfeld):

..., weil ich nicht glaube, dass er noch kommt. – *..., weil ich nicht, dass er noch kommt, glaube.

561 Ein Satzglied muss ein gewisses »Gewicht« haben, um ins Nachfeld gestellt werden zu können (in der Regel kommt nicht mehr als eines vor). So sind vor allem pronominale Ergänzungen und Partikeln grundsätzlich nicht nachfeldfähig. Am häufigsten finden sich Präpositionalergänzungen und Situativangaben:

Wir haben lange warten müssen auf seine Entscheidung. Diabetes wird hervorgerufen durch den Mangel an Insulin. Eva ist in die Stadt gegangen zum Einkaufen. Viele sind zu spät zur Arbeit gekommen wegen der extremen Wetterverhältnisse.

Vergleichsangaben werden fast immer ausgeklammert:

Ich werde das nie so gut hinbekommen wie du. Nichts ist schwerer zu ertragen als eine Reihe von schönen Tagen.

Auch bestimmte Satzgliedteile, insbesondere Appositionen und Teile von koordinierten Wortgruppen, können im Nachfeld erscheinen:

Wir haben uns gut amüsiert, Tina und ich. Ist der Test positiv ausgefallen oder negativ?

Kommunikative Funktionen der Nachfeldstellung

Nachtrag 562

Beim spontanen Sprechen plant man seine Äußerung nicht so wie in der Regel beim Schreiben. Hier bietet das Nachfeld die Möglichkeit, eine Information nachzutragen:

Ihr könnt mitkommen zu der Party. Hier hat es geschneit heute Morgen. Wir müssen uns doch erst mal ein Bild machen von der Sache.

Bei solchen Nachträgen handelt es sich um weniger wichtige Information; die Nachfeldeinheit ist dementsprechend nicht betont.

Hervorhebung 563

Mit Nachfeldstellung kann der Sprecher/Schreiber auch einem Informationsteil ein besonderes Gewicht geben:

Machen Sie mit bei unserem großen Gewinnspiel! Das ist bewiesen durch zahlreiche Dokumente und Belege. Ich muss ihn finden, unter allen Umständen! Wir sind für Sie da. Jederzeit.

Die Nachfeldeinheit erhält hier oft eine gewisse kommunikative Selbstständigkeit (in gesprochener Sprache durch eine Pause, im Schriftlichen durch Satzzeichen angezeigt).

564 Informationsentflechtung

Hauptsächlich dient Nachfeldstellung dazu, die übermittelte Information so zu verteilen, dass sie für den Hörer/Leser leichter zu erfassen ist. Es erschwert das Verständnis, wenn man zu lange auf den klammerschließenden Satzteil warten muss; so werden vor allem umfangreichere Satzglieder aus dem Mittelfeld ausgelagert, um die Klammer nicht zu überdehnen:

> Auf Gleis 7 fährt jetzt ein der verspätete ICE 372 nach Berlin-Ostbahnhof über Kassel-Wilhelmshöhe, Göttingen, Braunschweig, Wolfsburg.

> Für das leibliche Wohl der Gäste war bestens gesorgt mit Kaffee und Kuchen, Bratwurst, Steaks, vielen Salaten, Bier und Wein.

Besonders umfangreich sind Satzglieder, die durch einen Relativsatz erweitert sind oder selbst in Form eines Satzes auftreten. Nebensätze stehen deshalb überwiegend im Nachfeld des Hauptsatzes (↑607–609).

Der zusammengesetzte Satz

In einem **zusammengesetzten (komplexen) Satz** werden zwei oder mehr einfache Sätze – in Nebenordnung oder Unterordnung – miteinander verknüpft; so kann der Sprecher komplexere Information, z. B. zeitliche Verhältnisse zwischen zwei Ereignissen, Begründungen für ein Geschehen, in e i n e r Äußerung übermitteln: 565

Sie wollte über die Straße gehen, da schaltete die Ampel auf Rot. – Als sie über die Straße gehen wollte, schaltete die Ampel auf Rot.

Die Verknüpfung von nebengeordneten selbstständigen Teilsätzen heißt **Satzreihe.**

Typisch für den zusammengesetzten Satz ist die unterordnende Verbindung von Sätzen, das **Satzgefüge.** Ein Satzgefüge besteht aus einem übergeordneten Teilsatz, dem **Hauptsatz,** und mindestens einem untergeordneten Teilsatz, dem **Nebensatz.**

Je nach ihrem syntaktischen und semantischen Verhältnis zum Hauptsatz kann man verschiedene Klassen von Nebensätzen unterscheiden.

Eine spezielle Art von Satzgefügen bilden Verbindungen mit **Infinitiv**- und **Partizipgruppen** *(Ohne die rote Ampel zu beachten/Die rote Ampel ignorierend ging sie über die Straße).*

1 Satzreihe und Satzgefüge

1.1 Nebenordnung und Unterordnung

Die nebenordnende Verbindung von Sätzen **(Koordination, Parataxe)** 566
lässt sich so veranschaulichen:

sie wollte über die Straße gehen	da schaltete die Ampel auf Rot

Nebengeordnete Sätze haben die gleiche Form (in diesem Fall Verbzweitstellung) und syntaktisch den gleichen Rang. Das gilt nicht nur für selbstständige Sätze wie hier, sondern auch für Nebensätze, die sich in gleicher Weise auf den Hauptsatz beziehen; z. B.:

> Sie ging bei Rot über die Straße, weil weit und breit kein Auto zu sehen war und (weil) sie es sehr eilig hatte.

567 Bei unterordnender Verbindung **(Subordination, Hypotaxe)** sind die Sätze einander über- bzw. untergeordnet, also nicht gleichrangig:

> die Ampel schaltete auf Rot
>
> > als sie über die Straße gehen wollte

Zeichen der Unterordnung sind Einleitewörter wie *als, weil, ob, dass* und Verbletztstellung.

Das Verhältnis der Unterordnung besteht nicht nur zwischen Neben- und Hauptsatz; auch ein Nebensatz kann seinerseits »Obersatz« eines untergeordneten Satzes sein (↑571).

1.2 Die Satzreihe

568 In einer **Satzreihe** (oder **Satzverbindung**) sind zwei oder mehr selbstständige Sätze zu einer kommunikativen Einheit, einer Äußerung, zusammengefasst. Schriftlich wird die Zusammengehörigkeit der Sätze dadurch angezeigt, dass erst am Ende der Reihe ein Satzschlusszeichen (Punkt, Fragezeichen, Ausrufezeichen) steht:

> Das Unwetter tobte die ganze Nacht, Bäume wurden entwurzelt, der Fluss trat über die Ufer. Musst du schon gehen, oder hast du noch einen Moment Zeit für mich?

Die inhaltliche Beziehung zwischen den aneinandergereihten Sätzen wird oft durch Verknüpfungswörter wie nebenordnende Konjunktionen oder hinweisende Adverbien deutlich gemacht:

Im Anfang war das Wort und das Wort war bei Gott und Gott war das Wort. Oliver gab sein Bestes, aber er konnte die Niederlage unserer Mannschaft doch nicht verhindern. Möllers müssen verreist sein, denn seit Tagen sind die Rollläden heruntergelassen.
Sie schaute sich noch einmal prüfend um, dann verließ sie das Haus. Er spielt sich immer so auf, deswegen kann ihn keiner richtig leiden.

Die Sätze können aber auch unverbunden aneinandergereiht werden:

Vertrauen ist gut, Kontrolle ist besser. Der Mai ist gekommen, die Bäume schlagen aus. Beeil dich, wir müssen los!

Der inhaltliche Zusammenhang lässt sich jedoch auch hier leicht erschließen:

Vertrauen ist gut, (aber) Kontrolle ist besser.

Satzteile, die nebengeordneten Sätzen gemeinsam sind, werden meist nur einmal (in der Regel im ersten Satz) realisiert: **569**

Marco geht in die 6. Klasse, und sein Bruder geht in die 5. Klasse.
→ Marco geht in die 6. Klasse und sein Bruder in die 5. (Klasse).

Die beiden Sätze haben das gleiche Prädikat *(geht)*; es braucht nicht wiederholt zu werden. Entsprechend:

(Subjekt gemeinsam:) Wir fahren morgen in die Stadt und kaufen dir ein Paar neue Schuhe. (Subjekt, Prädikatsteil und Temporalangabe gemeinsam:) Soll ich jetzt erst den Brief zu Ende schreiben oder erst Kaffee kochen? (Adverbialergänzung gemeinsam:) Nina fliegt, Elisabeth pilgert nach Spanien.

! Eine adverbiale Bestimmung im Vorfeld des ersten Satzes kann man (bei unterschiedlichem Subjekt) nicht auf beide Sätze beziehen:

*Gestern war Frühlingsanfang und schien die Sonne.

Der zweite Satz muss vielmehr als vollständiger Hauptsatz (mit dem finiten Verb an zweiter Stelle) angeschlossen werden:

Gestern war Frühlingsanfang, und die Sonne schien. Vielleicht klappt es, und ich bekomme die Stelle. (*Vielleicht klappt es und bekomme ich die Stelle.)

1.3 Das Satzgefüge

570 In einem **Satzgefüge** sind ungleichrangige Sätze zu einer Äußerung verbunden. Ein Satzgefüge enthält genau einen **Hauptsatz** und einen oder mehrere **Nebensätze.**

Beispiele (hervorgehoben ist jeweils der Hauptsatz):

Das Telefon klingelte, als er gerade das Büro verlassen hatte. Ich bin so froh, dass es dir wieder gut geht. Lad ein, wen du willst. Wenn sie gewusst hätte, wie schwierig das alles ist, hätte sie nicht zugestimmt. Ich finde, wir sollten es versuchen.

Wie die Beispiele zeigen, ist der Hauptsatz (z. B. *lad ein; hätte sie nicht zugestimmt*) durchaus nicht immer ein Satz, der für sich allein stehen könnte; er wird ja oft gerade erst durch den Nebensatz formal und inhaltlich zu einem Satz vervollständigt. Ein solcher Rest-Hauptsatz bleibt aber trotzdem der oberste Satz des Satzgefüges.

571 Wenn zwei Nebensätze in einem Satzgefüge vorkommen, können sie auf gleicher Stufe dem Hauptsatz untergeordnet sein:

Ob wir zu einer Einigung kommen, hängt vor allem davon ab, zu welchen finanziellen Zugeständnissen Sie bereit sind.

Häufiger gibt es verschiedene Stufen oder Grade der Unterordnung: Von einem Nebensatz hängt ein weiterer Nebensatz ab, von diesem wiederum einer usw.:

Leider müssen wir Ihnen mitteilen, dass wir Ihre Bewerbung nicht berücksichtigen können, da die Frist bereits abgelaufen ist.

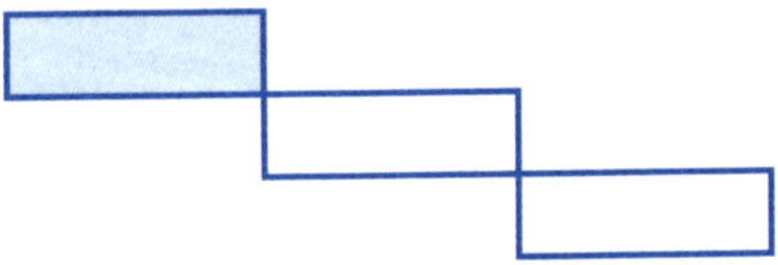

Weil der Fahrer glaubte, er hätte Vorfahrt vor dem Wagen, der von links kam, hatte er zu spät gebremst.

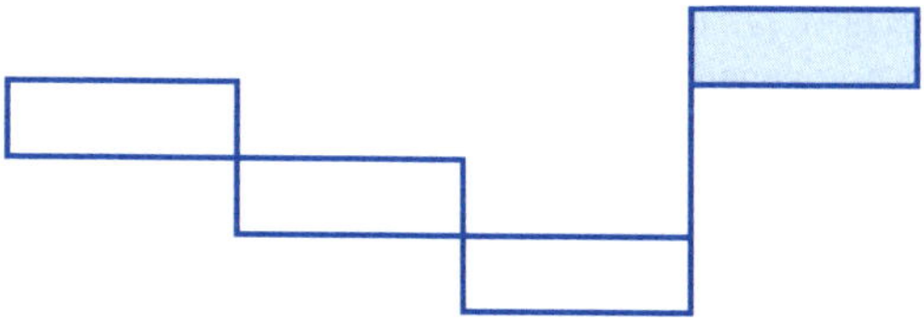

Da also ein Nebensatz einen übergeordneten Satz haben kann, der nicht der Hauptsatz ist, spricht man auch allgemeiner von **Obersatz.**

Die Teilsätze eines Satzgefüges folgen nicht immer im Ganzen aufeinander; bestimmte Nebensatzarten können auch in den Obersatz eingeschoben werden:

Der Wagen, der von rechts kommt, hat Vorfahrt.

Zur Stellung der Nebensätze ↑606–609.

Unterordnende und nebenordnende Satzverbindung greifen in verschiedener Weise ineinander: Innerhalb eines Satzgefüges können Nebensätze gereiht vorkommen und ein Satzgefüge im Ganzen kann Teil einer Reihe sein, sodass zum Teil sehr komplexe Strukturen entstehen. Ein einfaches Beispiel: 572

Wenn sich herausstellen sollte, dass das alles nicht stimmt oder dass ihr ihn sogar absichtlich getäuscht habt, wird er die Zusagen zurückziehen, die er bereits gegeben hat, und dann könnt ihr sehen, wie ihr allein zurechtkommt.

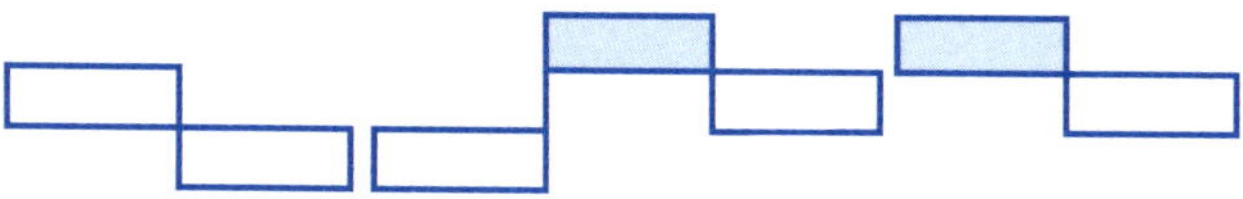

1.4 Satzbau und Stil

573 In einem Text kommen Satzreihen, Satzgefüge und einfache Hauptsätze meist gemischt vor. Es gibt aber Textarten und Sprachstile, in denen mehr der nebenordnende Satzbau (einfache Sätze, Satzreihen) überwiegt, während in anderen die Sätze besonders häufig unterordnend verknüpft sind.

Die Nebenordnung von Sätzen ist z. B. typisch für Märchen, für die Kindersprache, überhaupt für die gesprochene Umgangssprache; vgl. etwa diesen Ausschnitt aus einer Fußballreportage:

> Einwurf für die deutsche Mannschaft ist ausgeführt worden von Müller zu Koslowski. Da sind zwei Mann um den Duisburger herum, und der versucht zu flanken und schießt in die Beine eines gegnerischen Abwehrspielers. Der Ball springt ins Toraus. Eckball; das ist jetzt schon der sechste Eckball für Deutschland, und er wird diesmal von der linken Seite geschlagen.

Die Ausdrucksweise in Satzgefügen ist dagegen eher für die geschriebene Sprache kennzeichnend, vor allem für fachsprachliche Texte, in denen komplexere Sachverhalte dargestellt werden; vgl. z. B.:

> Ein Spieler wird nur dann für seine Abseitsstellung bestraft, wenn er nach Ansicht des Schiedsrichters zum Zeitpunkt, wenn der Ball einen seiner Mannschaftskollegen berührt oder von einem gespielt wird, aktiv am Spielgeschehen teilnimmt, indem er ins Spiel eingreift oder einen Gegner beeinflusst oder aus seiner Stellung einen Vorteil zieht.

574 Im Allgemeinen gilt der nebenordnende Satzbau als »klarer« und »leichter verständlich« als die unterordnende Satzverknüpfung. Man muss aber bei solchen Wertungen auch berücksichtigen, dass es für die Verständlichkeit nicht nur auf die Art der Satzverbindung ankommt, sondern auch auf die »Füllung«, den Innenbau der einzelnen Sätze. Ein Einzelsatz, der eine oder mehrere umfangreiche Nominalgruppen enthält, kann schwerer verständlich sein als ein entsprechendes Satzgefüge, in dem die verschiedenen Beziehungen zwischen den Sachverhaltsteilen deutlicher zu erkennen sind; vgl. z. B.:

> (Einzelsatz:) Die Umweltschützer demonstrieren gegen die Ablehnung ihres Antrags auf Einstellung der Bauarbeiten an der neuen

Autobahn. – (Satzgefüge:) Die Umweltschützer protestieren dagegen, dass ihr Antrag abgelehnt wurde, die Bauarbeiten an der neuen Autobahn einzustellen.

⚠ Ein Satzgefüge wird unübersichtlich und schwer verständlich, wenn zu viele Nebensätze vor dem Hauptsatz stehen oder ineinander»geschachtelt« sind. Solche Schachtelsätze sollten vermieden werden:

☹	☺
Derjenige, der das Portemonnaie, das gestern hier liegen gelassen wurde, wiederbringt, erhält eine Belohnung. Wenn die Elektroarbeiten nicht bis zum 20. 10., obwohl Sie zugesagt hatten, diesen Termin einzuhalten, ausgeführt sind, werden wir eine andere Firma beauftragen.	Wer das Portemonnaie wiederbringt, das gestern hier liegen gelassen wurde, erhält eine Belohnung. Wenn die Elektroarbeiten nicht, wie zugesagt, bis zum 20. 10. ausgeführt sind, werden wir eine andere Firma beauftragen.

2 Nebensätze

2.1 Bestimmung und Einteilung der Nebensätze

Nebensätze können nicht kommunikativ selbstständig, für sich allein stehend verwendet werden; sie sind die untergeordneten Teilsätze eines Satzgefüges: **575**

Weil das Wetter schlecht war, wurde der Ausflug verschoben. Dass ihr mitmachen wollt, freut uns sehr. Ich verstehe, was du meinst. Die Zimmer, die zur Straße liegen, sind sehr laut. Sie sagt, sie habe nichts davon gewusst.

Nebensätze treten in verschiedenen Formen auf. In ihrer typischen Form haben sie ein Einleitewort, das ihre Beziehung zum übergeord- **576** neten Satz kenntlich macht, und das finite Verb steht am Satzende. Daneben gibt es aber auch uneingeleitete Nebensätze mit dem finiten Verb an zweiter oder erster Stelle (sogenannte »abhängige Hauptsätze«).

Formen des Nebensatzes	
unterordnende Konjunktion als Einleitewort (Konjunktionalsatz)	Als es dunkel wurde, kehrten sie um. Wenn du willst, komme ich mit. Es ist nicht sicher, dass/ob sie kommt.
Relativpronomen als Einleitewort (Relativsatz)	Iss nur Pilze, die du kennst. Er gab alles zu, was ihm zur Last gelegt wurde.
w-Wort *(wer, wo, wie …)* als Einleitewort (w-Satz)	Wer nicht hören will, muss fühlen. Weißt du, wo meine Schlüssel sind? Zeig ihr, wie man das macht.
uneingeleitet (als Verbzweit- oder Verberstsatz)	Sie sagt, sie sei krank. Hätte er geschwiegen, wäre alles anders gekommen.

577 Hauptsächlich werden Nebensätze danach eingeteilt, welche Funktion sie in dem übergeordneten Satz haben. Man vergleiche z. B.:

Ich verstehe { was du meinst. / das.

Weil das Wetter schlecht war / Wegen des schlechten Wetters } wurde der Ausflug verschoben.

Hier steht der Nebensatz anstelle eines Satzglieds (einer Ergänzung bzw. einer adverbialen Angabe); man spricht dann auch von einem **Gliedsatz.**

Nebensätze können aber auch nur einen Satzgliedteil, ein Attribut, vertreten:

Die Zimmer { die zur Straße liegen / zur Straße hin } sind sehr laut.

Man unterscheidet demnach drei Funktionsklassen von Nebensätzen:

Funktionen des Nebensatzes	
Ergänzungssatz	Wer nicht hören will, muss fühlen. Ich bezweifele, dass er das kann.
Adverbialsatz	Wenn es regnet, fahren wir nicht. Wir fahren nicht, weil es so heiß ist.
Attributsatz	Hunde, die bellen, beißen nicht.

2.2 Ergänzungssätze

Ein **Ergänzungssatz** vertritt eine Ergänzung, also ein verbregiertes notwendiges Satzglied, des übergeordneten Satzes. Eine Ergänzung wird vor allem dann zu einem Satz ausgebaut, wenn sie nicht nur Personen oder Gegenstände bezeichnet, sondern einen ganzen Sachverhalt ausdrücken soll. 578

Am häufigsten kommen das Subjekt und die Akkusativergänzung in Satzform vor:

- Nebensatz in der Funktion des Subjekts **(Subjektsatz)**:

  Dass ihr mitmachen wollt, freut uns sehr. Ob wir bis morgen fertig werden, ist zweifelhaft. Wer sich in Gefahr bringt, kommt darin um.

- Nebensatz in der Funktion einer Akkusativergänzung (**Objektsatz** genannt):

  Ich bezweifele, dass er das kann. Sie prüfte, ob noch genug Öl im Tank war. Stellen Sie bitte mal fest, wie oft wir den Kunden schon gemahnt haben.

Ergänzungssätze werden mit *dass, ob* oder einem w-Ausdruck eingeleitet. Welche Einleitung möglich ist, hängt von dem Verb des übergeordneten Satzes ab. 579

So kann bei Verben wie *bedauern, leugnen, gestehen, zugeben,* die den Sachverhalt als gegeben voraussetzen, nur ein *dass*-Satz stehen.

Andere Verben, z. B. *fragen, prüfen, überlegen, untersuchen,* lassen nur *ob*- und w-Sätze zu. In ihnen geht es – wie in Fragesätzen – um die Entscheidung ja/nein oder um die Ergänzung des Wissens in einem bestimmten Punkt (↑474); *ob*- und w-Sätze werden deshalb auch als **indirekte Fragesätze** bezeichnet.

Bei einer Reihe von Verben, z. B. *hören, sehen, wissen, erkennen, feststellen,* kann der Nebensatz mit allen drei Einleitungselementen angeschlossen werden:

Jonas weiß, dass/ob/wann sie kommt.

580 Objektsätze sind besonders häufig bei Verben des Sagens und Denkens wie z. B.

antworten, behaupten, berichten, erwidern, erzählen, sagen, versichern; denken, glauben, meinen, vermuten

In dem Nebensatz wird der »Inhalt« des Gesagten (der Behauptung, Vermutung usw.) wiedergegeben; deshalb spricht man traditionell von »Inhaltssätzen«.

Anstelle von *dass*-Sätzen kommen hier auch uneingeleitete Nebensätze mit dem Verb an zweiter Stelle (und im Konjunktiv) vor:

Der Angeklagte behauptete, er sei zur fraglichen Zeit nicht am Tatort gewesen. Wir glaubten schon, du hättest uns ganz vergessen. Er sagt, er müsse gleich wieder gehen.

581 Von den übrigen Ergänzungen kommt nur die Präpositionalergänzung noch relativ häufig in Satzform vor. Der übergeordnete Satz kann oder muss dann ein Präpositionaladverb enthalten, mit dem auf den Nebensatz hingewiesen wird:

Wir freuen uns (darüber), dass es doch noch geklappt hat. Das hängt davon ab, wie es ihm geht. Dass sie ihr Versprechen hält, darauf kannst du dich nicht verlassen.

Ein solches »Platzhalter«-Wort (Korrelat), das den Nebensatz vorwegnimmt oder wieder aufnimmt, gibt es auch bei anderen Ergänzungssätzen:

Ich weiß (es) wirklich nicht, ob diese Entscheidung richtig war.
Endlich war er (das), was er schon immer werden wollte.
Bleib (so), wie du bist. Wem Gott ein Amt gibt, dem gibt er auch

Verstand. (Mit unterschiedlichem Kasus in Haupt- und Nebensatz:) Wer einmal lügt, dem glaubt man nicht. Wer zu spät kommt, den bestraft das Leben.

2.3 Adverbialsätze

Ein **Adverbialsatz** ist eine adverbiale Bestimmung in Satzform; er hat in der Regel die Funktion einer freien Angabe. Mit Adverbialsätzen werden bestimmte Beziehungen, Verhältnisse zwischen Ereignissen ausgedrückt (deshalb spricht man auch von »Verhältnissätzen«); zum Beispiel kann der Nebensatz den Grund oder die Bedingung für das Hauptsatzgeschehen nennen. Um welches inhaltliche Verhältnis es jeweils geht, wird durch das Einleitewort kenntlich gemacht. Die Hauptklassen der Adverbialsätze im Überblick: 582

Temporalsatz	Als es anfing zu regnen, kehrten wir um.
Kausalsatz	Weil es anfing zu regnen, kehrten wir um.
Konditionalsatz	Wenn es regnet, kehren wir um.
Konzessivsatz	Obwohl es regnete, gingen wir weiter.
Konsekutivsatz	Es regnete so stark, dass wir umkehren mussten.
Finalsatz	Es soll endlich aufhören zu regnen, damit wir weitergehen können.

Temporalsätze

Bei temporalen Nebensätzen sind drei Beziehungen zum Hauptsatz zu unterscheiden: Die einleitende Konjunktion zeigt – zusammen mit der Tempusform des Verbs – an, ob das Geschehen des Nebensatzes vor dem Hauptsatzgeschehen liegt (Vorzeitigkeit), ob es parallel mit ihm verläuft (Gleichzeitigkeit) oder ob es nach ihm stattfindet (Nachzeitigkeit). 583

584 Vorzeitigkeit

Einleitende Konjunktionen: *nachdem, als, seit(dem)*

> Nachdem sie die Daten zusammengestellt hat, gibt sie sie in den Computer ein. Als wir gerade losgegangen waren, fing es an zu regnen. Er hat sich sehr verändert, seit(dem) er arbeitslos ist.

⚠ *seit(dem)* bezeichnet ein fortdauerndes Geschehen, *nachdem* eher einen Zeitpunkt; die beiden Konjunktionen können deshalb meist nicht gegeneinander ausgetauscht werden:

> Seitdem er verheiratet ist (*nachdem er verheiratet ist), kommt er nicht mehr oft zu uns.

585 Gleichzeitigkeit

Mit Konjunktionen wie *als, während, wie, wenn, sobald, solange* kann man ausdrücken, dass sich zwei Ereignisse zeitlich überschneiden:

> Als sie zur Tür hereinkam, klingelte das Telefon. Während sie im Urlaub waren, ist bei ihnen eingebrochen worden. Sag mir gleich Bescheid, wenn du da bist. Wir gehen los, sobald es aufhört zu regnen.

⚠ *wie* anstelle von *als* wirkt umgangssprachlich, wenn das Verb in einer Vergangenheitsform steht:

> Als (umgangssprachlich: wie) ich im Krankenhaus war, hat sie mich oft besucht.

586 Nachzeitigkeit

Die Konjunktionen *bevor, ehe, bis* zeigen an, dass das Nebensatzgeschehen nach dem Hauptsatzgeschehen liegt:

> Bevor er in unserer Firma angefangen hat, war er im Ausland. Ehe sie ein Wort sagen konnte, war er verschwunden. Wir blieben draußen sitzen, bis es dunkel wurde.

⚠ Ein Nebensatz mit *bevor, ehe* wird nicht verneint, wenn er nach einem verneinten Hauptsatz steht:

Ich gehe nicht weg, bevor du mir eine Antwort gegeben hast (*bevor du mir nicht eine Antwort gegeben hast). Wir können nichts unternehmen, ehe der Bescheid da ist (*ehe der Bescheid nicht da ist).

Nur wenn der Nebensatz dem Hauptsatz vorangeht, wird er auch verneint:

Bevor du mir nicht eine Antwort gegeben hast, gehe ich nicht weg. Ehe der Bescheid nicht da ist, können wir nichts unternehmen.

Kausalsätze

Kausale Nebensätze nennen die Ursache, den Grund für ein Geschehen, auch den Beweggrund für eine Handlung; sie werden mit *weil* oder *da* eingeleitet: **587**

Die Pflanzen sind eingegangen, weil sie kein Licht bekommen haben. Da wir Sie telefonisch nicht erreichen konnten, teilen wir Ihnen auf diesem Wege mit, ... Er ist gekommen, weil er mal wieder Geld braucht.

weil und *da* sind oft gegeneinander austauschbar; *da* wird aber nicht nur viel seltener verwendet, es ist auch generell in seinem syntaktischen Gebrauch eingeschränkt. Zwei Fälle, in denen *weil,* nicht aber *da* möglich ist:

- in der Antwort auf Fragen mit *warum/weshalb:*

  Warum kommst du erst jetzt? – Weil (*da) ich aufgehalten worden bin.

- nach vorausweisendem Adverb im Hauptsatz:

  Er kommt deshalb, weil (*da) er Geld braucht.

  Ähnlich:

  Er kommt, schon weil er Geld braucht. (›schon deshalb, weil‹)

Mit einem nachgestellten Kausalsatz wird oft nicht die Begründung für einen Sachverhalt gegeben, sondern dafür, dass man diesen Sachverhalt annimmt und äußert; es wird also eine Schlussfolgerung ausgedrückt: **588**

Es hat offenbar geregnet, weil die Straße nass ist. (›Daraus, dass die Straße nass ist, schließe ich, dass es geregnet hat.‹) Fährst du länger weg, weil/da du den großen Koffer nimmst?

Gerade in solchen Fällen einer äußerungsbezogenen Begründung wird *weil* häufig mit Zweitstellung des Verbs gebraucht (↑444):

Es hat geregnet, weil – die Straße ist nass.

Auch *denn* leitet einen begründenden Satz ein, allerdings keinen untergeordneten Nebensatz, sondern einen gleich geordneten Hauptsatz.

Konditionalsätze

589 Konditionalsätze (Bedingungssätze) werden hauptsächlich mit der Konjunktion *wenn*, daneben auch mit *falls* oder *sofern* eingeleitet:

Wenn du auf sie gehört hättest, wäre das nicht passiert. Falls das Geld nicht reicht, bezahle ich mit Karte. Unser Mitarbeiter wird Sie morgen aufsuchen, sofern es Ihnen passt.

Mehrteilige Einleitungen sind z. B. *unter der Bedingung, dass; im Fall, dass; vorausgesetzt dass.*

Auch Verberstsätze können als Konditionalsätze gebraucht werden; sie stehen in der Regel vor dem Hauptsatz:

Hättest du auf sie gehört, wäre das nicht passiert. Besteht man die Prüfung nicht, kann man sie in einem halben Jahr noch einmal wiederholen. Kommst du heut nicht, kommst du morgen.

590 In einem Konditionalsatz wird eine Bedingung, eine Voraussetzung dafür formuliert, dass der Hauptsatz-Sachverhalt zutrifft. Solche Bedingungsgefüge treten im Indikativ und im Konjunktiv II auf; vgl. z. B.:

Wenn es warm ist, gehen wir schwimmen.

Wenn es warm wäre, würden wir schwimmen gehen.

Wenn es warm gewesen wäre, wären wir schwimmen gegangen.

Ein indikativischer Konditionalsatz lässt im Prinzip offen, ob die Bedingung (hier: Wärme) erfüllt wird und damit die Folge (schwimmen gehen) eintritt oder nicht; der Sprecher sieht es aber als wahrscheinlich an, dass die Bedingung erfüllbar ist. *wenn* hat hier oft auch temporale Bedeutung:

Wenn (›vorausgesetzt dass‹ / ›zu der Zeit, da‹) es warm ist, ...

Der Konjunktiv II zeigt dagegen an, dass beides – der Bedingungs- und der Folgesachverhalt – nicht zutrifft. Hier kann man weiter unterscheiden:

- Steht der Konditionalsatz im Konjunktiv Präteritum *(wäre),* wird nicht ausgeschlossen, dass die Sachverhalte doch in der Zukunft noch möglich sein könnten (potenzialer Konditionalsatz).
- Bei dem vergangenheitsbezogenen Konjunktiv Plusquamperfekt *(gewesen wäre)* kommt eine Möglichkeit gar nicht mehr in Betracht; die Bedingung ist unerfüllbar **(irrealer Konditionalsatz).**

Konditionalsätze werden – wie Kausalsätze (↑588) – auch äußerungsbezogen verwendet:

Ich bin um elf zurück, wenn mich jemand sprechen will. Wenn mich jemand sprechen will – ich bin um elf zurück. (›Für den Fall, dass mich jemand sprechen will, sage ich: ...‹)

Konzessivsätze

Die häufigste Einleitung für Konzessivsätze ist *obwohl:* **591**

Sie geht zur Arbeit, obwohl sie krankgeschrieben ist. Obwohl er viel getrunken hatte, fuhr er mit dem Wagen.

Weitere konzessive Konjunktionen sind *obgleich, obschon, obzwar, wenngleich, wenn auch;* sie gelten (außer *wenn auch*) als stilistisch gehoben und werden selten gebraucht. *wenn auch* kann getrennt im Satz auftreten:

Wenn auch das Wetter nicht gut war, ... – Wenn das Wetter auch nicht gut war, ...

Zu *trotzdem* als konzessiver Konjunktion ↑445.

Ein konzessives Satzgefüge drückt aus, dass zwischen zwei Sachverhalten ein Verhältnis besteht, wie es normalerweise nicht besteht: **592**

Obwohl die Sonne scheint, ist mir kalt. (Zu erwarten wäre, dass es einem warm ist, wenn die Sonne scheint.)

Konzessivsätze können sich außer auf den Sachverhalt selbst auch auf die Äußerung des Sachverhalts beziehen; *obwohl* steht hier häufig mit Verbzweitstellung (↑444):

Ihr solltet da nicht mitmachen, obwohl es mich ja eigentlich nichts angeht / obwohl – es geht mich ja eigentlich nichts an. (›Obwohl es mich ja eigentlich nichts angeht, sage ich: …‹)

593 Konsekutivsätze

Ein konsekutiver Nebensatz nennt eine Folge oder Wirkung dessen, was im Hauptsatz dargestellt wird. Das typische Einleitewort ist *sodass:*

Die Pflanzen bekamen kein Licht, sodass sie eingingen.

Konsekutiv sind auch *dass*-Sätze mit *so/solch-* im Hauptsatz:

Sie stellt die Musik immer so laut, dass sich die Nachbarn beschweren. Ich hatte einen solchen Hunger, dass mir ganz schlecht war.

Entsprechend der zeitlichen Aufeinanderfolge von Ursache und Wirkung stehen konsekutive Nebensätze immer nach dem Hauptsatz.

594 Finalsätze

Finale Nebensätze geben den Zweck einer Handlung, eine Absicht an; sie werden durch *damit* eingeleitet:

Damit sich die Nachbarn nicht aufregen, stellt sie die Musik leiser. Iss, damit du groß und stark wirst.

Zwecke und Absichten sind nichts Gegebenes, Faktisches, sondern etwas Gewolltes; deswegen kommen Finalsätze – allerdings nur in gehobener Sprache – auch im Konjunktiv vor:

Die Rollläden waren heruntergelassen, damit die Hitze nicht eindringt/eindringe/eindränge.

Die gleiche Funktion wie *damit*-Sätze haben Infinitivgruppen mit *um … zu;* ↑616.

Weitere Adverbialsätze

Eine Reihe von Adverbialsätzen kann man als **Modalsätze** zusammenfassen. 595

Sätze mit *indem* und *dadurch, dass* beispielsweise geben das Mittel einer Handlung an:

> Er machte sich bemerkbar, indem er schrie und winkte. Dadurch, dass du schweigst, machst du alles nur noch schlimmer.

Sätze mit *wobei* bezeichnen einen Begleitumstand zum Hauptsatz-Ereignis:

> Sie erläuterte uns ihren Plan, wobei sie aufgeregt hin und her lief.

Dass ein erwartbares Begleitereignis gerade nicht stattfindet, wird durch *ohne dass* ausgedrückt:

> Sie passierten die Grenze, ohne dass sie angehalten wurden.

Vergleichssätze werden mit *wie* bzw. *als* eingeleitet: 596

> Die Sitzung hat nicht so lange gedauert, wie solche Sitzungen sonst immer dauern. Es ging schneller, als wir gedacht hatten.

In sogenannten **irrealen Vergleichssätzen,** eingeleitet durch *als ob, als wenn,* steht das Verb im Konjunktiv II:

> Sie rannte, als ob es um ihr Leben ginge. Er benahm sich, als wenn ich Luft für ihn wäre.

Hier ist auch die ungewöhnliche Form *als* + Verberststellung möglich:

> ..., als ginge es um ihr Leben. ..., als wäre ich Luft für ihn.

In Satzgefügen mit einem **Adversativsatz** werden zwei gegensätzliche Sachverhalte einander gegenübergestellt. Häufige adversative Einleitungen sind *während* und *anstatt (dass):* 597

> Ich kümmere mich hier um alles, während ihr nur vor dem Fernseher sitzt. Anstatt dass er sich entschuldigt, wird er noch frech.

anstatt kann auch eine Infinitivgruppe einleiten (↑618): *Anstatt sich zu entschuldigen, wird er noch frech.*

598 Wenn adverbiale Nebensätze nicht nur einen Teil des Hauptsatzes vertreten, sondern auf den gesamten Hauptsatz Bezug nehmen, spricht man von **weiterführenden Nebensätzen.** Sie werden mit einem w-Wort *(was* oder *wo-)* eingeleitet:

> Er hat gewonnen, was ihn selbst am meisten überrascht hat / womit niemand gerechnet hatte / woran wir nie gezweifelt haben / worüber sich alle sehr freuen.

2.4 Attributsätze

599 Ein Attributsatz ist die satzförmige Erweiterung eines Nomens (bzw. einer Nominalgruppe); er vertritt ein »einfaches« – z. B. genitivisches oder präpositionales – Attribut; vgl. z. B.:

> das Auto, das meinem Freund gehört – das Auto meines Freundes;
> die Frage, was die Ursachen sind – die Frage nach den Ursachen

Attributive Nebensätze werden in verschiedener Weise an den übergeordneten Satz angeschlossen; ihre Hauptform ist der Relativsatz.

Relativsätze

600 Relativsätze werden in ihrer typischen Form durch das Relativpronomen *der/die/das* (↑343) eingeleitet. Das Relativpronomen übernimmt von dem Bezugsnomen im übergeordneten Satz das Genus und den Numerus; der Kasus bestimmt sich nach der Funktion, die es in dem eigenen Satz, dem Relativsatz, hat:

Ich kenne den Mann nicht,	der $_{\text{Subjekt}}$ dort steht.
	dem $_{\text{Dat.erg.}}$ Anja gerade zulächelt.
	den $_{\text{Akk.erg.}}$ du mir gezeigt hast.
	mit dem $_{\text{Präp.erg.}}$ Stefan spricht.

Der Relativsatz liefert eine nähere Bestimmung zu der Person oder Sache, die in dem Bezugsnomen genannt ist. Meist wirkt er dabei einschränkend (man spricht dann von einem **restriktiven Relativsatz**): 601

Das Brot, das Florian backt, ist besonders gut.

Das Prädikat ›besonders gut‹ gilt hier nur für das von Florian gebackene Brot. Ohne einschränkenden Relativsatz ergeben sich andere (oft nicht sinnvolle) Aussagen; vgl. z. B.:

Jeder, der das 18. Lebensjahr vollendet hat, kann teilnehmen. Artikel, die im Preis herabgesetzt sind, werden nicht umgetauscht. Es gibt immer noch einige, die das nicht einsehen wollen. Hunde, die bellen, beißen nicht.

Nicht restriktive Relativsätze geben dagegen nur eine zusätzliche Erläuterung; die Aussage des Hauptsatzes ist mit und ohne Relativsatz die gleiche:

Meine Eltern, die jetzt in Frankfurt wohnen, kommen uns am Wochenende besuchen. Simon, der sonst nie krank ist, musste plötzlich operiert werden.

⚠ Manchmal werden Relativsätze gebraucht, die nicht einen Gegenstand näher bestimmen, sondern einen neuen Sachverhalt ausdrücken, z. B.: 602

Er machte noch einen Versuch, der restlos scheiterte.

Solche weiterführenden Sätze sollten nur dann relativisch angeschlossen werden, wenn durch Wörter wie *aber, jedoch, dann, auch* die Eigenständigkeit des Nebensatzes genügend betont ist:

Er machte noch einen Versuch, der aber restlos scheiterte. Es wurden schon viele Waffenruhen vereinbart, die jedoch nicht hielten. Sie suchte überall nach ihrem Freund, den sie dann auch endlich fand.

Außer dem Relativpronomen kommen w-Wörter als Relativanschlüsse vor, z. B. *was, wie, wo, wofür, woran:* 603

alles, was du sagst; die Art, wie sie das macht; in Berlin, wo er jetzt lebt; das Einzige, woran sie denken

Zu *was* statt *das* ↑344.

⚠ *wo* drückt im Allgemeinen nur ein räumliches, allenfalls ein zeitliches Verhältnis aus *(der Ort, wo ..., zu dem Zeitpunkt, wo ...).* Es wird aber, vor allem in Dialekten, auch mit Bezug auf Personen oder Gegenstände gebraucht. Dies gilt standardsprachlich als nicht korrekt:

☹	☺
die Kinder, wo noch nicht zur Schule gehen das Geld, wo auf der Bank liegt	die Kinder, die noch nicht zur Schule gehen das Geld, das auf der Bank liegt

604 w-Wörter, vor allem *wer* und *was,* werden oft nebensatzeinleitend gebraucht, ohne dass es ein Bezugswort im Hauptsatz gibt:

Wer A sagt, muss auch B sagen. Was nicht verboten ist, ist erlaubt.

Solche Sätze werden oft »freie Relativsätze« genannt; das Bezugssatzglied sei hinzuzudenken *(derjenige, der A sagt).* Von ihrer Funktion her gehören diese w-Sätze zu den Ergänzungssätzen (↑578), sie sind keine Attributsätze.

In anderen Fällen bezieht sich das w-Wort auf den gesamten Hauptsatz:

Sie hat uns finanziell unterstützt, wofür ich ihr sehr dankbar bin.

Solche Relativsätze zählen zu den weiterführenden Nebensätzen (↑598).

605 Weitere Attributsätze

Neben dem Relativsatz gibt es eine weitere Art von Attributsätzen; sie liegt z. B. in folgenden Fällen vor:

Beantworten Sie meine Frage, ob Sie den Täter erkannt haben, mit einem klaren Ja oder Nein. Die Vermutung liegt nahe, dass der Agent zu den engsten Mitarbeitern des Ministers gehörte. Sie kam nicht weit in ihren Überlegungen, wie sie ihm am besten helfen könnte. Er blieb bei der Behauptung, er sei zur fraglichen Zeit zu Hause gewesen.

Das Bezugswort ist meist ein Nomen, das von einem Verb abgeleitet ist (vgl. *vermuten – Vermutung, behaupten – Behauptung*); der Attributsatz bei diesen Nomen entspricht damit dem Ergänzungssatz bei dem jeweiligen Verb:

Ich frage / Meine Frage, ob Sie den Täter erkannt haben

Entsprechend kommen die Attributsätze in den gleichen Formen wie die Ergänzungssätze vor, nämlich eingeleitet mit *dass, ob* oder einem w-Wort und uneingeleitet als Verbzweitsatz.
Daneben sind auch Infinitivgruppen möglich (*mein Entschluss, morgen abzureisen;* ↑611).

2.5 Zur Stellung der Nebensätze

Grundsätzlich gibt es drei Möglichkeiten für die Stellung des Nebensatzes im Verhältnis zum Hauptsatz: **606**

vorangestellt (im Vorfeld des Hauptsatzes)	Weil es so heiß ist, machen wir jetzt Schluss.
nachgestellt (im Nachfeld des Hauptsatzes)	Ich kann verstehen, dass du enttäuscht bist.
eingeschoben (im Vor- oder Mittelfeld des Hauptsatzes)	Sie wechselte, als sie ihn sah, die Straßenseite.

Welche Stellung gewählt werden kann oder muss, hängt weitgehend von der Art des Nebensatzes ab.

Ergänzungssätze können in der Regel nicht in den Hauptsatz eingeschoben werden: **607**

*Er hat, dass er morgen kommt, gesagt.

Sie stehen am häufigsten im Nachfeld des übergeordneten Satzes (schon deshalb, weil es ein Vorfeld nicht immer gibt):

Hast du dir überlegt, ob du mitfährst? Ich will wissen, was hier gespielt wird. Ihr könnt mir nicht erzählen, dass ihr keine Ahnung davon hattet.

Subjektsätze werden allerdings relativ häufig auch vorangestellt:

Wer an dem Kurs teilnehmen will, muss sich anmelden. Ob das stimmt, interessiert mich im Moment nicht.

Ein Korrelat-*es* (Platzhalter-*es*; ↑310) im Vorfeld bedingt, dass der Subjektsatz ins Nachfeld rückt:

Es interessiert mich im Moment nicht, ob das stimmt.

608 Adverbialsätze sind in ihrer Stellung am variabelsten. Hauptsächlich stehen sie vor oder hinter dem Hauptsatz:

Wenn der Wecker klingelt, steht sie immer sofort auf. Sie steht immer sofort auf, wenn der Wecker klingelt.

Seltener erscheinen sie auch als Einschub im Mittelfeld des Hauptsatzes; in dieser Stellung haben sie ein geringeres kommunikatives Gewicht:

Sie steht, wenn der Wecker klingelt, immer sofort auf.

Bestimmte Adverbialsätze werden – semantisch bedingt – immer nachgestellt. Das betrifft Sätze, die ein Folgeereignis darstellen (Konsekutivsätze, ↑593), Sätze mit der Einleitung *wobei* (↑595) und weiterführende Nebensätze (↑598):

Paul hatte einen Unfall, sodass wir das Treffen verschieben müssen. Er sagte das, wobei er sich die Hände rieb. Sie hat mit ihm Schluss gemacht, was ich gut verstehen kann.

609 Die Grundstellung von Attributsätzen ist der unmittelbare Anschluss an das Bezugsnomen (im Vorfeld oder Mittelfeld des Hauptsatzes):

Die CD, die du mir geschenkt hast, gefällt mir gut. Man muss nicht alles, was er sagt, glauben. Wir wollen die Hoffnung, dass es doch noch klappt, nicht aufgeben.

Sie können aber auch, getrennt von ihrem Bezugswort, in das Nachfeld des Hauptsatzes gestellt werden:

Man muss nicht alles glauben, was er sagt. Wir wollen die Hoffnung nicht aufgeben, dass es doch noch klappt.

Von dieser Möglichkeit wird vor allem Gebrauch gemacht, wenn der Attributsatz umfangreicher ist; der Hörer bzw. Leser braucht dann nicht so lange auf die entscheidende Information im Prädikat zu warten. Ein einfaches Beispiel:

Heute habe ich das Buch mitgebracht, von dem ich dir erzählt habe und das ich letztes Mal vergessen hatte.

⚠ Bei der Nachstellung von Relativsätzen ist auf den richtigen – d.h. den gemeinten – Bezug zu achten. Wenn ein Relativpronomen von seiner Form her zu mehr als einem Nomen im Hauptsatz passt, kann es zu Mehrdeutigkeiten kommen, z.B.:

Sie stellte die Bücher wieder in die Regale, die sie abgestaubt hatte.

Wenn gemeint ist, dass die Bücher abgestaubt wurden, sollte der Relativsatz unmittelbar an das Bezugswort angeschlossen werden:

Sie stellte die Bücher, die sie abgestaubt hatte, wieder in die Regale.

Vermieden werden sollten auch unangemessene Bezüge wie z.B.:

Wir suchen eine Wohnung für eine vierköpfige Familie, die nicht viel kostet. (Stattdessen:) Wir suchen für eine vierköpfige Familie eine Wohnung, die nicht viel kostet.

3 Infinitiv- und Partizipgruppen

Wenn von einem Infinitiv oder einem Partizip weitere Wörter bzw. Wortgruppen abhängen, liegt eine Infinitivgruppe (ein erweiterter Infinitiv) bzw. eine Partizipgruppe (ein erweitertes Partizip) vor: 610

Infinitivgruppe	dich bald wiederzusehen, um dir zu sagen
Partizipgruppe	vor Aufregung stotternd, in ihren Anblick vertieft

Infinitiv- und Partizipgruppen sind, wie Nebensätze, unselbstständige Teile in einem Satzgefüge; sie vertreten, wie diese, ein Satzglied (oder Satzgliedteil) des übergeordneten Satzes. Oft sind sie auch mit Nebensätzen austauschbar:

Ich hoffe, dich bald wiederzusehen / dass ich dich bald wiedersehe.

Man sagt deshalb, sie seien »satzwertig« oder »satzartig«. Als »Sätze« können sie aber nicht gelten, denn sie haben kein finites Verb und kein Subjekt – jedenfalls kein ausgedrücktes Subjekt. Was ihr Subjekt wäre, wenn es sich um einen Satz handelte, ist aus dem übergeordneten Satz zu erschließen (↑613).

3.1 Infinitivgruppen

611 Man unterscheidet von der Form her folgende Infinitivgruppen:

Formen der Infinitivgruppe	
mit dem »reinen Infinitiv«	Morgens früh aufstehen ist nicht sein Fall. Ich höre sie die Treppe heraufkommen.
mit *zu* (*zu*-Infinitiv)	Ich rate dir, nicht länger zu warten. Mein Entschluss, morgen abzureisen, steht fest.
mit *um ... zu, ohne ... zu, anstatt ... zu*	Sie rief an, um den Termin zu bestätigen / ohne ihren Namen zu nennen / anstatt selbst hinzugehen.

zu gilt als Bestandteil des Verbs (auch wenn es mit einfachen Verben nicht zusammengeschrieben wird): Es steht immer direkt vor dem Verb; bei trennbaren Verben tritt es zwischen die Verbteile *(zu gehen, hinzugehen);* ↑190.

Nach der Funktion, die Infinitivgruppen im Satzgefüge ausüben, sind (wie bei Nebensätzen) diese Arten zu unterscheiden:

Funktionen der Infinitivgruppe	
als Ergänzung	Ich rate dir, nicht länger zu warten.
als Adverbial	Sie rief an, um den Termin zu bestätigen.
als Attribut	mein Entschluss, morgen abzureisen

Infinitivgruppen als Ergänzung

Infinitivgruppen in der Funktion einer Ergänzung haben typischerweise die Form mit *zu*. Sie können (wie Ergänzungssätze, ↑578–581) das Subjekt, die Akkusativ- oder die Präpositionalergänzung des Obersatzes vertreten, wenn sie einen Sachverhalt (nicht eine Person oder einen Gegenstand) benennen. Infinitivgruppen als Dativergänzung oder als Adverbialergänzung sind ausgeschlossen. 612

Infinitivgruppe als Subjekt:

> Ein Buch dieses Autors zu lesen ist immer ein Gewinn. Eine schöne und preisgünstige Wohnung zu finden ist nicht leicht. (Mit Korrelat-*es:*) Es freut mich, Sie kennengelernt zu haben. Endlich gelang es ihm, sie davon zu überzeugen.

Infinitivgruppe als Akkusativergänzung:

> Er versucht vergeblich, sie zu überzeugen. Wir haben beschlossen, die Abreise zu verschieben. Du hattest doch versprochen, den Computer zu reparieren. Sie verbietet den Kindern, länger als eine Stunde fernzusehen.

Infinitivgruppe als Präpositionalergänzung:

> Ich hatte gehofft, dich dort zu treffen. Wir freuen uns, Ihnen mitteilen zu können, dass … Sie bat ihren Freund, ihr bald zu schreiben. Er verzichtete darauf, sich zu rechtfertigen.

Entsprechende Nomen können eine Infinitivgruppe als Attribut zu sich nehmen; vgl. z. B.:

Wir haben beschlossen, die Abreise zu verschieben – unser Beschluss, die Abreise zu verschieben
die Freude, Sie kennengelernt zu haben; der Versuch, sie zu überzeugen; die Hoffnung, dich dort zu treffen

613 Infinitivgruppen haben kein Subjekt, aber im Allgemeinen einen Bezugsausdruck im Obersatz, der ihrem »Subjekt« entspricht. Welches Satzglied diese Rolle übernimmt, bestimmt sich nach dem Verb der Infinitivgruppe.

Meist ist das Subjekt des Obersatzes der Bezugsausdruck:

Du hattest doch versprochen, den Computer zu reparieren.
(›... dass du den Computer reparierst‹)

In anderen Fällen orientiert sich die Infinitivgruppe an der Dativ- oder der Akkusativergänzung des Obersatzes:

Endlich gelang es ihm, sie davon zu überzeugen.

Sie bat den Freund, ihr bald zu schreiben.

Wenn es kein Bezugswort im Obersatz gibt, ergänzt man einen allgemeinen Ausdruck wie *man, jemand,* der das »Subjekt« der Infinitivgruppe liefert:

Es ist nicht leicht für einen/jemanden, eine schöne Wohnung zu finden.

614 Akkusativ mit Infinitiv

Eine besondere Art der Infinitivgruppe ist der sogenannte **Akkusativ mit Infinitiv** (nach dem lateinischen Terminus »accusativus cum infinitivo« nennt man diese Konstruktion auch abgekürzt a.c.i.). Er kommt bei den Wahrnehmungsverben *sehen, hören, fühlen, spüren* und bei *lassen* (im Sinne von ›veranlassen‹ und ›zulassen‹) vor:

Ich sehe ihn in sein Unglück rennen. Plötzlich hörten wir jemanden leise die Tür öffnen. Lisa fühlte die Tränen in sich aufsteigen. Lass sie zu ihm gehen.

Das Besondere ist hier, dass der Infinitiv ohne *zu* steht und dass der Akkusativ selbst (und nicht ein Bezugswort im Obersatz) das »Subjekt« der Infinitivgruppe liefert:

Ich sehe **ihn** in sein Unglück rennen.

Die Konstruktion Akkusativ mit Infinitiv ist enger mit dem Obersatz verbunden als Infinitivgruppen mit *zu* (sie wird z. B. auch nie durch ein Komma abgetrennt, während die Kommasetzung bei erweiterten *zu*-Infinitiven möglich – und manchmal notwendig – ist).

Infinitivgruppen als Adverbial

Als adverbiale Bestimmung werden Infinitivgruppen mit *um ... zu, ohne* 615
... zu, (an)statt ... zu gebraucht. *um, ohne, (an)statt* sind Einleitewörter der Infinitivgruppe. Sie bilden – wie unterordnende Konjunktionen – die linke Satzklammer; *zu* steht mit dem Infinitiv in der rechten Satzklammer:

Sie rief an, um den Termin möglichst schnell zu bestätigen. Ohne in ihrem Leben allzu viel gearbeitet zu haben, waren sie reich. Er schickte seinen Vertreter, anstatt sich selbst um die Angelegenheit zu kümmern.

ohne und *anstatt* verbinden sich auch mit *dass* zu nebensatzeinleitenden Konjunktionen *(ohne dass sie viel gearbeitet hatten)*; ↑595, ↑597.

Das »Subjekt« der Infinitivgruppe entspricht in aller Regel dem Subjekt des Obersatzes:

Sie schrieb ihm eine SMS, um den Termin zu bestätigen.

Es gibt jedoch auch Fälle, in denen dies semantisch nicht infrage kommt, z. B.:

Das Wasser ist zu tief, um darin stehen zu können. Die Maßnahmen wurden beschlossen, ohne die Mitarbeiter zu informieren.

Solche Konstruktionen werden manchmal als standardsprachlich nicht korrekt angesehen. Sie sind jedoch nicht unverständlich oder missverständlich; das »Subjekt« der Infinitivgruppe *(man)* kann leicht erschlossen werden.

616 *um … zu*

Hauptsächlich wird *um … zu* final (zur Angabe eines Zwecks) gebraucht:

> Sie nimmt Tabletten, um sich vor einer Erkältung zu schützen.

Das »Subjekt« der Infinitivgruppe ist hier immer mit dem des Obersatzes identisch (›Sie will sich vor einer Erkältung schützen‹). Wenn ein anderer Bezug, z. B. auf eine Akkusativergänzung, gemeint ist, muss man einen Finalsatz mit *damit* wählen:

> Er stellt die Leute ein, damit sie arbeiten und nicht (damit sie) faulenzen. – Er stellt die Leute ein, *um zu arbeiten und nicht um zu faulenzen.

Nur bei *schicken* und *senden* wird auch der Bezug auf die Akkusativergänzung (sofern sie eine Person bezeichnet) akzeptiert:

> Sie schickt die Kinder zum Bäcker, um Brötchen zu holen.

Infinitivgruppen mit *um … zu* können auch die Folge einer im Obersatz genannten Voraussetzung ausdrücken:

> Das Wasser war zu tief, um darin stehen zu können. Die Schraube muss kleiner sein, um in den Dübel zu passen.

⚠ Eine Folgebeziehung ist wohl auch bei Sätzen wie diesem gemeint:

> Er fuhr nach Rom, um dort an einem Herzinfarkt zu sterben.

Man versteht aber einen solchen Satz zunächst so, dass eine Absicht ausgedrückt werden soll (da das Subjekt eine Person und das Verb eine Handlung bezeichnet). Wenn dies nicht gemeint ist, sollte besser nicht eine Formulierung mit *um … zu* verwendet werden.

ohne … zu 617

Er ist weggegangen, ohne sich zu verabschieden. Ohne auf die rote Ampel zu achten, lief das Kind über die Straße. Wir haben, ohne lange zu überlegen, zugesagt.

ohne … zu drückt aus, dass ein erwartbarer Umstand nicht eintritt (z. B. ist eigentlich zu erwarten, dass sich jemand beim Weggehen verabschiedet).

anstatt … zu 618

Anstatt endlich schlafen zu gehen, sieht sie sich noch einen Krimi im Fernsehen an. Er hat das ganze Geld ausgegeben, anstatt wenigstens einen Teil davon anzulegen. Anstatt untätig herumzustehen, könntet ihr mal mit anpacken.

In Gefügen mit *anstatt … zu* werden zwei Handlungsmöglichkeiten einander gegenübergestellt, von denen eine nicht verwirklicht wird. Dabei werden die beiden Alternativen bewertet; eine gilt als die bessere (so wäre es aus der Sicht des Sprechers z. B. klüger gewesen, einen Teil des Geldes anzulegen).

3.2 Partizipgruppen

Eine Partizip- oder Partizipialgruppe (ein erweitertes Partizip) enthält 619
eine Verbform im Partizip I oder II und mindestens einen weiteren (nicht verbalen) Ausdruck:

(Partizip I:) vor Aufregung heftig zitternd

(Partizip II:) von Buhrufen begleitet

Mit flektiertem Partizip werden solche Wortgruppen wie attributive Adjektive (genauer: Adjektivgruppen) verwendet; z. B.:

das vor Aufregung heftig zitternde Mädchen, bei seinem von Buhrufen begleiteten Auftritt

Im Zusammenhang des komplexen Satzes geht es aber nur um Konstruktionen mit unflektiertem Partizip wie z. B.:

Vor Aufregung heftig zitternd brachte sie kein Wort hervor. Er verließ, von Buhrufen begleitet, den Saal.

In dieser Form werden Partizipgruppen als Adverbiale (freie Angaben) und als eine bestimmte Art von Attributen verwendet – beides mit Bezug auf das Subjekt des Obersatzes. In der Funktion von Ergänzungen, also valenzbestimmt, kommen sie – im Unterschied zu Infinitivgruppen (↑612) – nicht vor.

Insbesondere Partizip-I-Gruppen sind im Deutschen (anders als beispielsweise im Englischen und Russischen) wenig gebräuchlich; sie zählen im Allgemeinen zur »gehobenen« (vor allem literarischen) Ausdrucksweise.

620 Partizipgruppen als Adverbial

Er lief auf und ab, die Hände im Rücken verschränkt. Von der Reise zurückgekehrt, rief die Ministerin sofort ihren Stab zusammen. Er blickte ihnen, breit grinsend und sich die Hände reibend, hinterher. Ihr Lieblingslied summend, machte sie sich an die Arbeit.

Die Partizipgruppe bezeichnet hier ein Nebengeschehen; der inhaltliche Zusammenhang mit dem Hauptgeschehen bleibt im Prinzip offen. Oft entspricht der Partizipgruppe ein Nebensatz mit *wobei:*

Er lief auf und ab, wobei er die Hände im Rücken verschränkt hatte.

Es kann aber auch ein temporales, kausales oder konzessives Verhältnis gemeint sein:

die Ministerin ... von der Reise zurückgekehrt: ›als/nachdem die Ministerin von der Reise zurückgekehrt war‹

621 Partizipgruppen als Attribut

Die Feuerwehr, von den Nachbarn alarmiert, war in fünf Minuten da. Genitivergänzungen, auch Genitivobjekte genannt, sind im Deutschen selten. Die Zeile, dick unterstrichen, sprang einem sofort ins Auge.

Partizipgruppen dieser Art ähneln Appositionen (↑286); wie diese sind sie dem Bezugsnomen nachgestellt. Sie wirken nie restriktiv (bedeutungseinschränkend), sondern liefern nur eine zusätzliche Charakterisierung des im Nomen genannten Gegenstandes. Oft erscheinen sie als Einschübe (Parenthesen), d. h. durch Pausen bzw. grafische Mittel wie Gedankenstriche oder Klammern vom Satz abgegrenzt:

Genitivergänzungen – auch Genitivobjekte genannt – ...

Absoluter Akkusativ 622

Mit Partizipgruppen verwandt ist der sogenannte **absolute Akkusativ.** Er besteht aus einer Nominalgruppe im Akkusativ und einem weiteren Ausdruck:

Die Hände in den Hosentaschen, stand er gelangweilt daneben.
Sie starrte ihn an, den Mund vor Überraschung offen.

Diese Konstruktion – in sich komplex, aber ohne verbalen Bestandteil – ist noch weniger in den Gesamtsatz integriert als Partizipgruppen.

Ausblick: Vom Satz zum Text

623 Bestimmung des Textes

Normalerweise besteht eine sprachliche Äußerung – geschrieben oder gesprochen – nicht aus einem einzelnen Satz, sondern aus mehreren Sätzen, die sich zu einer größeren Einheit, einem **Text** (wörtlich: ›Gewebe‹), verbinden. Was eine Aneinanderreihung von Sätzen zu einem Text macht, wird deutlich, wenn man die beiden folgenden Satzverbindungen vergleicht:

> Das Universum entstand vor rd. 14 Milliarden Jahren mit dem sogenannten Urknall. Daraus leiten sich die Grundrechte ab. Man findet sie an Wald- und Bachrändern. Dort ist stellenweise leichter Regen möglich.

> Das Grundgesetz ist die Verfassung der Bundesrepublik Deutschland. Es wurde vom Parlamentarischen Rat, dessen Mitglieder von den Landesparlamenten gewählt worden waren, am 8. Mai 1949 beschlossen und am 23. Mai 1949 verkündet. Sein erster Satz lautet: „Die Würde des Menschen ist unantastbar." Daraus leiten sich die Grundrechte ab.

Im Unterschied zum ersten Fall stehen die Sätze im zweiten Beispiel in einem inhaltlichen Zusammenhang; sie haben ein gemeinsames **Thema,** das mit verschiedenen Aussagen (Rhemata, Sg. Rhema) in der Satzabfolge entwickelt wird.

Die wesentlichen Elemente des inhaltlichen und formalen Textaufbaus sind im Folgenden zusammengestellt.

Textaufbau (Textkonstitution)

624 Einführung des Themas

Bei den Verfahren, mit denen ein Gegenstand oder ein Sachverhalt thematisiert, also zum Thema gemacht wird, spielt die Stellung eine wichtige Rolle. Häufig wird das Thema im Vorfeld des Texteröffnungssatzes genannt:

> Das Universum ist rd. 14 Milliarden Jahre alt. Es entstand mit dem sogenannten Urknall, der …

Besonders hervorgehoben kann der Thematisierungsausdruck auch vor das Vorfeld (also aus den Satz heraus) gestellt werden; er wird dann im Satz selbst pronominal wiederaufgenommen:

> Und die Treue, sie ist doch kein leerer Wahn. (Schiller) Die Täter, ihr Motiv, die näheren Umstände – über all dies herrscht im Moment noch völlige Unklarheit.

Mit formelhaften Ausdrücken, z. B. *was x angeht, x betreffend, zum Thema x,* und Sätzen, wie sie vor allem für Märchenanfänge typisch sind, wird das Thema explizit eingeführt:

> Was die Finanzierung des Projekts betrifft, die ist gesichert. Es war einmal ein König, der hatte zwei Söhne. Es gibt Sachen, die gibt's gar nicht.

Themenentwicklung 625

Ein eingeführtes Thema kann über viele Sätze hinweg gleich bleiben. Zur Fortführung wird dann in den Folgesätzen in der Regel nicht derselbe Ausdruck verwendet, sondern er wird in verschiedener Weise ersetzt (↑626):

> Das Duftveilchen wird seit der Antike kultiviert und als Heilpflanze verwendet. Es stammt aus dem Mittelmeergebiet und ist in Europa und Asien weit verbreitet. Die Pflanze bevorzugt feuchte Böden in schattigen Lagen; man findet sie an Wald- und Bachrändern.

Meist geht es in einem Text um ein komplexeres Thema. Die verschiedenen Aspekte des Hauptthemas werden anhand von Unterthemen entwickelt. So erwartet man beispielsweise von einem Wetterbericht Aussagen über Faktoren wie Niederschlag, Sonnenschein, Temperatur usw.:

> Zum Wetter: In der Landesmitte gibt es einige dichtere Wolkenfelder; dort ist stellenweise leichter Regen möglich. Sonst ist es meist

trocken und vor allem im Süden scheint häufig die Sonne. Die Tagestemperaturen liegen zwischen 7 und 12 Grad. Der Wind weht aus Nordwest, im Süden schwach, sonst mäßig.

Oft sind die Unterthemen inhaltlich nur sehr locker miteinander verbunden, so vor allem in privaten, alltagssprachlichen Mitteilungen:

Gestern sind wir in die Stadt gefahren. Mia brauchte neue Schuhe. Paul wäre fast in ein Auto gelaufen; der Junge ist immer so unachtsam. Es war schrecklich heiß. In unserem Stammcafé gab es keine freien Plätze. Die Kinder haben nur ein Eis auf die Hand bekommen.

In bestimmten fiktionalen (etwa lyrischen) Texten ist mitunter auf den ersten Blick gar kein thematischer Zusammenhang erkennbar.

626 Formen der thematischen Progression

Die wichtigsten sprachlichen Mittel, mit denen ein Thema fortgeführt oder entwickelt wird, im Überblick:

Nominalgruppe
Wiederholung des Themaausdrucks oder Ersatz durch

- ein allgemeineres Nomen, den Oberbegriff

  das Duftveilchen – die Pflanze; Paul – der Junge

- ein Nomen mit gleicher oder ähnlicher Bedeutung (Synonym, ↑64)

  Fahrstuhl – Aufzug – Lift; Haltestelle – Station; Lokal – Gaststätte – Restaurant; Auszubildender – Lehrling; Briefträger – Postbote

- eine umschreibende Kennzeichnung

  Frankfurt – die Mainmetropole – Mainhattan; der VfL Wolfsburg – die Wölfe; die Regierung der Russischen Föderation – Moskau – der Kreml

Personalpronomen 3. Pers.

das Universum – es; die Pflanze – sie; der Wind - er; die Kinder – sie

Possessivpronomen bzw. possessives Artikelwort

das Grundgesetz – sein erster Satz; wir – unser Stammcafé

verweisende Wörter:

- Demonstrativpronomen

    ihr Motiv – dies; ein König – der

- Relativpronomen

    der Parlamentarische Rat – dessen Mitglieder; der Urknall – der

- Adverbien

    in der Landesmitte – dort; die Würde des Menschen – daraus

nebenordnende Satzkonjunktionen
(Bei gleich bleibendem Thema werden der Themaausdruck und gegebenenfalls weitere Satzteile im Folgesatz weggelassen, ↑569.)

Die Pflanze stammt aus dem Mittelmeergebiet und ist in Europa weit verbreitet. Das Grundgesetz wurde am 8. Mai 1949 beschlossen und am 23. Mai 1949 verkündet. Die Ware kann sofort mitgenommen oder zu einem Aufpreis geliefert werden.

Register

Dieses Register ist ein Sach- und ein Wortregister.

▪ Als **Sachregister** enthält es (in gerader Schrift) die Fachausdrücke, mit denen die sprachlichen Erscheinungen in dieser Grammatik beschrieben werden. Daneben sind auch andere (ältere deutsche bzw. sonst gebräuchliche) Bezeichnungen aufgeführt. In diesen Fällen wird auf den Haupteintrag verwiesen, z. B.:

Zeitwort 91, → Verb

▪ Als **Wortregister** enthält es (in kursiver, d.h. schräger Schrift) grammatisch relevante Wörter und Wortteile. Wortformen sind unter der Grundform bzw. dem betreffenden Wortbestandteil nachzuschlagen; Beispiele:

brauchte/bräuchte:	*brauchen*
gewinkt/gewunken:	*winken*
herauf/hinauf:	*her, hin*
am Automat / am Automaten:	*-en*

Unregelmäßige Verben werden nicht systematisch verzeichnet; sie sind in einer eigenen Liste (↑206) zusammengestellt.

▪ Die Zahlen verweisen auf die Abschnittsnummern am Rand, nicht auf Seitenzahlen. Zentrale Stellen sind farbig gedruckt.

A

B

C

D

H

I

L

M

N

O

P

Q

R

S

T

W

Z